普通高等学校物流管理专业系列教材

物流服务运作管理
（第2版）

Operations Management of Logistics Service
(Second Edition)

徐晓燕　张雪梅　华中生　编著
Xu Xiaoyan　Zhang Xuemei　Hua Zhongsheng

清华大学出版社
北京

内 容 简 介

本书从更好地满足企业和物流服务需求的角度,介绍物流服务管理的一般规律与方法。全书共 12 章,首先从物流服务运作管理的基本内涵和特点、物流服务的运作模式和物流服务战略等方面介绍物流系统运作的基本原理和方法;然后从基于产品特征的物流服务运作,物流服务的人员管理、时间管理、成本管理、质量管理、基准化等角度,介绍物流服务管理的主要内容、方法和应用;最后介绍城市物流服务管理、城市物流配送管理和物流服务的一些最新发展,包括绿色物流、逆向物流、物流金融和物联网下的物流等。每章在介绍基本内容后给出了小结与讨论,并附有一定量的习题和案例分析资料,以帮助加深对相关知识的理解和应用。

在第 1 版的基础上,本书吸收了广大读者的意见,增加了城市物流服务管理一章,整合了一般服务质量管理和物流服务质量管理,增补了物流服务的新发展,包括物流金融、物联网下的物流等。本书可作为普通高等学校物流管理、工商管理等专业的本科生教材,也可供其他专业的学生和从事物流服务领域工作的人员参考。

版权所有,侵权必究。举报: 010-62782989,beiqinquan@tup.tsinghua.edu.cn。

图书在版编目(CIP)数据

物流服务运作管理/徐晓燕,张雪梅,华中生编著. —2版. —北京:清华大学出版社,2015(2025.1重印)
普通高等学校物流管理专业系列教材
ISBN 978-7-302-39393-1

Ⅰ. ①物… Ⅱ. ①徐… ②张… ③华… Ⅲ. ①物流-物资管理-高等学校-教材 Ⅳ. ①F252

中国版本图书馆 CIP 数据核字(2015)第 031529 号

责任编辑:冯 昕
封面设计:常雪影
责任校对:王淑云
责任印制:杨 艳

出版发行:清华大学出版社
网　　址:https://www.tup.com.cn, https://www.wqxuetang.com
地　　址:北京清华大学学研大厦 A 座　　邮　编:100084
社 总 机:010-83470000　　邮　购:010-62786544
投稿与读者服务:010-62776969,c-service@tup.tsinghua.edu.cn
质 量 反 馈:010-62772015,zhiliang@tup.tsinghua.edu.cn

印 装 者:三河市君旺印务有限公司
经　　销:全国新华书店
开　　本:185mm×260mm　　印　张:19.75　　字　数:479 千字
版　　次:2009 年 1 月第 1 版　 2015 年 4 月第 2 版　　印　次:2025 年 1 月第 8 次印刷
定　　价:56.00 元

产品编号:059095-04

编 委 会

顾　　问　盛昭瀚(南京大学)
主　　任　赵晓波(清华大学)
副 主 任　赵道致(天津大学)
委　　员　(按姓氏笔画排列)
　　　　　　马士华(华中科技大学)
　　　　　　王红卫(华中科技大学)
　　　　　　华中生(浙江大学)
　　　　　　孙小明(上海交通大学)
　　　　　　李　波(天津大学)
　　　　　　周跃进(南京大学)
　　　　　　赵忠秀(对外经济贸易大学)
　　　　　　徐瑞华(同济大学)
责任编辑　张秋玲(清华大学出版社)

普通高等学校物流管理专业系列教材

丛 书 序

物流业正在成为我国新兴的快速发展的行业,对物流人才的需求也急剧上升。据人才市场需求信息统计显示,物流被列为我国12类紧缺人才门类之一。业内专家认为,在未来7~10年里,随着经济的高速增长和物流业的快速发展,我国将进入物流人才需求的高峰期,人才缺口会持续扩大。

当前,与我国物流业的迅速发展不相协调的是我国物流人才培养体系的滞后,主要表现为以下两个方面:一是物流人才的培养速度跟不上物流业的发展速度;二是物流从业人员大多数没有受过系统的物流教育,与发达国家相比,我国物流从业人员的素质有很大的差距。(据有关统计资料显示,美国物流管理人员大约95%拥有学士学位、45%拥有研究生学位、22%获得了正式的从业资格证书。)

可喜的是,我国有关教育部门已认识到物流人才培养的紧迫性,在本科专业目录中设置了"物流工程"和"物流管理"两个专业,各专业人才培养的定位如下:

物流工程专业——从工程和技术的角度,对物流系统的硬件进行设计、制造、安装、调试等,同时也需要规划软件的能力。

物流管理专业——应用管理学的基本原理和方法,对物流活动进行计划、组织、指挥、协调、控制和监督,使物流系统的运行达到最佳状态,实现降低物流成本、提高物流效率和经济效益的目标。

现在有条件的大学已纷纷设立了物流相关专业,着力培养物流领域的人才。到目前为止,超过300所高校设置了物流专业,其中超过200所高校设置的是物流管理专业。

为了促进物流管理专业人才培养体系的规范和完善,2006年8月26~27日,清华大学工业工程系召开了"全国高校物流管理(暨工业工程)教学与实验室建设研讨会"。在这次会议上,教材建设问题是大家讨论的一个焦点。会上决定由清华大学和天津大学牵头组织国内一些在物流管理领域有丰富教学科研经验的专家学者编写一套体系合理、知识实用、内容完整的物流管理专业系列教材,以满足各兄弟院校本科人才培养的需求。

在此后的一个月,清华大学和天津大学进行了充分沟通,初步确定了教材定位与教材结构。为了使这套教材真正编出特色、编出水平,又进一步确定了南京大学、同济大学、上海交通大学、华中科技大学、中国科学技术大学、对外经济贸易大学等院校物流管理专业的教师组成"普通高等学校物流管理专业系列教材"编委会,共同完成这套教材的组织与编写工作。

2006年10月编委会正式成立,并于14~15日在清华大学召开了编委会第1次工作会议,进一步明确了本系列教材的具体编写任务和计划。2007年3月31日至4月1日,编委会第2次会议在清华大学召开,对教材大纲逐一进行了审查,并明确了编写进度以及编写过程中需要注意的问题,整个教材编写工作进展顺利。

这套教材主要定位为普通高等学校物流管理专业以及其他相关专业的本科生。共有11本主教材和1本实验教材，分别是《物流导论》、《物流网络规划》、《现代物流装备》、《交通运输组织基础》、《库存管理》、《采购与供应管理》、《企业生产与物流管理》、《物流服务运作管理》、《物流信息系统》、《国际物流与商务》、《物流系统仿真》和《物流管理系列实验》。在内容的组织和编排上，与学生已学过的工程管理类专业基础课程的内容成先后关系，一般要求学生在进入本系列的专业课程学习之前，应先修诸如"工程经济学"、"概率论与应用统计学"、"运筹学"（数学规划、应用随机模型）、"数据库原理"等课程。

这套教材基本涵盖了物流管理专业的主要知识领域，同时也反映现代物流的管理方法及发展趋势，不仅适用于普通高等学校物流管理、物流工程、工业工程、管理科学与工程、交通运输等专业的本科生使用，对研究生、高职学生以及从事物流工作的人员也有很好的参考价值。

因水平所限，加之物流工程与管理发展迅速，故教材中不妥之处在所难免，欢迎批评指正，以便再版时修改、完善。

盛昭瀚

2008年元月于南京大学

第 2 版前言

随着信息技术和电子商务的发展,企业的采购、生产、销售、配送的关系日趋复杂,企业之间的竞争已不单是产品质量和价格的竞争,也包含物流服务能力的竞争。我国物流服务经过多年的发展逐步形成了以市场调节为主的运行机制,各种物流基础设施投资不断加强。但是,我国物流服务还没有形成一个比较完整的体系,处于初级发展阶段。因此,本书主要站在更好地满足企业物流服务的角度,介绍物流服务运作管理的一般理论与方法。

全书共分为 12 章。第 1 章介绍物流服务运作的基本内涵、一般特点、分类及物流服务的发展趋势。第 2 章介绍自营物流、第三方物流和第四方物流等物流服务运作模式的内涵、特点、运作过程和组织形式等,并介绍物流服务运作模式选择的基本决策方法。第 3 章介绍物流服务战略决策的一般方法及不同物流服务运作模式下的物流服务系统设计原则和方法。第 4 章介绍物流服务的人员管理,并侧重介绍物流服务前台人员的管理方法。第 5 章介绍不同产品特征及包装对物流服务运作的影响。第 6 章介绍物流服务的时间管理,具体包括物流服务响应过程管理、订单处理、提前期管理和带时间窗的调度配送问题。第 7 章介绍物流服务成本的概念、构成与分类,物流服务成本核算和控制方法等。第 8 章介绍一般服务质量的内涵、范畴、度量、控制与改善,以及物流服务质量的调查与度量的指标体系、方法和改善。第 9 章介绍基准化方法在物流服务质量管理中的应用,并介绍 Baldrige 服务企业奖的评奖标准和获奖企业事例。第 10 章介绍收益管理方法的主要思路及其在物流服务企业中应用的方法。第 11 章介绍城市物流服务的一般特征、发展现状、基本流程,城市物流配送服务以及城市物流服务发展的方向和趋势。第 12 章介绍物流服务的新发展,包括快速反应物流、服务响应物流、应急物流、逆向物流、绿色物流、物流金融以及物联网下的物流等。每章后基本上都配有思考题、练习题和案例。

本书第 1 版自 2008 年出版发行以来,物流服务发展呈现出一些新的特征。这次改版的主要思想是:教材中的基本内容是物流服务运作管理的理论方法,所以全书的内容不做大的变动,在文字表达和内容阐述方面力求做到更加简洁,增加一些近期的研究热点,更新各章的案例等。增加的内容仍然强调相关管理方法所蕴含管理思想和特点的提炼,借助量化的方法和模型说明物流服务运作管理的思想和方法,并借助案例训练学生综合应用相关管理思想和方法的能力。

作者在本书的修订过程中查阅了大量的文献资料,吸收了广大读者的意见,做了进一步的修改和增补,增加了生活物流服务、城市物流服务管理、物流金融和物联网下的物流等,整合了物流服务质量管理和服务质量管理的内容,原来各章也根据不同情况进行了修改。它的出版将促进我国物流服务系统的规范化发展,提供物流服务系统的一般管理规律与方法。

由于作者的知识面和水平所限,本书一定还存在着错误和不足之处,欢迎广大读者批评指正。

编著者

2015年2月

前　言

　　物流服务是一种基于设备的服务。物流服务的不同功能环节，如运输、储存、装卸、搬运、包装、配送、流通加工和物流信息处理等，都需要相关的设备完成相应的服务功能。对这些设备的开发与应用，涉及技术学科或高技术学科；对前后相互衔接、关联的物流服务过程的计划组织与控制则是管理的任务。因此，物流管理是技术与管理密切相关的学科。由于物流活动是服务于企业和供应链的生产经营活动的，属于一种支持、服务性的活动。因此，本书主要站在更好地满足企业和供应链物流服务需求的角度，介绍物流服务系统的一般管理规律与方法。

　　因为无形服务与有形产品特性的差异，服务运作管理与制造和生产管理表现出很多不同的特性。目前关于服务的运作管理已有的研究成果，从总体上看还比较局部，很多方面的课题尚处于正在进行研究的阶段。同样，物流服务运作管理的研究也还不够成熟、系统。目前已有的结果，据我们了解，主要集中在服务质量管理、装卸与车辆路径调度和收益管理等方面。考虑到本书在丛书中的定位，本书主要介绍物流服务的运作模式、物流服务战略、物流服务的人员管理、基于产品特征的物流服务运作、物流服务的时间管理、物流服务的成本管理、物流服务的质量管理和物流服务的收益管理等内容。

　　对于本书所选择的物流服务运作管理的相关主题，作者希望能够编出一本能反映当前理论与应用现状且适合本科物流专业的教科书。作者的指导思想是，侧重介绍不同类型物流服务运作管理的一般规律；侧重从物流系统和物流服务流程的角度介绍物流服务企业的管理内涵和管理方法。为此，本书强调相关管理方法所蕴涵管理思想和特点的提炼，尽可能借助量化的方法和模型说明物流服务运作管理的思想和方法，并借助案例分析训练学生综合应用相关管理思想和方法的能力。

　　全书共分为11章。第1章介绍物流服务运作的基本内涵、一般特点及物流服务运作管理的新发展。第2章介绍自营物流、第三方物流和第四方物流等物流服务运作模式的内涵、特点、运作过程和组织形式等，并介绍物流服务运作模式选择的基本决策方法。第3章介绍物流服务战略决策的一般方法及不同物流服务运作模式下的物流服务系统设计原则和方法。第4章介绍物流服务的人员管理，并侧重介绍物流服务前台人员的管理方法。第5章介绍不同产品特征及包装对物流服务运作的影响。第6章介绍物流服务的时间管理，具体包括物流服务响应过程管理、订单处理、提前期管理和带时间窗的调度配送问题。第7章介绍物流服务成本的概念、构成与分类，物流服务成本核算和控制方法等。第8章介绍服务质量管理的一般方法，包括服务质量的度量、设计、改善和故障预防方法。第9章介绍物流服务质量管理方法，主要介绍物流服务质量的调查与度量方法，和已有服务质量管理方法在物流服务运作中的应用。第10章介绍基准化方法在物流服务质量管理中的应用，并介绍Baldrige服务企业奖的评奖标准和获奖企业事例。第11章介绍收益管理方法的主要思路及其在物流服务企业中应用的方法。每章后基本上都配有思考题、练习题和案例。

在本书的编写过程中,丛书的编委会成员提出了一些宝贵的建议和意见。作者的博士生和硕士生参与了本书初稿的部分编写和资料收集工作,其中,第 1、2 章(吴三平),第 4 章(何平、黄飞华),第 5 章(吴三平),第 6 章(张雪梅、章魏),第 7 章(张雪梅、黄飞华、何平),第 8 章(王昱),第 9 章(王昱、黄飞华),第 10 章(孙燕红),第 11 章(章魏、何平)。另外,中国科学技术大学管理学院的本科生倪慧荟、田年树、邹云贵和戴伟也参与了部分资料收集和整理工作,在此表示感谢。

作者在编写本书的过程中参阅了大量的文献资料。由于篇幅所限,本书仅列出了其中的部分参考文献。在此向未列入参考文献中的所有有关的著作者表示衷心的感谢。

因为作者的知识面和水平所限,本书一定还存在着许多错误和不足之处,欢迎广大读者批评指正。

华中生

2008 年 9 月于中国科学技术大学

目 录

第1章 物流服务运作概论 ... 1
1.1 物流服务运作的内涵 ... 1
1.1.1 物流服务运作的概念 ... 1
1.1.2 物流服务与供应链管理的关系 ... 2
1.2 物流服务的基本特点 ... 3
1.2.1 物流服务的综合集成性 ... 3
1.2.2 物流服务的价值增值性 ... 4
1.2.3 物流服务的不可存储性 ... 5
1.2.4 物流与信息流和商流的关系 ... 5
1.3 物流服务的分类 ... 6
1.3.1 制造型企业的物流服务 ... 6
1.3.2 服务型企业的物流服务 ... 8
1.3.3 生活物流服务 ... 8
1.4 物流服务的发展趋势 ... 10
1.4.1 物流服务发展的重要意义 ... 10
1.4.2 物流服务发展的现状 ... 10
1.4.3 物流服务未来发展的趋势 ... 11
小结与讨论 ... 11
思考题 ... 12
案例：MD空调的供应链物流管理变革 ... 12
参考文献 ... 13

第2章 物流服务的运作模式 ... 14
2.1 自营物流运作模式 ... 14
2.1.1 自营物流运作模式概述 ... 14
2.1.2 自营物流运作模式的优缺点 ... 15
2.1.3 企业选择自营物流运作模式的条件 ... 16
2.1.4 自营物流运作模式的组织支持 ... 17
2.2 第三方物流运作模式 ... 18
2.2.1 第三方物流的概念与内涵 ... 18

2.2.2　第三方物流的主要特征 ·· 19
　　2.2.3　第三方物流的服务内容和服务方式 ································ 20
　　2.2.4　第三方物流的运作模式 ·· 21
　　2.2.5　第三方物流的组织支持 ·· 22
　　2.2.6　第三方物流存在的不足 ·· 23
2.3　第四方物流运作模式 ··· 24
　　2.3.1　第四方物流的概念与内涵 ··· 24
　　2.3.2　第四方物流的主要特征 ·· 25
　　2.3.3　第四方物流的服务内容和成员组成 ································ 26
　　2.3.4　第四方物流的运作模式 ·· 27
　　2.3.5　第四方物流的组织支持 ·· 28
　　2.3.6　第四方物流的新发展——第五方物流 ···························· 29
2.4　物流联盟运作模式 ·· 30
　　2.4.1　物流联盟的内涵 ··· 30
　　2.4.2　物流联盟的基本特征 ··· 30
　　2.4.3　物流联盟的组建模式 ··· 31
　　2.4.4　物流联盟的组织支持 ··· 32
　　2.4.5　物流联盟的风险及应对措施 ·· 32
2.5　物流运作模式的选择 ··· 33
　　2.5.1　定性方法 ·· 33
　　2.5.2　定量方法 ·· 35
小结与讨论 ··· 35
思考题 ··· 36
案例：自营还是外包的困惑 ·· 37
参考文献 ·· 38

第3章　物流服务战略 ·· **40**

3.1　一般服务战略 ·· 40
　　3.1.1　服务战略的概念框架 ··· 40
　　3.1.2　服务竞争战略 ·· 47
3.2　物流服务战略 ·· 48
　　3.2.1　物流服务战略的概念与目标 ·· 48
　　3.2.2　物流服务战略决策的内涵 ··· 48
　　3.2.3　物流服务战略决策的原则与方法 ·································· 50
　　3.2.4　物流战略绩效评估 ·· 51
3.3　不同物流服务运作模式的服务设计 ·· 52
　　3.3.1　基于成本最小的自营物流服务设计 ······························· 52
　　3.3.2　基于顾客价值的第三方物流服务设计 ···························· 54
　　3.3.3　基于供应链的第四方物流服务设计 ······························· 55

小结与讨论	57
思考题	57
练习题	57
案例：西尔斯公司的物流战略	59
参考文献	62

第 4 章　物流服务的人员管理　64

- 4.1 服务型企业的人员管理 64
  - 4.1.1 规划 64
  - 4.1.2 工作分析 67
  - 4.1.3 招聘 68
  - 4.1.4 培训 70
  - 4.1.5 排班调度 71
  - 4.1.6 考核 74
  - 4.1.7 激励 76
- 4.2 物流服务人员的构成 78
  - 4.2.1 前台物流服务人员 78
  - 4.2.2 后台物流服务人员 80
- 4.3 物流服务人员的管理 81
  - 4.3.1 物流服务人员的绩效考核 81
  - 4.3.2 物流服务人员的调度 84
- 小结与讨论 87
- 思考题 88
- 练习题 88
- 案例：联邦快递"以人为本"的管理理念 89
- 参考文献 90

第 5 章　基于产品特征的物流服务运作　92

- 5.1 基于内在价值的产品分类 92
  - 5.1.1 不同客户类别的产品 92
  - 5.1.2 生命周期不同阶段的产品 94
  - 5.1.3 不同重要性的产品 96
- 5.2 基于外在表现的产品分类 98
  - 5.2.1 重量-体积比 98
  - 5.2.2 价值-重量比 98
  - 5.2.3 可替代性 100
  - 5.2.4 风险特征 101
- 5.3 产品包装 101
  - 5.3.1 包装的概念与分类 101

5.3.2　包装的功能与作用 ……………………………………………………… 102
　　5.3.3　基于产品特征的物流包装 ……………………………………………… 103
　　5.3.4　包装对物流服务运作的影响 …………………………………………… 107
小结与讨论 …………………………………………………………………………………… 108
思考题 ………………………………………………………………………………………… 108
练习题 ………………………………………………………………………………………… 108
案例：我国蔬菜类农产品的物流服务运作模式（以山东省为例） ………………………… 110
参考文献 ……………………………………………………………………………………… 113

第6章　物流服务的时间管理 …………………………………………………………… 114
6.1　时间管理与服务响应 ………………………………………………………………… 114
　　6.1.1　时间管理 ………………………………………………………………… 114
　　6.1.2　物流服务响应过程管理 ………………………………………………… 115
　　6.1.3　推动式和拉动式物流服务计划模式 …………………………………… 116
6.2　订单处理 ……………………………………………………………………………… 117
　　6.2.1　订单处理过程 …………………………………………………………… 117
　　6.2.2　订单处理系统 …………………………………………………………… 119
　　6.2.3　订单处理时间的影响因素与改善方法 ………………………………… 120
6.3　提前期管理 …………………………………………………………………………… 124
　　6.3.1　提前期的概念和构成 …………………………………………………… 124
　　6.3.2　提前期管理的原则和思路 ……………………………………………… 126
　　6.3.3　提前期的时间压缩 ……………………………………………………… 128
6.4　时间窗 ………………………………………………………………………………… 135
　　6.4.1　时间窗的概念 …………………………………………………………… 135
　　6.4.2　带时间窗的车辆路径问题 ……………………………………………… 135
　　6.4.3　时间窗的设置 …………………………………………………………… 139
小结与讨论 …………………………………………………………………………………… 140
思考题 ………………………………………………………………………………………… 140
练习题 ………………………………………………………………………………………… 140
案例：美国联合包裹服务公司的现代化物流服务运作 …………………………………… 142
参考文献 ……………………………………………………………………………………… 143

第7章　物流服务的成本管理 …………………………………………………………… 144
7.1　物流服务成本概述 …………………………………………………………………… 144
　　7.1.1　物流服务成本的定义 …………………………………………………… 144
　　7.1.2　物流服务成本的影响因素 ……………………………………………… 146
　　7.1.3　物流成本管理的必要性和重要性 ……………………………………… 147
7.2　物流服务成本的构成和分类 ………………………………………………………… 149
　　7.2.1　物流服务成本的构成 …………………………………………………… 149

   7.2.2 物流服务成本的分类 ································ 150
 7.3 物流服务成本的核算 ··· 152
   7.3.1 物流服务成本核算的原则 ···························· 152
   7.3.2 物流服务成本核算的步骤 ···························· 153
   7.3.3 物流服务成本核算的方法 ···························· 154
 7.4 物流服务成本的控制 ··· 163
   7.4.1 物流管理控制的一般理论 ···························· 164
   7.4.2 物流服务成本控制的内容 ···························· 166
   7.4.3 物流服务成本控制的方法 ···························· 167
 小结与讨论 ··· 176
 思考题 ··· 176
 练习题 ··· 176
 案例：安利（中国）的物流服务成本管理 ······························ 178
 参考文献 ·· 180

第8章 物流服务的质量管理 ·· **181**
 8.1 服务质量管理概述 ·· 181
   8.1.1 服务质量的定义 ······································· 181
   8.1.2 服务质量的范畴 ······································· 182
   8.1.3 服务质量缺口模型 ···································· 183
   8.1.4 服务质量的度量 ······································· 185
   8.1.5 服务质量的控制与改善 ······························ 189
 8.2 物流服务质量的内涵与特征 ································· 196
 8.3 物流服务质量调查与度量的指标体系 ······················ 198
   8.3.1 指标体系构建的基本原则 ···························· 198
   8.3.2 指标体系构建的方法 ································· 199
 8.4 物流服务质量的调查与度量方法 ···························· 201
   8.4.1 物流服务质量调查问卷 ······························ 201
   8.4.2 物流服务市场细分 ···································· 203
   8.4.3 调查结果分析 ·· 205
 8.5 物流服务质量的改善 ··· 209
   8.5.1 绩效-重要性矩阵 ····································· 210
   8.5.2 成本-时间矩阵 ·· 211
 小结与讨论 ··· 212
 思考题 ··· 213
 练习题 ··· 213
 案例：JC公司的物流服务质量改善 ····································· 215
 参考文献 ·· 216

第9章 物流服务质量基准化 ... 218

9.1 基准化概述 ... 218
9.1.1 基准化的概念 ... 218
9.1.2 基准化的类型 ... 219
9.1.3 基准化的作用 ... 220
9.1.4 基准化的实施步骤 ... 221
9.1.5 基准化与质量奖 ... 223

9.2 应用基准化改进物流服务质量 ... 223
9.2.1 物流服务质量基准化的必要性 ... 223
9.2.2 基准化在国际物流服务运作中的应用 ... 224
9.2.3 物流系统全方位基准化 ... 227

9.3 Baldrige 质量奖 ... 231
9.3.1 Baldrige 质量奖的评审标准 ... 231
9.3.2 服务类获奖企业介绍 ... 233

小结与讨论 ... 236
思考题 ... 237
案例：施乐公司的基准化管理 ... 237
参考文献 ... 240

第10章 物流服务的收益管理 ... 241

10.1 收益管理概述 ... 241
10.1.1 收益管理的分类 ... 242
10.1.2 收益管理的应用特征 ... 243
10.1.3 收益管理系统 ... 243

10.2 航空货运收益管理 ... 244
10.2.1 航空货运收益管理的特点 ... 244
10.2.2 航空货运收益管理的主要内容 ... 244

10.3 集装箱运输收益管理 ... 249
10.3.1 集装箱运输的特点 ... 249
10.3.2 空箱调运的舱位分配 ... 250

小结与讨论 ... 252
思考题 ... 253
练习题 ... 253
案例：收益管理在南航货运中的应用 ... 253
参考文献 ... 254

第11章 城市物流服务管理 ... 256

11.1 城市物流服务概述 ... 256
11.1.1 城市物流服务的含义 ... 256

    11.1.2 城市物流服务的特征 ·· 257
    11.1.3 城市物流服务的构成要素 ··· 258
    11.1.4 国内外城市物流服务的发展概况 ·································· 258
  11.2 城市物流服务的基本流程 ··· 260
    11.2.1 城市物流服务的流入 ·· 261
    11.2.2 城市物流服务的流出 ·· 263
    11.2.3 城市物流服务中心 ··· 264
  11.3 城市物流配送服务 ··· 266
    11.3.1 城市物流配送服务的含义和特点 ·································· 266
    11.3.2 城市物流配送服务的基本活动 ····································· 266
    11.3.3 城市物流配送服务的作用 ··· 267
    11.3.4 城市物流配送服务系统及优化 ····································· 268
    11.3.5 城市物流配送中心的规划 ··· 269
    11.3.6 城市物流服务的协调运营与管理 ·································· 271
  11.4 城市物流服务发展方向和趋势 ·· 272
    11.4.1 城市物流服务发展的重要意义 ····································· 272
    11.4.2 城市物流服务发展的内容 ··· 273
    11.4.3 国内外城市物流服务发展趋势 ····································· 274
  小结与讨论 ·· 275
  思考题 ·· 275
  案例：面向奥运的北京市物流发展对策研究 ······································· 275
  参考文献 ··· 278

第 12 章　物流服务的新发展 ··· **280**

  12.1 快速反应物流 ·· 280
    12.1.1 快速反应物流的含义 ·· 280
    12.1.2 延迟策略 ··· 280
    12.1.3 JIT 策略 ·· 281
  12.2 服务响应物流 ·· 282
  12.3 有效顾客反应 ·· 282
    12.3.1 有效顾客反应的含义 ·· 282
    12.3.2 有效顾客反应的理念 ·· 283
    12.3.3 有效顾客反应的战略 ·· 283
  12.4 精益物流和敏捷物流 ·· 284
    12.4.1 精益物流 ··· 284
    12.4.2 敏捷物流 ··· 285
    12.4.3 精益策略和敏捷策略之间的关系 ·································· 286
  12.5 应急物流 ·· 286
  12.6 逆向物流 ·· 287

12.7　绿色物流 ……………………………………………………………………… 288
12.8　物流金融 ……………………………………………………………………… 290
12.9　物联网下的物流 ……………………………………………………………… 292
小结与讨论 ………………………………………………………………………… 294
思考题 ……………………………………………………………………………… 294
案例：FedEx——用现代物流信息技术构筑核心竞争优势 ……………………… 294
参考文献 …………………………………………………………………………… 296

第 1 章 物流服务运作概论

随着人类社会发展的信息化、高科技化和全球化,物流已受到各国政府、学者和管理者的高度重视,并已成为当今社会经济活动的重要组成部分。

目前,国际上比较普遍采用的对物流的定义如下:

Logistics is that part of the supply chain process that plans, implements, and controls the efficient, effective flow and storage of goods, services, and related information from the point of origin to the point of consumption in order to meet customers' requirements.

对应地,我国对物流的定义如下:

物流是供应链的重要组成部分,是为了满足消费者需求,有效地计划、管理和控制原材料、中间仓储、最终产品及相关信息从起始点到消费地的流动过程。

由此可见,货物流经各个环节的过程也可以看成是服务的过程,服务运作管理是物流及供应链管理的重要工作之一。

1.1 物流服务运作的内涵

物流服务存在于人类社会的一切生产、生活活动之中。有效的物流服务可以使人们及时获得生活资料,使企业高效、连续地开展生产经营活动,甚至是国家赢得战争的保证。在与企业和供应链运营相关物流活动的研究方面,传统的物流管理侧重于生产制造型企业。研究表明,物流对服务型企业的成功运营同样有着重要的影响[1]。

物流运作是企业或供应链成员为满足最终消费者需求而开展的除加工制造之外的所有类型的活动。由于这些复杂的活动一般都涉及多个不同的利益主体,物流运作管理的基本目标便在于使涉及多个主体的物流运作活动具有集成的特性或是整体效率的优化。因此,物流服务往往与强调相关企业合作与协调的供应链管理密切相关。物流服务运作的基本特点在于制造型企业和服务型企业总体上具有相似性,但在产品传递方面具有一些差异。

1.1.1 物流服务运作的概念

尽管物流供应链管理的思想普遍受到重视,然而在实际的运作中,不同企业对物流服务有不同的理解。可以将物流服务理解为衡量某物流系统为某种商品或服务创造的时间和空间效用的好坏尺度[2]。例如,将物流服务定义为一项管理活动或职能,如订货处理;或定义为特定参数的实际业务绩效,如在24h内实现98%的订单送货率。《中国现代物流大全》将物流服务定义为发生在买方和卖方之间的一个过程,这个过程能够使交易中的产品或服务实现价值增值[2]。一般来说,物流服务是指特定绩效要求下企业进行生产或提供服务的过程中所进行的一系列计划和协调活动,这些计划和协调活动能够实现产品或服务的价值增值,以满足顾客的各种需求。

物流服务包含两方面的含义:一是带有特定绩效要求的物流活动,目标是满足企业的生产、服务需要;二是既包含制造企业物流服务,又包含服务企业物流服务。制造企业物流服务是指从原材料的采购到产品在工厂被加工制造出来,再到产品被送达顾客手中所经历的一切物流活动,包括包装、分拣、储存等活动;而服务企业物流服务是指管理服务型组织的响应活动,使得该组织能动态地响应多样化的需求[3],服务物流的任务是使得服务能够响应个性化的需求,与此同时控制由于过剩的生产能力所带来的成本。物流服务包含3个方面的基本要素:

(1) 能提供顾客需要的产品或服务;
(2) 能在顾客期望的时间内将产品或服务传递到顾客手中;
(3) 所提供的产品或服务的质量能够符合客户的期望。

1.1.2　物流服务与供应链管理的关系

物流服务与供应链管理之间具有密不可分的关系。所谓供应链是指围绕核心企业,通过对信息流、物流、资金流的控制,从采购原材料开始,制成中间产品以及最终产品,最后通过销售网络把产品送到消费者手中的将供应商、制造商、分销商、零售商,直到最终用户连成一个整体的功能网络结构模式,如图1.1所示。供应链管理是一种集成的管理思想和方法,要求一体化的物流管理思想,执行供应链中从供应商到最终用户的物流的计划和控制等职能,通过成员之间的相互协调和协作实现成本的节约或客户服务水平的提高。

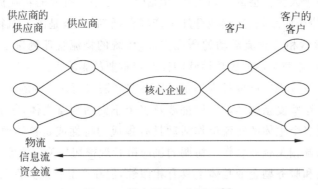

图1.1　供应链的一般模型[4]

通过比较物流服务与供应链管理的概念可以发现,它们之间有如下关系:

首先,供应链管理的思想是物流服务系统化、一体化思想发展的结果。供应链管理将从原材料采购、生产、分销和产品递送到顾客手中各个阶段的物流活动视为一个整体加以协调，把各个企业的物流、信息流和资金流等企业的全部活动作为一个统一的过程加以组织，从而更大程度地降低物流服务成本，提高物流服务运作效率。

其次，物流服务是供应链管理的一个非常重要的组成部分。从价值组成上来看，在各种类型的产品和行业中，物流价值都占到整个供应链价值的一半以上。从功能上来看，物流服务可以实现物质资源的移动（包括时间、空间和形态的转移），满足生产的需要和顾客的需求；可以降低运作成本，提供价值增值服务；可以提供信息反馈，进行绩效评估，协调供需矛盾，提高供应链的竞争力。

最后，供应链管理思想发展的同时也促进了物流服务的发展。传统的观点认为，物流服务对一个企业而言仅仅是一个辅助功能，对制造业的生产起一种支持作用，保证其生产的连续性，侧重的是局部优化。供应链管理是对跨部门和跨企业的产品流动进行协调，目标是保证链上成员的基本利益的同时实现整体收益的最大化，强调的是全局优化。在供应链管理环境下，现代物流服务应具有以下特征：敏捷性，即能迅速满足顾客个性化的需求；合作性，即能对资源进行动态重组，利用先进的信息技术和信息网络实现知识和信息的共享；柔性，即物流服务系统能对多样化需求的变化进行实时响应；满意度，即能提供高质量的物流服务，满足客户多样化的需求等。人们常用7R来概括对现代物流服务活动协作和服务品质的要求，即把恰当的产品（right product），按恰当的数量（right quantity）和恰当的条件（right condition），在恰当的时间（right time），用恰当的成本（right cost）送到在恰当地点（right place）的恰当顾客（right customer）手中。

1.2 物流服务的基本特点

无论是制造型企业还是服务型企业，物流服务始终贯穿于整个生产经营活动中。利用先进的信息技术和管理手段，通过对供应链的成员进行有效地协调和协作，物流服务不仅可以实现产品的高效流通，还可以实现产品的价值增值。一般来说，物流服务具有4个主要特征：综合集成性（integrated），价值增值性（value-added），不可存储性（perishability）以及物流与信息流、商流密切关联性（material flow is highly related to information flow and business flow）。

1.2.1 物流服务的综合集成性

从物流服务的内涵可以看出，现代物流服务系统是一个综合集成的系统。它不仅为制造型企业提供多种实体物流活动（如运输作业、设施组织、库存管理、物料搬运等），以使物资实现时间和空间的位移，还为非制造的服务型企业提供服务响应物流服务，使得非物资的服务经过服务响应物流活动（等待时间、服务容量、服务交付）在不同的配送渠道中向客户移动。除了综合性，现代物流服务还具有集成的特点。物流服务的集成性主要表现在以下几个方面：

（1）集成化的物流服务是将供应链上所有节点企业看作一个整体，基于客户服务的共同目标,通过一定的制度安排和对供应链企业资源的整合,为客户提供"一站式"的物流服务。

(2) 集成化的物流服务还表现在物流企业往往将不同企业相同或类似的物流服务需求集中起来,通过物流服务资源的总体优化配置和统筹安排,达到降低物流服务成本、提高物流服务水平的目的。

(3) 集成化物流服务以计算机网络技术和信息技术为支撑,以全球性物流资源为可选对象,综合各种先进的物流技术和管理技术,将节点企业内部供应链以及节点企业之间的供应链有机地集成起来,从而成为一个无缝衔接的有机整体。

(4) 集成化的物流不仅能提供仓储、运输、搬运装卸、包装、流通加工、信息处理等基本物流服务,还能提供诸如订单处理、物流方案的选择与规划、贷款的回收与结算、物流系统的设计与规划方案的制定等增值服务;不仅可以同时实现多个物流功能,还能将各个功能有机地衔接在一起,实现物流系统高效的运作。

1.2.2 物流服务的价值增值性

物流服务具有价值增值性,主要表现在物流服务的时间价值增值、空间价值增值、形态价值增值和信息价值增值等方面[5]。

(1) 物流服务的时间价值增值。从原材料的采购到产成品最终抵达用户需要一定的时间,通过科学管理这段时间差,物流服务可以实现产品的价值增值。物流服务的时间价值增值一般表现在通过加快流通速度、缩短物流时间,实现产品的价值增值。如蔬菜、海鲜产品等易腐性产品,产品的价值与物流的递送速度成正比。

(2) 物流服务的空间价值增值。由于现代社会产业结构和社会分工的存在,使得商品在不同地区具有不同的价值,通过物流将商品由价值较低的地区转到价值较高的地区,从需求过剩的地区运到需求不足的地区,可以实现产品价值的增值。例如,产品由生产地运往各销售地是实现产品的空间价值增值。

(3) 物流服务的形态价值增值。形态价值增值是指产品在流通过程中,通过流通加工的特殊生产形式使得产品以特定的方式被加工而增加其附加值的过程。例如,通过对易腐性产品进行切割、冷冻、保鲜、包装、贴标签等处理,对废弃产品进行分拣、拆解、加工等活动,都可以实现产品的形态价值增值。

(4) 物流服务的信息价值增值。物流信息是指在物流活动过程中,反映物流活动的实际情况和特征的各种知识、情报、消息和数据等。信息在物流服务运作过程中非常重要,利用信息可以实现产品的价值增值,主要表现在:通过信息,物流服务可以将传统的运输、仓储、配送等各自为政的各种物流活动有机地结合在一起,从供应链的角度为企业进行资源调度和共享,从而降低物流服务的成本、增加产品的价值;通过先进的网络技术和良好的信息系统,实现与客户的高效沟通,及时发现客户需求并为客户提供各种需求信息;帮助客户建立配套的物流信息平台,并提供服务信息的实时查询、浏览、在线货物的跟踪,联机实现配送路线的规划、物流资源调度、货物检查等服务,提高客户需求响应速度等。

1.2.3 物流服务的不可存储性

制造型企业生产的产品是有形的,可以被存储、运输,以满足未来或者其他地区的顾客需求。而物流服务提供的产品是无形的,不可存储,使得物流服务企业不能像制造型企业那样依靠存货来缓冲或满足顾客需求的变化。物流服务企业向客户提供的产品运输、仓储、配送等服务,以及更具竞争力的增值服务和信息服务等,这些物流服务都具有一定的非实体性和不可存储性的特点。

在制造过程中,库存还可以用来分离生产工序;对物流服务企业来说,这种分离是通过顾客等待来实现的[6]。库存控制是制造型企业要解决的主要问题,而在物流服务企业中,要解决的主要是顾客等待排队问题、订单处理优先序问题等。

物流服务的不可存储性主要是由其提供的服务产品的不可感知性和物流服务的生产与消费同时而不可分割所决定的。在大部分情况下,消费者也不能将物流服务携带回家存放。由于物流服务的不可存储性,为了快速响应顾客的不确定性需求,物流企业只能事先准备各种提供服务的设备设施,这就涉及物流企业的能力投资问题。如果生产出来的服务没有立即消耗掉,就会造成损失,如车船的空位空仓等,它主要表现在机会的丧失和设备的折旧。

1.2.4 物流与信息流和商流的关系

物资在沿着供应链由上游供应商到下游顾客转移的过程中存在着两种流通形态:一是将商品的所有权或使用权从生产企业转移到消费者手中的商品流通(或称为交易),简称商流;二是将商品实体从生产企业的场所移送到消费者手中的物品流通,简称物流。信息流产生于物流和商流活动之中,反映物流和商流的运动过程,如图1.2所示。

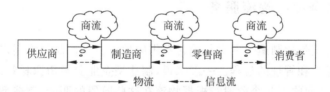

图1.2 物资在供应链中的流通形态

物流、信息流和商流是商品流通中不可或缺的内容,它们之间关系密切,互为依存的基础与条件。

(1) 商流是物流存在的基础,物流是商流实现的必要条件。商品流通是以实现其价值或使用价值为前提的,只有当商品的所有权或使用权需要发生转移时,才会对商品实体形态的转移产生需求,因此,没有商流就没有物流。另一方面,没有物流,商流的目的也将无法实现,因为商品交易的完成是要确保商品完整无损地从生产领域转移到消费领域,物流过程中的任何一个环节出现问题,都可能会导致商品交易的最终失败。现代物流服务综合集成的特点要求物流与商流的"分离"。即物流服务需求企业,借助物流服务外包,可以使交易主体与物流服务主体是不同的。分离的目的是提高物流服务的集成性和效率。

(2) 信息流是由商流和物流引起并反映其变化的各种知识、情报、资料、指令等。信息流制约着商流和物流,也为商流和物流提供预测和决策依据。另外,信息流又是实现商流和物流相互沟通,完成商品流通的全过程的媒介。没有信息流,商流和物流就不能顺利地进行。

(3) 物流、信息流和商流三者相辅相成,紧密联系,互相促进,推动流通过程不断向前发展。在这个过程中,以信息流为媒介,通过物流实现商品的使用价值,通过商流实现商品的价值。

1.3 物流服务的分类

物流服务可以分为企业物流、社会物流和生活物流。企业物流是指在企业生产经营过程中,物品从原材料采购、生产加工,到产成品和销售,以及伴随生产消费过程所产生的废弃物回收及利用的完整的循环活动。《物流术语》中,企业物流(internal logistics)的定义是企业内部的物品实体流动,它是和"社会物流"、"生活物流"相对应的[7]。从企业类型的角度可以将企业分为制造型企业的物流服务和服务型企业的物流服务。

社会物流(social logistics)是指超越一家一户,以一个社会为范畴,以面向社会为目的的物流。这种社会性较强的物流往往是由专门的物流提供者承担的,社会物流的范畴是社会经济大领域。城市物流、区域物流、国际物流等均属于社会物流的范畴,第11章将重点介绍城市物流服务管理。

生活物流(life logistics)就是从生活的角度,从细小的需求出发的物品流通。比如部分生活优越的家庭,夏天和冬天要用不同颜色风格的家具,更换下来的家具就托管在专业公司,这些负责搬运和托管的公司就是一种生活物流企业[8]。

1.3.1 制造型企业的物流服务

制造型企业物流是指制造企业对从原材料供应地一直到产品最终用户之间的物料流及有关信息流进行组织和管理的过程。一般来说,制造型企业要经历原材料采购、产品生产制造、产品销售和产品回收等几个阶段。根据物流在这些阶段的职能,制造型企业物流又可以分为供应物流、生产物流、销售物流和回收物流,如图1.3所示。

(1) 供应物流。供应物流是指制造企业购入原材料、零部件或半成品的物流运作过程。供应物流是制造企业生产制造的前提保证,即通过不断组织原材料、燃料、零部件、辅助材料的供应,从而保证企业生产正常、高效地进行。

(2) 生产物流。生产物流是指原材料投入生产后,经下料、发料、运送到各个加工点和存储点,以在制品的形态,从一个生产单位流入另一个生产单位,按照规定的生产工艺过程进行加工、储存的全部生产过程。生产物流是企业生产的基本保障,一方面,通过对加工、存储、搬运等物流活动的控制,可以保证企业生产过程的连续性和衔接性;另一方面,通过规划合理的运输路线,实施优化的流通方式,可以使生产的各个环节紧密衔接,能够大大减少在制品在各个工艺阶段、工序之间的停滞和流动时间,从而缩短产品的制造周期,提高生产效率。

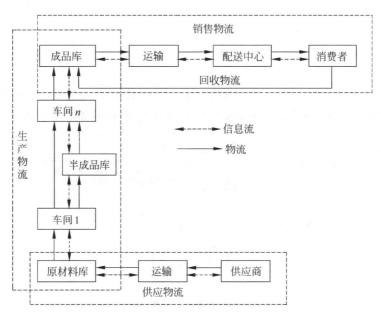

图1.3 制造型企业供应链物流过程图[9]

(3) 销售物流。销售物流是指企业生产出的产品从生产地到用户这一阶段时间和空间上的转移。销售物流是企业赖以生存和发展的条件,是连接企业和消费者之间的桥梁。销售物流对企业的作用表现在:通过准时、快速、畅通的物流分销网络,实现产品快速递送到顾客手中;通过降低销售过程中的成本,直接或间接增加企业利润;通过合理的包装与储存等处理,减少产品由于磕碰、腐烂、挥发、锈蚀等不定因素带来的损伤,提高产品的质量,从而提高顾客满意度等。

(4) 回收物流。回收物流是指企业对不合格的产品进行返修、召回,或对废弃物进行加工、拣选、分解、净化,使其成为可重复利用的资源而形成的物资流通过程。回收物流不仅可以减少社会资源消耗、降低污染,实现企业的社会责任,还可以降低企业生产成本,增加企业的利润。

在制造企业的物流服务过程中,上述各种物流服务职能的实现又依赖于以下5个基本的物流活动,即客户服务、运输、仓储、物料搬运和信息维护。

除了基本的物流活动外,在企业的物流服务运作过程中,还要区分关键性物流服务活动和支持性物流服务活动[6]。关键性物流服务活动是指占总物流服务成本的比重很大,或是有效协调、完成物流服务工作的关键环节。企业中关键性的物流服务活动一般包括客户服务、运输、库存管理和信息处理。客户服务水平决定了物流系统的反应能力,也直接影响着顾客对企业产品的需求。运输和库存是成本消耗较大的物流活动。经验表明,它们各约占总成本的1/3。运输不仅是企业生产和满足客户需求的保证,还是企业财务管理所关注的重要内容。库存不仅可以保证顾客对产品的可得性,还能使生产能够更加灵活有效。对信息的快速处理,例如订单处理,不仅可以使企业及时、准确地获得所需的信息,还能帮助企业缩短提前期,赢得更多的客户。支持性物流服务活动可以视为有助于实现物流服务管理目标的因素,例如,保护性包装不仅是运输和库存管理的支持性活动,也是存储和物料搬运的支持性活动。

1.3.2 服务型企业的物流服务

与制造型企业相类似,物流服务对服务型企业的运作也至关重要。以一个酒店服务企业的物资供应流程为例,说明服务型企业中的物流服务的内涵,如图1.4所示。

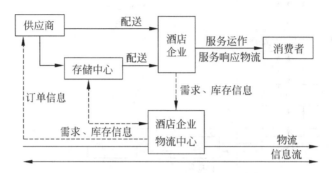

图1.4 酒店企业物流运作流程图[10]

在制造型企业中,物流对实体形态产品的生产、储存和运输等作用是显而易见的。服务型企业也会使用一些辅助性的物品。例如,酒店在为顾客提供餐饮服务时需要的物品有各种服装、餐厅用品及设备、酒店设施设备、各种饮料和食品加工设备以及各种主辅食品和配辅料,这些物品也需要采购、运输、装卸、存储、包装、加工、配送以及信息处理等活动。利用畅通的运输网络和快速的分拣、包装系统,物流服务同样可以实现服务产品的价值增值,为服务型企业节约成本,创造利润。

尽管利用制造型企业物流管理的思想可以实现服务型企业的辅助物品的高效、快速流通,然而服务型企业产品的物流运作与制造型企业还是存在着本质的区别。在制造型企业中,完成产品制造活动的工作人员很少会看到产品的用户,通过标准化生产的产品可以储存起来,以满足未来的需求或高峰时期的需求。与制造型企业不同的是,服务的形成过程与消费过程是同时发生的,服务不能用库存的形式储存起来。例如,理发师必须与客户接触,不可能将闲暇时间的理发服务储存起来,在高峰期提供大量的服务。服务的不可存储性要求其采用服务响应物流。

服务响应物流是指管理控制服务量及协调服务交付过程[9]。例如,服务提供商通过对服务人员班次的重新安排来满足高峰时期服务的需求;或通过增加顾客到达行李提取口的距离以满足航班行李搬运时间的要求;或通过优化决策,确定中转站的位置和送货、取货路线来缩短服务时间;或增加服务能力,如增加自动取款机的数目、储存一定量的现金来降低客户的等待时间。

1.3.3 生活物流服务

随着人们生活水平的提高,对生活质量的要求越来越高,不同的时间、不同的环境想采用不同的家具等物品,但是家庭房子的空间是有限的,这就促进了生活物流行业的产生。

2007年4月11日在中国武汉召开了"中国(武汉)国际物流工控装备总合展",这是第二个落户武汉的国际性物流专业展会。会上,中国台湾全球运筹发展协会理事长苏隆德提出了一个全新的概念——生活物流,立即引起各方广泛关注。

国内的物流服务基本停留在"仓库＋货车"组合的现状,对于生活物流几乎是空白。但是,生活物流已经流入家庭生活当中。家里贵重物品无处存放,冬天用暖色调的家具,夏天想换冷色调家具,却没有地方放;想把家具随意调整,换个心情,没有人帮忙,自己也没有时间等,类似的事情在现代家庭中时常发生。

生活物流主要包括搬家、清洁、采购、运货、安装、家财保管等相关的物流服务,这些物流服务比较细小繁琐,但是这种类型的物流需求发展空间很大。生活物流是从家庭角度来组织物品的流动,它可以与人们的日常生活联系起来,包括为家庭或者个人提供设计和全面物流解决方案等物流基础和增值服务项目。

生活物流不同于一般的物流服务,由于是面向家庭的,更要注重"服务"。例如生活物流中的搬家,生活物流的目标是避免家具受到损伤,按照顾客的要求完成"搬迁、移动、保管、清洁、安装、采购、废物处理"等全方位的服务。生活物流企业应该拥有一套完整的估价系统,以透明公开、精准计算的方式完成估价,并且掌握顾客的所有需要搬迁的对象,再通过整合的信息系统完成生活物流服务。

下面以中国台湾喜客喜生活物流企业(CiCoCiLogistics & HomeServices)[11]为例,说明生活物流服务的功能和运作的全过程。图1.5展示了生活物流新概念。

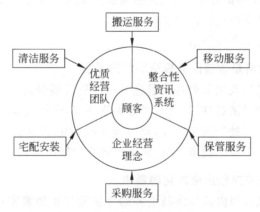

图1.5 喜客喜生活物流新概念

喜客喜生活物流新概念为:"为了制造您的快乐,创造您的幸福,由物流的角度出发,思考如何提升生活质感,改善生活空间与时间,从而发展出生活物流概念。透过企业经营理念的带动、优质经营团队的形成,再辅以整合性资讯系统,逐步构建涵盖'搬运、移动、保管、清洁、宅配安装、采购'等全方位服务机能的生活物流服务体系,满足您对居家生活的物流需求,让您的生活惬意! 幸福! 快乐!"喜客喜生活物流企业服务的项目包括:①精致宅配搬家;②办公室搬运特助;③家财保管;④家具移动。

生活物流是一个较少为人关注的领域,主要原因在于人们在研究物流科学的时候,急于解决社会再生产中的物流问题,以提高资源配置的效率,而生活物流繁杂而琐碎[12]。生活物流服务与企业物流服务、社会物流服务有着本质的区别。生活物流服务的过程更加强调以顾客需求为中心,改革企业经营服务理念,从更细节的角度为顾客提供优质的生活物流服务,顾客个性化程度更高。例如,喜客喜生活物流企业提供了传统型、精英型、便利型、经济型的宅配搬家服务,采用 e-ES 估价系统,更加公开透明。

1.4 物流服务的发展趋势

随着我国经济的快速发展,其在世界上保持了长期第一位的经济增长率,再加上我国人口众多带来的巨大消费市场,物流服务会有更大的发展增长的空间和潜力。我国物流服务经过多年的发展逐步形成了以市场调节为主的运行机制,各种物流基础设施投资不断加强,同时,信息技术和电子商务的发展也促进了物流服务的发展。

1.4.1 物流服务发展的重要意义

促进物流服务发展的重要意义可以表现为以下几个方面。

1. 促进物流服务发展是提高经济运行质量和效益的需求

随着经济全球化的发展,企业的采购、生产、销售、配送的关系日趋复杂,企业之间的竞争已不单是产品质量和价格的竞争,也包含物流服务能力的竞争。现代物流服务是对传统流通方式的一种改革,对资源进行优化整合,改变企业的原有运行模式,帮助企业最大限度地降低成本,提高服务质量和经济效益。

2. 促进物流服务发展是改善国家投资环境的需求

为了加快经济的发展,我国采取各种措施吸引外资发展经济。但投资者在选择投资地点时,不仅要考虑当地的经济条件等,还要考虑物流环境,即物流基础设施和物流服务质量。目前,我国的物流服务发展处于起步阶段,难以满足吸引更多的境外投资的需求。因此,必须加快物流服务发展,吸引更多投资,促进我国的经济发展。

3. 促进物流发展是应对经济全球化的需求

自从加入 WTO 之后,国内的经济与世界的经济发展更加紧密地融合在一起。我国物流服务面临着国外物流企业进入我国市场的压力,我国物流服务需要应用先进的技术提高物流服务水平,从而提高我国物流服务的竞争力,应对经济全球化带来的影响。

1.4.2 物流服务发展的现状

我国物流服务还没有形成一个比较完整的体系,尚处于初级发展阶段,主要体现在以下几个方面[13]。

(1) 物流服务的发展开始受到重视。我国部分政府部门开始认识到物流服务的发展对于推动经济发展的重要作用。一些企业也开始意识到物流服务的发展对于企业降低物资消耗、提高劳动生产率、增强企业竞争力的重要性。

(2) 一批运输、仓储和货运代理公司逐步向物流企业发展。为了适应经济发展的需求,需要扩展经营范围,延伸物流服务,逐渐向多功能集成的现代物流服务的方向发展。

(3) 一些物流服务企业开始重视物流服务质量管理。物流的本质是服务,物流服务质量是物流企业的竞争力的保证。物流服务企业开始把提高服务质量作为与国际接轨、进入国际物流市场的通行证。

(4) 信息技术在物流服务中得到应用。计算机网络技术、电子数据交换系统(EDI)的应用促进了物流服务业的发展,提高了物流的整体效益。

(5) 为电子商务提供服务的物流服务企业有了发展。我国出现了为电子商务服务的以高科技信息技术为基础的第三方物流企业。它们充分利用网络技术、条形码技术等,专门为电子商务提供服务。

(6) 我国物流服务市场网络逐步扩大,建立了以城市为依托的城乡一体化的物流流通网络。这主要源于政府对物流服务业的重视、物流基础设施的快速发展、装备水平的提高等。

1.4.3　物流服务未来发展的趋势

随着信息技术的发展和经济全球化的深入影响,我国物流服务未来的发展将向第四方物流、一体化物流、电子商务物流的方向发展[13~16]。

(1) 第四方物流。它是一个供应链的集成商,对公司内部和具有互补性的服务提供商所拥有的资源、能力和技术进行整合和管理,以提供一套供应链解决方案。第四方物流在解决企业物流的基础上,整合社会资源,解决物流信息充分共享、社会物流资源充分利用的问题。

(2) 一体化物流。它是指不同职能部门之间或不同企业之间通过物流服务上的合作,达到提高物流服务效率、降低物流服务成本的效果。一体化物流有三种形式:垂直一体化物流、水平一体化物流和物流网络。垂直一体化物流要求企业将提供产品或运输服务等的供货商和用户纳入管理范围。水平一体化物流是通过同一行业中多个企业在物流方面的合作而获得规模经济效益。物流网络是两者的结合。

(3) 电子商务物流。它是指在物流服务中引入电子商务手段,目的是实现完整的物流网络和精确的送抵时限,提高竞争力。为了应对顾客需求的个性化,物流服务中出现了物流中心、配送中心,这都需要借助电子商务的手段。另外,随着网上购物人数的增多,物流服务企业与电子商务结合已经成为必然。

小结与讨论

无论是企业的生产服务过程、社会公众的日常生活,还是国家的军事行动或战争,物流服务都是至关重要的。物流服务可以实现企业的连续生产,满足社会公众的日常生活需要,还能实现产品的价值增值,提升企业的服务水平。

本章首先对物流运作与物流服务的概念进行了总结,并对实物物流活动和服务响应物流、关键性物流服务活动和支持性物流服务活动、企业物流和物流企业的内涵进行了区分;其次对物流服务运作的基本特点进行了概括;然后介绍了制造型企业的物流服务、服务型企业的物流服务和生活物流服务;最后概述了物流服务发展的重要意义、现状和未来发展趋势。

思考题

1. 什么是物流服务？影响物流服务的因素有哪些？
2. 怎样理解物流服务的增值特性？能否举出一些现实中常见的物流增值活动？
3. 物流服务与供应链管理的关系是什么？
4. 制造型企业物流可以分为哪几种？它们之间的关系如何？
5. 制造型企业的物流服务与服务型企业的物流服务有什么区别？
6. 生活物流服务的特点有哪些？
7. 物流服务的未来发展趋势是什么？结合现实中的例子说明。

案例： MD 空调的供应链物流管理变革[①]

中国制造型企业的产品生产周期中 90% 以上的时间要花在物流服务活动上。低的物流速度和高的物流仓储成本是令中国企业苦恼的大难题。MD 公司针对其空调产品供应链的库存问题，应用供应链物流管理的理论和信息化技术，全面改革其供应链上、下游的物资供应和管理模式，取得了较好的效果。

MD 公司是一家以家电为主的大型综合性现代化企业。尽管其空调产品的销售量多年名列我国空调产业的前茅，然而竞争十分激烈的市场仍让其感到担忧。为了应对市场竞争，自 2000 年以来，MD 公司先后在降低市场费用、裁员、压低采购价格等方面频繁变招，为的是其成本与效率最优。后来，MD 公司又对其空调的供应链物流管理进行了变革。

MD 公司首先对其供应商的管理进行了变革。MD 公司生产零配件的品种数加起来一共有 3 万多种，较为稳定的供应商有 300 多家。原先这些零配件的供应和库存管理工作是由 MD 公司自己承担的。为了保证生产系统的平稳运行，MD 公司设置了很多仓库，库存量大且库存周转率低。从 2001 年中期开始，MD 公司开始采取供应商库存管理（vendor managed inventory，VMI）策略。在 VMI 策略下，MD 公司将原有的 100 多个仓库精简为 8 个区域仓库；对 8h 内可以运到的零配件全部采取配送的方式供给；对运输距离长（运货时间 3~5 天）的外地供应商，允许其在 MD 公司的仓库里租赁一个片区（仓库所有权归 MD），并将其零配件放到片区里面储备。当 MD 公司需要用到这些零配件的时候，它会通过 ERP 系统平台通知供应商，然后再进行资金划拨、取货等工作。这时零配件的所有权才由供应商转移到 MD 公司手上。在此之前，零配件尽管已存放在 MD 公司的仓库内，所有权仍归供应商，因此相应的库存成本也由供应商承担。

实施 VMI 后，供应商不需要像以前一样疲于应付 MD 公司的订单，而只需在 MD 公司仓库片区中存放适当的库存（一般为满足 3 天需求的量）。实施这种变革之后，MD 公司的零部件库存周转率，在 2002 年上升到 70~80 次/年，其零部件库存也由原来的平均 5~7 天存货水平大幅降低为 3 天左右。由此，MD 公司节约成本 15%~20%。

---

① 本案例基本素材来源于中国市场营销培训网 http://www.cmarn.org，本书对其进行了必要的改编。

在上游原材料供应管理方式变革的同时,MD公司也加紧对其下游销售体系的管理进行变革。在经销商管理环节上,MD公司为其经销商安装了销售管理系统,利用该系统可以统计到经销商的销售信息(如分公司、代理商、型号、数量、日期等),并对业务往来进行实时的对账和审核。作为经销商的供应商,MD公司为经销商管理库存。即经销商无须备货,当经销商缺货时,MD立刻就会自动送过去,而不需经销商提醒。这样,MD公司就可以有效地削减和精准地控制销售渠道上昂贵的存货,而不是任其堵塞在渠道中,让其占用经销商的大量资金。

经过上述变革后,MD公司空调成品的年库存周转率大约接近10次。空调的库存年周转率提高一次,可以直接为MD公司节省超过2000万元人民币的费用。2002年度,MD公司的空调销售量同比2001年度增长了50%～60%,但年平均成品库存却降低了9万台。

讨论:

(1) 在上述案例中,MD公司利用了哪些物流服务措施来改善其运营状况?

(2) MD公司在对其供应链进行整合后为其带来了哪些好处?

(3) 根据上述案例,结合本章所讲述的内容,你认为MD公司还可以通过哪些措施来进一步提高库存周转率,增加企业销售量?

参考文献

[1] DAVIS F W, MANRODT K B. Teaching service response logistics [J]. Journal of Business Logistics,1992,13(2):199-229.

[2] 王国华.中国现代物流大全——现代物流总论[M].北京:中国铁道出版社,2004.

[3] WISNER J D,LEONG G K,TAN K C. Principal of supply chain management: a balance approach [M].北京:清华大学出版社,2006.

[4] 马士华,林勇.供应链管理[M].北京:高等教育出版社,2003.

[5] 刘海莹.物流的价值空间分析[J].经济纵横,2004(11):52-53.

[6] [美]詹姆斯·菲茨西蒙斯,莫娜·菲茨西蒙斯.服务管理:运营、战略和信息技术[M].张金成,范秀成,等,译.北京:机械工业出版社,2000.

[7] 宋建阳.企业物流管理[M].武汉:华中科技大学出版社,2011.

[8] 生活物流.百度百科[EB/OL]. http://baike.baidu.com/view/2233427.htm?fr=aladdin.

[9] 周晓,马士华.供应链环境下制造企业的物流模式研究[D].武汉:华中科技大学硕士学位论文,2003.

[10] 郑达,陈镇,郑向敏.论我国酒店集团物流体系的构建与管理[J].北京第二外国语学院报,2004,123(5):79-85.

[11] 喜客喜生活物流企业[EB/OL]. http://www.cicoci.com/.

[12] 王桂花.解析生活物流[J].江苏经贸职业技术学院学报,2005(3):37-39.

[13] 毛禹忠.物流管理[M].北京:机械工业出版社,2004.

[14] 李新华.企业物流管理[M].北京:中国广播电视出版社,2002.

[15] BALLOU R H.企业物流管理[M].王晓东,胡瑞娟,等,译.北京:机械工业出版社,2006.

[16] BLOOMBERG D,LEMAY S,HANNA J B. Logistics[M].北京:清华大学出版社,2004.

第2章 物流服务的运作模式

物流服务运作模式指物流服务活动的组织形式或物流需求的满足方式,包括自营物流、专业化的第三方物流和提供完整供应链解决方案的第四方物流等。本章介绍这些物流服务运作模式的内涵、特点、运作过程和组织形式等,并介绍物流服务运作模式选择的基本决策方法。

2.1 自营物流运作模式

2.1.1 自营物流运作模式概述

自营物流,顾名思义,就是指交易企业自身拥有物流的运输、仓储、配送等功能,供需双方按照交易协商/合同规则各自进行运输配送以及安排货物的存放保管等物流活动,如图2.1所示[1]。

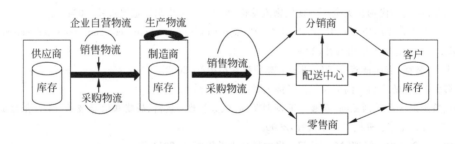

图 2.1 供应链中传统自营物流运作模式[1]

自营物流运作模式是比较传统的物流运作模式。从物流服务的组织者和承担者角度,自营物流又可以划分为:第一方物流和第二方物流。

(1) 第一方物流(the first party logistics,1PL)又称卖方物流或供应方物流,是指在向需求者提供产品或服务过程中所涉及的物流服务活动由提供者自我组织和承担。例如传统的生产制造型企业中,大多数企业都配备有规模较大的运输工具(如车辆、船舶等)和储存自己产品所需要的仓库等物流设施,来实现自己产品在时间上和空间上价值的增值。特别是当产品输送量较大的情况下,企业比较愿意由自己来承担物流的任务。

(2) 第二方物流(the second party logistics,2PL)也称买方物流或需求方物流,是指由物资需求者自己解决所需物资或服务的物流问题,以实现物资的空间移动或服务的正确传递。例如,传统的一些较大规模的商业部门都备有自己的运输工具和储存商品的仓库,以解决从供应站到商场的物流问题。

在国内工业企业中,由第一方和第二方来承担物流活动目前仍占有较高的比例。据调查[2],在原材料供应中,由企业自身和供应方企业承担的比例分别为36%和46%;在产品销售中,由企业自理和供货方承担的物流活动分别为76.5%和17.6%。物流自营比例之所以较高,主要是因为物流自营有利于企业掌握对顾客的控制权,盘活企业的资产,保护商业秘密等。也可能是因为社会化第三方物流服务水平发展得不够充分,不得不采取自营物流模式。

2.1.2 自营物流运作模式的优缺点

企业选择自营物流模式,必须既要考虑企业自身的特点、能力以及自营物流带来的好处,又要考虑自营方式带来的风险和不利之处。通过权衡利弊,决定是否由企业自身来组建物流服务部门。自营物流的优点[3]有:

(1) 掌握控制权。通过自营物流,企业可以对物流系统的全过程进行有效控制。例如,企业利用自身的物流设施和物流网络,可以有效控制原材料的运输和库存,控制企业运营成本,实现企业的连续生产;在销售阶段,利用自营物流可以更好地配合企业的销售战略,保证产品的可得性。在自营物流运作模式下,企业可以方便地收集采购、制造、销售以及回收等活动环节的资料,利用这些资料从系统的角度协调企业生产经营的各个环节。

(2) 盘活企业原有资产。目前,在我国生产企业中,约有73%的企业拥有汽车车队,73%的企业拥有仓库,33%的企业拥有机械化装卸设备,3%的企业拥有铁路专线;在商业企业中,约有36%的企业拥有自己的车队,36%的企业拥有仓库,7%的企业拥有机械化装卸设备。企业选择自营模式,可以在改造企业经营管理结构和机制的基础上盘活这些物流资源,带动资金周转,为企业创造利润。

(3) 降低交易成本。在现实中,由于信息的不对称,企业很难获得物流服务提供商的完整、真实的资料,导致企业的交易成本很高。一方面,企业在选择物流服务提供商时为了获取其真实的信息,必须付出一定的信息租金,这部分租金将是企业交易成本的一个组成部分;另一方面,由于信息不对称,物流服务商的机会主义行为也可能导致企业交易成本的上升。选择物流自营模式,企业不仅可以减少物流服务外包的佣金,还可以减少就运输、仓储、配送、售后服务等内容和物流服务提供商进行多次谈判的交易费用。

(4) 避免商业秘密的泄露。任何一个企业的内部运营都有其独特的地方,并且不为其他竞争对手所知,如特殊的生产工艺、传统的秘制配方、新技术等。当企业将其部分或全部物流活动外包,特别是引入第三方物流提供商来经营其生产环节的内部物流时,这些核心的技术或力量就不可避免地向第三方物流服务提供商公开。在一个行业中,第三方物流提供商往往同时为几个竞争的企业提供物流服务,因此,极可能通过第三方物流服务提供商将企业的商业秘密泄露给竞争对手,动摇企业的竞争力。

(5) 提高企业品牌价值。通过自营物流服务系统,企业可以亲自将产品准确、快速地运送到顾客手中,使顾客近距离了解企业、熟悉产品,提高企业知名度;同时,企业可以掌握最新的顾客信息和市场信息,并根据顾客需求和市场发展动向对战略方案及时做出调整,进一步提高企业的市场占有率。

企业自营物流虽然存在上述优势,但也存在着相当的风险,主要表现在:

(1) 增加企业的投资负担。企业选择自营物流方式,就必须投入大量的资金用于物流的基础设施建设,例如,购买运输车辆、组建仓储设施以及聘用相应的物流服务人员等。这些资产的投入必然会减少企业对其他重要环节的投入,势必会削弱企业的市场竞争力。

(2) 规模有限,资源利用率低。物流活动的重要环节是运输和仓储,因此,企业自营物流必须组建与生产能力相符的运输力量和仓储容量。然而现实中,由于市场的供需存在不可预期的波动性,这给企业物流基础设施的投资规模带来了难题。一方面,若企业按需求旺季的物流能力要求进行物流设施投资,到需求淡季时便会有一部分物流资源闲置,既占用企业的资金和资源,又产生巨大的浪费;另一方面,若企业对物流的资源投资过小,当销售旺季来临时,企业可能由于物流运作能力的不足而丧失商机,影响企业的销售额和竞争力。

(3) 效率低,成本高。对于绝大多数非专门从事物流活动的企业而言,物流只是企业的一个后勤保障部门,物流活动也并非企业所擅长。在这种情形下,企业自营物流使得企业的管理人员往往需要花费很多的时间、精力和资源去从事与物流相关的工作,结果导致本身的核心业务的精力投入过少,经营效率低下,同时物流的运作效率也很低。企业自营物流一般主要服务于自身,并根据企业自身的物流需求来建立物流系统。由于单个企业的物流量一般较小,因此企业自营物流往往很难产生规模经济效益,导致很高的物流成本。而对于那些既服务于本企业,又为其他企业提供物流服务的物流系统,由于这些企业不是专业化的物流企业,物流的运作效率和专业化程度比较低,往往也很难获得好的效果。

(4) 专业人才缺乏,物流管理能力低下。对于一个庞大的物流系统,只有硬件设施往往是不够的,专业化的物流管理人员也是其重要的组成部分。在非专业从事物流活动的企业中,企业往往重视的是其核心业务方面的专业人员,容易忽视物流方面的专业人才。企业在自营物流过程中,出于成本的考虑,往往不愿意吸纳专业化的物流人才,而是由原先的内部物流管理人员继续担任新的角色。这就使得企业的物流人员整体水平不高,专业化不强,综合素质较低。面对复杂多样的物流问题,经常凭借经验或主观臆断来解决问题,使得物流运作效率十分低下。

2.1.3 企业选择自营物流运作模式的条件

采取自营物流运作模式的企业往往都是一些规模较大的集团公司,特别是一些连锁经营的企业。当企业具备以下特征时,选择自营物流运作模式可能比较合适[4]:

(1) 企业拥有覆盖面很广的代理商、分销商或连锁店,且企业业务集中在其覆盖范围内。这类企业一般都有一定的物流基础设施。通过整合这些物流资源,只需少许的投入,企业便可方便、快速地建立整个销售区域的物流运作系统,利用业务集中所带来的规模效益,企业自营物流可以实现企业的低成本的物流运作。

(2) 企业的产品比较单一,业务集中在企业所在的城市,网络资源丰富且企业的物流管理能力强。由于企业的业务范围不广且比较单一,因此企业独立组织物流活动所耗费的物力、财力不是很大,同时企业有能力控制和管理自己的物流系统。

(3) 企业规模较大、资金雄厚且物流量巨大。对于这类企业来说,投资建设自己的物流系统,控制物流的主动权是企业的一种战略。例如,全球最大的网上书店亚马逊(http://

www.amazon.com)就是采取自营物流的模式来实现其销售业绩的快速增长的。亚马逊以全资子公司的形式组建、经营和管理配送中心,拥有完备的物流配送网络,通过自己的配送中心实现销售和对顾客的服务。

2.1.4 自营物流运作模式的组织支持

企业自营物流模式的实现,不仅需要一定的条件,还同时需要一定的组织支持。在过去,许多企业采取 U 形组织结构,企业没有独立的物流部门,物流作为服务和支持其他部门的工作而被分散在各个部门中。分散的物流业务、缺乏职能部门间的协调和系统全局的优化,使得该组织结构下的物流运作效率低下,物流成本和效益难以计算,物流过程难以控制。

为了提高物流管理的效率,现代企业通过组织结构调整,采取 M 形组织结构(也称网络型组织结构),成立独立的物流管理部门,可以改变传统物流管理的分散化、低效率状况。一个典型的网络型物流组织结构如图 2.2 所示。

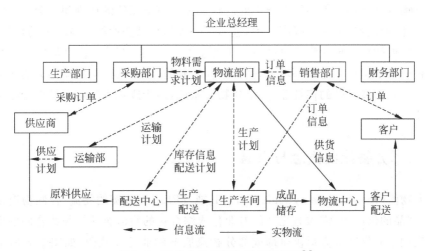

图 2.2 现代企业自营物流组织结构[5]

在这种组织结构中,由一个指挥中心(物流部门)和多个操作点(配送中心、物流中心、运输部等)构成企业物流管理部门,来组织和实施企业的物流活动。M 形组织结构下物流服务运作的具体过程如下:

(1) 销售部门将客户订单汇集后形成订单流,通过信息平台传送给物流管理部门和生产部门。

(2) 生产部门根据订单需求制订生产计划、安排生产,并把生产计划通过信息平台传给物流部门。物流管理部门根据订单信息、生产计划和库存信息向采购部门下达外购原材料和零部件需求计划,向配送中心下达物料配送计划。

(3) 采购部门通过与供应商共享的信息平台向供应商发出需求信息,供应商回复后签订采购订单,并通过网络查询计划和库存,及时补货。

(4) 运输服务部根据供应商的供应计划和物流管理部下达的运输计划统筹调配车辆,优化运输线路,将外购原材料、零部件以最经济的方式准时运到配送中心。

(5)配送中心根据次日的生产计划,利用ERP信息系统进行配料,并根据JIT生产的要求将配好的零部件送到所需的生产线上。

(6)生产部门按照客户订单要求加工完成的产成品送到物流中心暂存。物流中心根据发货信息备货,运输部门将客户化的产品准时送达到客户手中。

尽管通过成立独立的物流管理部门,可以提高企业供应、生产物流和销售物流的效率,改善企业财务和信息处理的经营状况。然而从长期来看,它意味着企业物流设施、设备、信息系统、人员等投资的巨幅上升,物流组织管理难度和协调成本必然增加[6]。为了减少这些资产的投入,降低企业的物流运营成本,更好地专注于自己的核心业务,许多企业开始尝试将物流服务功能进行外包,于是便出现了第三方物流。

2.2 第三方物流运作模式

第三方物流是市场竞争和社会分工的产物。随着市场竞争的加剧和社会分工的日趋细化,企业为了降低成本,进一步提高效率,进而达到提高自己企业核心竞争力的目的,越来越多的企业在发展战略上更专注于自己所擅长的主业,而将自己不熟悉的业务外包给其他社会组织或企业来承担。在这种环境下,一些条件较好的,原来从事与物流相关的运输、仓储、货代等企业开始拓展自己的传统业务,组建物流系统,逐步成长为能够提供部分或全部物流服务的企业。

2.2.1 第三方物流的概念与内涵

第三方物流(the third party logistics,3PL或TPL),又称契约物流、合同物流或物流外包,是指由产品的供应方、需求方之外的专业化或综合化的物流企业以契约合同的形式经由第三方物流网络向供需双方提供全部或部分物流服务的业务模式[6],如图2.3所示。这里所谓的第三方是相对"第一方"供应方和"第二方"需求方而言的。第三方物流供应商(the third party logistics service provider,TPLs)是指受供应方企业或需求方企业委托,专业承运他们各项物流业务活动的物流企业,它是实现第三方物流活动的载体。第三方物流企业

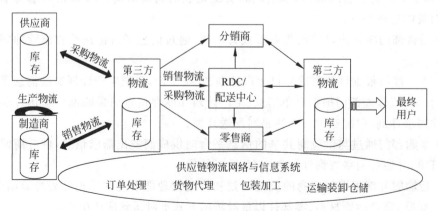

图2.3 供应链中现代第三方物流运作模式[1]

本身不拥有商品,不参与商品买卖,而是为顾客提供以合同为约束、以结盟为基础的诸如运输、储存、包装、装卸搬运、流通加工、配送、物流信息、物流系统分析与设计等物流服务,通过这些物流服务提升商品的价值,从而谋取利润。

第三方物流是连接供应方和需求方的纽带,是实现供应链管理的有效方法。它处于流通的中间环节,通过签订合作协议或结成合作联盟,在特定的时间内按照特定的价格向顾客提供个性化的物流代理服务。它以现代信息技术为基础,通过先进的信息系统和对供应方、需求方以及自身物流资源的整合,可以为顾客提供一体化的物流服务。第三方物流是物流服务发展到一定阶段的产物,是物流专业化的重要形式,同时也是一个国家物流发展或经济发展水平的重要标志。

2.2.2 第三方物流的主要特征

作为物流服务发展的新领域,与传统的物流服务相比,第三方物流具有以下几大特点:

(1) 功能专业化。第三方物流所提供的是专业的物流服务,无论是物流设计、物流操作、物流技术、物流设施还是物流管理都体现专门化和专业水平,物流服务人员也是具有专业素质的人员。专业化不仅可以降低运作成本,还可以提升物流服务水平,增加企业利润。

(2) 服务个性化。不同物流消费者在企业形象、业务流程、产品特征、顾客需求特征、竞争需要等方面的要求不同。第三方物流可以根据这些不同的要求,提供具有针对性的个性化物流服务和增值服务。

(3) 管理系统化。第三方物流应具备系统的物流功能,能从一体化的角度将仓储、运输、配送、包装以及各种增值型服务进行高度系统集成,为客户提供具有长期、专业、综合、高效的物流服务;从供应链的角度不断优化企业的物流运作,提高客户的满意度。

(4) 关系契约化[7]。第三方物流是通过契约的形式来规范物流经营者与客户企业之间关系的。第三方物流企业根据契约规定的要求,为客户企业提供多功能甚至全方位一体化的物流服务,并以契约来管理所有提供的物流服务活动及其过程。

(5) 长期的战略伙伴关系。第三方物流企业与客户企业是一种共生的关系。第三方物流一般不是提供临时性的物流服务,也不是提供一项或几项独立简单的物流功能,而是以提高客户企业经营效率为目标,根据合同条款向客户企业提供长期、复杂、多功能甚至全方位的物流服务。第三方物流企业与客户企业不是一般的买卖关系,其业务已经深深影响到客户企业的供应、生产、销售等整个生产经营全过程,与客户紧密地结合成一体,通过降低客户企业物流服务成本,实现与客户企业的双赢。

(6) 信息化、网络化。现代信息技术的发展是第三方物流出现和发展的必要条件。现代信息技术实现了数据快速、准确地传递,不仅提高了仓库管理、装卸运输、配送发运、订单处理等物流环节的自动化水平,还促使订货、包装、保管、运输、流通加工等物流活动的一体化,使得大规模、高质量、高服务水平处理物流作业成为可能。利用网络,第三方物流企业可以与客户企业及其他企业建立广泛的联系,实现物流信息在各企业之间快速地流动和共享,使原本分散的各个物流环节能够相互连通,成为一个有机整体。

2.2.3 第三方物流的服务内容和服务方式

1. 第三方物流的服务内容

第三方物流所提供的服务范围很广,既可以简单到确定和安排一批货物的最佳运输方式,也可以复杂到设计、实施和运作一个企业的整个物流系统。与传统的运输、仓储型企业相比,第三方物流企业能将各个物流要素有机地整合起来,提供系统化、多元化的物流增值服务。从具体的服务内容来看,第三方物流服务可以分为常规服务和增值服务两种[8]。

(1) 常规服务。第三方物流企业是一个集成的综合物流服务提供商,通过自建或整合外部物流资源,可以提供诸如仓储、运输、装卸搬运、配送等基本的物流服务,实现产品由供给方到需求方高效、快速、准确地流动。

(2) 增值服务。第三方物流的增值服务是根据客户的需要,为其提供的超出常规的服务,或者是采用超出常规的服务方法提供的服务。第三方物流的增值服务主要表现在两个方面:一是对仓储、运输、配送等基本物流服务活动功能进行延伸服务,如仓储的延伸服务有原料质检、库存查询与补充、自动补货等;运输的延伸服务有运输方式和运输路线选择、为客户选择承运人、确定配载方法,货物运输过程中的监控、跟踪、报关、代垫运费等;配送服务的延伸有集货、分拣包装、配套装配、条码生成、贴标签等。另一是从供应链管理的角度对物流进行一体化整合和集成,帮助客户企业提高其物流管理水平和控制能力,优化客户企业自身的物流系统,加快响应速度,为企业提供制造、销售及决策等方面的支持,如库存管理与控制、采购与订单处理、市场调研与预测、产品回收、构建物流信息系统、物流系统的规划与设计、物流系统诊断与优化、物流咨询及教育培训等。

2. 第三方物流的服务方式

第三方物流的服务方式有多种,具体包括:

(1) 签订长期合作伙伴协议。从部分区域、业务或产品入手,逐步为客户提供全方位的物流服务。这是最为普遍的服务方式,如 MENLO 物流公司与 IBM 的合作,就经历了从对美国中央物流中心的运输服务,到增加中央物流中心的管理服务,再到增加对欧洲市场的物流服务,最后到提供全球一体化的物流服务,建立了长期合作伙伴关系。

(2) 系统接管。全盘买进客户的物流系统,接管并拥有车辆、场站、设备和接受原公司员工。接管后,系统可以仍然为此企业服务或与其他公司共享以改进利用率并共担管理成本。这种形式主要出现在传统大型企业的物流外包中,如 USCG 物流公司系统接管北方电讯(NORTEL)卡尔加里物流中心。

(3) 合资。客户保留配送设施的部分产权,并在物流作业中保持参与。对客户而言,第三方物流为其提供了注入资本和专业知识的途径,同时又保持了对物流过程的有效控制。这种形式在汽车、电子等高附加值行业较为普遍,如 RYDER 物流公司与通用汽车(GM)的合作。

(4) 签订管理型合同。对希望自己拥有物流设施(资产)的客户提供物流管理服务。这种形式在商业企业的物流服务中比较常见,如以日用消费品零售业提供物流服务为特色的英国 TIBBET & BRITTAN 物流公司就擅长提供物流管理服务。

2.2.4 第三方物流的运作模式

第三方物流的运作模式主要是指第三方物流企业整合资源和提供服务的模式[9]。第三方物流企业很多是从传统与物流相关的企业发展而来的,如传统的储运企业、货代企业和生产流通企业等。由于背景不同,各物流企业的专长与实力都有很大差别,其战略定位和运作模式必然是不相同的。从资源整合和提供服务方式的角度,可以将第三方物流企业的运作模式划分为6种运作模式,如表2.1所示。

表2.1 第三方物流企业的运作模式分类[9]

第三方物流企业的运作模式	资源整合方式	提供服务的方式	
		服务内容	服务范围
综合物流模式	资产型	高集成	窄
综合代理模式	非资产型	高集成	窄
功能物流模式	资产型	低集成	广
功能代理模式	非资产型	低集成	广
集中物流模式	资产型	低集成	窄
缝隙物流模式	非资产型	低集成	窄

1. 综合物流模式

综合物流模式的特点是第三方物流企业拥有大量的固定资产,为少数行业提供高集成度、多样化的服务,并且业务范围集中在自己擅长的领域。采取综合物流模式的第三方物流企业集成物流的多种功能于一体,包括运输、仓储、包装、装卸、流通加工、信息处理等,为客户提供从原材料采购、制造支持、产品配送到售后服务、逆向回收等多项,甚至所有的物流服务[13]。国际上许多著名的物流公司都采用这种运作模式,国内一些大型的物流企业也开始提供这种服务。例如,中外运、中储运等大型国有物流企业。

由于提供高集成度的物流服务,物流服务企业参与客户内部运营的程度较深。为了更好地实施物流管理,采取综合物流模式的第三方物流企业必须构建物流信息平台,设计物流信息系统,规划整体运输网络并优化物流配送中心。综合物流是第三方物流发展的趋势之一。

2. 综合代理模式

综合代理模式的特点是第三方物流企业不进行固定资产投资,而是对企业内部及具有互补性的服务提供商所拥有的资源、能力、技术进行整合和管理,为少数行业提供高集成度的一体化供应链物流服务。综合代理模式一定意义上体现了第四方物流的思想。采用这种运作模式的物流企业实际上就是一个供应链的集成商,通过有效地整合社会资源,在降低大规模投资风险的同时实现全社会物流运作效率的提高,因此是很值得推广的一种模式。

3. 功能物流模式

功能物流模式的特点是第三方物流企业使用自有资产为多个行业的客户提供低集成度的物流服务。这类第三方物流企业对客户提供的服务功能比较单一,例如仅提供运输、仓储服务等,一般不涉及物流的整合与管理等较高端的服务。由于仓库、车队等资源可以共享,因此第三方物流企业能同时为较大范围的客户服务,实现规模效益。功能物流模式是目前我国第三方物流企业运作的一种主要模式。传统的以运输、仓储为基础的大中型企业,以及一些新兴的民营物流公司,都属于这种模式。由于客户企业仍倾向于外包部分功能型的物流活动而不是全部物流,功能型物流模式仍有很大的发展空间。采用功能物流模式的第三方物流企业应该不断加强自身的运作能力,在强化核心能力的基础上,可逐步拓展服务的种类,提升服务层次,向综合物流模式发展。

4. 功能代理模式

功能代理模式与功能物流模式一样,可以同时为多个行业的客户提供低集成度的服务。不同的是,功能代理模式本身不进行固定资产投资,而是通过委托他人或整合外部资源来提供服务。采取功能代理模式的第三方物流企业一般从货代类企业经过业务拓展转变而来,客户分布比较广泛,服务层次相对较低,但具有较强的管理整合社会公共资源能力,能够充分利用闲置的社会资源。这类企业对固定设备、设施的投资较少,以其业务灵活,服务范围广和服务种类多等优势使其他企业难以与之竞争。采用功能代理模式的物流企业可以通过不断提升代理服务的集成度向综合代理模式拓展。

5. 集中物流模式

集中物流模式的特点是第三方物流企业拥有一定的资产和范围较广的物流网络,在某个领域提供集成度较低的物流服务。由于不同领域客户的物流需求千差万别,当一个物流企业能力有限时,他们就可以采取这种集中战略,力求在一个细分市场上做精做强。许多知名的物流企业都有自己的特色领域和核心竞争力,例如,中铁快运股份公司在全国范围内提供大宗货物的快递服务,而顺丰速运公司则专注于小包裹的快速运输。由于在特定领域有自己的核心竞争力,集中物流模式也是一种很有发展前景的物流运作模式。

6. 缝隙物流模式

缝隙物流模式的特点是第三方物流企业拥有较少的固定资产甚至没有固定资产,整合度低,以局部市场为对象,将特定的物流服务集中于特定顾客群。这种模式非常适合一些从事流通业务的中小型物流公司,特别是一些伴随电子商务发展起来的小型物流企业。目前,这方面比较突出的物流服务主要有搬家综合服务、代收商品服务、网上订书和鲜花递送等个性化消费品的配送服务。采用缝隙型物流运作模式的第三方物流企业应该充分发挥自己在特定服务领域的优势,积极提高服务水平,实现物流服务的差异化和成本最小化。

2.2.5 第三方物流的组织支持

合理的组织结构是第三方物流企业高效运作的关键。第三方物流几种典型的企业组织模式如下:

(1)垂直型。垂直组织结构是一种最为简单的第三方物流企业的组织结构类型。这种组织结构的显著特征是:按照垂直直线形式对企业中的各个部门进行排列,各个组织层次的负责人都对被管理者拥有直接的一切职权,对所管理的部门有绝对的控制权。这种组织的优点是结构简洁,管理集中,权责清晰,指令统一;缺点是决策过于集中,往往由一人承担,管理幅度小,部门之间的协调性差。垂直组织结构形式只能适用于那些没有必要按照职能实行专业化管理的小型第三方物流组织,或是现场的作业管理,在现代第三方物流企业中已经很少采用。

(2) 职能型。在这种类型的组织结构下,物流企业将物流业务按其职能成立独立的职能部门,各职能部门的调整全部由最高经营层决策。职能型组织结构的优点是在集权的同时可以将物流业务职能化,通过引入特定专业领域(运输、仓储、包装等)的管理,集中物流专家的优势力量,实现各物流业务的高效运作;其缺点是各职能部门追求局部利益,往往无法达到系统最优,部门之间互相隔离,往往缺乏控制和协调。

(3) 事业部型。事业部是一种分权式的管理方法。第三方物流的事业部相当于多个物流子公司,负责不同类型的物流业务。由于各事业部形成了单独的利益主体单元,因而纠正了集权管理带来的缺陷,使组织具有创造性和机动性,促进了经营整体的发展。这种结构的主要优点是:各事业部按物流服务类别划分,有利于充分发挥第三方物流的专业优势,提高物流服务的质量;各事业部由于权力下放,分工明确,因而形成一种责任经营制,有利于锻炼和培养出精通物流经营管理的人员,有利于发挥个人的才能和创造性。事业部组织结构的主要不足之处在于资源的重复配置、组织的总成本上升、综合能力差等。

(4) 矩阵型。矩阵型物流组织是将项目管理的思想和物流运作相结合的一种组织形式。矩阵式物流组织结构的大体内容是:企业内部各职能部门为完成某个物流项目而成立专门的项目小组,由项目经理统一全面管理,各部门成员对自己的任务全权负责,但履行物流业务所需的各种物流活动仍由各职能部门负责。而当某一项目完成后,项目小组自动解散,所有小组成员回到原来所在的部门,重新成立另一个项目组。矩阵型结构具有组织结构扁平化、柔性化、分立化、网络化和开放化等特征。矩阵型物流组织有利于物流企业资源的充分利用和部门之间联系的加强,不利之处是很难协调部门之间的冲突。

除了上述介绍的几种典型的组织结构外,第三方物流企业还采取其他的结构形式,如网络结构形式、任务小组形式以及委员会结构形式等[10]。各种结构形式都具有自己的特色和优缺点,现实中第三方物流企业到底选择哪种结构形式应考虑其战略选择、行业环境、服务产品特征等多种因素。

2.2.6 第三方物流存在的不足

虽然第三方物流拥有先进的信息技术、专业化的服务团队、优化的运输网络和规模化的经济效益,通过合理化的组织结构为特定客户提供专业化的物流服务。然而,在供应链管理环境下,第三方物流仍存在一些不足,主要表现在[11]:

(1) 技术方面的不足。第三方物流企业缺乏对整个供应链体系的战略性规划以及供应链整体优化所需的全套相关技术。供应链管理思想的发展使得客户企业开始从更高的角度来看待物流服务,把服务要求从具体的运输、仓储管理,上升到对整个物流供应链的整合和供应链的方案设计。在这种情形下,一些企业经常发现第三方物流企业缺乏当前所需的综合技能、集成技术、全球扩展以及跨越整个物流供应链的运作能力和条件。大多数第三方物流企业的核心能力在于实际操作方面,往往只能依据相关客户的要求来提供自身能够提供的物流方案,不能通过自身的服务对客户的需求加以正确引导,从而导致物流功能被简单化。缺乏对整个物流系统及供应链进行整合规划所需的战略技术与专长,难以满足客户企业日益增长的需求。

（2）缺乏协调能力。一个企业的物流系统是由多个子系统组成的，各个子系统之间是相互影响、相互联系的。企业在进行物流外包时，往往很难找到一个合适的第三方物流企业来管理企业的全部物流活动，而是选择多个第三方物流企业来共同完成。各个物流企业负责固定的物流模块，提供相应的物流服务。这就涉及各个物流企业之间以及物流企业和客户企业之间的协调问题。一方面，由于大范围区域和行业的物流运作，单个第三方物流企业为了自身利益最大化，很少考虑其他物流企业的运作计划和进程安排，往往会导致运输衔接不畅，整个物流网络效率低下。另一方面，客户企业希望原材料能随时可得以及产成品能尽快、准时地运送到顾客手中。然而第三方物流企业为了规模经济，一般要收集一定的业务量才开始启动物流设备，这就与客户企业的服务目标产生了冲突，这些矛盾也成了提高物流服务质量的主要障碍。

（3）注重局部效率。第三方物流企业关注的重点主要是客户企业的物流成本和物流效率，即通常所谓的微观层面的物流，而很少关注宏观或中观层面的整条供应链上的物流成本和物流效率。这就使得第三方物流企业虽然能够为客户企业提供相对于单个企业的全局最优，却不能提供相对于整个行业或整条供应链的全局最优的物流服务。这种局限必然限制第三方物流在宏观或中观层面上的发展。

（4）缺乏高技术、高素质的人才队伍。物流业的发展尤其需要技术专家和管理咨询专家的推动。而第三方物流缺乏对整个供应链的进行战略性运作的专家和真正整合供应链流程的相关技术，无法满足客户对供应链管理的需求。

在这种情形下，一些第三方物流企业开始与信息技术企业和咨询公司结盟，为客户企业提供更为全面的供应链物流服务，由此产生了一种新的物流服务形式——第四方物流。

2.3 第四方物流运作模式

一些大型企业，尤其是跨国公司，其业务拓展至全球范围，更需要从系统的角度对其物流运作进行控制和规划。为了顺应这一变化需求，许多大型的第三方物流公司（如 UPS、Fedex 等）迅速改变其第三方物流提供商的角色，通过自身发展、并购和合作联盟，逐步成为整合物流资源、提供更高增值服务的物流服务提供商。

2.3.1 第四方物流的概念与内涵

第四方物流（the fourth party logistics，4PL）的概念是由美国安盛咨询（Anderson Consulting）公司于 1998 年率先提出并注册的。所谓第四方物流，是指一个供应链的集成商，协调管理组织本身与其他互补性服务商的资源、能力和技术，提供综合的供应链解决方案[12]，如图 2.4 所示。从图 2.4 可以看出，第四方物流服务提供商是基于整个供应链流程来考虑物流服务的运作，扮演的是一个协调者的角色，通过统一指挥和协调，将企业内部物流和外部环境有机地整合在一起，达到物流运作效率的系统最优。第四方物流大多是在第三方物流的基础上发展而来的，通过签订合资协议或长期合作协议而与客户企业和服务提供商合作，利用服务提供商来控制与管理客户企业的点到点式供应链运作,不仅控制和管理特定的物流服务,而且对整个物流过程提出策划方案,并通过电子商务将这个过程集成起来。

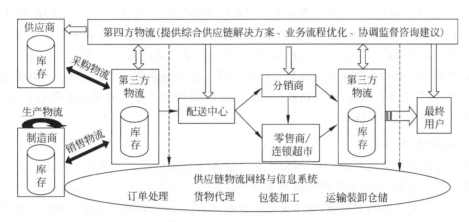

图 2.4 供应链中现代第四方物流运作模式[1]

2.3.2 第四方物流的主要特征

第四方物流是为克服第三方物流的不足而发展起来的,因此第四方物流的许多特征是对第三方物流特征的改进和强化。第四方物流的特征主要表现在以下几个方面。

1. 集约化

第四方物流的经营集约化是指,通过专业化和规模化运营降低客户的物流成本,提高产品的市场竞争力。第四方物流的集约化主要表现在:从业务流程改革和供应链再造入手,通过监控、分解、评估,重塑业务流程中各个环节,对不必要的环节做出删除、压缩、整合或外包的改进和再造,把供应链中的各个运作环节按顾客需要重新组合、不断优化,从根本上消除多余的成本支出,帮助业主获得最佳的服务效果;通过集中管理和实施统一标准,实现机构整合,优化企业物流要素配置。

2. 信息化

信息化是第四方物流运作很重要的一个特色。第四方物流大量使用信息技术与电子商务技术,用以压缩管理时空,增强企业应变能力。利用信息技术,第四方物流加强了企业内部、企业之间以及企业与顾客之间的沟通和协调,使得信息在这些实体之间快速、准确、高效地传递。

3. 综合性

第四方物流的一大特点是提供一个综合性的供应链解决方案,以有效地适应顾客多样化和复杂的需求,集中所有的资源为客户企业完善地解决问题。综合性供应链解决方案应包括[13]:

(1)供应链再造。由于第三方物流存在很多缺陷和不足,在整合资源和进行供应链管理方面只能提供小范围、局部的最优化。通过第四方物流,可以对供应链进行全局性的规划与实施,将企业战略与供应链战略连成一线,使之达到综合一体化标准。

(2) 功能转化。通过战略调整、流程再造、整体性变革管理,第四方物流不仅可以保证传统的物流服务功能的完成,还可以实现引导、监控、优化和重塑服务链的功能。

(3) 业务流程再造。第四方物流将客户与供应商的信息和技术系统一体化,将人的因素和业务规范有机地结合起来,使整个供应链规划和业务流程能够有效地贯彻实施。实现业务流程再造是第四方物流的核心内容之一,如何调整服务链最大限度上实现对客户的全方位服务是决定第四方物流业务流程再造的关键。在业务流程再造过程中,利用系统论和优化技术,分析企业的核心流程,将新的管理思想和管理制度融入物流的流程设计和改造,使新的物流系统达到最优。

4. 规范化、标准化

物流管理的规范化和标准化,可以大大方便各个物流企业之间和各个物流功能主体之间的相互协调配合,避免由于物流管理者主观随意性和标准不统一而引起的矛盾,减少交易失败的风险。对于第四方物流,由于交易多重性,物流管理的规范化和标准化是其顺利运作的重要保证。通过程序和实务规范化、技术和质量标准化,第四方物流可以提高供应链效率、减少运作费用、增加物流服务企业和客户企业双方的收益、降低交易成本。

5. 国际化

第四方物流是在经济全球化的大趋势下出现的,因此其自身国际化将是不可避免的。第四方物流的国际化主要表现在以下几个方面:物流市场国际化,服务需求国际化,物流支持系统国际化,供应链管理国际化和营造国际化的企业文化。

2.3.3 第四方物流的服务内容和成员组成

1. 服务内容

作为供应链的集成商,第四方物流所提供的服务内容可概括为以下几个方面:

(1) 准确把握顾客的多样化需求,提供全面、完整的供应链物流解决方案;

(2) 根据客户的个性化需求整合和改善供应链流程;

(3) 承接多个供应链职能和流程的运作,其职责涉及制造、采购、库存管理、供应链信息技术、需求预测、网络管理、客户服务管理和行政管理等[14];

(4) 协调和监控供应链节点之间的合作关系,保证供应链上各个环节计划和运作的协调一致和紧密集成;

(5) 围绕供应链整合和同步问题,提供多个行业供应链解决方案的开发与咨询;

(6) 充分利用信息技术、战略思维、精细分析、流程再造和组织变革等管理手段为客户提供增值性服务。

2. 成员组成

第四方物流服务提供商通过对自身能力和客户能力,以及包括 B2B、IT 供应商、合同物流供应商、呼叫中心和电信增值服务商等服务提供商的能力进行整合,提供一个全方位的供应链解决方案,来满足客户企业所面临的广泛而复杂的需求。因此,第四方物流的运作离不开以下几个成员:供应链管理服务提供商、3PL 服务提供商、IT 服务提供商、咨询服务机构和原始设备制造商(original equipment manufacturer, OEM)或供应商[15]。他们与 4PL 服务提供商之间的关系如图 2.5 所示。

在这些服务提供商中,第三方物流服务提供商的优势是提供物流实际运作能力,是第四方物流在物流实体操作方面的主要承担者;供应链管理和咨询公司的优势主要在于拥有高素质的物流管理人才和丰富的物流管理经验,承担第四方物流的物流规划、系统实施、评审以及物流培训等方面的业务;而信息技术公司,作为 IT 类企业,可以在建立和应用 B2B 物流交易平台、提供及实施物流信息技术解决方案等方面提供专业优势。第四方物流服务提供商利用上述各成员的优势力量,通过整合内外部资源,可以很好地为客户企业提供第四方物流服务。

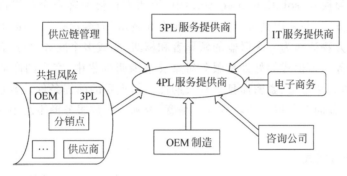

图 2.5　4PL 的支撑环境[16]

2.3.4　第四方物流的运作模式

第四方物流通过集成供应链管理服务提供商、3PL 服务提供商、IT 服务提供商、咨询服务机构和原始设备制造商的能力和资源,可以为企业乃至整个行业提供完整的供应链解决方案。第四方物流的运作模式主要包括 3 种:协同运作模式、方案集成商模式和行业创新者模式[17],如图 2.6 所示。

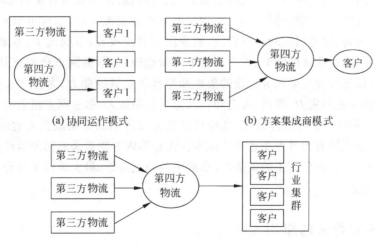

图 2.6　第四方物流的 3 种运作模式

1. 协同运作模式

在协同运作模式（synergy plus）下，第四方物流企业和第三方物流企业共同开发市场，第四方物流企业向第三方物流企业提供第三方物流缺少的技术和战略技能，包括信息技术、供应链策略、进入市场能力和项目管理能力。第四方物流组织在第三方物流企业内部工作，其思想和策略通过第三方物流企业来实施和实现，以达到为客户服务的目的。协同运作模式下第四方物流企业和第三方物流企业一般采取商业合同或战略联盟的方式实现合作。

2. 方案集成商模式

在方案集成商模式（solution integrator）中，第四方物流为客户企业提供运作和管理整个供应链的解决方案，并利用其成员的资源、能力和技术，为客户提供全面的、集成的供应链管理服务。第四方物流作为一个联盟的领导者和枢纽，集成多个服务供应商的资源，重点为一个主要客户服务。该模式的好处是服务对象及范围明确集中，客户的商业和技术秘密比较安全，与客户的关系稳定、紧密而且具有长期性。但重要的前提条件是客户的业务量要足够大，使参与的服务商对所得到的收益较为满意，否则大多数服务商不愿把全部资源集中在一个客户身上。

3. 行业创新者模式

在行业创新者模式（industry innovator）中，第四方物流通过与拥有资源、技术和能力的服务商进行协作，为多个行业的客户开发和提供供应链解决方案。它以整合整个供应链的职能为重点，以各个行业的特殊性为依据，领导整个行业供应链实现创新。在这个模式中，第四方物流是主导，是连接上游第三方物流集群和下游客户集群的纽带。通过联合第三方物流服务提供商，提供运输、仓储、配送等全方位的一体化服务，为多个行业客户制作供应链解决方案。行业解决方案会给整个行业带来最大的利益，提高整个行业的效率。如美国卡特彼勒（Caterpillar）物流公司从起初只负责企业的货物运输，发展到后来为其他多个行业的客户（如戴姆勒-克莱斯勒公司、标志公司、爱立信公司等）提供供应链解决方案。

上述第四方物流的三种运作模式各有优缺点：协同运作模式适合实力比较薄弱、市场规模较小、客户资源不足、服务网点和渠道较少的第四方物流企业，这样可以充分利用第三方物流的技术、设备、服务网点和客户资源，减少固定资产投资，节约成本；方案集成商模式适合实力比较强大、企业规模较大、人力和技术力量也较强、服务网点比较充分的第四方物流企业，这样可以充分发挥第四方物流的集成和整合供应链的能力，为客户大幅降低成本；而当第四方物流企业的实力、规模、人力和技术力量都很强大，服务网点覆盖能力强，客户资源充足时，一般采用行业创新者模式，这样可以充分发挥第四方物流强大的供应链整合能力，为整个供应链上所有的节点企业节约成本。无论第四方物流采取哪种运作模式，都突破了第三方物流的局限，做到真正的低成本、高效率的物流运作，最大规模地整合资源，为客户提供最佳物流服务。

2.3.5 第四方物流的组织支持

第四方物流的核心能力在于提供先进的物流技术，对资源进行内外部整合和提供一整套供应链管理的方法和解决方案。这种核心能力的实现同样也离不开第四方物流企业在组织上的支持。从第四方物流的运作模式可以看出，第四方物流企业的组织形式主要有以下3种[11]：

(1) 供应链合作联盟。这是第四方物流的初级形态。在这种结构下，专业的物流咨询公司或供应链管理公司、IT服务提供商以及第三方物流企业共同开发市场，咨询公司或供应链管理公司在第三方物流企业业务范围和物流技术水平上，通过对第三方物流企业内外部资源进行重新整合以及提供包括供应链整合咨询和技术、供应链策略、进入市场的能力和项目管理等专业技术，以达到为第三方物流客户企业服务的目的。专业的物流咨询公司或供应链管理公司是第四方物流企业的雏形，它们和第三方物流企业通过商业合同或战略联盟的方式进行合作，利用第三方物流企业，间接为客户企业提供第四方物流服务。

(2) 独立的第四方物流企业。这是第四方物流的中级形式。这类物流企业往往拥有强大的服务链管理系统和人力资源系统，以及高度信息化的物流网络，不用依靠特定的第三方物流企业就能为客户服务。通过对自身以及第三方物流的资源、能力和技术进行综合管理，第四方物流企业为客户提供运作和管理整个供应链的解决方案，并且这种解决方案是建立在全面掌握物流信息的基础上的。这种物流企业的最明显特点是：首先，能做到全程的唯一性，能成为客户唯一的合作伙伴；其次，既有自己的资源，又具备整合和管理别人资源的能力，即具有整合性；第三，能满足复杂性、信息技术和增值服务三个要求。从某种程度上讲，第四方物流企业更像是一个供应链管理公司，通过组织专业人员负责为客户量身定做物流整体方案(含物流信息系统规划和运作方案)，并对方案的实施进行跟踪，同时培训客户相关人员的操作能力和物流信息系统运用能力，直至客户自身具备方案正常运转的实力。

(3) 专门从事第四方物流的跨国集团。这是第四方物流的高级形式。这类物流企业以整合整个供应链的职能为重点，同时为多个行业和国家的客户开发和提供供应链解决方案。其组织模式与第四方物流的中级形式相差不多，只是它的规模更大，业务范围更宽，空间覆盖面更广。其最大特点就是全球化的运作，甚至可以实现供应链在全球操作的"无物质流动"，即不需要长途、曲折的货物运输，而只是通过信息的传递，确认交易之后由第三方物流企业根据最短的路径交货。这样一个全球性的物流网络目前在商业领域还没有成型，但是它也许将是第四方物流的最终目标。

2.3.6 第四方物流的新发展——第五方物流

在第四方物流正在被物流界广泛接受和理解的同时，第五方物流的概念又悄然而至。第五方物流(the fifth party logistics, 5PL)的概念是由JP摩根(亚太)收购兼并部总裁史丹利2002年在香港网丰物流集团进行投资调研的时候首先提出的。所谓第五方物流是指在物流实际运作中提供电子商务技术来支持整个供应链，通过集成的物流信息平台为企业提供供应链的信息服务活动[18]。在现实中，第五方物流主要是指利用电子商务技术为第一方、第二方、第三方和第四方提供物流信息平台、供应链物流系统优化、供应链集成和供应链的资本运作等增值性服务的活动。而第五方物流企业指专门为供应链提供物流信息管理服务和全程物流解决方案咨询服务的物流企业，其主要业务是提供信息处理设施设备、技术手段和管理方法等。第五方物流企业不从事任何具体的物流活动，严格地讲它属于电子商务或信息平台/中介企业。第五方物流是第四方物流分工进一步细化的产物，是物流未来发展趋势之一。

2.4 物流联盟运作模式

从上述介绍的几种物流运作模式中可以看出,物流服务活动的组织和实施既可以由企业本身独立承担,也可以外包给专业化的第三方物流企业。然而在实际的物流运营中,企业还存在着这样的担忧:企业自营物流成本太高,经营效率低下,但外包给第三方物流公司又使企业丧失物流活动的主动权,担忧自己的商业秘密被泄露。为了解决这些问题,现代企业选择了一种介于自营物流和外包物流之间的物流运营模式——物流联盟模式。

2.4.1 物流联盟的内涵

物流联盟是企业战略管理的思想在物流服务运作管理中的应用。所谓物流联盟(logistics alliance)是指两个或多个企业之间,为了实现自己战略目标,通过协议对各成员企业的物流资源进行重新组合,结成优势互补、风险共担、利益共享的松散型网络组织[19]。物流联盟有广义和狭义之分,广义的物流联盟是指自营物流企业之间以及自营物流企业和第三方物流企业之间的联盟;而狭义的物流联盟主要是指自营物流企业之间的联盟[20]。

企业间的物流联盟是连接企业与市场的中介。传统的市场机制往往根据竞争者之间的相互关系分配资源,而传统的组织则是根据企业组织管理的目标来配置资源,两者都不能把物流资源的获取成本降至最低。通过物流联盟,企业在经营活动中可以积极有效地利用外部经济,相互弥补物流经验、技术和人才等资源的不足,减少物流资源的浪费和重复建设,实现企业间物流资源的共享。联盟的建立,使企业对其物流资源的使用界限扩大了,一方面可提高企业已有的物流资源的使用效率,减少沉没成本;另一方面可以节约物流资源的新投入,提高企业战略的灵活性。

2.4.2 物流联盟的基本特征

物流联盟运作模式具有以下一些特征[21]。

1. 联盟成员之间具有相互依赖性

物流联盟成员之间是互相影响,相互依赖的。一方面,通过建立联盟关系,企业成员之间可以实现物流资源的有效共享,从而减少物流资源的新投入,降低成员的运营成本,共同致力于物流服务的高效、快速运作;另一方面,成员的互相信任是联盟关系建立的基础,任何一方的机会主义行为都有可能导致联盟的失败。

2. 优势互补性

在现代社会分工细化和竞争激烈的环境中,没有哪一个企业在其物流服务的所有方面都居于领先水平,然而它们总是可以在某些方面做得比较出色。通过物流联盟,对各企业物流资源进行有机整合,不仅可以实现优势互补,还可以带来规模经济效益。物流联盟的独特之处在于在增强联盟企业总体核心竞争力的同时并不削弱每个企业原有的核心竞争力。它可以在保持双方核心竞争力相对独立的基础上,资源共享、共担风险,最后达到双赢的目的。

3. 竞争与合作并存

传统的企业之间是一种对抗性竞争的关系,在物流联盟中,竞争与合作并行不悖,为合作而竞争,靠合作来获取竞争优势。当然,这种合作关系的维持必须以成员之间的相互信任为基础,物流联盟企业之间需要建立一个合作和信任的平台,以更好地实现各自加入联盟的目的。

2.4.3 物流联盟的组建模式

一般来说,物流联盟模式比较适合以下两种情形:物流对企业的成功运作影响很大但企业对物流的管理能力很弱,或物流对企业的成功影响程度不大但企业对物流的管理能力很强。不管哪种情形,企业都应谨慎选择联盟的组建方式。常见的物流联盟方式有水平一体化模式、垂直一体化模式以及混合一体化模式[22]。

1. 水平一体化物流联盟

水平一体化物流联盟又称横向联盟或行业联盟,是指处于平行位置的几个企业结成物流联盟关系,如制造企业结成物流联盟,或零售企业结成物流联盟。水平一体化物流联盟还可分为同行水平一体化物流联盟和互补水平一体化物流联盟。前者是指相同行业的平行企业结成物流服务联盟,共同完成采购、生产、销售等物流活动;后者指不相关的企业,仅仅为了提高各自物流资源的利用率,而结成物流联盟。组建水平一体化物流联盟能够突破地域、市场和行业的限制,使分散的企业资源形成集约化运作,提高资源配置效率,获得规模经济,并减少重复性劳动。然而水平一体化物流联盟也有不足的地方,联盟必须有大量客户的存在,才能发挥它的整合作用和集约化的处理优势,作为联盟中的核心企业,对于合作伙伴也缺乏有效的控制手段,也许只是在有利可图时,才会紧密地联合在一起。

2. 垂直一体化物流联盟

垂直一体化物流联盟也称纵向联盟或供应链物流联盟,是指企业与供应商和顾客发展良好的合作关系,对从原材料采购到产品生产、销售和服务的全过程实施一体化的物流运作。垂直一体化物流联盟可以减少物流运作的中间环节,通过由联盟企业提供储运、包装、装卸、搬运和物流信息等一条龙物流服务,直接将货物送达最终顾客。垂直一体化能够集成供应链的物流资源,为客户提供最大价值的同时,也使联盟总利润最大。但这种联盟一般不太稳定,主要是在整个供应链上,不可能每个环节都同时达到利益最大化,因此会打击一些成员伙伴的积极性,使它们随时有退出联盟的可能。

3. 混合一体化物流联盟

即混合模式的联盟。这种模式是以第三方物流机构为核心,既有处于平行位置的制造企业,也有处于上下游位置的中小企业,通过签订"联盟契约"将自身的物流外包给第三方物流机构,共同采购,共同配送,构筑物流市场,形成相互信任,共担风险,共享收益的集约化物流联盟关系。混合联盟模式是水平一体化模式和垂直一体化模式的有机结合体。

2.4.4 物流联盟的组织支持

物流联盟的组织结构,即伙伴企业的合作方式将影响着联盟的目标能否实现。企业之间的合作方式有很多种,如合资、控股、兼并重组以及非股权的企业联盟等。概括地讲,企业间的物流联盟包含两种基本结构:契约式和股权式[5]。

契约式物流联盟是指各个企业为了完成必要的物流业务活动和实现物流服务增值,在平等的基础上,通过各种正式的契约而结成的优势互补、风险共担、利益共享的松散型物流中间组织。契约式物流联盟是物流联盟的低级形式也是基本形式,其中正式的契约是连接企业物流活动的纽带。契约式物流联盟结构具有以下的优点:①联盟企业在一定时期内保持一定程度的相互依赖,但又不失灵活性;②通过对各自所拥有的物流资源的整合,提升整体竞争力,开展单个企业不能独自承担的物流活动;③通过对联盟内的物流资源进行有效的组织,实现物流要素的共享。当然,契约式物流联盟在显示这些优越特征的同时,也显示了它本身最大的不足——联盟组织缺乏稳定性。组织成员的有限理性,机会主义以及外部环境的不确定性等都有可能会导致联盟的失败。

除了契约式,企业之间也可以通过股权的方式组建物流联盟。股权式物流联盟又可以划分为两种:一种是股权参与的物流联盟,即联盟双方并不建立一个新的具有独立法人地位的物流公司,只是双方有股权参与到对方的公司;另外一种方式是成立全面合资企业,其最主要的特点就是双方在两个母公司之外又建立了一个新的具有独立法人地位的物流公司来完成双方的物流活动。股权式物流联盟具有以下的优点:①股权在联盟中的作用在于使联盟双方变得更加利益相关;②从长期来看,股权式物流联盟的交易成本要比契约式低。股权式联盟在紧密联系联盟各方的同时又具有一定的稳定性,是物流联盟的发展趋势。

2.4.5 物流联盟的风险及应对措施

尽管物流联盟模式可以带来成本的降低和固定投资的减少,实现优势互补和规模化经营,然而物流联盟运营中也存在着很多风险。物流联盟的风险主要分为两大类:一类是联盟外部风险,如市场风险、金融环境风险和自然环境风险等;另一类是联盟内部风险,包括合作关系风险、能力风险、信息与管理风险等[23]。物流联盟的外部风险是由外部环境的不确定性导致的。物流联盟的内部风险包括:

1. 合作关系风险

合作关系风险是指因联盟企业间的交易行为而导致的联盟关系的不稳定性。影响物流联盟合作关系的风险因素有:企业文化、价值观念、信任程度、激励机制、战略目标以及道德风险等。首先,信任是物流联盟合作的基础,如果联盟企业之间不互相信任,联盟也就无法进行;其次,有效的激励和公平合理的利益分配是物流联盟的保障,信息不对称、激励不一致、利润分配不合理、联盟成员的机会主义等都有可能导致联盟的失败。另外,企业文化冲突、价值观念和行为准则的不一致等因素都有可能使得联盟的低效率运行甚至解体。

2. 能力风险

能力风险主要是指由于联盟组织的知识积累、实践经验、协调管理等能力不足。联盟组织的物流服务质量、服务成本、物流响应时间以及物流技术等方面的能力都会影响到联盟组织的稳定性。物流联盟是以提高物流效率,提供优质物流服务为基础的,当联盟企业的物流能力有限,或技术上无法满足要求、服务质量低下时,都有可能使联盟关系破裂。

3. 信息与管理风险

信息与管理风险主要是指信息传递、信息资源集成、核心能力集成和联盟的组织与管理等方面的风险。物流与信息流是密切相关联的,信息的共享和准确、高效地传递是有效物流联盟建立的基本要求,然而由于各联盟企业不同的信息系统、数据库标准和通信协议,往往使得企业间物流信息出现传递延迟,或集成时出现衔接困难,从而导致联盟效率的降低,甚至运行数据的丢失,增加联盟的运行风险。

为了应对以上可能出现的风险,企业在进行物流联盟时可以采取以下的措施:正确选择物流联盟的伙伴,即选择有助于实现企业战略目标且结盟企业目标一致的合作伙伴;建立信誉机制、防止机会主义倾向,即制定联盟规则和契约,建立适当的利益分配机制和信誉机制对盟员企业的行为进行规范;构筑物流信息平台,实现信息资源集成与共享;加强对联盟成员企业文化的融合等。

2.5 物流运作模式的选择

物流服务运作有多种模式。制造或服务型企业在进行物流服务运作模式选择的决策时,需要综合考虑物流对企业运营的重要性、企业经营物流的能力、物流运营成本和服务水平等多方面的因素[24],综合决策的方法可以是定性或定量的。

2.5.1 定性方法

物流运作模式定性的决策方法有两种:Ballou 的二维决策方法和基于物流战略地位的物流模式决策方法。

1. Ballou 的二维决策方法

Ballou 认为,企业物流是选择自营模式还是外包给第三方物流公司,主要取决于两个因素:物流对企业成功的重要性和企业经营物流的能力。根据这两个因素,Ballou 提出了一个二维决策模型,如图 2.7 所示。

从图 2.7 中可以得出以下结论:

(1) 如果企业自身处理物流的能力很强且物流对企业成功非常重要,企业一般可采用自营的方式。

(2) 如果物流在企业战略中处于关键地位,然而企业自身的物流经营能力比较弱,这时企业可以通过组建物流联盟的方式来提高物流设施、运输管理、专业管理技巧等方面的处理能力,同时又不失对企业物流运作的控制。

(3) 对于物流在战略中不处于关键地位,同时物流经营能力又比较高的企业,以寻找伙伴共享物流资源,通过增大物流量获得规模效益,降低物流成本。这类企业往往和结论(2)

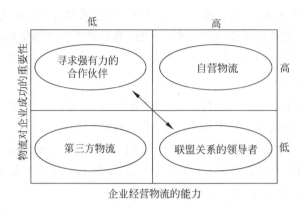

图 2.7　Ballou 二维决策模型图[25]

中的企业合作,组建物流联盟。

(4) 而对于物流既不占企业的战略地位,同时物流经营能力又很弱的企业,可以将物流活动外包给第三方物流供应商,这样既可以降低成本,又可以提高物流服务水平。

Ballou 的方法是一个简单易行的方法。该方法虽然考虑到了企业的战略目标和企业自身的经营能力,却并没有考虑物流的运作成本和服务水平的影响。在现实中,可能存在这样一种情况,物流对企业的战略很重要,同时企业也有能力经营物流,然而物流运营成本却很高,物流效益低下。此时若使用 Ballou 的方法采取自营模式,企业可能会得不偿失。

2. 综合分析法

即通过综合分析企业经营物流的能力、物流运营成本以及物流服务的竞争力等因素进行物流模式的选择。

1) 能力因素

企业对物流的管理和运营能力是影响其选择物流模式的一个重要因素。一般而言,在其他条件相同的情况下,企业物流管理能力越强,自营物流的可能性越大。而当企业对物流的管理能力较差且物流子系统处于比较重要的地位时,则应该寻找合适的物流伙伴建立物流联盟,否则采用第三方物流较为合适。应该注意的是:企业即使具备了物流能力,也并不意味着一定要自营物流。通过比较相同服务水平下物流运营成本,或相同运营成本下物流服务水平,才知道选择自营的方式是否更有利。

2) 物流运营成本与费用

成本与费用是影响企业物流模式选择的重要影响因素。一般来说,一个物流系统的总成本可以表示为[26]

$$\mathrm{TC} = T + S + L + F_w + V_w + P + C \tag{2.1}$$

其中,TC 为物流系统的总成本;T 为系统的总运输成本;S 为库存维持费用,包括库存管理费、包装费以及返工费;L 为批量生产(采购)成本,包括物料加工费和采购费;F_w 为该系统的总固定仓储费;V_w 为该系统的总变动仓储费;P 为订单处理和信息费,指订单处理和物流活动中广泛交流等问题所发生的费用;C 为顾客服务费,包括缺货损失费用、降价损失费用和丧失潜在顾客的机会成本。

这些成本之间往往存在悖反的现象[27]。例如,减少库存数量虽然可以降低库存费及仓储费,然而却会导致缺货率的上升,从而增加运输费以及订货费等。因此,在选择物流模式和设计物流系统时,要对不同模式的总成本加以分析,选择成本最小的物流模式。

3) 服务竞争力

不仅是物流运营成本,物流服务竞争力也是选择物流运作模式必须考虑的一个因素[38]。随着消费者需求多样化的提高,企业对物流服务的要求也越来越高。高质量的物流服务不仅可以提升企业服务水平改善企业形象,还能使企业处于竞争优势地位。因此,当企业具备一定的物流服务水平时,可以选择自营物流的模式,而当企业不具备这种能力的时候,就应采用第三方物流或选择合适的物流伙伴组建物流联盟来提升服务水平。

2.5.2 定量方法

由于物流运作模式的选择是涉及多方面因素的复杂决策问题[29],企业可以借用多目标决策或评价的方法进行辅助决策。多目标决策的决策方法很多,这里简单介绍层次分析法的应用。

层次分析法(又称 AHP 法)是由美国运筹学家 Saaty 于 20 世纪 70 年代提出来的,是一种通过比较一系列待选方案而帮助决策者在复杂环境中进行决策的有效方法[30]。将 AHP 方法用于企业物流运作模式的选择,其具体步骤包括:

(1) 从物流的功能出发,明确企业物流战略的主要追求目标,并对企业的物流战略目标进一步分解,形成物流模式决策评价指标体系;

(2) 用 AHP 法的两两比较原则确定各指标所占的权重,然后对判断矩阵的一致性进行检验,进而求出每种物流模式对每个评价指标的权重;

(3) 计算每种物流模式的总分值向量,分值最大的物流模式即为要选的最佳物流模式。

关于 AHP 方法的计算步骤及计算公式可以参考其他相关资料。基于 AHP 的物流模式选择方法将影响物流成本和效率的诸多因素进行综合评价,既考虑了评价物流成本和效率中的定性因素,也考虑了决策过程中的定量因素,并将定性和定量因素有机地结合起来而得到各方案的综合评价权重,从而有效地避免了决策中的片面性。在采用 AHP 方法进行物流模式决策时,各评价指标的判断矩阵应由企业的物流决策者根据实际情况和经验给出,且需要决策者掌握各种物流模式下企业物流运作过程中的有关数据。

小结与讨论

现代企业无论是提供有形的产品,还是提供无形的服务,都会涉及许许多多的物流活动,怎样组织这些物流活动是每个企业决策者必须面对的问题。传统的企业一般采取自营物流的模式,即自建物流设施设备,并自己管理这些物流活动。随着社会分工的细化和专业化程度的提高,这种传统自营模式逐渐暴露出了许多缺点,如企业物流投资过大、成本很高等,使得人们产生了对第三方物流的需求。专业化第三方物流的出现使得物流活动的规模和效益得到了很大的提高,也为物流活动的外包带来了契机。通过将物流活动外包给专业化的第三方物流公司,企业不仅降低了物流运营成本、提高物流服务水平,还能更专注于其核心竞争力,提高企业的竞争地位。

从供应链管理的要求看,第三方物流仍然有一些不足的地方,如技术方面的不足、缺乏协调性等。第四方物流通过对供应链进行集成,协调管理组织本身与其他互补性服务商所有的资源、能力和技术以及提供综合的供应链解决方案,来实现供应链整体物流运作,从而实现系统性最优。除了选择自营和第三方物流模式外,企业也可以通过联盟的方式来组织物流活动。

上述各种运作模式各有优缺点,企业到底采取哪种运作模式既要考虑企业物流服务的需要和自身的物流服务运营能力,又需要考虑外部的环境与条件。需要应用科学的方法,综合考虑多方面的因素以完成物流服务运作模式选择的决策。

思考题

1. 第一方物流和第二方物流的联系和区别有哪些?
2. 第三方物流的运作模式有哪些?它们都有些什么特点?
3. 从供应链的角度看,第三方物流存在哪些不足之处?
4. 什么是第四方物流?其主要特征是什么?
5. 第四方物流有哪几种运作模式?各自有哪些特点?
6. 什么是物流联盟?组建物流联盟能带来哪些利益?
7. 物流联盟中存在哪些风险?应该怎样避免这些风险?
8. 假设一个企业的物流服务运作模式决策评价指标体系如图 2.8 所示,试用 AHP 方法确定最优的运作模式。

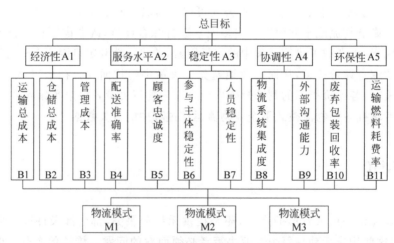

图 2.8　某企业的物流服务运作模式决策评价指标体系

9. 在什么情况下你会建议公司:
　(1) 外包部分或全部的物流活动;
　(2) 寻求合作伙伴共享物流系统;
　(3) 积极促进物流联盟的形成;

（4）所有物流活动采取自营方式。

案例：自营还是外包的困惑[①]

北京逐渐春意盎然的天气让林华觉得心情舒畅，气温的回升意味着上街购物的人会增多。林华对自己一手创办起来的"依狼"成衣品牌一直很有信心，但刚走进办公室，一个加盟商的电话却迅速让林华的眉头打了个结。

"林总，你们到底这回请的是哪家物流公司呀？货没有送到专卖店就算了，我们自己到托运站取。接到货一看，吓了一跳，外面包裹的箱子都破了，有的连里面的编织袋也磨破了。好几件衣服都没法看，脏兮兮的全是褶，叫我们怎么卖呀？我们可是交了钱的，一套好几千呢！"

林华伸手揉了揉眉心，定了定神，用尽可能平和的语调回复："您放心，我们会对每一位加盟商负责的。那些破损包装的衣服，如果您愿意收，我们会给您补偿干洗、熨烫费用的。"

挂断电话，林华的怒火终于爆发了。已经记不清这家运输公司是第几次出问题了。态度恶劣不说，取货送货迟，还缺损严重。过情人节那会儿，和所有的商家一样，"依狼"公司也搞了一系列的促销活动。但从2月13号促销活动开始，翘首期盼的情侣们到2月15号都还没看到促销服装的影子，总经理办公室的电话都快被打爆了。后来林华才知道，这家运输公司的运输线路出了问题，那批促销的服装2月16号才勉强送到。一向态度温和的林华和那家公司的老总大吵一架，还差点打起官司。

日趋激烈的市场竞争，加之消费的多元化和个性化，都对企业现有的生产经营与管理提出了新的考验，扩大利润空间的难度也越来越高。提高货物满足率，减少库存量，让产品飞快地转起来，这些都是公司亟待解决的关键问题。林华每次参加国内服装生产商聚会，物流总是不变的话题，几乎每个人都为此头痛不已：过桥过路费、仓库租金、工人工资等都算在销售费用中，再加上物流运作不当而支付的赔偿费，销售费用节节攀升；物流服务人员素质与仓储管理水平不高，货物丢失严重；库存信息与货物型号对不上，财务更是难以对账。长此以往，企业每年1/3甚至1/2的利润都可能被侵蚀掉。

林华也曾想过把成衣物流外包出去，但是遍寻市场都找不到一家合适的第三方物流企业。物流公司虽多，但是针对服装这种多批次、小批量、价值高的专业物流公司却没有。更让人头痛的是，成衣单品价值很高，把物流完全外包出去，对于林华这样年产量数百万件的企业来说，相当于把数十亿资金放到别人手中，风险太大。

于是，自建物流公司的想法便顺理成章地跳入林华脑中。

"无论如何，明天得做出最终决定，要不要建立一个独立的物流公司？"林华低头沉思。

讨论：

（1）在上述案例中，林华的主要烦恼有哪些？

（2）结合本章所学的知识，假如你是林华，你会选择哪种物流模式？决策中应该注意哪些方面的问题？

[①] 本案例来源于中国物流与采购网 http://www.chinawuliu.com.cn，本书进行了适当的改编。

参 考 文 献

[1] 刘向东.供应链中的物流控制模式与机制研究[EB/OL].(2004-10-11). http://www.51mgt.com/news/3/16/n/2004-10-11/591.html.

[2] 谢庆红.制造业企业发展现代物流的对策研究[J].重庆大学学报:社会科学版,2003,9(6):3-4.

[3] 林萍,杨晨.企业物流模式的构建[D].南京:河海大学硕士学位论文,2003.

[4] 程明,钱旭潮.企业物流运作模式分析与决策研究[D].南京:河海大学硕士学位论文,2005.

[5] 韩翔,程明.基于企业组织结构的物流运作模式分析[J].商业研究,2006(21):184-187.

[6] LIEB R C, MILLEN R A, WASSENHOVE L V. Third-party logistics services: a comparison of experienced American and European manufacturers [J]. International Journal of Physical Distribution & Logistics Management, 1993, 6 (23): 35-44.

[7] BOYSON S, CORSI T, DRESNER M E, RABINOVICH E. Managing effective 3PL relationships: what does it take? [J]. Journal of Business Logistics, 1999, 21(1): 73-100.

[8] 刘铁钢,游达明.我国第三方物流企业的运作机理与运作方式研究[D].长沙:中南大学硕士学位论文,2004.

[9] 谭炜,马士华.第三方物流企业运作模式分类与特征研究[J].物流技术,2005(5):10-13.

[10] 马良成,张培林.第三方物流企业组织模式研究[D].武汉:武汉理工大学硕士学位论文,2004.

[11] 赵广华.赢在供应链——第四方物流[M].北京:经济管理出版社,2006.

[12] GATTORNA J. Strategic supply chain alignment [M]. Aidershot, Hams, England: Gower Pub Co., 1998, 45-60.

[13] 陆道生.第四方物流:理论探索与实践动作[M].上海:上海社会科学院出版社,2003.

[14] BAUKNIGHT D N, MILLER J R. Fourth party logistics: the evolution of supply chain outsourcing [EB/OL]. http://www.infochain.org/quarterly/Smr99/Fourth.html.

[15] THOMAS C. 4PL versus 3PL—a business process outsourcing option for international supply chain management [EB/OL]. http://www.ltdmgmt.com/mag/4pl.htm.

[16] LI X, YING W Y, LIU W H, HUANG B Q. The design and realization of four party logistics[C]. The IEEE International Conference on Systems, Man and Cybernetics, 2003(1): 838-842.

[17] 浦永平,马汉武.第四方物流理论及其应用[D].镇江:江苏大学硕士学位论文,2005.

[18] 任登魁.第五方物流[J].物流科技,2004,27(12):25-28.

[19] 韩臻聪.论企业物流战略联盟的建立[J].现代管理科学,2003(09):22-23.

[20] BAGCHI P, VIRUM H. European logistics alliances: a management model [J]. International Journal of Logistics Management, 1996, 7 (1): 93-108.

[21] BOWERSOX D J. Strategic benefits of logistics alliances [J]. Harvard Business Review, 1990(68): 36-45.

[22] 胡蔚波,邹辉霞.制造企业物流联盟模式研究[D].武汉:武汉大学硕士学位论文,2005.

[23] 叶鸿,贺立霞.物流战略联盟及其风险分析[J].中国水运,2003(11):20-21.

[24] 张潇化,兰丕武.电子商务背景下我国企业的物流运行模式研究[D].太原:山西财经大学硕士学位论文,2004.

[25] BALLOU R H.企业物流管理[M].王晓东,胡瑞娟,等,译.北京:机械工业出版社,2006.

[26] 周泉良,于坤章.电子商务的物流模式研究[D].长沙:湖南大学硕士学位论文,2003.

[27] 魏强,王少华.基于层次分析法(AHP)的物流模式选择研究[J].市场周刊:新物流,2006(9):50-51.

[28] VAN DAMME D A, PLOOS VAN AMSTEL M J. Outsourcing logistics management activities[J]. International Journal of Logistics Management, 1996,7(2):85-95.

[29] 黄诗盈.企业物流模式的选择[J].科技情报开发与经济,2007,17(4):209-211.

[30] SAREL D, ZINN W. Customer and non-customer perceptions of third party services: are they similar? [J]. International Journal of Logistics Management, 1992,3(1):12-22.

第 3 章　物流服务战略

3.1　一般服务战略

3.1.1　服务战略的概念框架

制定服务战略必须了解服务的内涵和特性。服务的无形性和服务过程中的顾客参与使得服务管理者往往难以清楚地描述其所提供的服务。为此,人们提出了服务包(service package)的概念[1]。无论是分析一个现有的服务,还是设计一项新服务,都可以从服务包中的四个要素着手：服务支持性设施,如医院的医疗设备或航空公司的飞机；服务中的有形物品,如饭店的食物、汽车修理店更换的汽车配件和医院使用的药物；显性服务,即能直接被消费者感官感知的服务效用,如医院对患者病痛或不适的解除、消防部门到达火灾现场的时间等；隐性服务,即消费者对服务场所的环境、服务中人性因素和服务安全等的主观感知,如顾客没有对饭店食物安全的担忧,顾客在服务场所感受到的尊重、信任和体谅等。

服务战略的功能是将反映服务包要素要求的相关变量进行方向性决策。服务战略的概念框架描述服务战略决策的内涵(要素)及其相互关系,它总体上包括两个方面,即关于服务系统的结构要素和关于服务运作的管理要素[2]。

1. 服务战略框架的结构要素

从服务系统结构的角度看,服务战略框架要明确四个要素,即服务交付系统(delivery system)、设施选址(location)、设施布局(facility design)和能力规划(capacity planning)。其中,设施选址是根据顾客的人口统计特征,服务场所的同业竞争情况和服务场所的环境特征,选择单个或多个服务场所；设施布局为确定设施的规模,设计设施的外观并确定服务场所设备(设施)的相对位置。下面重点介绍服务交付系统和能力规划。

1) 服务交付系统

服务战略中的服务交付系统要明确服务的前台和后台,服务自动化程度和顾客参与的程度。由于顾客参与是服务区别于制造的一个本质特征,同一类服务,根据企业对其生产效率和销售成功概率要求的不同,可以选择不同的顾客参与的程度。选择的方法可以应用服务系统设计矩阵(service-system design matrix),如图 3.1 所示。

图 3.1 中给出了 6 种典型的顾客和服务系统接触的方式,对应 6 种典型的顾客参与程度。高的顾客参与程度,如面对面顾客化的服务,往往对应高的销售成功概率和低的生产效率；低的顾客参与程度,如邮件联系,往往对应低的销售成功概率和高的生产效率。

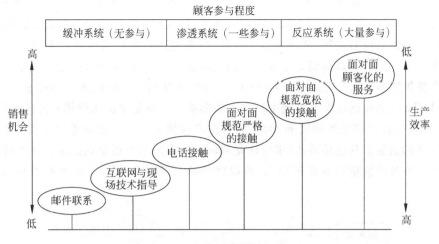

图 3.1 服务系统设计矩阵

从图 3.1 还可以看出,借助一些设备和技术的应用,可以降低顾客参与程度。服务自动化(如自动柜员机、自动应答和咨询系统)的目的,除了提高服务的效率之外,往往也有降低顾客参与程度的作用。因为,服务接触的行为科学研究表明,人比机器服务系统更容易受到顾客的指责。

无论顾客参与程度的高低,服务系统都可以分为与顾客直接打交道的前台部分和不与顾客直接打交道的后台部分。明确地区分服务系统的前台和后台是服务战略和管理的基本要求,因为这两部分的管理目标、运作方法和人员技能要求都是不一样的。服务系统的后台强调效率优先,员工只需具备工作技能,可以参照制造系统的方法进行管理;服务系统的前台强调顾客优先,员工除基本的工作技能之外,还需要具备良好的人际沟通能力和一定的营销能力。

2) 能力规划

服务战略中的能力规划要明确排队和管理排队的方法,并根据需求的规律确定服务人员的数量、平均接待能力和能力调整的方法[3]。

从服务过程及其与顾客的总体关系看,服务系统可以看成是一个排队系统。该排队系统可以从需求群体、顾客到达过程、队的结构、顾客排队的规则以及服务过程 5 方面来描述。寻求服务的顾客构成需求群体,顾客到达率由到达过程决定。如果服务台正好空闲,那么顾客就会立即得到服务;如果服务台不空闲,顾客则需排队等待,而排队有多种不同结构。这时,若等待的队伍很长,或者队伍移动得很慢,一些顾客就可能不加入队伍,从而离开服务系统。那些已经排在队伍中的顾客,如果感到不愿继续等待,也可能在接受服务之前离去。当服务台出现空闲,就会从等待的队伍中挑选一位顾客进行服务,于是,服务又开始了。这种选取顾客的方法就是排队规则。服务机构可能设有一个或多个服务台,也可能没有服务台(即自我服务),或者包括排成纵列或平行的多个服务台的复杂组合。服务结束之后,顾客离开服务系统。

能力规划是在一定服务排队方法(队的结构和排队规则)下,应用排队理论分析不同的服务过程(包括服务台的数量及其分布、服务规则、服务机制)的绩效(如排队等待时间、平均队长等),从而确定适当的服务人员的数量和排队方法。

排队方式分为有限排队和无限排队两类。有限排队是指排队系统中的顾客数是有限的,当系统被占满时,后来的顾客将不能进入系统,如顾客排队进入电影院;而无限排队是指系统中的顾客数目没有限制,队列可以无限长,顾客到达系统后均可进入系统排队,这类排队在现实中很少见。当顾客到达系统而无法及时获得服务时,便要按一定的规则等待服务,常见的服务规则有[4]:①先来先服务(FCFS),即顾客按到达的时间先后顺序服务;②后来先服务(LCFS),如在钢板库存管理中后进去的钢板往往最先拿出来使用;③具有优先权服务(PS),即优先权高的先得到服务,如病危的患者应优先治疗。排队系统的服务机制主要包括服务员的数量及其连接形式(串联还是并联),顾客是单个还是成批接受服务的。

按照服务员的数量和其连接形式,可以将排队系统分为以下4种基本类型,如图3.2所示。

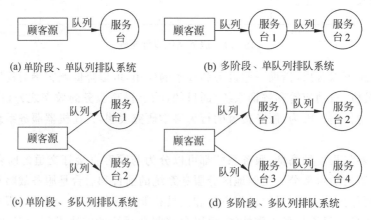

图 3.2　常见的 4 种排队类型

其中单阶段、单队列的排队系统是最基本的排队模型,顾客随机到达,实行先到先服务的排队规则,只有1个服务台提供服务。多阶段、单队列的排队系统是指顾客必须接受多个服务台的服务,服务台之间是串行的且不同服务台之间可能需要排队,例如,组装汽车时是按固定顺序进行零部件装配的。单阶段、多队列的排队系统是指多个服务台同时为客户提供单阶段的服务,顾客进入系统后,可以选择任意一个服务台排队等待,服务完毕离开系统,例如,去银行排队取款。多阶段、多队列的排队系统是顾客进入该系统后,可以选择任何一个队列接受一系列服务台的服务,例如,大型体检中心可以同时为多个顾客提供多项目的体检服务。

在管理排队和等待时间时要注意区分两个概念:顾客的实际等待时间和感受等待时间。在许多情形下,这两个概念在数量上并不是相等的。例如,一个心急如焚的人和一个时间充裕的人对多等待一分钟的感受是不同的。虽然缩短实际等待时间很重要,然而对顾客满意度起决定性作用的却是顾客感受的等待时间。因此,对等待时间的管理实际上是对顾客感受等待时间的管理。

管理排队和顾客等待时间的方法有很多,如在顾客等待的地方放置电视、杂志和儿童玩具来使得顾客有事可做,让他们暂时忘记自己的等待;或减轻顾客的焦虑,如告诉顾客是否排错队伍、告诉顾客每次服务的时间、通知顾客晚点飞机已经到达、再确认顾客的名单等;或让顾客时刻了解服务的动态信息,如飞行员告诉乘客飞机正在做起飞前的清洁工作、护士告诉病人医生正在处理一项紧急事情、娱乐园管理员告诉排队的游客他们能进去游玩的时间等；或通过设计一个公平的排队系统，减少"插队"现象的发生，减少顾客的抱怨。

由单个服务场所(服务站)组成的单阶段服务系统可以看成是单服务站排队系统[3]。对于单服务站排队系统，假定服务站有 m 台相同的机器(员工)，r_a、r_e 分别为单位时间顾客到达的数量和服务站平均能服务顾客的数量，t_a、t_e 分别为平均的顾客到达时间间隔和每台机器(员工)服务一个顾客的平均时间。则服务站的设备利用率 u（即服务站机器或人员处于忙状态的概率)可以表示为

$$u = \frac{r_a}{r_e} = \frac{r_a t_e}{m} \tag{3.1}$$

顾客花费在服务台的平均总时间 CT 和花费在排队上的平均时间 CT_q 之间的关系为

$$CT = CT_q + t_e \tag{3.2}$$

根据 Little 定理，正在服务系统中的和处于排队等待状态的人数 WIP 和 WIP_q 分别为

$$WIP = r_a \times CT \tag{3.3}$$

$$WIP_q = r_a \times CT_q \tag{3.4}$$

上述关系与顾客到达时间和服务时间的分布、服务台的数量等均无关。根据上述关系，只要知道 4 个性能度量指标(CT、CT_q、WIP、WIP_q)中的任何一个就可以计算其他 3 个。通常，先计算或估计 CT_q，然后根据 CT_q 计算其他量较容易。

排队理论用 Kendall 分类法 $A/B/m$ 描述一个排队系统[4]。其中，A 表示顾客到达过程，B 表示服务过程，m 表示服务站机器(员工)的数量。在顾客到达过程和服务过程的描述中，常用 D 描述常数(确定型)到达过程，M 描述服从 Poisson 分布的顾客到达过程或服务时间服从负指数分布的服务过程，G 描述一般随机顾客到达或服务过程。

$M/M/1$ 模型是最简单的排队系统之一。该模型假定到达间隔时间服从指数分布，服务台只有一台机器且服务时间服从指数分布，先到先服务且对队长没有限制。虽然该模型不能精确表示大多数服务工作站，但是其简单易处理，对研究复杂的现实系统具有参考价值。

在 $M/M/1$ 系统中，显然只有当设备(人员)利用率严格小于 1($u<1$)，即 $r_a<r_e$ 时，系统才能稳定。该结论对所有服务系统都成立。系统中顾客的平均人数 $WIP(M/M/1)$ 可表示为

$$WIP(M/M/1) = \frac{u}{1-u} \tag{3.5}$$

根据 Little 定理，顾客在系统中平均逗留的时间为

$$CT(M/M/1) = \frac{WIP(M/M/1)}{r_a} = \frac{t_e}{1-u} \tag{3.6}$$

顾客的平均排队时间为

$$CT_q(M/M/1) = CT(M/M/1) - t_e = t_e \frac{u}{1-u} \tag{3.7}$$

顾客排队的平均队长为

$$WIP_q(M/M/1) = r_a \times CT_q(M/M/1) = \frac{u^2}{1-u} \tag{3.8}$$

上式说明，CT、CT_q、WIP 和 WIP_q 均是 u 的增函数。即繁忙的系统比工作负荷轻的系

统要拥塞。给定 u,CT 和 CT_q 是 t_e 的增函数。即对于一定的设备利用率水平,较慢的服务导致较长的等待时间。另外,上述表达式的分母中均有 $1-u$ 项,这意味着当 $u\to 1$ 时上述拥塞度量指标将趋于无穷。即当设备利用率趋于 100% 时,队长和顾客逗留时间均急剧增大。

如果服务站有 m 台相同的机器(或服务员工),$M/M/1$ 模型变为 $M/M/m$ 模型。对于采用一个队列排队方式的服务系统,顾客排队等待时间近似为

$$\mathrm{CT}_q(M/M/m) = \frac{t_e u^{(\sqrt{2(m+1)}-1)}}{m(1-u)} \tag{3.9}$$

应用式(3.2)~式(3.4)的结果,可以确定 $\mathrm{CT}(M/M/m)$、$\mathrm{WIP}(M/M/m)$ 和 $\mathrm{WIP}_q(M/M/m)$。

对于一般随机分布的顾客到达和服务过程,记 c_a^2 为顾客到达过程的变异系数平方(squared coefficient of variation,SCV),即顾客到达时间的方差除以其均值的平方。记 c_e^2 为 t_e 的 SCV,则顾客排队等待的时间近似为

$$\mathrm{CT}_q(G/G/1) = \left(\frac{c_a^2+c_e^2}{2}\right)\left(\frac{u}{1-u}\right)t_e \tag{3.10}$$

$$\mathrm{CT}_q(G/G/m) = \left(\frac{c_a^2+c_e^2}{2}\right)\left(\frac{u^{(\sqrt{2(m+1)}-1)}}{m(1-u)}t_e\right) \tag{3.11}$$

上述结果的作用在于分析、比较不同排队方法和服务过程的绩效,从而科学地进行服务系统的能力规划。

2. 服务战略框架的管理要素

从服务运作的角度看,服务战略框架也需要明确 4 个要素。即明确服务境遇(service encounter)、服务质量(quality)、能力与需求管理方法(managing capacity and demand)和信息管理方法(information)[1]。

由于服务的无形性和服务过程中的顾客参与,服务质量的度量是比较困难的,且在顾客感知的服务质量和对质量的期望之间可能存在反差。因此,在服务质量设计部分,需要明确服务质量的测度与监督方法、服务保证措施、服务的程序及服务失败补救的程序。第 8 章将详细介绍有关的方法。

1) 服务境遇

由于服务的一个本质特征是服务过程中的顾客参与,因此,大多数服务都可以用服务的提供者和顾客之间接触的境遇(或场景)来刻画。服务境遇是顾客与服务提供者之间的一种交互过程。在这一过程中,顾客心中形成对服务质量的评价,因此服务境遇也被称为"关键时刻"(moment of truth)。例如,顾客乘飞机有一系列的服务接触境遇,从开始打电话给售票员预订机票,到机场安检、空中服务及到达后行李提取。这一系列的服务境遇确定了顾客对航空公司服务质量和信誉的评价。

一般认为服务境遇有 3 个要素,即服务境遇的三元组:服务组织、顾客和与顾客接触的员工,它们的关系如图 3.3 所示。

在图 3.3 的三元组中,服务组织对利润的追求导致其关注服务的效率,因而将利用规定和服务程序限制与顾客接触员工的自主权,并因此可能使服务缺少针对性而导致顾客不满。在顾客与服务提供者之间的交互过程中,员工和顾客都试图对交互过程实施可感知的控制:员工希望通过控制顾客的行为使其工作易于管理以减少工作压力;同时,顾客希望控制交互

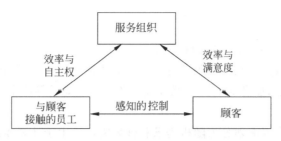

图 3.3　服务境遇的三元组

过程以获得更多的利益。

理想的情形是,服务境遇的 3 个要素协同合作以创造出对三方均有利的服务境遇。为此需要形成适当的服务文化,并选择具有灵活性的、对顾客言辞含糊具有宽容心的、能根据情景和交互过程监督并改变行为的和具备设身处地为顾客着想的个人品质的员工。要相信员工愿意做好工作,因此应该对员工进行充分授权,并给予信息支持。员工与顾客接触的技术和技巧需要进行系统地、科学地培训,包括处理不合理顾客期望和意料之外的服务失败的能力,而不能简单地概括为快乐及微笑。

2）能力与需求管理

在服务战略框架中,能力与需求管理要确定调整需求和控制供应的策略,以提高服务能力的利用率。一些常用的服务能力管理策略如图 3.4 所示。

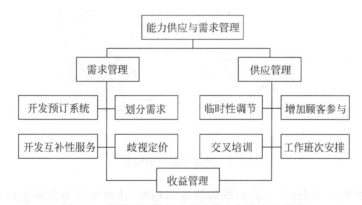

图 3.4　常用的调节服务能力供应与需求的策略

由于服务需求总是随机波动的,而能力一般是确定不变的,服务能力管理策略是采用主动或被动的措施来调节需求或能力,使能力能够最大限度地满足需求的要求。具体方法如下：

（1）开发预订系统。预订系统可以使一部分需求预先确定下来。预先确定的需求为企业服务能力的优化应用提供了基础。因此,很多服务企业都应用预订系统,如常见的宾馆预订和机票预订。由于预订的顾客仍然可能不履行其预订,不少企业采用超额预订以保障其服务能力的利用率。如果超额预订被滥用,将会损害顾客的利益和企业的信誉。记 x 为预订而未能履约的顾客人数,$F(x)$ 为预订而不履约的顾客人数的概率分布,c_o 为顾客预订而未能履约的单位损失,c_s 为未能足够超额预订导致能力空闲的单位损失,Q^* 为最优超额预订数量,则 Q^* 可以类似于报童问题根据下式求出:

$$F(Q^*) = \frac{c_s}{c_o + c_s} \tag{3.12}$$

式(3.12)是使期望收益最大的超额预订数量。

（2）开发互补性服务。互补性服务是指需求峰值错开、需求周期相反的相关服务,如饭店和酒吧,加油站和快餐服务等。开发互补性服务有助于满足等待中的顾客,而且是扩展市场的一种自然方法。

（3）划分需求。将需求划分为随机需求和计划需求。由于计划需求可以通过预约等方式控制,因此可以通过需求的划分调节需求,使其尽可能平稳。

（4）歧视定价。或叫差别定价,即需求量低时采用折扣定价或需求量高时加价来平抑需求。类似地,也可以采用其他淡季促销策略来平抑需求。

（5）临时性调节措施。即通过雇佣临时工或部分时段工作的员工增加能力供应以应对不平衡的需求,或者在能力闲置期间将能力外包或转作其他用途。

（6）交叉培训。当服务系统提供多种服务或一项服务由多项作业构成时,一种服务需求多时可能另外一种服务需求少,或者一种作业繁忙而另一种作业闲置。这时,具有多种技能的员工可以通过任务的调节或重新指派而保持对需求波动的良好适应能力。对于多种服务的情形,研究表明,当员工的技能和服务类型构成封闭的链时,员工只需要具备两种技能,就能达到与具备所有技能相差不多的适应能力,如图 3.5 所示。在图 3.5 中,从期望收益的角度看,(a)和(b)的交叉培训的效果近似相等。

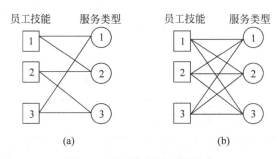

图 3.5　交叉培训的不同形式

（7）增加顾客参与程度[5]。提高顾客的参与程度,让顾客成为合作生产者是应对需求变化和降低成本的有效方法,如让顾客自己饭后清洁餐桌、自助加油等。但这种自助式服务可能使服务质量不能得到保障,并有可能造成一定的浪费或成本增加。

（8）工作班次安排。即采用每日班次计划,通过调整每天不同时段的班次分配,或采用每周排班计划,以使服务的供应水平接近需求要求。

（9）收益管理。是指企业基于对消费行为的理解与不确定环境的预测,通过选择能力、价格和时机等决策要素,有效分配资源,从而管理需求以实现收益最大化。一般地,收益管理过程包括 4 个环节：数据收集、预测、优化及控制。数据收集是指对决策相关参数与预测相关信息的收集；预测主要是对决策环境中的不确定因素进行概率预测；优化是通过选择产品数量、价格与商业结构组合,有效地分配资源,实现期望收益最大化；控制是在对消费者行为和决策环境加深理解的情况下,通过重新优化以提高企业收益。收益管理适用的条件是：①相对固定的服务能力；②市场能够细分为不同类型；③低边际销售成本和高边际能力改变成本;④需求波动大;⑤应用预订系统。收益管理就是充分利用服务能力以使收益最大化。

3)信息管理

信息管理指确定能够赢得竞争的顾客及其需求信息资源管理与服务过程数据的收集方法。从服务管理的角度看,信息技术是企业赢得竞争的重要手段。

由于服务业进入的壁垒一般比较低,信息技术可为竞争者设置进入障碍,如通过向旅行社等销售中介机构投资而提供即时订票系统而制造进入障碍,在订票系统的基础上还可以进一步向有信用累积的旅客提供奖励,或通过信息技术应用范围的拓展而增加顾客或客户企业的转换成本等。

装备和维护一个关于服务系统内部作业实时信息和顾客需求行为的大型数据库本身就是竞争者进入的障碍,然而更重要的是,能从数据库中挖掘出顾客购买行为与习惯的组合,以抓住机会开发新的服务。

3.1.2 服务竞争战略

迈克尔·波特(Michael Porter)提出了3种竞争战略形式:成本领先、差异化和集中化。赢得服务竞争优势的服务竞争战略也有这3种相应的形式[3]。

1. 成本领先战略

成本领先战略要求服务型企业具有有效规模的设备,严格控制成本和费用,并且不断地进行技术创新。实施低成本战略往往要求在先进的设备上投入大量的资本、采用攻击性的价格、在经营初期为占有市场份额承担损失。成本领先战略有时能够彻底改变一个行业,这一点已为麦当劳、沃尔玛(Wal-Mart)和联邦快递(Federal Express)的成功经验所证实。服务型企业可通过多种方式实现成本领先:①发现低成本目标顾客,即那些愿意批量购买、追求实惠而无需繁杂服务的人;②顾客服务的标准化,用程序化、标准化的方式提供相关服务;③当服务需求较大时,减少服务交付中人的因素,而用机器或自动化设备代替人的服务;④降低网络费用,即通过网络重新设计等措施降低服务网络的维持与运行成本;⑤将服务交易与服务作业进行分离,即对于那些不一定非要顾客在现场出现的服务,服务交易与服务作业可以进行部分地分离,这样通过形成某种意义上的前台和后台,可以提高效率、降低成本。

2. 差异化战略

差异化战略的目标是让所有顾客都感觉自己享受了独特服务,从而培养顾客的忠诚。差异化并不意味成本的大幅增加,通过差异化改进服务的目的往往是在目标顾客愿意支付的费用水平下实现的。实现差异化战略的方式包括:①使无形产品有形化,因为服务的无形性使顾客消费后没有留下能够产生记忆的实体,因此可以设计唤起顾客美好回忆物品(如提供印有饭店名字的精美洗漱用具);②将标准产品定制化,即在标准服务的基础上,增加一些体现顾客需求特征的服务,花费不多而能提高顾客的满意度;③降低顾客疑虑和感知风险,重视顾客对服务的了解和信任;④重视员工培训,提高员工的服务技术与技能;⑤控制质量,保持质量的稳定性和顾客期望与体验之间的一致性。

3. 集中化战略

集中化战略的基本思想是通过深入了解顾客的具体要求而在少数特定的细分市场中占据领导或统治地位。细分市场可以是一个特定的购买群体、服务或地理区域。实施集中化战略的前提是，与那些目标市场广泛的其他公司相比，企业可以更有效地服务于范围狭窄的目标市场。实施集中化战略可以按以下3个步骤进行：①细分市场以便设计核心服务；②按照顾客对服务的重视程度将顾客分类；③使顾客期望略低于服务感知。

3.2 物流服务战略

3.2.1 物流服务战略的概念与目标

物流服务战略是制造或服务型企业为实现企业战略而就物流服务发展的目标设定和物流服务系统关键要素的长期规划。因此，物流服务战略与财务、营销和生产战略一样，是在企业战略统帅下的一种职能战略。企业战略是企业使命的体现，它需要设定企业发展的目标（如追求利润、社会效益或市场份额等），并处理好客户、供应商、竞争对手和企业自身之间的关系。企业战略带动各职能部门战略的制定。只有当生产、营销、财务和物流部门制定的计划满足企业战略的需要时，企业战略才能实现。

物流战略有3个主要目标：①降低物流成本；②减少物流资本占用；③改进物流服务水平。降低物流成本是指将与运输和存储相关的成本降到最低。通常要在给定的服务水平下，评价各备选的行动方案（如不同的仓库位置或者不同的运输方式），以找出成本最低的方案[6]。减少物流资本占用指使物流系统的投资最小化以实现物流投资回报最大化[7]。例如，为避免进行存储而直接将产品送达客户，放弃自有仓库选择公共仓库，选择适时供给的办法而不采用储备库存的办法，或者是利用第三方提供物流服务。该目标可能与降低物流成本的目标存在冲突，因为降低物流投资可能导致物流服务的可变成本的增加。同样，改进物流服务水平和质量也可能与降低物流成本的目标存在冲突[8]。

因此，物流服务战略需要在3个目标之间取得平衡，并不断采用新的技术与管理方法，实现更高层次上的平衡。设计有效的物流服务战略需要科学的决策方法和程序，但管理者的直觉、经验和敏锐的头脑也许更重要。

3.2.2 物流服务战略决策的内涵

物流服务战略确定物流服务系统的构架及其基本运作方式，其中涉及多个决策问题。物流战略主要决策问题及其决策的内涵如表3.1所示。

物流战略需明确4个关键决策问题，即设定客户服务目标、设施选址、库存管理方式决策和运输战略决策。其中，设施选址、库存管理方式决策和运输战略决策密切关联，而客户服务目标的实现取决于这三方面的战略决策。

表 3.1 物流战略决策的内涵

决策问题	选址决策	库存决策	运输决策	订单处理	客户服务	存储决策	采购决策
决策内涵	仓库、工厂、中转站的数量、规模和位置	存货点和库存控制方法	运输方式的选择	订单录入、传输和订单处理系统的设计	设定标准	选择搬运设备,设计仓库布局	发展与供应商的关系

1. 设定客户服务目标

服务水平问题的产生是由于不确定性因素引起的。例如,在库存管理中,由于实际需求的不确定性,使得产品库存有可能出现缺货情况,导致库存不能满足实际需求;在配送过程中,由于路途货物破损、交通堵塞等不确定原因,也会导致不能及时传递产品,产生服务水平问题。

所谓客户服务水平,是指即时满足顾客物流服务需求的能力,如企业即时运输产品的能力。这种能力往往表现为企业运作的一系列指标,如缺货频率(stockout frequency)、供应比率(fill rate)、订货完成率(orders shipped complete)[9]、交期准确率(order delivery accuracy)[10]等。

企业提供的客户服务水平比任何其他因素对系统设计的影响都要大。若设定的服务水平较低,则可以在较少的存储地点集中存货,利用较廉价的运输方式;服务水平高则恰恰相反。但当服务水平接近上限时,物流成本的上升比服务水平上升更快。因此,物流战略规划的首要任务是确定适当的客户服务水平。

研究表明,企业的销售收入和销售成本与服务水平是相关联的。服务水平越高,表明企业能够即时满足顾客需求的能力越强,顾客更愿意忠诚于公司的产品或服务,因此企业获得的收入也就越大。然而,服务水平的提高同时也意味着企业将要承担更高的物流服务成本。由不同服务水平下收入与成本之差构成了服务水平的利润曲线。企业可以通过求解利润曲线中最大化利润的服务水平,来寻找服务水平的最优值[11,12]。

例 3.1 假设某企业的目标是利润最大化,即与物流有关的收入与物流成本之差最大化。设已知企业的销售额和服务水平之间的关系曲线为:$R = 4 \times \sqrt{SL}$,其中 SL 是服务水平;又知该企业的成本—服务的函数关系为 $TC = 1.8 \times SL$,则该企业应该选择怎样的服务水平?

解:依题意,该企业的利润函数可以表示为

$$P = 4 \times \sqrt{SL} - 1.8 \times SL$$

根据极值原理,通过对函数 P 求 SL 的一阶导数,可求得该企业的最优服务水平为

$$SL^* \approx 1.23$$

2. 设施选址

存储点及供货点的地理分布构成物流战略规划的基本框架,其内容主要包括确定设施的数量、地理位置、规模并分配各设施所服务的市场范围,这样就确定了产品到市场之间的线路。好的设施选址应考虑所有的产品移动过程及相关成本,包括从工厂、供货商或港口经中途存储点然后到达客户所在地的产品移动过程及成本。通过不同的渠道来满足客户需求,如直接由工厂供货、供货商或港口供货,或经选定的存储点供货等,会影响总的分拨成

本。寻求成本最低的需求分配方案或利润最高的需求分配方案是选址战略的核心所在。

3. 库存管理方式决策

库存管理主要包括将库存分配（推动）到存储点与通过补货自发拉动库存两种方式。其他方面的决策内容还包括：产品系列中的不同品种分别选在工厂、地区性仓库或基层仓库存放，以及运用各种方法来管理长期存货的库存水平。由于企业采用的具体政策将影响设施选址决策，所以必须在物流战略规划中予以考虑。

4. 运输战略

运输战略包括运输方式、运输批量和运输时间以及路线的选择。这些决策受仓库与客户以及仓库与工厂之间距离的影响，反过来又会影响仓库选址决策。库存水平也会通过影响运输批量影响运输决策。

上述四个决策问题之所以重要，因为这些决策都会影响企业的赢利能力、现金流和投资回报率。

3.2.3 物流服务战略决策的原则与方法

在制定物流服务战略时，有一些基本的指导原则。这些指导原则既反映了物流战略的基本要求，也能帮助我们更好地理解物流战略的内涵。

1. 总成本最小化

物流系统的各种服务模式、服务活动和服务要求都与成本有直接的关联。某一类服务活动不同服务模式/手段的水平与效率往往都是其直接成本的增函数[13]。例如，从运输的速度上看，航空运输比卡车快，卡车运输比铁路快；而运输服务成本也是航空运输最高而铁路最低。但在物流服务系统中，由于多项服务活动的关联性，一项活动往往影响多项成本，且这些成本之间往往是冲突的。例如，高的客户服务水平意味着高的运输、订单处理和库存成本，但丢失顾客和销售机会的成本将随之减小。同样，航空运输的运输成本高但比卡车或铁路的库存成本低。

因此，物流战略中的有关决策问题，需要综合考虑每一项决策对各相关成本的综合影响，即核算、比较不同选择在总成本上的差异。这里需要说明的是，总成本的核算不一定局限在单个企业的内部。从供应链物流管理的角度看，一个企业的物流决策往往会影响其上下游企业、甚至整个供应链的物流成本。这时，总成本优化问题就变为相关企业间的博弈问题。这是供应链管理的或物流系统运行机制设计方面的问题。

物流系统设计或其运行机制设计的范围可大可小。当企业希望的改善只局限在企业内部时，也可以将企业外部的变量设为不可控变量以进行优化。事实上，由于物流系统和物流活动的复杂性，成本的管理和冲突关系很多、很复杂，总成本的概念是没有绝对边界的。管理人员的责任在于，在进行优化或博弈时，要明确主要的、可控的成本冲突关系[14]。

2. 物流服务目标差异化

无论是物流服务的客户企业，还是物流服务的提供商，往往都存在多种物流服务对象（如要求物流服务的产品）[15]。物流服务目标差异化原则要求根据不同的物流服务对象设置不同的服务目标，即不要对所有产品提供同样水平的客户服务。

物流服务对象的差别可以表现在要求物流服务的产品类别上,可以表现在产品的数量上,可以表现在运输批量上,可以表现在客户类别(一般客户与重要客户)上,还可以表现在订单类别(如正常订单与紧急订单)上。不同的物流服务对象可能要求相同的物流服务水平。因此,从管理的角度可以将不同对象进行归类,从而对不同的类别设置不同的服务水平和服务方式,以降低物流服务成本。

3. 延迟原则

延迟原则包括时间推迟(time postponement)策略和形态推迟(form postponement)策略。

时间推迟指将分拨过程中运输的时间和最终产品的加工时间推迟到收到客户订单之后。这一策略可以避免企业根据预测在需求没有实现时运输产品,适用于产品单位价值高的、有众多分拨仓库的或者产品销量波动大的企业。

形态推迟指将多种类似产品差异化的工艺和组装的工艺位置尽可能向后推延,将包装和贴标签的时间与地点尽可能向终端顾客和市场推延。适用于形态推迟的生产技术和生产流程的特点包括:可以将初步生产和推迟作业分离、定制不太复杂、模块化产品设计和从多个地点采购。适用于形态推迟的产品特征包括:模块的通用程度较高、产品有具体形态和具体参数、产品单位价值高、定制后产品的体积和(或)重量增加等。适用于形态推迟的市场特征包括:产品生命周期短、销售量波动大、提前期短而可靠、价格竞争且有多个市场多个客户。

4. 合并与标准化

运输的批量越小,成本就越高。从服务成本的角度看,应该将小批量运输或订单合并成大批量运输或订单以提高运输或服务的效益。但合并可能造成库存成本增加,客户服务水平下降。因此需要权衡订单合并与成本节约之间的利害关系。

与订单合并相关的一个原则是标准化。产品的标准化可以通过可替换的零配件和模块化的产品设计来实现。物流服务的标准化还包括基本运输、库存单元的标准化(如标准化的货柜和托盘)、物流服务操作的标准化(不同企业统一的操作标准)以及相关信息系统的标准化。标准化往往是合并的基础,其作用主要体现在两方面:其一是解决多样化服务与服务效率的矛盾;其二是便于不同企业在物流服务中的协作。

列出上述原则与方法并不意味着它们适用于所有的企业。这些原则与方法也并非在同一家企业都要求采用。每一条原则与方法都有自己适用的情形。

3.2.4 物流战略绩效评估

一旦供应链物流的战略规划和实施过程完成,管理人员需要评估物流战略及其实施状况是否良好。战略评估的主要绩效指标包括现金流、成本节约和投资回报率。

1. 现金流

现金流就是供应链物流战略所产生的现金流动。适当的现金流是企业正常运作的基础,也是物流服务战略是否适当的重要标志。例如,如果战略的目标是降低供应渠道内的库存,那么作为资产项的库存就会减少,并转化为现金。

2. 成本节约

成本节约指与战略实施相关的成本的变化。这些节约会转化为企业某段时间的利润。物流网络内仓库数量和位置的变化会影响运输、库存、存储和生产/采购成本。好的网络设计会大幅度降低企业年成本,或者提高客户服务水平,并带来销售额的增长。

3. 投资回报率

投资回报率是新战略带来的年成本节约和新战略所需投资额之间的比率。它表明资本适用的效率。好的战略产生的投资回报率应该大于或等于企业的预期回报率。

物流战略绩效评估涉及多个产出绩效指标和多种投入要素。一种有效的评估方法是应用数据包络分析(data envelop analysis,DEA)方法。DEA 由 A. Charnes、W. W. Cooper 于 1978 年首次提出,开始主要用来评价非营利性及公共事业组织,后来发现也可以应用于营利性服务组织[16]。

DEA 将由处在不同地点的每一个服务提供单位与所有其他服务单位相比较,并且根据资源投入产出比计算出效率比率。在衡量一个单位的效率时使用多项投入(如人工、原材料)与多项产出(如现金流、成本节约和投资回报率)。取得这些信息后,线性规划模型就可以根据几个效率达 100% 的服务提供单位确定有效领域。通过高效单位和那些低效单位经营实践的比较找出可改进的地方,低效单位分享高效单位的管理实践可为前者提供改进机会,从而提高整个系统的生产力。DEA 的反复使用能建立一种组织学习的氛围。

3.3 不同物流服务运作模式的服务设计

3.3.1 基于成本最小的自营物流服务设计

自营物流是指企业拥有自主经营的物流体系,自备仓库、车队等物流设施,自主经营企业的物流活动。企业自营物流的组织形式有两种:一是企业内部各职能部门彼此独立地完成各自的物流使命;另一是企业内部设有物流运作的综合管理部门,专设物流部或物流公司来统一管理企业的物流运作。无论企业采取哪种组织形式的自营模式,自营物流都仅服务于企业自身的物流活动,通过对企业资源和功能的整合,来服务于企业的生产和销售等活动。在这种情形下,物流服务成本成为自营物流模式下企业物流最关注的目标。缩减企业物流的成本支出,选择成本最小的物流系统成为自营物流设计的一个重要的参考依据。

总成本最小化是物流管理中常用的一个方法。企业为了实现生产和销售,常常需要组织包括运输、仓储、包装、物料加工、车间和仓库的布局以及库存管理等物流活动,这些活动的组织和实施需要企业付出一定的成本,它们的总和便构成了企业物流的总成本。实际上,每一项物流活动的成本都可以简化为两个部分:固定成本和可变成本,其中固定成本是指完成这项物流活动所需要的固定要素的投入,它不随企业物流量的变化而变化,如企业的各项物流基础设施(仓库、车辆等)的投入成本;可变成本是指随物流业务量变化而变化的成本,如单位运输的可变成本。因此,企业的总物流成本也可以表示为固定成本和可变成本两项[17]:

$$TC = F + V(X) \tag{3.13}$$

其中,TC 表示总成本;F 表示总固定成本;V 表示每单位产品的平均可变成本;X 表示企业产品的总生产量或销售量。

总成本最小化方法是指通过比较各种物流系统的成本,找出使式(3.13)最小的物流系统设计。

例 3.2 ABC 公司是一家生产便利品的制造型企业,现有一种产品准备投放到一新市场(Los Angeles)。公司准备了三种物流运作方式来支持产品的物流,其对应的成本如表 3.2 所示。其中第一种方式是指 ABC 公司选择公路运输方式,通过卡车将产品运往批发商处,再由批发商批发给零售商;第二种方式是指 ABC 公司在 Los Angeles 自建仓库,首先通过铁路将产品运往 Los Angeles 的仓库,再分销给零售商;第三种方式是指通过空运直接将产品运送给零售商。

表 3.2 ABC 公司三种物流自营模式成本

物流运作方式	总固定成本/美元	单位平均可变成本/美元
Ⅰ. 公路—批发商	20 000	1.80
Ⅱ. 铁路—仓库	202 000	1.15
Ⅲ. 空运	24 000	2.00

解:假设产品的可变成本与产品的销售量是线性关系,即 $V(X)=VX$,由式 3.13,物流总成本可表示为 $TC=F+VX$。通过两两比较便可选择出最小成本的物流运作方式。假设方式Ⅰ的固定成本为 F_1,单位产品平均可变成本为 V_1,则方式Ⅰ的物流总成本为 $TC_1=F_1+V_1X$;同理,方式Ⅱ的物流总成本为 $TC_2=F_2+V_2X$。令 $TC_1=TC_2$,可解得 $X=(F_2-F_1)/(V_1-V_2)$,即当公司的销售量低于 X 时,选择方式Ⅰ的物流成本较小,否则应选择方式Ⅱ。ABC 公司的 3 种物流方式成本之间的关系如图 3.6 所示。

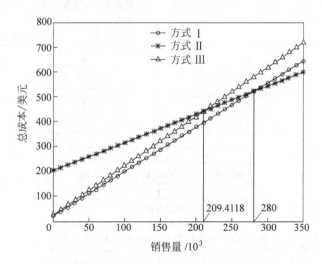

图 3.6 ABC 公司 3 种物流方式的总成本比较

从图 3.6 中可以看出,当 ABC 公司预计在 Los Angeles 的销售量小于 280 000 时,选择方式Ⅰ比较划算,否则应该选择方式Ⅱ,而方式Ⅲ不会成为公司的物流运作方式。

总成本最小化方法简单易行、易于操作,通过寻找总成本的均衡点来找出所有销售量所对应的最优物流系统,同时还可以用来分析企业可能存在的物流运作方案,如分析不同的运输方式和仓储方式的方案组合等。总成本最小化方法也存在许多不足,例如可变成本是线性的假设不合理、没有考虑物流运作方式替换成本、没有考虑物流服务能力以及服务水平等。

3.3.2 基于顾客价值的第三方物流服务设计

顾客是需求的原动力,通过提供满足顾客需求的各种服务性活动,企业不仅能有效地提升自身的竞争能力,而且也能实现良好的客户满意、客户忠诚和企业业绩[18]。因此,提升顾客价值,最大限度地满足顾客的需求成为许多企业的发展战略。

从第三方物流的角度,顾客物流需求是第三方物流企业的动力。第三方物流企业的客户是有物流需求的企业,其服务的对象是客户企业的物流活动。一方面,第三方物流企业必须按照客户企业的要求完成客户企业的运输、仓储、配送等基本物流活动;另一方面,第三方物流企业还可以通过提供延迟处理、零件成套、供应商管理、货运付费、咨询服务、售后服务等增值服务来提升客户企业的价值、提高客户企业的满意度,从而获取更多的市场份额和竞争优势。因此,从提高顾客满意的角度出发,设计出良好的物流服务系统是第三方物流服务设计的重点。

基于顾客价值的物流服务设计是一种以顾客需求为目标的物流服务设计方法,在明确客户需求的基础上结合企业自身的战略资源条件,设计出使顾客满意的物流服务系统,其设计过程如图 3.7 所示。

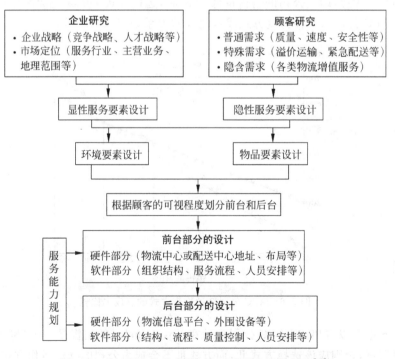

图 3.7 基于顾客价值的第三方物流服务设计过程[19]

(1) 企业目标研究。企业研究是第三方物流服务设计的第一步。在进行物流服务设计之前,第三方物流企业应该首先确定自己的战略目标、市场定位、服务范围、目标市场和目标客户等,在此基础上才能设计出适合企业自身特点的物流服务系统。

(2) 明确客户需求。客户需求是第三方物流服务设计的动力,明确客户需求可以帮助第三方物流企业更好地设计物流服务。物流客户需求包括普通需求、特殊需求和隐含需求。物流系统不仅要满足客户的普通需求,还要尽量地满足客户的特殊需求和隐含需求,为顾客创造更多的价值,从而提高顾客的满意度和忠诚度。

(3) 物流服务产品设计。物流服务产品设计是第三方物流服务系统设计的基础。物流服务产品的设计包括4个方面:显性服务要素设计、隐性服务要素设计、环境要素设计和物品要素设计。其中,显性服务要素是指物流服务的内容与服务标准;隐性服务要素是指与顾客对物流服务的主观感受相关的要素;环境要素设计是指物流中心或配送中心的数量与布局、中心的内部设计、布置和设备选配等运作环境要素;物品要素是指辅助物流服务对象消费的物品。

(4) 基于顾客的可视程度划分前台和后台。前、后台的划分是服务系统设计的重要思想。虽然物流服务过程中顾客的参与程度很低,然而物流服务同样可以借鉴这种思想。在前台部分的设计中,可以根据顾客个性化和差异化的需求,设计出为顾客量身打造的物流服务系统;同时,在后台设计中应该重视服务流程的规范化和标准化,充分利用现代科学技术来提高效率,从而降低物流服务成本,提高整体运营效率。

(5) 前台部分设计。物流服务前台设计主要包括两个方面:硬件部分设计和软件部分设计。其中,硬件部分是指物流服务的选址、空间布局和能力规划等;软件部分是指物流服务的组织结构、服务流程和人员安排等。前台部分是物流服务的终端,其设计的好坏对物流企业的形象和服务质量有着非常重要的影响。因此在进行前台设计时,应注意标准化与灵活性的有效结合,通过积极与客户进行交流,使得企业能持续改善服务质量和掌握客户的需求发展趋势,从而获得持续的市场竞争优势。

(6) 后台部分设计。物流服务系统的后台部分是对前台部分的支持。后台部分设计主要是指信息系统的设计,包括物流信息平台、外围设备等硬件部分设计和结构、流程、质量控制、人员安排等软件部分设计。利用先进的信息化技术和建设强大的信息平台对于改进物流服务企业的运营效率有着十分重要的意义,也是实现后台高效运营的重要手段。

(7) 服务能力规划。由于物流服务的不可储存性以及物流服务的需求具有很大波动性,物流服务能力规划是物流服务设计需要重点考虑的一个方面。如果物流服务能力不足则会招致顾客的不满,也会大大降低物流服务的效率。一般来说,为了提高顾客满意度,前台部分的能力设计应尽量满足峰值需求,而后台部分由于技术化程度较高,受需求波动的影响较小,服务能力目标可以设定得相对较小一些。

3.3.3 基于供应链的第四方物流服务设计

从供应链的角度对企业内外部资源进行集成和整合是企业获取竞争力的关键,而第四方物流正是扮演了这样一个角色。第四方物流借助自己所拥有的信息技术和充分的物流需求与供给信息,通过对组织内部、物流服务需求企业和供给企业所拥有的资源、能力和技术进行整合和管理，为物流服务需求企业提供整体的物流与供应链解决方案。第四方物流服务提供商是一个供应链集成商，它集成管理咨询、3PL和其他相关企业的能力和资源，提供一个全方位的供应链解决方案，来满足物流服务需求企业所面临的广泛而复杂的需求。因此，第四方物流的设计应从供应链的角度进行。

第四方物流服务的设计过程包括一般以下几个方面：收集物流相关信息、建设网络信息平台、优化选择物流解决方案、3PL的评价与选择、供应链优化方案的实施及评价等，如图3.8所示。

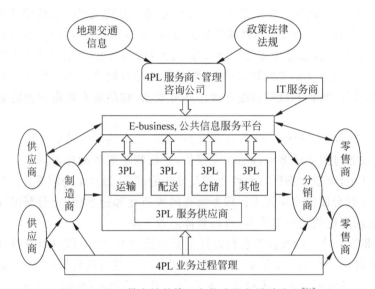

图3.8 基于供应链的第四方物流服务设计流程[20]

（1）收集物流相关信息。即收集与物流服务相关的一些基本信息，如地理交通信息、港口信息，政府政策与法律法规等，这些信息是4PL服务设计的基础。

（2）构建公共物流信息平台。4PL主要是集成供应链中各种资源和力量，为企业提供供应链解决方案和全方位的物流服务，因此，信息在整个4PL运作过程中是至关重要的。4PL服务商可以利用IT服务商的资源和力量，构建一个整条供应链共享的公共信息服务平台。这个平台不仅具有客户订单的录入、处理等电子商务功能，还可以集成企业内部信息系统，实现客户、供应商信息管理与共享、互联网及时沟通等功能。4PL通过它同其他企业进行及时信息沟通、传递相关指令、实时监督执行情况，以达到资源共享、供应链协同运作的目的。

（3）优化选择物流解决方案。针对每一个确定的客户订单，4PL通过将现有的物流资源进行优化配置和集成，为客户企业提供优化的物流解决方案。4PL的优化决策主要包括以下几个方面：3PL服务提供商的选择、运输路径优化、作业指派优化、选址优化决策等。这些优化问题的优化方案可以采用3.2节中介绍的方法来设计。

（4）优化方案的实施及评价。4PL服务商向3PL服务商下达物流指令，执行优化方案，对方案执行过程进行监督并对实施结果进行评价。物流实施的结果评价对4PL服务商改进物流服务，提高服务水平有很大的帮助，因此，这一部分也是4PL服务设计的一部分。

小结与讨论

物流服务的目标是为顾客提供低成本、高水平、高质量的物流服务。因此,服务成本、服务水平、服务质量以及服务响应时间等便构成了物流服务的目标要素,这些目标要素是物流服务战略决策和服务系统设计不可或缺的内容。

物流服务战略是物流系统良好运转和成功运作的保证。本章主要介绍了一般服务战略的概念、要素和基本决策方法。结合物流服务的特点,介绍了物流服务战略的内涵、物流服务战略决策的原则与方法,给出了基于 DEA 的物流服务战略及其实施评价的方法。针对不同物流服务运作模式的特点,本章还介绍了自营物流、第三方物流和第四方物流三种不同运作模式下物流服务系统设计的方法。

思考题

1. 简述服务包的概念与服务战略之间的关系。
2. 试分析链式交叉培训在由多种操作构成的物流服务中的作用机制。
3. 简述企业文化在服务境遇设计中的作用。
4. 在物流服务战略中,能力与需求管理的目标是什么?有哪些策略可以有助于目标的实现?
5. 物流服务成本由哪些部分组成?该怎样对这些成本进行管理以帮助企业节约成本?
6. 请说明物流服务战略决策总成本最小化原则适用的情形。
7. 举例说明信息技术和信息管理在物流竞争战略中的作用。
8. 你能简要说明基于顾客价值的第三方物流服务设计过程吗?

练习题

1. 博登食品公司可以为其客户提供柠檬汁系列产品。在过去,博登在其仓库中保存了大量的该系列产品,使得 4 年内该系列产品都不会缺货,从而服务水平超过了 99%。虽然公司的销售量很高,然而过高的库存也带来了成本的增加,因此,公司的领导层决定降低库存量来减少成本。根据公司内部的一般经验,服务水平每变化 1%,毛收入就变化 0.1%。仓库每周向零售店补货,因此可以将其客户服务水平定义为补货提前期内仓库有存货的概率。每箱的销售毛利是 0.55 美元,每年经仓库销售的箱数是 59 904 箱,每箱标准成本是 5.38 美元,年库存成本估计为 25%,补货提前期为 1 周,平均每周销售量为 1152 箱,标准差为 350 箱,试确定博登公司的最优服务水平。
2. 某航空公司考虑对只有 6 个座位的飞机预订出 7 张票。在过去的几个月中,预订了机票而未到的情况如表 3.3 所示。

表 3.3 预订了机票而未到的情况

未到顾客数	0	1	2	3	4
百分比/%	30	25	20	15	10

每个航班的运行成本是:飞行员 100 元,机长 100 元,燃料 30 元,着陆费 20 元。如果单程票价为 80 元,对因超订而不能乘机顾客的补偿措施是免费乘坐下一航班并补偿 50 元。则该航空公司的超订措施是否适当?你推荐的超订数是多少?根据你的超订数建议,每个航班的利润是多少?

3. 假定顾客到达某咨询台的平均数量是 20 人/h,咨询台只有一位服务员,其回答每位顾客咨询的平均时间是 2.5min。

(1) 服务员处于忙状态的比率是多少?

(2) 如果顾客到达的时间间隔和服务员回答问题的时间均服从指数分布,那么,顾客在咨询台花费的平均时间是多少?咨询台平均有几位顾客?从长期平均的角度看,咨询台有超过 3 位顾客的概率是多少?

(3) 你认为咨询台一位服务员是否足够?理由是什么?

(4) 如果服务员回答问题的时间不服从指数分布,而是一种均值为 2.5min,标准差为 3.5min 的一般分布,那么问题(2)和(3)的结果有何变化?

4. 一个大型的露天矿山,考虑修建矿石卸位的个数问题。估计运矿石的车将按 Poisson 流到达,平均每小时到 15 辆;卸矿石时间服从负指数分布,平均每 3min 卸一辆。又知每辆运送矿石的卡车售价 8 万元,修建一个卸位的投资是 14 万元。试问该矿上应该修建一个还是两个卸位?

5. 玛丽是一家缝纫店的老板,为其周边的住民提供缝纫服务。通过过去的两周对顾客的统计发现,平均每小时就有 4 位顾客到达,而玛丽的缝纫店平均每小时可以服务 5 位顾客。通过这些数据,试帮助玛丽计算以下的问题:①缝纫店没有顾客的概率;②平均队长;③顾客的平均等待时间;④顾客的平均逗留时间;⑤缝纫店里有 4 位以上顾客的概率。

6. 在第 5 题中,玛丽为了扩大自己的缝纫店,决定雇佣一名伙计,玛丽和雇佣的伙计都能每小时服务 5 位顾客,其他参数不变,试再解答第 5 题中的问题。

7. 洁克化工公司(Cleanco Chemical Company)向酒店、医院和学校销售清洁剂(洗碗剂、地板清洁剂、非石油类润滑剂)。该市场的竞争十分激烈,销售是否成功的关键在于送货时间。根据仓库数量、地点、库存水平和订单处理程序的不同,企业可以设计平均送货时间不同的分拨系统。针对服务对销售的影响和提供服务所需的成本,实物分拨经历做出如表 3.4 所示估计。

表 3.4 实物分拨情况

销售与成本	一天内送货的订单百分比/%						
	50	60	70	80	90	95	100
预计年销售额/百万美元	4.0	8.0	10.0	11.0	11.5	11.8	12.0
分拨成本/百万美元	5.8	6.0	6.5	7.0	8.1	9.0	14.0

(1) 该公司应提供哪种水平的服务？

(2) 竞争可能对服务水平决策有什么影响？

8. 假设一家设备制造商需要从两个供应商那里购买 3000 箱塑料配件，每箱配件的价格是 100 美元，运输且由供应商来承担。目前，该制造商从 A、B 两个供应商采购的数量是一样的，两个供应商都采用铁路运输方式，平均运送时间也相同。但如果其中一个供应商能将平均交付时间缩短，那么每缩短一天，制造商会将采购订单的 5%（即 150 箱）转给这个供应商。如果不考虑运输成本，供应商每卖出一箱配件可获得 20% 的利润。假设 A 供应商正在考虑将铁路运输改为铁路、卡车或航空运输中的一种，它们的相关信息如表 3.5 所示。

表 3.5 A 供应商采取不同运输方式有关信息

运输方式	运输费率/(美元/箱)	运送时间/天
铁路运输	2.50	7
卡车运输	6.00	4
航空运输	10.35	2

试问，A 供应商应该选择怎样的运输方式使其获得更多的收益？

案例： 西尔斯公司的物流战略[①]

1. 公司背景

西尔斯在 20 世纪 90 年代之前一直执美国零售业之牛耳。然而从 20 世纪 80 年代到今天，西尔斯连锁帝国经历了两次衰落与两次复兴。1995 年 3 月，西尔斯公司的销售额达到 30.9 亿美元，位居全美零售企业销售额的第二位，仅次于沃尔玛的 79.2 亿美元，但比 Kmart 的 29.7 亿美元要高。但是，1993 年，西尔斯公司拥有 1817 家分店，形式主要为百货店、金属用品专卖店和邮购商店。1993 年的销售额为 295.6 亿美元，是成立 107 年以来利润最高的一年。这是建立在失败的基础上的，1992 年因经营不善，西尔斯曾申请破产保护，当年亏损 29.7 亿美元，销售额为 319.6 亿美元，分店为 1701 家。下面来了解一下西尔斯的兴衰。

西尔斯公司的历史要追溯到 19 世纪末，美国有一个叫理查·西尔斯的商人，是铁路货运的代理商。由于几次被拒绝发货，耽误了托运人的钟表生意，他不得不改用邮局寄送，没想到异常顺利。随后他将其他商品也采取邮寄办法，并扩大了经营范围，购进其他廉价商品自己销售。到 1886 年其邮购销售网络已经遍布全美。1893 年，西尔斯与罗巴克公司，先后经营钟表、珠宝以及出版商品目录。1895 年衣料销售专家罗杰巴鲁特加盟西尔斯公司，他使西尔斯公司更上一层楼，主要源于"罗杰巴鲁特信条"：①采购成本降低；②售价要便宜；③实现薄利多销。从公司成立直到 20 世纪 20 年代，西尔斯主要以邮购销售为主，1900 年营业额为 110 万美元，1920 年达 2.45 亿美元。1921 年，由于经济危机，公司营业额下降到 1.6 亿美元，后来公司副董事长乌特建议由邮售改为店铺现场出售。乌特将其早年在军校

---

① 本案例来源于参考文献[21]，本书对其进行了必要的改编。

的军需品补给的军事战略应用到经营中。1925年,西尔斯的第一家零售店店铺开业,到1930年,西尔斯成为大众商品的巨大连锁商。

第二次世界大战后,西尔斯公司调整了经营结构,开始实施多角化经营,成为零售之王。1979年营业额达179亿美元;1982年营业额达302亿美元,分店达到1649个;1983年营业额达358亿美元;1989年公司资产达7795亿美元,销售额为502.51亿美元。但是,到了20世纪90年代初,西尔斯开始衰落。

2. 西尔斯的物流策略

西尔斯在全美设有50家采购站,向2000多家厂商采购830大类商品;600多名采购人员,平均每人每年进货额为50万美元;西尔斯所销售的70%的商品来自12 000家厂商,20%以上的商品是由公司投资和附属工厂供应的。20世纪80年代后,进口部设到国外,进口额占到总销售额的70%。80年代初,西尔斯在物流方面采取的是分散策略。西尔斯有83家配送中心,向800多家商店供货。先由配送中心把进货的明细表分发给各商店,各商店自行决定经营哪些商品,然后由配送中心供应。对分布在全美的1700家邮购商店的商品供应,由13家邮购配送中心负责。西尔斯公司的商品流有:供应商—分店,供应商—配送中心—分店。

运送不同商品时,选择不同的运输工具。选择时要考虑的因素主要有:货站的位置和容量,商品价值的高低,货源地,运输工具等。

3. 重振西尔斯

从20世纪80年代开始,西尔斯公司进入了动荡期。80年代初西尔斯的利润和销售额开始不断下降,于1982年开始了第一次重振活动。西尔斯的重振是借助美国的咨询公司麦肯锡。主要策略就是改变物流分散的策略,彻底打破沿用了30年的组织体系,实行集中化策略。在传统组织体系下,西尔斯的区域经理和分店经理有一定权力,可以改变商品的价格、库存量等。这就导致如果采购来的商品毛利率低,分店经理常拒绝进货,而愿意直接从供应商处进货。西尔斯的13个配送中心,124个仓库,800多家分店,2000个邮购商店的经营,需要高度协调。但是,分散的物流管理是难以完成上述任务的。1982年西尔斯公司开始实施集中化策略,集中采购,取消了各分店经理的权力。此次的重振还使西尔斯开始运用计算机进行销售统计分析等,不断改变销售价格较贵、商品周转时间长的经营策略,降低成本和价格,加快商品周转。

20世纪90年代后,竞争日益激烈,西尔斯在与沃尔玛、Kmart的竞争中败下阵来,于1992年出现了20多亿美元的亏损,并申请破产保护。其衰落的原因有:公司的邮购业务在新兴的电子购物冲击下日益减少,新型购物中心也形成了对西尔斯的挑战,电子技术的应用提高了经营效率和竞争压力。1992年以后,西尔斯实施了更大规模的重振计划。

4. 电子信息技术

西尔斯重振的一个重要方面是采用零售电子技术。西尔斯开发了商品分类规划整合系统,该系统强调单店内商品的陈列与组合应该首先符合客户需求。1992年,西尔斯为了跟上零售电子化、信息化的步伐,向得克萨斯州的一家计算机公司订购了5300万美元的个人计算机POS终端设备。1994年,西尔斯获取了零售基础创新最高奖(Rental Innovation Technology Award,RITA)第一名,主要是因为该公司支持纯粹销售环境活动技术的运用,减少营业人员花在办公室的时间,以更多的时间帮助客户。

5. 改进物流

西尔斯的物流管理也是重振的一个重要内容,实施物流短捷化、直接化,利用 EDI 加速物流周转。以家具类商品为例来说明,新的物流方法,依靠 EDI 及直运系统大大降低了存货水平并增强了西尔斯满足客户进货上门的需求能力。1989 年,西尔斯的店员们在销售家具时手写订单,此时他们并不知道该被订购家具是否可以马上送往客户家中。每张订单被送到 50 个零售配送中心之一。然后商品从存货中被挑出,并打电话给客户,约定其送货时间。如果无此商品的库存,则需重新向供应商订货。客户也会被告知几周内将收不到他们订购的商品。而零售配送中心经常保存了很多重复的库存。这对商品周转产生了负效应并导致利息负担加重,增加了储存和处理成本。有些配送中心会出现缺货,最终导致客户的不满意。从 1989 年开始,西尔斯决定增加其现有商店中家具部的销售面积,使其平均达到 700m²。

西尔斯的新店中,家具部的销售面积已经突破 2800m²。在减少配送中心存货量的同时,增加家具的种类。西尔斯还开发了有效货源系统,西尔斯所有家具供应商通过 EDI 与有效货源系统相互作用。通过这个货源系统,西尔斯了解每个商品何时能够送到客户手中,供应商也可知道已销售多少,需再送多少货物。当客户想询问家具的情况时,店员可将商品号输入 POD 系统,然后就可以显示何时能够送货上门。代替 50 个零售配送中心大量存货的是,西尔斯按事先订好的计划把商品从供应商运往 4 家家具整合中心。这 4 家家具整合中心将供应商所送的家具配载为一个整车运输,然后发往 46 个交叉装卸中心。然后商品被直接送往客户家中或者各个分店。这样的系统使得家具库存水平降低了 80%,进一步降低了储存、处理、利息等成本与费用。员工也大大减少了,从事家具订货的员工从 75 人减少到 6 人,97%~98% 的商品被按时送到客户手中。具体物流过程如图 3.9 所示。

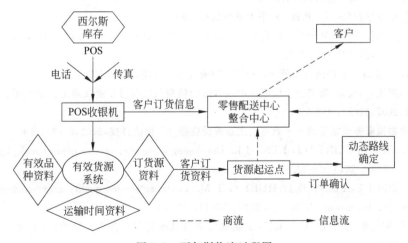

图 3.9 西尔斯物流过程图

6. 物流业务重组

面对激烈的竞争,西尔斯在 1989 年末决定寻找各分店办公与后勤对运营的影响,以便改进工作效率。西尔斯运营部检查了公司的成本构成,认为生产率需要进一步改善,于是选择了销售额从 700 万美元至 5000 万美元的规模不等的 10 家分店作为"学习中心"。对所有非销售的后台功能,包括维护、收货、客户服务、清洁、沟通等进行了检查,以便发现可以改进的方面。公司还发放了不记名的意见卡,征集员工的意见,了解改进绩效的办法。员工们消除了顾虑,纷纷提出各种建议来帮助改进西尔斯的工作效率。运营部掌握了各个分店的运营状况后,对一些好的建议进行了尝试。从 1991 年 3 月份开始,西尔斯对所有的分店进行了业务重整,大大提高了营运效率。这一业务重整活动被称为"完全的销售环境",通过这个活动使西尔斯的 6 个连锁集团重新形成了与家具专卖店、家电专卖店的竞争能力。西尔斯重振的另一个内容就是采用新的电子技术,使以收银员为终端的 POS 系统全部换上了以个人计算机为终端的系统,减少了收银员的工作量,提高了效率。经过 1989—1992 年的整合,西尔斯减少了 48 050 个职位,节省了近 10 亿美元的成本。1993 年底,西尔斯就迎来了 107 年的最高利润 7.5 亿美元。1994 年各季度的销售额都超过了预期。

讨论:

(1) 西尔斯公司应用了哪些物流战略?
(2) 连锁经营成功的关键什么?
(3) 如何做好物流系统的整合协调工作?

参考文献

[1] BALLOU R H.企业物流管理[M].王晓东,胡瑞娟,等,译.北京:机械工业出版社,2006.
[2] 马士华.基于供应链的企业物流管理——战略与方法[M].北京:科学出版社,2005.
[3] 詹姆斯·菲茨西蒙斯,莫娜·菲茨西蒙斯.服务管理:运营、战略和信息技术[M].张金成,范秀成,等,译.北京:机械工业出版社,2000.
[4] 胡运权.运筹学教程[M].北京:清华大学出版社,1998.
[5] 刘明菲,龚韵枝,杨勋.基于顾客价值的物流服务质量体系研究[J].武汉理工大学学报:信息与管理工程版,2006,28(12):112-115.
[6] 黄乐恒.物流成本及物流成本管理(一)[J].物流技术与应用,1998,3(2):20-24.
[7] 黄由衡,周凌云,韩霜.物流企业应用作业成本法的模型与层面[J].武汉理工大学学报:交通科学与工程版,2007,31(3):498-500.
[8] 田宇.论物流服务质量管理——兼与王之泰教授商榷[J].物流科技,2001,24(2):3-8.
[9] MENTZER J T, FLINT D J, KENT J L. Developing a logistics service quality scale[J]. Journal of Business, 1999, 20(1):9-32.
[10] MENTZER J T, FLINT D J, HULT G T M. Logistics service quality as a segment-customized process[J]. Journal of Marketing, 2001, 65(4):82-104.
[11] 付利华,戴更新,王炬香.基于 QFD 的物流服务质量改进[J].青岛大学学报:自然科学版,2006,19(4):56-60.
[12] SOHN S Y, CHOI I S. Fuzzy QFD for supply chain management with reliability consideration[J]. Reliability Engineering and System Safety, 2001, 72(3):327-334.
[13] 田宇,龚国华.标杆学习[J].物流科技,2000,23(3):26-28.
[14] 赵秋红,汪寿阳,黎建强.物流管理中的优化方法与应用分析[M].北京:科学出版社,2006.
[15] 许国兵,张文杰.基于灰色关联和 TOPSIS 的两阶段第三方物流服务商选择模型[J].北京交通大学

学报：社会科学版,2007,6(4)：30-34.
[16] 魏权龄.数据包络分析[M].北京：科学出版社,2004.
[17] POIST R F. The total cost vs. total profit approach to logistics systems design [J]. Transportation Journal，1974，14(1)：13-24.
[18] BLOOMBERG D, LEMAY S, HANNA J B. Logistics [M]. Beijing: Tsinghua University Press, 2004.
[19] 刘明菲,汪义军.基于顾客价值的物流服务传递系统设计[J].武汉理工大学学报：信息与管理工程版,2006,28(9)：30-32.
[20] 蓝贵兵,张悟移.基于第四方物流的供应链解决方案探究[J].物流科技,2007(05)：61-64.
[21] 柳和玲.物流运作案例剖析[M].北京：中国物资出版社,2006.

第 4 章 物流服务的人员管理

物流服务人员是物流系统中为客户提供包括运输、储存、分拣、包装、装卸搬运、流通加工、配送、物流信息、物流系统分析与设计等物流服务的所有人员的统称。本章介绍应用人力资源管理的理论、方法与技术开发物流服务人员的内在潜力,以提高物流工作的效率和服务水平的方法。

4.1 服务型企业的人员管理

人员管理属于人力资源管理的范畴。从意义和功能上来说,人力资源管理是指为实现组织的战略目标,利用现代科学技术和管理理论,不断地获得人力资源,并对所获得的人力资源进行开发、整合及调控[1]。人员管理的职能包括人力资源规划、工作分析、招聘、培训、组织调度、考核和激励。

服务型企业中的人员管理与制造型企业相比,虽然在程序上基本相同,但是在具体职能上的侧重点不同。这是由服务的无形性、不可存储性、服务的提供和消费的同一性、与顾客接触紧密、服务绩效难以度量等特性决定的[2]。服务的这些特性使得服务人员管理需要特别重视顾客的影响。根据与顾客接触的紧密程度不同,可将服务人员分为前台服务人员和后台服务人员两大类。

前台服务人员是指与顾客接触,直接提供服务的人员。前台人员的基本任务要求其具备良好的与人沟通的能力。后台服务人员是指不直接与顾客接触,但为服务的完成提供支持与支撑的人员。后台人员的主要任务是处理专业任务,为前台人员的服务提供支持性的工作。后台人员不直接与顾客打交道,因而对沟通能力的要求不高,但对专业知识和技能要求较高。由于服务型企业中后台服务人员的管理和制造型企业中的人员管理大同小异,所以本章侧重介绍前台服务人员的管理。

4.1.1 规划

人力资源规划包括两个层次:总体规划和业务计划。总体规划是计划期内人力资源开发利用的总目标、总政策、实施步骤及总预算的安排。业务计划包括人员补充计划、人员使用计划、人员提升计划、教育培训计划、薪资计划、退休解聘计划、劳动关系计划等。业务计划是总体规划的展开和具体化。

人力资源规划的主要过程可分为 4 个阶段:调查分析,预测供需,制订规划,实施、评估与反馈,如图 4.1 所示。

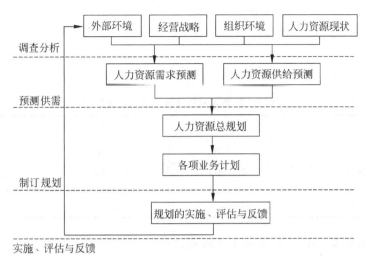

图 4.1 人力资源规划流程图[1]

在人力资源规划中,人力资源的需求预测是后续规划的基础。人力资源需求预测需要考虑多方面因素,它与组织的整体战略目标、组织结构和职位设置、管理体制和机制等密切相关,并对组织战略、策略、规划等作深入分析。预测人力资源需求所需的相关信息如图 4.2 所示。

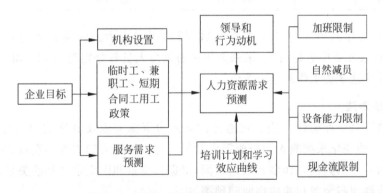

图 4.2 预测人力资源需求的相关信息[3]

人力资源需求预测方法可分为两类:主观判断法(或称定性预测法)和定量分析预测法。主观判断法是由有经验的专家或管理人员根据直觉进行判断和预测,其精度取决于预测者的个人经验和判断力。这类方法中常用的是德尔菲法,但德尔菲法成本高昂且非常耗时,一般仅用于作长期预测。定量分析预测法是利用统计学的方法进行分析预测。常用的、较为简便的定量分析预测方法有以下几种[1]。

1. 工作负荷法

这种方法按照历史数据,先算出完成某一特定的工作每单位时间内(如每天)每人的工作负荷,再根据未来的总劳务目标计算出所需完成的总工作量(以工作时数为单位),然后根据每人每单位时间内的工作时数折算出所需的人力资源数。下面举例说明其用法。

例 4.1 某邮政局新设一部门,其中有 3 类工作:收发快件、收发包裹、收发平信。现拟预测未来 3 年各类工作所需的最低人员数。

解：(1) 根据现有资料得知完成这 3 类工作所需的标准任务时间(即工作负荷)为 5、10、2min/件。

(2) 估计未来 3 年每类工作的工作量,如表 4.1 所示。

表 4.1 某邮政局新设部门的工作量估计 件

工 作	工 作 量		
	第 1 年	第 2 年	第 3 年
收发快件	150 000	200 000	250 000
收发包裹	75 000	80 000	85 000
收发平信	400 000	350 000	320 000

(3) 折算为所需工作时数,如表 4.2 所示。

表 4.2 某邮政局新设部门的工作时数估计 min

工 作	工 作 量		
	第 1 年	第 2 年	第 3 年
收发快件	750 000	1 000 000	1 250 000
收发包裹	750 000	800 000	850 000
收发平信	800 000	700 000	640 000

(4) 根据实际的每人每年可工作时数,折算所需人力。假设每人每年工作时间为 150 000min,由表 4.2 中数据可知,未来 3 年所需的总人员数分别为 16、17 和 19 人(假设每位工人都能胜任这 3 类工作)。

2. 回归预测法

回归预测法是一种统计方法。它通过建立人力资源需求及其影响因素之间的函数关系,从影响因素的变化来推测人力资源需求量的变化。根据回归方程中变量的数目,可将回归预测法分为一元回归预测和多元回归预测;根据自变量和因变量之间的关系,又可将回归预测法分为线性回归预测和非线性回归预测等[4]。

3. 比例预测法

这是基于对员工个人劳动生产率的分析来进行预测的一种方法。这种方法有 5 个步骤:

(1) 确定与人力资源需求量有关的适当的组织因素。组织因素应与组织的基本特征直接相关,而且它的变化必须与所需的人力资源需求量的变化成比例。

(2) 找出历史上组织因素与员工数量之间的关系。

(3) 计算劳动生产率。

(4) 确立劳动生产率的变化趋势以及对趋势的调整。

(5) 预测未来某一年的人员需求量。

例 4.2 某医院 2002—2008 年间每 3 名护士平均每日护理病人的数量如表 4.3 所示。取每年的病人数为组织因素,护理的病人与护士的比例为劳动生产率。每年病人总数除以同一年的劳动生产率即得护士的总数。

表 4.3　某医院历史数据

年　份	组织因素 （病人数/年）	劳动生产率 （病人数/护士人数）	人员需求 （护士人数）
2002	4000	15/3	800
2004	3500	12/3	875
2006	3000	10/3	900
2008	2500	8/3	938

根据该医院对未来几年内病人数和劳动生产率变化趋势的预测可以计算出护士的需求量，如表 4.4 所示。

表 4.4　某医院对护士需求量的预测

年　份	组织因素 （病人数/年）	劳动生产率 （病人数/护士人数）	人员需求 （护士人数）
2010	2200	5/3	1320
2012	2000	4/3	1500
2014	2100	4/3	1575

用这种方法进行预测时，要求组织因素与人员之间的比例关系比较确定或呈现出稳定的趋势，否则预测的结果就会不准确。

定性预测方法和定量预测方法各有优劣。定性预测方法使管理部门直接参与到预测过程中，还可以将一些技术变化、组织变化等无法度量的因素综合起来考虑，具有灵活性。定量分析方法为可能的人员配置目标确定可能的人员配置水平，有助于管理人员判断未来的人员配置需求。两类方法在实践操作中可以结合使用。人力资源需求预测数减去已有的人力资源供给数就得到人力资源的净需求数量。

4.1.2　工作分析

工作分析又称岗位分析或职务分析，是确定企业内各个岗位完成各项工作所需技能、责任和知识的系统过程。工作分析为其他的人力资源管理实践（如招聘、培训、考核、薪酬设计等）搜集信息，是人力资源管理活动中必不可少的环节。工作分析的实质是对组织中某个特定岗位的目的、职责、权限、具体工作任务、隶属关系、工作流程、任职资格等相关信息进行收集与分析，并在对岗位有充分理解的基础上形成岗位描述和岗位说明书，对岗位的相关内容做出明确的规定[5]。

具体地说，工作分析就是全面收集某一职位的有关信息，对该职位从 7 个方面开展调查研究。这 7 个方面可以总结为 6W1H[6]：①责任者（who）；②工作内容（what）；③工作时间（when）；④工作岗位（where）；⑤如何操作（how）；⑥为什么这样做（why）；⑦为谁工作（for whom）。然后对该职位的任务要求进行书面描述并整理成文。

工作分析的目的是解决以下 6 个方面的问题[5]：①岗位性质；②岗位时间；③岗位场所；④岗位职责与任务；⑤岗位原因；⑥岗位条件。

工作分析的流程主要包括5个操作步骤,如图4.3所示。

图 4.3　工作分析流程图[5]

工作分析最终的结果一般由两部分组成:工作描述和工作说明书(工作规范)。工作描述是用来说明有关工作的物质特点和环境特点的,主要包括以下5个方面的内容[7]:

(1) 工作名称的描述,主要说明某项工作的专门名称或代号以及上下级关系,明确每一项工作的指挥和命令关系。

(2) 工作内容的描述,主要是对所要完成的工作任务、工作责任、使用的原材料和机器设备、工作流程、与他人的工作关系、接受监督以及进行监督的性质和内容的描述。

(3) 工作条件的描述,包括对工作地点的温度、湿度、光线、噪声、安全条件、地理位置、室内或室外等工作条件和物理环境的说明。

(4) 工作社会环境的描述,包括对工作群体中的人数、完成工作所要求的人际交往的数量和程度、各部门之间的关系、工作点内外的文化设施、社会风俗的影响程度等进行说明。

(5) 聘用条件的描述,包括对工作时数、工资结构、支付工资的方法以及福利待遇等方面的描述。

工作说明书主要说明从事某项工作的人员必须具备的素质条件。由于服务人员的工作一般需要与顾客接触才能完成,所以服务人员的工作说明书需要特别强调有服务精神、沟通能力和良好的思想道德品质。服务人员的工作说明书主要包括以下几个方面:

(1) 一般要求,包括年龄、性别、学历、工作经验等。

(2) 生理要求,包括健康状况、力量与体力、运动的灵活性、感官的灵敏度等。

(3) 心理要求,包括事业心、合作性、观察力、领导能力、组织能力、沟通能力等。

4.1.3　招聘

当企业现有的人力资源不能满足企业生产和发展的需要时,企业就需要招聘员工。招聘的途径可以分为内部招聘和外部招聘两种基本类型。内部招聘是指在企业内部寻找合适的候选人,对员工进行再配置。外部招聘是指从企业外部寻找合适的人员,经过招募考核等成为企业员工。相应地,招聘的渠道也可以分为内部渠道和外部渠道。内部招聘与外部招聘各有优劣,如表4.5所示。企业可以根据自己的现有资源和实际需求,选择合适的招聘渠道。

员工招聘的过程主要由招募、选拔、录用、评估等一系列活动构成。招募是组织为了吸引更多更好的候选人来应聘而进行的若干活动,主要包括招聘计划的制订与审批、招聘信息的发布、应聘者的申请等;选拔是组织从"人"和"事"两个方面出发,挑选出最合适的人来担当某一职位,包括资格审查、初选、面试、测评、体检和背景调查、人员甄选等环节;录用主要包括员工的初始安置、试用、正式录用;评估则是对招聘活动的效益与录用人员质量的评估。招聘的一般流程可用图4.4表示,当然,企业在招聘时可以根据实际需要增减某些环节或改变某些环节的先后顺序。

表 4.5　内部招聘与外部招聘的优劣比较[7]

优 缺 点	内 部 招 聘	外 部 招 聘
优 点	提高员工的士气与工作绩效 激发员工的奉献精神 定位过程更短，需要的培训更少 更有认同感，更不容易辞职	带来新知识和新经验 带来新的工作方法和新思维 更了解外部情况 一般招之即用，不需要专门培训
缺 点	容易引起同事的不正当竞争 可能造成"近亲繁殖"的现象 可能产生抵制改革的倾向	适应期长 影响内部员工的士气 选择起来很困难

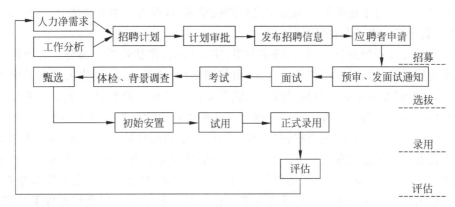

图 4.4　员工招聘流程图[1]

服务人员的招聘流程与一般的员工招聘流程相同，但招聘标准侧重点有所不同。服务人员的招聘标准分为硬性标准和软性标准两个方面[8]。硬性标准是知识和技能方面的标准，确定应聘者是否具有该招聘岗位所必需的知识要求和技能要求，包括沟通技能、才能、创造力等。软性标准是素养方面的标准，判断应聘者是否具有作为服务人员所应该具备的一些素养，包括真诚、忠实、机敏、注重承诺、积极热情、礼貌、宽容、有同理心（即能换位思考）、有勇气、有进取心、勤奋、有服务精神等。对于前台服务人员的招聘应主要注重软性标准，而对于后台服务人员的招聘则应主要注重硬性标准。优秀的服务人员必须具有良好的素质和较强的能力。一般来说，选聘优秀服务人员须遵循以下原则：

（1）德才兼备。优秀的服务人员必须具有良好的思想品德、职业道德、全面的知识水平及各种能力，这是选聘服务人员的主要原则。由于服务人员一般需要与顾客接触，良好的思想品德和职业道德能给顾客留下很好的印象，而让顾客满意是服务型企业的主要目标之一。此外，由于很多服务工作不是随时处在监控范围之内进行的，如物流行业中的运输业务等，从事这类工作的服务人员的道德素质就显得尤为重要。另一方面，服务人员要靠良好的服务技能来为顾客提供服务，如果没有必需的技能，就不能为顾客提供满意的服务。所以，德与才两者不可偏废，只重德不重才会误事，而只重才不重德会坏事，两者必须统一。

（2）知人善用。即在选聘服务人员时，要对其进行全面的观察了解，如性格爱好、特长和才能等。掌握过去的情况，预计将来的发展。在对其全面认识的基础上，发挥其优势，调动其积极性，为其充分发挥各方面的才能创造条件。服务型企业的岗位多种多样，不同岗位需要的技能可能差异很大。每个人的能力是有限的，这就决定了必须将岗位和适当的人员对应起来。所谓"适当的"有3层含义：第一，服务人员完成一种岗位的工作所需的技能要么是服务人员现在具备的，要么是通过培训可以获得的。第二，因事找人，即根据岗位所需技能选择适当的人员来担当该岗位。第三，因人设事，即根据人的能力确定适当的工作内容。安排人员配置时应将这3层含义结合起来。

4.1.4 培训

如何使新员工成为符合企业要求的服务提供者，是企业内部培训要解决的问题。对于新招聘的员工，一般都要适当给予培训，使其在能力上尽快适应岗位工作需要，在思想上尽快融入企业氛围。对于在职员工也需要进行持续培训，以改善其服务技能，保持其高品质的服务水准，从而留住老顾客，吸引新顾客。

培训的主要流程包括分析需求、确定方案、实施培训、评估效果4部分。分析培训的需求是指在规划与设计每一项培训活动之前，由培训部门、主管人员、工作人员等采取各种方法与技术，对组织及其成员的目标、知识、技能等方面进行系统的鉴别与分析，以确定是否需要培训及相关培训内容的一种活动或过程[7]。分析需求通常从组织分析、人员分析、任务分析3个方面展开。确定方案是指根据培训需求，确定培训的目标、方针和内容。实施培训的工作主要是确定培训方式和方法并组织实施。评估效果是培训的最后一个环节。通过培训效果评估，企业可以对前一段培训的效果与利弊进行估量，方便以后改进和完善培训工作，所以培训效果评估也是企业培训的重要环节。由于员工的复杂性以及培训效果的滞后性，客观、科学地衡量培训效果往往有一定的困难。目前国内外运用最为广泛的培训评估方法是四维培训效果评估模型[9]，即从4个递进的层次上进行评估：反应评估、学习评估、行为变化评估、效果评估，如表4.6所示。

表4.6 四维培训效果评估模型框架[10]

层次	标准	重点
1	反应	受训者的态度
2	学习	知识、技能、态度、行为方式方面的收获
3	行为	工作中行为的改变
4	效果	受训者获得的经营业绩

对员工的培训流程如图4.5所示。

图4.5 培训流程图

对服务人员的培训内容主要包括4个方面：服务意识、服务技巧、解决问题能力、协调合作能力。

（1）服务意识的培训。服务意识的建立是提供优质服务的基础。服务型企业中的员工,不论是前台服务人员还是后台服务人员,首先必须意识到自己是一名服务人员,必须时时刻刻树立为顾客服务的思想和理念。这一点说起来容易,做起来难。这个方面的培训是确立一个服务人员具备真诚服务的品德和提供优质服务的前提。

(2) 服务技巧的培训。作为一名服务人员,光有服务的意识和热情是不够的,因为他(她)还必须为顾客提供服务。具有一定的服务技巧能使服务人员在具有优质服务意识的基础上为顾客提供更满意的服务,同时为企业树立更好的形象,赢得更多的客户。

(3) 解决问题能力的培训。目的是帮助服务人员学会各种各样问题的解决模式,学会分析问题的技能。这方面的培训奠定了改善服务的基础。对于前台服务人员,这方面的培训显得尤为重要。

(4) 协调合作能力的培训。服务通常是由企业中多位员工、多个部门甚至整个企业提供的,而不是某个人的个体行为。对服务人员协调合作能力的培训有助于他们明白如何更好地相互合作,共同提供良好服务。

除了以上4个主要方面的培训外,还有一些其他方面的培训,如时间管理、谈判技巧等,也是非常有价值的,因为这些都隐含在服务人员的日常工作之中。在所有的培训内容中,服务意识的培训是最基本的。其他培训内容之间也会相互影响,如协调合作能力提高了的同时也会提高解决问题的能力等。对服务人员的培训内容可以概括为图4.6。

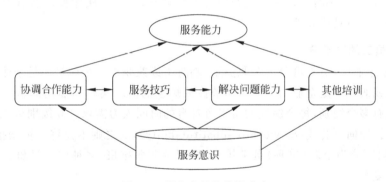

图 4.6　服务人员的培训内容

4.1.5　排班调度

调度是根据顾客需求的变动将具有不同能力的员工分配到不同的任务上。在直线型组织中,对下层员工的调度统一由集权的最高或次高层领导进行。遇到人事变革或者突发事件,都由高层领导重新进行调度,这种调度比较简单,且比较迅速。职能型组织中,职能机构的管理人员都是具有该职能专长的,都能调度下层的业务人员,所以存在多头领导的问题,出现冲突时调度起来比较困难。事业部型组织中,各个事业部对下属各层业务人员的调度负责,事业部彼此之间不存在相互借调问题,所以企业的调度问题相对简单。矩阵型组织中的调度问题是最复杂的。首先,从各个职能部门抽调员工就是一个调度问题,涉及选取具有何种技能、专业程度如何的员工。员工抽调好之后,需要根据项目要求安排人员的责任、工作量、排班等问题。

服务型企业中的一种基本调度问题是人员的排班问题。由于很多服务型企业都是每周

7天工作制,有的企业还是每天24小时工作制,但每名服务人员不可能每周7天或每天24小时都上班,这就产生了人员排班问题。从管理者的角度出发,希望降低成本,提高服务水平,即安排尽可能少的员工来满足生产和服务的需要。员工则希望满足自己的休息要求。如何兼顾这两方面的要求,合理安排员工的班次计划,就是人员排班所要解决的问题。

人员排班问题从不同的角度可以分为很多种类[22]。

1. 根据班次计划的特点分

根据最后编制的班次计划的特点,班次计划可分为个人班次计划(individual schedule)和公共班次计划(common schedule)。个人班次计划又称为固定或非循环班次计划(fixed/noncyclical schedule),是指在计划周期内每名员工的作业计划,一直沿用一特定的工作日/休息日的顺序,与其他员工的作业计划无直接关联。公共计划又称为循环作业计划(rotating/cyclical schedule),即每隔一周期,每名员工的计划就重复一次。

两种班次各有优劣。个人班次计划比较简单,调整起来方便,但缺点是可能存在不公平性。公共班次计划则刚好相反。

2. 根据班次的种类分

根据每天的班次数,可分为单班次问题和多班次问题。单班次问题中每天只有一种班次,一般不超过10个小时。多班次问题中每天有多班,多个班次轮换。多班次问题比单班次问题更为复杂,更具代表性。

3. 根据员工的种类分

在服务型企业中,员工可分为全职员工、临时工或兼职工。全职员工是企业长期雇用的员工,临时工或兼职工是企业为了应付季节性或短期的需求高峰而雇用的员工。在有些部门,员工可能有多个级别,每个级别的员工有各自的时间人力需求。高级别员工可以替代低级别员工干活,即向下替代(downward substitutability),反之则不允许。根据排班对象,可将人员排班问题分为全职(单种)员工排班、全职及兼职排班、多种向下排班。第一种最简单,第三种最复杂。

4. 根据参数的性质分

按参数性质的不同,可将排班问题划分为确定型人员班次问题和随机型人员班次问题。前者时间人力需求和其他有关参数是已知的、确定的量,后者时间人力需求和其他有关参数是随机变量。

人员排班问题首先要解决的问题就是确定满足服务需求所需要的拥有特定技能的员工数。其次是对每位员工安排具体的班次,使得在各个时间段上的服务需求都能得到满足,同时与员工相关的规定和约束也得到满足。然而,要找到满足所有约束的较好的解是很困难的,要找到一个最优解就更加困难。所以现实中,往往采用的是满意的排班计划。

解决人员排班问题有3个步骤[12]:①预测需求,即收集历史数据预测服务需求,并转化为满足特定服务水平下的每个时间段的人员需求;②寻找满足一系列约束的排班模型的求解方法;③将所求得的解和绩效报告出来。

具体人员排班问题的解决过程步骤如下。

1) 需求建模

需求建模是将预测到的"事件(incidents)"发生的模式转化为相关的"责任(duties)",然后用"责任"需求来确定对员工的需求。这里的"事件"可以是呼叫中心的询问(enquiries)、一些特定顺序的任务,或者直接是每班次所需的员工人数。基于"事件"的需求可分为3大类:

(1) 基于任务的需求(task-based demand)。需求基于需要执行的个人任务清单产生,而任务通常由组织履行的服务的时刻表决定。

(2) 柔性的需求(flexible demand)。当未来"事件"出现的可能性不清楚而必须通过预测技术来确定时,对员工人数的需求就要根据"事件"出现时间的分布状况和服务水平来决定。通常不同时间段需要的员工数不同。

(3) 基于班次的需求(shift-based demand)。人员的需求直接由每个班次值班所需要的人数确定。基于班次的需求可作为基于任务的需求和柔性的需求的一种简化。

2) 排班问题建模。

由于排班过程比较复杂,可以将其分解为多个模块。例如,休假安排(days off scheduling),确定怎样在工作日之间穿插休息日;轮班安排(shift scheduling),确定安排哪些班次,每个班次需要多少人;任务指派(task assignment),给每个班次确定一种或多种任务;员工指派(staff assignment),指派具体的员工到具体的岗位上。并不是所有的排班问题都要用到所有这些模块,依具体问题而定,例如护士排班问题不需要用到任务指派。

建模中用到的元素有[13]:

(1) 变量。包括实体(items),即被排班的对象;时间表块(time table blocks),即实体被安排进去的一个时间区间,相当于一个班次;工作(jobs),即实体和班次的综合;成本(costs),由实体和班次决定;决策变量(decision variables),表示将时间表块分配给实体的变量,一般用 0-1 变量表示。

(2) 约束。包括硬约束(hard constraints),即无论如何不能违背的约束,如一个员工不能同时在两个地点出现;软约束(soft constraints),即可以适当违背,但要给予惩罚,如契约规定一个员工每周只工作 40 个小时,但是可以加班;顺序约束(sequence constraints),即某些班次必须有一定顺序,如某病人经过一个手术后不能马上又进行手术,这属于硬约束;计算约束(counting constraints),如一周时间可以从任意一天开始,或者规定必须从星期一开始,这属于软约束;不相容约束(incompatibility constraints),如 A 和 B 不和,则不能安排在同一个班次,这属于硬约束;以及其他约束。

(3) 目标。目标函数衡量解的质量好坏和求解的方向。首要目标一般是尽可能有效地利用资源,即总成本最小,次要目标如公平性等。

3) 模型求解

求解排班问题的算法有很多种,要根据具体问题和具体模型选择。目前文献中用到过的有最优化方法(如线性整数规划、混合整数规划等)、目标规划/多准则方法、人工智能方法(如专家系统、模糊集理论)、启发式算法、超启发式(metaheuristics)算法(如模拟退火(simulated annealing)算法、tabu 搜索算法、遗传算法等)等。

以下结合一个简单的例子说明单班次问题的解法。单班次问题指每天只有一个班次,不存在换班的情况。单班次问题是排班问题中较简单、较基本的。

例 4.3 设某单位每周工作 7 天。每天一班,平常日需要 N 人,周末需要 n 人。求在以下条件下该单位至少需要多少员工以及具体的班次计划:保证每名员工每周有两个休息日,且为连休,连续两周内,每名员工有一周在周末休息。

解:设 W 为需要的最少员工数;$[x]$ 为大于等于 x 的最小整数。在上述条件下,所需员工数量下限[11]为

$$W = \max\{2n, N+[2n/5], [(4N+4n)/5]\} \tag{4.1}$$

安排班次的步骤如下:

(1) 将 W 名员工分成 A、B 两组,A 组有 $[W/2]$ 名员工,第 1 周周末休息;B 组有 $(W-[W/2])$ 名员工,第 2 周周末休息。

(2) $k = \max\{0, 4N+2n-4W\}$,A 组中 $k/2$ 名员工(五$_2$,六$_2$)(即第 2 周的周五和周六)休息,$k/2$ 名员工(日$_2$,一$_1$)(即第 2 周的周日和第 1 周的周一,以下标注类似)休息;B 组中 $k/2$ 名员工(五$_1$,六$_1$)休息,$k/2$ 名员工(日$_1$,一$_2$)休息。

(3) 在保证周末有 n 人当班,平常日有 N 人当班的前提下,对 A 组余下的员工按下列顺序安排连休日:(六$_2$,日$_2$),(四$_2$,五$_2$),(三$_2$,四$_2$),(二$_2$,三$_2$),(一$_2$,二$_2$);对 B 组余下的员工按下列顺序安排连休日:(六$_1$,日$_1$),(四$_1$,五$_1$),(三$_1$,四$_1$),(二$_1$,三$_1$),(一$_1$,二$_1$)。

排班问题与服务人员的招聘和培训有关。当排班问题只有在违背某些软约束甚至硬约束情形下才能找到可行解时,就说明需要招聘员工了。招聘员工的时候需要针对人员稀缺的具体岗位来招聘。招聘之后需要重新排班,如果还不能找到满意的可行解时,就需要再次招聘,如此往复。如果某些岗位的员工空闲时间较多,可以通过培训使其也能弥补人员稀缺的岗位的需求。同样,培训之后也需要重新排班。

4.1.6 考核

绩效考核是指用科学的方法对部门或个人在某一段时期内的工作进行检验、评价并与标准核对的工作[14]。绩效考核的目的是使好的工作态度、工作方法得到宣传和仿效,使不好的工作态度、不合乎要求的工作方法得到批评和修正。

绩效考核分个人绩效考核和部门绩效考核。员工个人的工作绩效是指其经过考核的工作行为、表现及其结果[1]。对制造型组织中的员工进行考核的内容主要是其业绩,而对服务人员的绩效考核内容包括业绩和客户满意度两方面。业绩是指员工在数量、质量及效率等方面完成任务的情况,从正面反应员工的工作绩效。业绩对于不同行业有着不同的衡量标准。顾客满意度是指顾客接受产品或服务时感受到的质量与预期比较所产生的满足或愉快的感觉程度[15],从侧面反应员工的工作绩效。在服务行业中,顾客满意度对于服务人员尤其是前台服务人员的绩效考核来说更加重要。如果工作是多名员工或部门协作完成的,这时顾客满意度衡量的是整个部门的服务绩效。

顾客满意度的构成内容可以分为 3 类实体项目[16]:与商品有关的项目,包括价格、品质优良点、品质不良点等;与印象有关的项目,包括顾客对经营实况的评价、对商品的评价以及对企业整体形象的看法;与服务有关的项目,包括公司对顾客提供的人员服务、商品服务以及有关增进顾客关系的各种活动设计。

顾客满意度是一个相对的概念,是顾客期望值与最终实际获得值之间的匹配程度。从服务质量的角度讲,顾客满意度是顾客对服务的感知和自己对服务的期望进行主观比较后(即对服务是否满足其需求和期望进行评价)的情感状态的反映[17]。用公式表示为

$$顾客满意度 = 期望服务 - 实际服务 \tag{4.2}$$

若实际服务劣于期望服务,那么顾客会产生不满意,甚至抱怨;若二者比较吻合,则顾客就会感到满意;若实际服务优于期望服务,那么,顾客不仅会感到满意,而且会产生惊喜。

获取顾客满意度信息的渠道有很多,如客户投诉、与客户的直接沟通、问卷和调查、重要的相关团体或消费者协会的报告、各种新闻媒体的报告以及行业的研究报告等。

个人绩效考核的方法包括主观考评法和客观考评法。主观考评法有成对比较法、排序法、强制分布法等,客观考评法有量表法、考试评议法、目标管理评价法、关键事件法等。部门绩效考核方法有量表法和目标管理评价法等。从效率的角度对部门的绩效考核还有一种方法,即数据包络分析(data envelopment analysis,DEA)评价方法。

DEA 方法是对具有多指标投入和多指标产出的相同类型部门进行相对有效性综合评价的一种方法[18]。这种方法的思想是,首先由多个决策单元的所有产出值和投入值构成前沿包络面,处于前沿面上的决策单元都是 DEA 有效的,意思是没有一个决策单元同时在投入和产出方面都优于(投入更少,产出更多)前沿面上的任意一个决策单元。然后将每个被评价单元和前沿面相比较,用其到达前沿面各项投入需要同时减少的最小比例或各项产出需要同时增加的最小比例作为其相对于所有被评价单元的效率。这个效率反映了该决策单元利用资源生产产出的绩效。

DEA 方法以相对效率概念为基础,特别适用于多指标投入和多指标产出决策单元的绩效评价。相比传统的主观方法而言,DEA 方法的主要优点有[18]:

(1) DEA 模型以最优化方法为工具,以多指标投入和多指标产出的权系数为决策变量,在最优化的意义上进行评价,避免了在统计平均意义上确定指标权系数,具有内在的客观性。

(2) 投入和产出之间相互联系、相互制约。在 DEA 方法中不需要确定投入和产出之间关系的任何形式的表达式,具有黑箱类型研究方法的特色。

DEA 方法在考核一个服务部门的员工总体绩效时,可将该部门的业绩指标(如市场份额、给企业带来的利润等)和顾客满意度作为产出,将其使用的资源(如投入的成本、设备等)作为投入,将该部门视为一个决策单元,与企业中其他功能相同或相似的部门,或者其他企业中相同或相似功能的部门作比较。当某部门在相同产出下使用的资源更少或者在使用相同资源时产出更多,该部门的效率越高,绩效越好。

一般地,假设有 m 个部门参与评价,每个部门使用 s 种投入指标,得到 n 种产出指标。设第 $i(i=1,2,\cdots,m)$ 个部门使用的第 r 种投入量大小为 $x_{ri}(r=1,2,\cdots,s;i=1,2,\cdots,m)$,得到的第 j 种产出量大小为 $y_{ji}(j=1,2,\cdots,n;i=1,2,\cdots,m)$。经典的 DEA 模型(CCR 模型[19])如下:

$$\begin{cases} \min z_0 - \varepsilon \left(\sum_{r=1}^{s} s_r^- + \sum_{j=1}^{n} s_j^+ \right) \\ \text{s.t.} \sum_{i=1}^{m} \lambda_i x_{ri} + s_r^- = z_0 x_{r0}, \quad r=1,2,\cdots,s \\ \sum_{i=1}^{m} \lambda_i y_{ji} - s_j^+ = y_{j0}, \quad j=1,2,\cdots,n \\ \lambda \geqslant 0, \quad i=1,2,\cdots,m \end{cases} \tag{4.3}$$

在上述模型中，s_r^- ($r=1,2,\cdots,s$)和s_j^+ ($j=1,2,\cdots,n$)分别为被评价部门第r种投入和第j种产出的松弛变量，$\varepsilon>0$是非阿基米德无穷小量。模型中z_0的最优值z_0^*就是被评价部门和其他部门相比得到的相对效率，表示该部门的绩效若要达到所有被评价部门的绩效形成的前沿包络面上，其投入应该减小的比例。$0 \leqslant z_0^* \leqslant 1$。$z_0^*$越大的部门其效率越高，绩效越好。CCR模型建立在规模收益不变的条件下，意思是假设一个部门的所有投入增加到δ倍时，若要其保持效率不变，其所有产出也应增加到δ倍。如果考虑规模收益变化，则应使用可变规模收益条件下的DEA模型，即BCC模型[20]。

绩效考核的主体（考评者）可以有多种不同选择。近年提出了一种全方位考评员工绩效的模型——360度评价模型。360度评价就是指从各个方位考评一个员工的绩效，这是一种多源头考评或多评价者考评的方法。在这种评价模式中，评价者不仅仅有被评价者的上级，还包括其他与之密切接触的人员，如同事、下属、客户等，同时还包括自我评价。360度评价模型可用图4.7表示，其中客户评价就反映了顾客满意度。

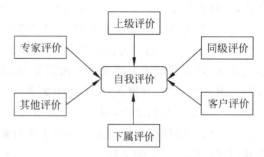

图4.7　360度评价模型[7]

在这种评价模型中，各个方位的评价都有优缺点，综合各方位考评者的评价，可以使其优势互补，结论公正而全面。360度评价模型的优点主要包括：信息比较全面，质量高；一般采用匿名的方法，可以保证考评的可靠性；可以减少掺杂偏见的可能，减少考评的盲目性和被动性[7]。但360度评价模型也存在一些缺点，主要包括：加权的指数难以准确确定；容易使考评工作流于形式；考核过程比较复杂、费时等。

4.1.7　激励

激励是指运用各种有效的手段（包括奖励和惩罚）激发人的热情，启动人的积极性、主动性，发挥人的创造精神和潜能，使其行为朝着组织所期望的目标努力[8]。激励的实质是通过某种措施使员工产生有利于组织目标的动机，并且能够按照企业所需要的方式行动；激励的结果是行动改变[21]。

激励的组成因素共有4种：需要、动机、目标和行为。需要是激励的前提，只有针对具体的需要提供激励才具有作用。当一个人感觉到存在某种需要时，他就会产生紧张的心理状态，从而产生满足该需要的驱动力。驱动力会使他采取一些行动，以实现他的目标。目标实现后就会感到满足，紧张心理得到松弛。但是需要的满足是循环的，一个需要满足后新的需要又会出现，如此循环往复。激励的过程可以用图4.8表示。

如图4.8所示，经过努力之后，人们的目标不一定都会实现，需要不一定都会满足。当需求没有满足时，人们会受到挫折。挫折之下会产生两种行为，一种是建设性行为，即积极地看待挫折，然后更加努力地去实现目标，以满足需要；一种是防卫性行为，即消极地看待挫折，然后撤退、攻击或压抑[22]。

激励的方式大致分为两类：奖励和惩罚。奖励是对员工好的表现给予正面的激励，以

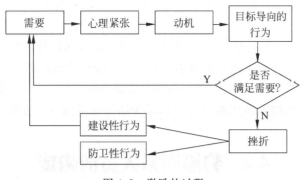

图 4.8　激励的过程

使其继续保持好的表现。奖励的措施有很多种,有物质方面的奖励(如发放奖金)、安排旅游休假以及其他福利等,有精神方面的奖励如授予荣誉、提升职位、授权等。惩罚是对员工不好的表现给予负面的激励,如批评、扣除奖金、撤职或降职,甚至辞退等。奖励的激励措施比惩罚的激励措施更容易让人接受。惩罚消极的一面是可能会招致防卫性行为,如低效工作、沟通不畅等;但其也有积极的一面,对于那些危害组织和他人的行为,如果不加以惩戒,后果将不堪设想。

对服务人员来说,授权是一种很有效的激励措施。向员工授权是指给予员工做决策并采取行动的权利[23]。但是管理层必须谨慎地考虑授权范围和真正地给员工权力,让与顾客接触的前台服务人员或不直接与顾客接触的后台服务人员(或称支持人员)清楚自己的职责,并且被鼓励以更加有效的和顾客导向的方式去工作。最终目标是通过提高与顾客接触的员工和支持人员的绩效来提高组织的绩效。

对服务人员授权的好处有以下几条[23]:

(1) 在服务过程中可以对顾客需求给予更快速、更直接的回应,因为不需要每件事都等到主管来做决策。同时,顾客将感受到员工是在自发及自愿地提供服务,这有助于改善服务质量。

(2) 在服务补救过程中,能更快、更直接地回应不满顾客,以减少顾客对组织的抱怨。

(3) 员工的工作满意度更高,自我感觉也更好,因为他们有权处理自己的工作。同时,也会减少缺勤和跳槽现象。

(4) 员工会以更加饱满的热情提供服务,因为他们有更强烈的工作动机。

(5) 容易产生和发现新思想。管理学的基本理论认为,授权可以提高员工的积极性和创造性。被授权的员工是新思想的宝贵源泉,他们在服务过程中可以观察到各种机会和问题,以及顾客的需求、愿望、预期和价值。被授权的员工更倾向于关注问题和机会,并与他们的主管和经理分享他们的发现。

(6) 被授权员工能创造好的口碑,提高顾客保持率。被授权员工能以顾客导向的方式快速、熟练地提供服务,这会让顾客感到惊喜并倾向于重复消费和传播有利于企业的口碑。

但是,授权需要注意几点:

(1) 管理层必须对授权的范围做出清晰和可接受的界定。

(2) 管理层要真正地给予被授权员工权力。如果员工没有与新的职责相匹配的新权力,授权将无法实施。

（3）授权要求管理层和员工之间持续地培养信任关系。管理层只有充分信任被授权员工，才能真正给予其权力。

（4）授权可能会产生附加的成本。因为它要求企业追加额外的员工培训，而且企业要为获得授权的员工增加工资。附加的成本还包括由被授权的与顾客接触的员工做出错误决策的风险导致企业支出多余的成本，并在顾客中造成坏的影响。一般来讲，适当的授权产生的收益远大于它所造成的附加成本[23]，另外，减少缺勤和降低员工流失率也会削减成本。

4.2 物流服务人员的构成

按照与顾客接触的紧密程度也可以将物流服务人员分为前台物流服务人员和后台物流服务人员。

4.2.1 前台物流服务人员

前台物流服务人员是指运输、储存、包装、装卸搬运、流通加工、配送、物流信息、物流系统分析与设计等各个物流服务环节中与客户直接接触的服务人员。具体包括与供应链网络节点处的企业代表（供方的销售人员和需方的采购人员）接触的服务人员、与需要物流服务的一般顾客接触的服务人员，以及协调企业和客户关系的人员。

总的来说，前台物流服务人员的主要职责是，通过跟客户沟通，了解客户的需求以及需求变化，并将客户的需求及时转达给后台物流服务人员，以此为制订相应的客户服务水平目标以及拓展新业务等方面提供切实可行的依据。

前台物流服务人员的技能要求主要为沟通技能和物流基本技能。沟通技能包括灵活性、谈判技能、对顾客言辞含糊的宽容以及根据情景监督并改变行为的能力，还有设身处地为顾客着想、具有奉献精神等个人品质。物流服务基本技能根据岗位不同而不同。

以下按照物流主要环节说明前台物流服务人员的主要职责和技能要求。

1. 运输

运输是用设备和工具将物品从一地点运送到另一地点的物流活动，其中包括集货、分配、搬运、中转、装入、卸下、分散等一系列操作。运输部门的前台服务人员的职责是了解客户在何时、何处发货，发货量多少，货物是否有特殊运输要求，要求在何时将货物送至何处等，然后通知后台分析人员，以便后台分析人员安排车辆调度、选择路径以及运输操作人员执行运输操作。

运输部门的前台服务人员的技能要求包括与客户沟通的技能和物流基本技能，后者又包括熟悉运输工具的基本属性和用途、了解各种货物的基本属性、掌握基本的计算机操作以及与运输活动相关的物流软件的使用、掌握运输活动的基本流程、能与其他物流部门的服务人员协调合作等。

2. 储存

储存是指保护、管理、储藏物品，是指在商品生产出来之后而又没有到达消费者手中之前所进行的商品保管的过程。具体来说，就是在保证商品的质量和数量的前提下，根据一定的管理规则，在一定的时间内将商品存放在一定场所的活动，它是物流系统的一个重要组成部分。储存部门的前台服务人员的职责是了解顾客对于商品的需求时间、需求数量以及顾客地点，然后将信息反馈给后台分析人员，以便后台分析人员做出何时发货、发货量多少以及配货的决策。如果客户需要对商品进行包装或加工，则将信息反馈给包装部门或流通加工部门的服务人员。最后由后台分析人员通知配送部门的服务人员将货物送达顾客手中。

储存部门的前台服务人员的技能要求包括与客户沟通的技能和物流基本技能，后者又包括熟悉仓库的基本属性和用途、了解各种货物的基本属性、掌握基本的计算机操作以及与储存活动相关的物流软件的使用、掌握储存活动的基本流程、能与其他物流部门服务人员协调合作等。

3. 包装

包装是为在流通过程中保护产品、方便储运、促进销售，按一定技术方法而采用的容器、材料及辅助物等的总体名称，也指为了达到上述目的而采用容器、材料和辅助物的过程中施加一定技术方法等的操作活动。简言之，包装就是包装物和包装操作的总称。

包装有3大主要功能：保护功能、便利功能和促销功能。保护功能是指保护包装内的商品在运输和储存过程中不受损伤。便利功能是指便利储存、装卸搬运、运输以及顾客消费的作用。促销功能是指通过对商品外表的包装来促进商品的销售。根据包装的这3类功能，包装部门的前台服务人员的主要职责是：了解顾客对于商品包装的需求，了解商品在运输和储存过程中为了便利与保护而对外包装的要求，并将信息传达给后台服务人员进行包装操作。

包装部门的前台服务人员的技能要求包括与客户沟通的技能和物流基本技能，后者又包括熟悉运输、储存等过程对商品包装的要求，熟悉顾客的偏好等。

4. 配送

配送是指按用户订货要求，在配送中心或其他物流节点进行货物配备，并以最合理方式送交给用户的过程。配送的功能有：提高供应的保证程度，降低生产和流通企业的库存；简化流通手续，提高物流系统效率，提高服务水平；提高车辆利用率，从而降低物流成本，缓解城市的交通拥挤状况。

配送部门的前台服务人员的主要职责是：了解顾客的订货需求，包括订货量和商品需求时间以及送达地点；将信息传达给配送部门的后台服务人员，以便根据用户要求，对商品进行有效地分拣、配货、送货。

配送部门的前台服务人员的技能要求包括与客户沟通的技能和物流基本技能，后者又包括熟悉分拣、配货的具体流程等。

前台物流服务人员是物流企业的"形象代言人"和"窗口"。对前台物流服务人员的有效管理有以下几点好处：①提高顾客满意度。顾客享受到前台服务人员的优质服务时会感觉很愉快，从而提升企业在顾客心目中的形象，提高顾客满意度。顾客会主动为企业做宣传，扩大企业的客户源。②提高员工的士气。对前台物流服务人员的有效管理能鼓舞员工热忱为顾客服务，使员工时刻铭记"为顾客服务"的宗旨，提高士气。

4.2.2 后台物流服务人员

后台物流服务人员是指运输、储存、包装、装卸搬运、流通加工、配送、物流信息、物流系统分析与设计等各个物流服务环节中不与客户直接接触的服务人员。具体地,包括物流企业内部从事具体物流活动各项操作的现场操作人员、后台分析人员,以及协调企业内部各项操作之间衔接活动的人员。

后台物流服务人员的主要职责可以归纳为接受前台物流服务人员传来的信息,根据客户的要求,运用其专业技能,完成各个环节的物流活动。

后台物流服务人员的技能要求主要是物流专业技能。作为服务人员,后台服务人员仍然需要具备优秀的服务精神。但是跟前台物流服务人员相比,后台物流服务人员对语言和沟通方面的要求比较低,而对于物流服务专业技能的要求则更高。后台物流服务人员中除了协调人员外的其他服务人员所需要的主要技能就是物流专业技能,物流服务专业技能根据岗位不同而不同。协调人员还需要具备良好的沟通技能。协调人员的沟通技能和前台服务人员的沟通技能要求一样。

以下以各个物流主要环节为例说明现场操作人员的主要职责和技能要求。

1. 运输

运输部门的后台服务人员的主要职责是,根据后台分析人员下达的"指令",选择合适的运输工具、运输路线,按时到指定地点接货,将货物运至处理中心,再根据"指令"将货物按时送至指定地点。运输部门的后台服务人员要保证货物在运输过程中的安全性、完整性和及时性。

运输部门的后台服务人员的主要技能要求是具备熟练使用运输工具、搬运工具的技能,熟练使用 GPS 系统等计算机软件的技能。

2. 储存

储存部门的后台服务人员的主要职责是,根据后台分析人员下达的"指令",选择合适的装卸搬运工具,接受运输部门送来的货物,按照一定的程序放在仓库中,并做好记录;负责仓库中货物的安全性、完整性;根据"指令",将要运出的货物从仓库中调拨出来,做好记录,最后交给配送部门。

储存部门的后台服务人员的主要技能要求是具备熟练使用搬运工具的技能和空间布局的知识等。

3. 配送

配送部门的后台服务人员的主要职责是,根据用户要求,对商品进行有效地分拣、配货、送货,在满足用户利益基础上取得本企业的利益。

配送部门的后台服务人员的主要技能要求是熟练从事分拣、配货、送货的具体操作等。

后台分析人员的主要职责是根据客户的要求和企业实际的运输、配送、存储等能力,对客户订单进行分析,做出货物运输、配送、存储等合理调度决策,将决策"指令"传达给从事物流活动各项操作的后台服务人员。

后台分析人员所需的专业技能包括战略分析、设施选址、仓库布局、订单处理、最优化方法、成本分析等。此外,随着制造型企业的发展,一些行业软件如 MRP Ⅱ、ERP 等也得到越来越多的使用。为客户企业提供完整物流服务的第三方物流企业的后台分析人员还需要掌握这些软件的使用,从而能够为客户企业提供完善的物流服务。

物流企业的运作是多个部门共同完成的,难免会遇到各部门人员由于工作发生冲突的时候。这时协调企业内部各项活动的人员将出面调解,平息冲突,使物流活动继续进行。协调人员的主要职责是,当企业内部执行不同操作的服务人员出现冲突时(如运输部门送过来的货物由于仓库已满无处存放等),或者当执行相同操作的服务人员出现冲突时(如多位运输人员需要使用运输工具而工具不够)根据客户需求和物流企业实际能力做出及时合理的决策,协调企业内部产生的矛盾,以保证物流活动的顺利进行。

协调企业内部各项活动的人员需要熟悉物流运作各个环节的基本流程、操作以及企业的战略目标等。只有熟悉这些才能让人信服地协调企业内部的衔接活动以及冲突。此外,协调人员还需要具备良好的沟通技能、协调技能、灵活性等。

不同类型的物流服务人员的构成、主要职责和技能要求可用表 4.7 表示。

表 4.7　物流服务人员的构成、主要职责和技能要求

特　性	前　台	后　台
人员构成	与供应链网络节点处的企业代表接触的服务人员、与需要物流服务的一般顾客接触的服务人员、协调企业和客户关系的人员	物流企业内部从事具体物流活动各项操作的人员、后台分析人员、协调企业内部各项活动的人员
主要职责	通过跟客户的沟通,了解客户的需求以及需求变化,并将客户的需求及时转达给后台物流服务人员,以此为制订相应的客户服务水平目标以及拓展新业务等方面提供切实可行的依据	接受前台物流服务人员传来的信息,根据客户的要求,运用其专业技能,完成各个环节的物流活动
技能要求	沟通技能和物流基本技能	主要是物流专业技能

4.3　物流服务人员的管理

4.3.1　物流服务人员的绩效考核

物流服务人员的工作绩效考核可以让员工知道他们的工作做得如何,还存在哪些问题,如何改进自己的工作表现以及解决工作中存在的问题。绩效考核可以为奖惩、晋升、培训、解雇等多种人力资源管理决策与规划提供重要的信息依据。

物流服务人员考核的主要内容应当围绕员工所担当的工作结果及工作表现来进行,主要包括物流工作能力、从事物流工作的态度以及所担当物流工作的成果 3 个方面,同时还要考核员工的物流专业知识、物流专业技能、物流工作经验以及身体状况。其基本内容如图 4.9 所示。

物流服务人员的绩效考核通常可以从效率(efficiency)和有效性(effectiveness)两方面

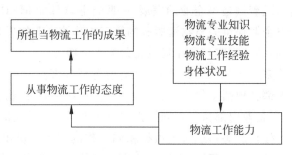

图 4.9　物流服务人员考核内容[21]

进行。效率用来测度花费的资源的利用程度如何；有效性定义为目标实现的程度。绩效是效率和有效性的函数。

前台物流服务人员的主要考核指标是顾客满意度。后台物流服务人员的绩效考核又分为现场操作人员的绩效考核、后台分析人员的绩效考核和协调人员的绩效考核。以下分别描述各类人员的考核指标体系。企业可以根据自身的实际情况选择合适的指标来构成员工绩效的考核体系，而不必面面俱到。

1. 现场操作人员的绩效考核

主要介绍运输人员和储存人员的绩效考核指标。

1）运输人员

运输人员从事物流活动中最基本的活动：运输和装卸。特别是在准时化(just in time)理念日益被接受和采用的今天，企业尽量减少库存保有量，运输就成了物流活动中最重要的一个环节。运输人员利用运输工具，按照客户的要求，在合理的时间范围内将物品从货源地运送到目的地。运输人员的效率表现为时间、路程和耗能的最小化，有效性表现为交货准时性和货物完整性。运输人员的绩效指标体系归纳为表 4.8。

2）储存人员

储存人员的主要活动包括接收货物、存放货物、保管货物、取出货物和配送货物等。储存人员的效率体现为存、取单位货物（单位重量或体积）所需时间、成本（包括设备成本和人力成本），单位仓储面积存储的货物重量、体积，单位时间内的吞吐量等；有效性体现为货物完整性和存取准时性。归纳如表 4.9。

表 4.8　运输人员的绩效指标体系

测度方面	测度指标
效率	运输量 运输时间 运输里程 耗油量 运输成本 运输劳动生产率
有效性	交货准时性 货物完整性

表 4.9　储存人员的绩效指标体系

测度方面	测度指标
效率	存放单位货物所需时间、成本 拣取单位货物所需时间、成本 单位仓储面积存储的货物重量、体积 存储单位货物所需成本 吞吐量 仓库劳动生产率
有效性	存取准时性 货物完整性

2. 后台分析人员的绩效考核

主要介绍订单处理人员的绩效考核指标体系。订单处理人员的工作活动包括订单录入、订单编辑、排程(scheduling)、运输决策和记账(billing)[24]。订单处理人员的效率体现为单位时间内处理的订单数和决策完成数；有效性体现为订单处理正确率和决策最优率(即对每个订单做出的决策是最优的比率)。归纳为表 4.10。

表 4.10 订单处理人员的绩效指标体系

测 度 方 面	测 度 指 标	测 度 方 面	测 度 指 标
效率	处理订单数 完成决策数	有效性	订单处理正确率 决策最优率

3. 协调人员的绩效考核

协调人员的工作是协调企业内部工作，以及协调与客户关系的处理。协调人员的绩效很难量化。针对此种情况，可以采取两类考核方法：配比排序法；参照法或综合对比评价法。

1) 配比排序法

考核内容：由于绩效通常与工作能力、工作难度、工作态度有关，所以可对形成绩效的各因素如工作能力、工作难度、工作态度等方面进行考核。一般而言，绩效与能力、难度和态度存在以下的基本关系[6]：

$$绩效 = (工作能力 \times 权重1 + 工作难度 \times 权重2) \times 工作态度 \quad (4.4)$$

其中，权重1+权重2=1，且权重1>权重2。

具体地，对于协调人员来说，工作能力、工作难度和工作态度分别包括以下项目(企业可根据实际情况进行增减调整)：

(1) 工作能力考核子项目，包括组织能力、培养下属能力、对外活动能力、分析能力、工作经验、魄力、总结能力、协调能力、专业知识、专业技能、创新能力等。

(2) 工作难度考核子项目，包括工作复杂程度、要求精确程度、承担责任的大小程度、劳动强度、劳动条件等。

(3) 工作态度考核子项目，包括成本观念、工作主动性、敬业精神、原则性、团队精神、自律性、责任心等。

所谓配比排序法是将全体协调人员逐一配对比较，按照比较中被评为较优的总名次来确定等级名次。具体的方法可以采用先划分"工作相关圈"，即工作上联系比较多、工作相关度比较高的员工小群体；然后在"工作相关圈"内请员工匿名填表；最后作汇总排序。每个考核子项目的分值可以由小到大设置，这样可以确定每位协调人员的绩效水平。

2) 参照法或综合对比评价法

这类方法有两种：简单排序法，即主要由上级主管按照下属的整体工作表现由好到坏依次排列。这种方法适用于规模较小的组织。第二种是序列选择法，通常分几步来进行。首先是上级主管把工作表现最出色的雇员放在名单的第一位，表现最差的放在最末位，然后在剩余的下属中选择表现最好的和最差的，如此反复。

4.3.2 物流服务人员的调度

在物流企业中,因为顾客的需求是多变的,所以物流企业的员工需要根据服务对象和内容的变化,扮演或承担不同的角色和任务。实际上,物流企业中员工的技能状况是各不相同的,既有技能水平的区别,也有拥有技能多寡的差异。因此,需要对具有不同技能状况的物流服务人员进行合理调度。除了排班问题外,最主要的调度问题是指派问题。一般情况下,物流企业服务人员的工作能力和物流需求是基本平衡的,这时只需将现有的物流服务人员指派给各种物流需求,就能基本满足物流企业面临的服务需求。但是,当遇到季节性的或者短暂的需求陡增现象,或者员工能力和需求都存在变异性时,企业员工的能力通常不能满足服务需求。这就需要采取其他措施使得需求和能力基本平衡,然后才能进行调度。

1. 能力和需求基本平衡时的物流服务人员调度

当物流企业服务人员的工作能力和物流需求基本平衡时,物流服务人员的调度问题就是一般的排班和指派问题。指派问题是指对于多种服务工作,如何指派具有不同技能的员工从事具体的服务工作,以使得系统的任务能够完成,使员工的能力得以最大限度的发挥。

指派问题又分为两种:0-1 指派和非 0-1 指派。0-1 指派问题适用的情形是,企业中现有多项任务,需要指派给多位员工来完成。不允许"取代"(preemption),即每项任务只能被指派给一个人完成。每位员工都具有完成某些任务的技能,但是不同员工完成同一种任务的成本不同。求系统总成本最小的指派方式。非 0-1 指派适用的情形是,企业中现有多项任务,需要指派给多位员工来完成。每项任务都有一定的任务量(或称需求),每位员工都有一定的能力(如总工作时间)和一定的技能(完成一项或多项任务的技能)。允许"取代",即可以由多人来共同完成一项任务,一个人可以参与多项任务。如何指派每位员工完成每项任务的具体任务量,使得系统总的未满足需求(或称为总短缺)最小。

解决这两类问题的思路相同,但模型和解法不同。思路是,优先给拥有技能数少的员工安排任务,即优先安排技能数较少的"刚性"员工,然后再安排技能数较多的"柔性"员工。

0-1 指派问题的一般形式为:有 n 项任务,需要指派给 m 位员工完成。用 c_{ij} 表示指派第 $i(i=1,2,\cdots,m)$ 人去完成第 $j(j=1,2,\cdots,n)$ 项任务时的成本。每项任务只能被指派给一个人完成。第 $i(i=1,2,\cdots,m)$ 人去完成第 $j(j=1,2,\cdots,n)$ 项任务时消耗的资源(如时间)为 r_{ij},第 i 人的总资源(如时间)为 b_i。当某人不具备完成某项任务的技能时,可令其完成该项任务消耗的资源为无穷大。引入 0-1 变量 x_{ij},当指派第 i 人去完成第 j 项任务时 $x_{ij}=1$;否则 $x_{ij}=0$。

使得系统总成本最小的 0-1 指派问题的模型为[25]

$$\min z = \sum_{i=1}^{m}\sum_{j=1}^{n} c_{ij} x_{ij} \tag{4.5}$$

$$\text{s.t.} \sum_{i=1}^{m} x_{ij} = 1, \quad \forall j = 1,2,\cdots,n \tag{4.6}$$

$$\sum_{j=1}^{n} r_{ij} x_{ij} \leqslant b_i, \quad \forall i = 1, 2, \cdots, m \tag{4.7}$$

$$x_{ij} = 0 \text{ 或 } 1, \quad \forall j = 1, 2, \cdots, n; \forall i = 1, 2, \cdots, m \tag{4.8}$$

在上述模型中,约束(4.6)表示每项任务只能由1人去完成;约束(4.7)表示一个人完成所有指派的任务所需要消耗的资源不能超过自身的资源限制;约束(4.8)表示要么指派第 i 人去完成第 j 项任务,要么不指派,不存在指派其完成一部分的情况。

上述规划是一个NP完全组合优化问题[26]。只有对于很小规模的问题才能用诸如分支定界法等找到最优解,对于实际中的大部分问题一般只能通过启发式算法(如松弛法、神经网络、模拟退火法、tabu搜索法等)寻找近似最优解[27]。

非0-1指派问题的一般形式为:有 n 项任务,需要指派给 m 位员工完成。每位员工都拥有一定的技能数,即可以完成一定种类的任务。员工与技能之间的结构关系用集合 A 来表示,如 $(i,j) \in A$ 表示员工 $i(i=1,2,\cdots,m)$ 具有完成任务 $j(j=1,2,\cdots,n)$ 的技能。假设一定计划期内(如一天)的第 $j(j=1,2,\cdots,n)$ 种任务的总需求为 d_j 单位,员工 $i(i=1,2,\cdots,m)$ 完成一单位任务 $j(j=1,2,\cdots,n)$ 所消耗的资源为 r_{ij},员工 $i(i=1,2,\cdots,m)$ 在计划期内的总资源为 b_i,决策变量 x_{ij} 表示指派员工 i 完成任务 j 的任务量。那么从最小化系统总短缺出发,得到如下模型:

$$V(A) = \min \sum_{j=1}^{n} s_j \tag{4.9}$$

$$\text{s.t.} \sum_{(i,j) \in A} x_{ij} + s_j \geqslant d_j, \quad \forall j = 1, 2, \cdots, n \tag{4.10}$$

$$\sum_{(i,j) \in A} r_{ij} x_{ij} \leqslant b_i, \quad \forall i = 1, 2, \cdots, m \tag{4.11}$$

$$x_{ij} \geqslant 0, \quad \forall i = 1, 2, \cdots, m; \forall j = 1, 2, \cdots, n \tag{4.12}$$

在上述模型中,目标函数是给定系统结构 A,使得系统总短缺 $V(A)$ 最小。s_j 表示任务 j 没有完成的工作量,即短缺。式(4.10)是每项任务的需求约束;式(4.11)是每位员工的能力约束。模型(4.9)能保证在给定的员工能力结构下,系统未满足的需求最小。非0-1指派问题一般可以直接通过求解线性规划得到最优解。

2. 能力和需求不平衡时的物流服务人员调度

当物流企业中服务人员的总能力和面临的总物流服务需求不平衡时,仅对企业现有的服务人员进行调度是不够的,长期存在未满足的需求会导致客户满意度下降、损害企业形象、市场份额降低等后果。

能力和需求不平衡可分为3种情况:①企业总服务能力长期小于总平均需求。②企业总服务能力长期上基本等于总平均需求,短期小于总需求(如遇到筹办奥运会之类的活动导致建筑材料的物流需求突然增加等)。③企业总服务能力长期上基本等于总平均需求,但服务人员的工作负荷不均衡,有些员工常年比较闲,而有些员工常年很忙;或者由于需求和能力都存在变异性导致需求不能被很好地满足。

对于第一种情况,较好的解决措施是对外招聘正式员工,任职于需求出现短缺的岗位,直到企业总服务能力基本上等于总平均需求,然后进行人员调度。

对于第二种情况,较好的解决措施是招聘临时工人或者兼职工人。由于物流服务需求高峰期是短期的,如果长期保持较高的全职员工雇用量使得在需求高峰期也能应付,那么在平时的需求水平下会有大量员工闲置,在经济上不合算。雇用临时工人或者兼职工人可以满足这种短期的需求。由于正式员工一般比临时工人的工作效率高[28],所以在雇用临时工人之前应确保所有正式员工都在上班。当需求高峰期过后,解雇临时工人也不需花费太多成本。

雇用临时工人一种可行的方法是[28]:首先进行物流服务需求预测。需求预测必须每天进行。如果预测到第二天的物流服务需求很低,那么部分的全职员工可以休假,企业不会为员工休假的时间支付工资。如果需求被低估了,那么可以在当天早晨雇用临时工。通知部分全职员工休假需要在前一天的下午进行,且如果让全职员工休假的决定做出后就不能临时将他们召回工作。如果有全职员工休假时,不雇用临时工。这就是说,全职员工没有完成的任务通过临时工来完成,只要能雇用到临时工。需求被高估会产生多余的劳动力成本;需求被低估会导致部分任务不能完成,这些任务被推到第二天,通常还要为此产生一定的成本。

对于第三种情况,较好的解决措施就是对员工进行交叉培训。交叉培训员工是一种增加员工柔性,提高系统效率的方法。交叉培训是指,对于每位员工,除了培训其自身的专业技能外,还培训其掌握其他员工的专业技能。这样就可以在人力资源需求不平衡的时候将过剩的劳动力资源用在劳动力缺乏的地方,从而改善生产或服务效率,提高系统绩效[29]。

物流活动是伴随着供应链活动的,因此物流活动的各个环节也是有序进行的。可以将各个环节看成一条物流生产线上的不同工作站,货物经过各个物流环节时相当于在这条物流生产线上流动。各个物流环节的工作速率是有差别的,如分拣包装的速率一般比运输配送快。这就导致物流生产线上生产能力的不平衡,换言之,如果员工安置不合理就会出现能力瓶颈。另一方面,即使物流生产线上能力是平衡的,货物的差别总是存在的,处理不同货物所需要的时间也不同。此外,还可能出现物流服务人员旷工、车辆故障等随机事件。这就导致物流需求以及物流系统的能力都存在变异性。交叉培训可以将物流生产线上有剩余能力的工作站上的员工补充到能力不足的工作站,以此来平衡物流系统能力,提高系统效率。对物流服务人员可以进行交叉培训,如培训运输部门的服务人员分拣包装的能力,或培训流通加工部门的服务人员驾驶的能力等。

常见的交叉培训模式有两种:摘樱桃模式(cherry picking pattern)和技能链模式(skill-chaining pattern)[29]。摘樱桃模式是指直接培训非能力瓶颈单元的员工,使其具有能力瓶颈单元员工的专业化技能,从而分摊能力瓶颈单元的部分需求,缓解能力不均衡现象。这种模式能平衡各工作单元的平均工作负荷,使得生产能力基本均衡,是一种直观的策略。但是摘樱桃模式的交叉培训不能缓解能力和需求的变异性(如设备故障、工人旷工、临时需求陡增等)对系统绩效的影响。技能链模式的交叉培训可以有效地缓解需求和能力变异性对系统绩效的影响。这种模式是指不直接培训所有站点上的员工去直接帮助瓶颈单元,而是只有临近瓶颈单元的工作站上的员工才直接帮助,其他站点上的员工通过帮助临近自身站点的工作站的方式间接地帮助瓶颈单元。图 4.10 和图 4.11 是两种培训模式的示意图。在图中各有一条由 4 个工作站组成的服务流水线,假设第 3 个工作站是瓶颈。实线表示货物的流动路线,虚线表示劳动力的转移路线,也即员工经过交叉培训获得的技能。

第 4 章 物流服务的人员管理

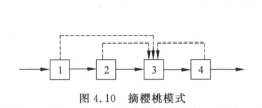

图 4.10 摘樱桃模式

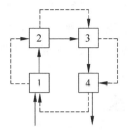

图 4.11 技能链模式[30]

技能链模式在柔性生产和柔性服务中被广泛研究与应用。图 4.12 比较了 3 种不同程度交叉培训的系统的绩效：没有交叉培训的刚性系统、每个工作站员工经过一种交叉培训的链式系统和每个工作站员工都具有所有技能的完全柔性系统。图 4.12 说明，技能链模式可以用少量的交叉培训获得几乎等同于完全交叉培训的效果。

图 4.12 交叉培训比较[31]

对于物流服务能力和物流需求不平衡的这 3 种情况，当采取使能力和需求平衡的措施后，就可以按照物流服务能力和物流需求平衡情形下的调度方法进行人员调度。

小结与讨论

　　服务型企业中的人员管理和制造型企业中的人员管理虽然在程序上基本一样，但是在具体职能上的侧重点不同。对服务人员的管理需要特别重视顾客的影响，而且必须分岗位进行。根据与顾客接触的紧密程度可将服务人员分为前台服务人员和后台服务人员两大类。前台服务人员是指与顾客接触、直接提供服务的人员。前台人员需要具备良好的与人沟通的能力。后台服务人员是指不直接与顾客接触、间接提供服务的人员。后台人员为前台人员的服务提供支持性的工作，一般对专业知识和技能要求较高。

　　物流服务人员按照与顾客接触的紧密程度也可分为前台物流服务人员和后台物流服务人员两大类。前台物流服务人员需要具备的主要技能有沟通技能和物流基本技能，后台物流服务人员需要具备的技能主要是物流专业技能。前台物流服务人员的主要绩效考核指标是顾客满意度。后台物流服务人员的绩效考核指标主要是业绩指标，这类指标对于不同工作岗位有所不同。当物流企业的服务能力和面临的服务需求基本平衡时，物流服务人员的调度主要是一般的指派问题；当物流企业的服务能力和面临的服务需求不平衡时，首先需要采取措施使其平衡,然后再进行调度。解决物流企业的服务能力和面临的服务需求不平衡问题的措施有两种:一是在需求高峰期雇用临时的兼职人员;二是在平时交叉培训员工。这两种方法实质上都是增加物流系统人员的柔性来应对需求的变化。

思考题

1. 服务人员管理主要包括哪几个方面?在每个方面服务人员管理与一般人力资源管理有何不同?
2. 物流服务人员的构成如何?每类服务人员的职责和技能要求分别是什么?
3. 试列举出各类物流服务人员的考核指标体系。
4. 提高物流服务人员的柔性有哪些方法?

练习题

1. 假设某物流企业工作日需要 10 个人上班,周末需要 6 个人上班,另外,保证每位工人每周有两个休息日,且为连休,连续两周内,每名工人有一周在周末休息。求所需总人员数最少的班次安排。

2. 有 5 项任务 A、B、C、D、E,需要指派给 5 位员工甲、乙、丙、丁、戊完成。每人完成每项任务的效率如表 4.11 所示。每人只能被指派完成一项任务,每项任务只能被指派给一个人完成。求使得总效率最大的指派方式。

表 4.11 每位员工完成每项任务的效率

人员\任务	A	B	C	D	E
甲	12	7	9	7	9
乙	8	9	6	6	6
丙	7	17	12	14	9
丁	15	14	6	6	10
戊	4	10	7	10	9

3. 假设一个物流企业有 8 位现场操作人员,共需完成分拣、运输、配送 3 项物流活动。每位员工都拥有一定的技能数,每位员工完成每单位物流活动所需时间如表 4.12 所示,无数值表示该员工不能完成该物流活动。设某天这 3 项物流活动的总需求量分别为 1000、1200、1300 单位,每位员工每天的总工作时间为 8h。求每位员工应完成每种物流活动多少工作量,使得企业总的未完成工作量最少?

4. 假设一个物流企业有 10 个下属事业部,2007 年每个事业部中的运输职能部门的绩效指标如表 4.13 所示。假设该企业在规模收益不变的条件下运营。试用 DEA 方法的 CCR 模型求出这 10 个运输部门的相对绩效。

表4.12 每位员工完成每单位物流活动所需时间　　　　　　　　　　　　　　　　　　　h

人员\任务	分拣	运输	配送
A	0.006 25		
B	0.008 33	1.2	
C		1	0.5
D	0.006 67		0.8
E		1.2	0.4
F	0.007 12		0.7
G		1.1	
H			0.4

表4.13 每个事业部的绩效指标

部门\指标	资金成本/万元	人力数量	总收入/万元
1	12	8	120
2	6	4	50
3	10	7	100
4	11	9	110
5	8	6	80
6	9	8	105
7	13	10	140
8	13	12	150
9	8	7	80
10	7	5	60

案例：联邦快递"以人为本"的管理理念

很多人认为联邦快递成功是因为它有很多的飞机、有庞大的网络等。这些东西有钱都可以买到，不是公司的核心竞争力。之所以比竞争对手强，一个很重要的原因就是联邦快递具有以人为本的管理理念。

以人为本的首要之处就是要有一种平等的理念，尊重每一位员工。其实大家都是平等的，只是工作的性质不一样而已。工作性质不一样可能权利不一样，但并不代表谁就比谁特别能干、特别地强。联邦快递公司设有"员工公平对待条例"，员工受到处分如果觉得不合理，可以在7天内向其经理的上司投诉，其经理的上司要在7天内开一个"法庭"来判定员工对还是经理对。如果员工还是不满意，还可以继续往上告，确保员工得到公平对待。

注重员工自身的发展，也是公司以人为本的文化内涵之一。另外，公司很注重对员工的培养，每一个岗位都有一个培训计划；对于新人，公司不仅会对他们进行专业的培训，还会对他们进行管理的培训、怎样做人的培训（如怎样跟人沟通），让员工清楚公司文化怎么样，自己未来的发展怎么样，在公司里做得成功怎么样。公司提供给员工发展的机会，很多高职位都是首先从内部提拔。目前联邦快递在中国开展的经理培训计划，也是先从第一线员工中选拔,并对他们进行 18 个月的培训,再送到美国、新加坡等地学习,同时让他们到不同的岗位工作以便对公司有一个全面的了解,这些对他们未来被提拔成经理有很大的帮助。公司中每一位员工每年都有 2500 美元作为学习津贴,有了 2500 美元,大家就有机会去学习、去改善自己。如果公司有高的空缺职位,员工就有更多的争取机会。这些都是公司成功的主要原因。当然公司还设有奖项,如见义勇为奖、公益互动奖等,鼓励员工贡献社会,这也体现了以人为本的文化内涵。

沟通,人与人的交流与互动,让以人为本的公司文化得到落实,联邦快递的高层领导花很多精力跟员工沟通,了解经理们的一些困难,把一些理念跟他们讲,到员工工作的地方去跟他们谈话。沟通不只是从上到下,而且也是从下到上的。为了确保员工与公司之间沟通得很好,公司还设有一项管理方法——调研反馈行动。每年都会进行一次员工对公司、对经理的调研,员工通过问卷去评估他的经理,为他的经理打分。有了分数后,再要求经理跟员工坐下来谈,到底问题在哪里。发现问题后,要有具体的行动改善环境,经理未来能不能够被提拔,这个分数很关键。

讨论:

(1) 联邦快递"以人为本"的管理理念包括哪些方面?

(2) 从本章的物流服务人员的管理内容和特点出发,说明联邦快递是怎样管理员工的。

(3) 如果您是联邦快递的物流管理人员,您还会采取什么措施来管理员工?为什么?

参考文献

[1] 余凯成,程文文,陈维政.人力资源管理[M].3 版.大连:大连理工大学出版社,2006.

[2] 柴小青.服务管理教程[M].北京:中国人民大学出版社,2003.

[3] HAKSERVER C, RENDER B, RUSSELL R S, et al. 服务经营管理学[M].2 版.顾宝炎,等,译.北京:中国人民大学出版社,2004.

[4] 蒋庆琅.实用统计分析方法[M].方积乾,等,译.北京:北京医科大学、中国协和医科大学联合出版社,1998.

[5] 奚玉芹,金永红.企业薪酬与绩效管理体系设计[M].北京:机械工业出版社,2004.

[6] 张文贤.人力资源总监:人力资源管理创新[M].上海:复旦大学出版社,2005.

[7] 钱斌,等.人力资源管理理论与实务[M].上海:华东师范大学出版社,2006.

[8] 刘建军.金牌服务管理[M].广州:广东经济出版社,2005.

[9] KIRKPATRICK D L. Techniques for evaluating training programs [J]. Journal of American Society for Training and Development,1959(13):3-9.

[10] 邹照菊,许世林,刘宝发. Kirkpatrick 的四维培训效果评价框架及其发展[J].科技进步与对策,2004(10):53-54.

[11] 陈荣秋,马士华.生产与运作管理[M].北京:高等教育出版社,1999.

[12] ERNST A T, JIANG H, KRISHNAMOORTHY M, et al. Staff scheduling and rostering: a review of applications, methods and models [J]. European Journal of Operational Research, 2004(153): 3-27.

[13] BLÖCHLIGER I. Modeling staff scheduling problems: a tutorial [J]. European Journal of Operational Research, 2004(158): 533-542.

[14] DRUCKER P F. The practice of management[M]. New York:Harper & Row, Inc. ,1954.
[15] 制造业内训教程编委会.客户服务管理[M].广州:广东经济出版社,2006.
[16] 林涛,等.客户服务管理[M].北京:中国纺织出版社,2002.
[17] 刘桂英,梁毅.医疗服务的顾客满意研究[J].中国卫生事业管理,2002(7):404-406.
[18] 彭勇行.管理决策分析[M].北京:科学出版社,2000.
[19] CHARNES A,COOPER W W,RHODES E. Measuring the efficiency of decision making units[J]. European Journal of Operational Research,1978(2):429-444.
[20] BANKER R D,CHARNES A,COOPER W W. Some models for estimating technical and scale inefficiencies in data envelopment analysis[J]. Management Science,1984,30(9):1078-1092.
[21] 田源.物流管理概论[M].北京:机械工业出版社,2006.
[22] 黄观辉,苏军,郑翔元.客户服务管理师[M].广州:广东科技出版社,2006.
[23] GRÖNROOS C.服务管理与营销:基于顾客关系的管理策略[M].2版.韩经纶,等,译.北京:电子工业出版社,2002.
[24] MENTZER J T,KONRAD B P. An efficiency/effectiveness approach to logistics performance analysis[J]. Journal of Business Logistics,1991,12(1):33-61.
[25] CHU P C,BEASLEY J E. A genetic algorithm for the generalised assignment problem[J]. Computers and Operations Research,1997,24(1):17-23.
[26] FISHER M,JAIKUMAR R,VAN WASSENHOVE L. A multiplier adjustment method for the generalised assignment problem[J]. Management Science,1986(32):1095-1103.
[27] OSMAN I H. Heuristics for the generalised assignment problem:simulated annealing and tabu search approaches[J]. OR Spektrum,1995(17):211-225.
[28] SANDERS N R,RITZMAN L P. Using warehouse workforce flexibility to offset forecast errors[J]. Journal of Business Logistics,2004,25(2):251-269.
[29] HOPP W J,TEKIN E,VAN OYEN M P. Benefits of skill chaining in serial production lines with cross-trained workers[J]. Management Science,2004,50(1):83-98.
[30] 华中生.柔性制造系统和柔性供应链:建模、决策与优化[M].北京:科学出版社,2007.
[31] JORDAN W C,GRAVES S C. Principles on the benefits of manufacturing process flexibility[J]. Management Science,1995(41):577-594.

第5章 基于产品特征的物流服务运作

物流归根到底是物资的流动。无论是制造型企业还是服务型企业,为了保持其持续有效的产出,都需要相应的物流服务保障。因此,物资本身的属性及其在产出中的地位难免对物流服务运作产生重要的影响。本章介绍不同产品特征及包装对物流服务运作的影响。

5.1 基于内在价值的产品分类

供应链中任一环节的产品都是为其客户服务的,即具有增加其客户价值的作用[1]。根据客户的类别、被客户(市场)认可的程度和对企业的重要性不同,可以将产品分为不同的类别。不同类别的产品具有不同的物流服务要求[2]。

5.1.1 不同客户类别的产品

根据产品使用者的不同,可以将企业的产品分为消费品和工业品两种[3]。

1. 消费品

消费品是指直接供应最终消费者的产品。消费品是现实中最常见的商品,我们每天都在同它们打交道。从顾客的购买努力程度[4],消费品又可以分为便利品、选购品和特殊品。

便利品(convenience good)是指那些消费者购买频繁、直接,且很少进行比较选择的产品,如日用品、银行服务和大多数食品等。便利品的销售价格一般比较低,品牌度不高,因此顾客往往不愿意花费额外的费用(如为购买该便利品的交通费)来购买这些产品。便利品的这种购买特征对其物流服务运作产生了一定的要求:一方面,企业应开发广泛的分销渠道和设置众多的销售网点,来保证产品的可及性;另一方面,每个销售网点应保证产品的库存和配送的及时,保证产品的可得性。因为一旦发生缺货,顾客很可能转向购买相关的替代品。虽然过多的销售渠道和销售网点会导致分销成本的增加,然而也会带来销售额的巨大增长。因此,保持产品很高的可得性和可及性,提高客户服务水平以鼓励消费者购买还是很值得的。

选购品(shopping good)是指那些消费者在购买时愿意比较价格、质量和性能的产品。消费者通常愿意为这类商品"货比三家",慎重考虑后才进行购买。比较典型的选购品有:时装、汽车、家具、医疗服务等。由于消费者愿意四处选购,所以,与便利品相比,这类商品的销售渠道和销售网点都要减少。在同一个市场区域内,供应商可能仅需要几个网点便可为客户提供产品或服务,每个销售网点产品的库存水平也可以不必很高,因此,其分销成本比便利品要低。

特殊品(specialty good)是指那些消费者愿意花费大量精力,愿意等相当长的时间去购买的产品。这类产品对消费者的吸引力很大,其品牌和类型都是消费者特定的,替代性往往很低。特殊产品可能是任何一种产品,从精美的食品到定制的汽车,也可能是管理咨询服务等。由于买主坚持购买特定品牌,因此企业可以采用集中式分销管理,客户服务水平、分销成本也都没有便利品和选购品那么高。正是由于客户的这种购买特点,许多企业努力改善产品的质量或通过特色经营建立自己的品牌形象,使顾客在购买自己产品时具有品牌偏好。

除了从顾客的购买努力程度外,还可以从产品的使用时间的角度将消费品分为快速消费品和耐用消费品。

快速消费品(fast moving consumer goods,FMCG)是指消费者消耗较快、需要不断重复购买的产品[5]。这类产品往往包装成一个个独立的小单元来进行销售,着重包装、品牌以及大众化对其的影响。比较典型的快速消费品有日化用品、食品饮料、烟草、酒类、非处方药等。快速消费品多为便利品,满足消费者的日常需要,具有消费量大、消费周期短、单品价值低、需求受季节性影响、顾客的品牌忠实度不高等特点。

从生产商的角度看,绝大多数快速消费品市场的进入壁垒较低,行业发展已经很成熟且市场竞争相当激烈。每种FMCG产品生产者众多,产品几乎同质,相互间替代性大,单个厂商的产品通常具有较大的价格弹性,其产品质量很容易被销售者直接感受和判断,而且对消费者的二次购买行为和忠诚度有决定性的影响[6]。例如在食品消费中,一旦某食品出现质量问题,顾客会立即转向购买其他品牌的食品,不会再购买该品牌的食品了。

基于快速消费品的上述特征,其物流服务运作也应具备与之相适应的特点,如表5.1所示。

表5.1 快速消费品物流服务运作特点[7]

行业特征	物流特征	对物流服务的要求
单品价值较低,产品市场竞争激烈	物流运作成本具有敏感性	通过外包降低物流成本
需求量大,需求弹性小	物流业务量大且相对稳定	物流服务应具有较强的业务运作能力,采取批量效益
消耗周期短,消耗后需要及时补充,销售具有季节性	生产及库存周期较短,运输在途时间短,容易产生缺货,对配送能力要求较高	高水平的物流服务运作,快速响应策略,利用信息技术支持制造企业的供应链管理
便利品,消费者习惯性就近购买	销售渠道需要物流网络的支持,配送成本较高	物流服务的广度和深度

与快速消费品相对应的是耐用消费品(durable consumer goods,DCG)。DCG是指那些使用寿命较长、可多次使用的消费品,如家用电器、家具、汽车等。由于耐用消费品的使用周期较长、价格比较昂贵,因此,消费者在购买这些产品时一般表现出理性,对产品的性价比、品质、功效、售后服务甚至企业的信誉等都会有较高的要求。消费者在购买这些产品时并不依据就近原则,而是对多个商家进行比较后再做决策。耐用消费品是选购品的一种,因

此,其对物流服务运作的要求与选购品相类似。

2. 工业品

工业品是指那些提供给个人或组织机构以生产其他产品或服务的产品。一般来说,工业品可以分为建筑、重型设备、轻型设备、元件和组建、原料、已加工原料、保养维修及其业务用品等[8]。然而仅仅从工业品的形态分类很难明确地区分工业品和消费品,也很难进行物流服务运作的特点与要求研究。下面从工业品需求的角度来考虑工业品物流服务运作的特点[9]。

作为生产资料的一部分,工业品主要是为了满足企业再生产的需要,其需求是从最终消费需求中派生出来的,即具有派生性。这种派生性使得工业品的购销关系形成一条环环相扣的链条,上游企业的生产取决于下游企业的需求,最下游企业的生产取决于最终客户对消费品的需求。其次,工业品的需求弹性小、需求具有连续性。在一定时期内,企业一般是在既定技术和规模下生产一种或几种特殊的产品,生产工艺的相对稳定性使得生产资料的替代性很小。因为企业为了正常生产,避免因生产的中断和其他生产要素的闲置而导致重大损失,必须不断补充生产资料,保持企业的连续生产。再次,企业为了实现规模经济,往往进行批量采购,购买时必须考虑技术、资金等多种因素,还需要由拥有专业知识的专业人员进行购买。最后,由于许多原材料的生产与供应有地域的限制,企业在进行生产决策前对工厂布局、存储地点、运输路线等物流活动都要进行事先规划。

基于上述工业品的需求特点,需求预测、库存管理、运输管理等活动成为了工业品物流服务运作的主体。在需求预测方面,通过利用先进的需求预测方法,如市场调查法、回归分析法、因果分析法等,可以帮助物流管理者更好地制定策略和进行规划;在库存管理方面,由于工业品的需求具有派生性和连续性,因此在进行工业品库存管理时可以采用拉动式库存管理方法,通过确定最优再订购点和订购批量实现库存的高效率运作;而在运输管理方面可以采取批量订购方法实现规模经济、节约成本。另外,信息处理、包装加工等活动对工业品的物流服务也都是很重要的。

5.1.2 生命周期不同阶段的产品

众所周知,一种产品进入市场后,有一个被客户(市场)认知认可的过程。这个过程反应到销售量或利润上就是产品的生命周期曲线[10]。人们通常将产品生命周期划分为4个阶段:导入期、成长期、成熟期和衰退期,如图5.1。在不同的阶段,企业的生产计划、营销策略各不相同,其物流服务的要求也各不相同。因此,从产品生命周期考察企业的物流服务运作具有重要的战略意义。

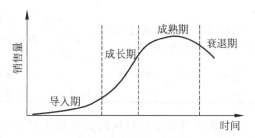

图 5.1 产品生命周期曲线示意图

1. 导入期

导入期处在新产品刚投入市场后的一段时间。这个阶段的主要特点是:产品刚刚进入市场,顾客对产品不了解,只有少数爱好新奇的消费者购买,产品的销售量很低,销售额增长缓慢;企业一般采取小批量的生产和运输方式,通过区域试点的方式将新产品投放市场,利用多种营销手段使顾客了解新产品。这一阶段企业的生产成本和销售费用都很高,新产品在市场上遇到的竞争对手很少。

在导入期,企业的主要目标是获得市场的认可、确定新产品的市场地位。因此在这一时期保证产品的可得性就显得至关重要。然而由于导入期新产品往往面临很多的不确定性,产品的生产营销始终处于频繁调整过程中。这意味着企业必须有灵活、快速响应的物流系统来支持。一方面,企业为了减少失误、规避风险,往往采取谨慎的实物分拨战略,产品存储在较少的存储点,存货水平低且现货供应比率有限。如果没有快速响应的物流服务,企业会经常出现存货短缺、供应不及时或递送不稳定的情形,对经销商的承诺无法兑现,致使经销商转而经营其他产品,市场也因供应不及时而丢失。另一方面,企业也可能因为物流服务跟不上,造成一些服务承诺无法履行,如包退包换、终身免修等,而导致市场和顾客的丢失。因此,在这一阶段为了支持企业新产品的营销和市场开发战略,企业的物流服务往往不惜代价。

2. 成长期

如果产品得到了市场的认可,其销售量可能会迅速增长,即进入了产品成长期。成长期市场需求的特点主要表现为:开始有大量的新顾客购买产品,产品的销售量和市场占有率迅速上升,企业的市场也由试点区域向更多的区域市场推进;企业开始大规模生产该种产品,产品的单位生产成本大幅度下降,销售费用、销售成本也开始下降,利润迅速上升;竞争者看到有利可图,纷纷进入市场参与竞争。为了提高产品市场渗透的广度和深度,提高其目标市场的网络覆盖能力,在这一阶段,企业往往开发多渠道分销战略,迅速占领市场。

从物流的角度,由于需求量的快速增长和分销网络的多样化、多层次,物流需求的总量也出现巨幅上升。为了应对强大的物流需求、快速响应市场,企业必须依据其分销渠道规划物流网络,加大物流基础设施的建设。同时,物流业务量的急剧增加使得物流运作的规模经济开始凸现出来,物流活动也开始变得有计划,从导入期的不惜任何代价提供所需服务逐步转变到物流作业的计划性和合理性上来。在这一阶段,物流已经不再是为支持企业的营销战略而不计成本,而是应该通过更好的物流设计在保障经销商和顾客的存货可得性的基础上同时实现自身总成本的最小化,从而提高产品的市场竞争能力。然而这一阶段的物流运作也还存在着许多困难,由于企业在导入期一般是试点经营,因此企业通常没有足够的销售历史记录来帮助确定仓库的数目及其库存水平。

3. 成熟期

产品的成长期可能很短,紧接着进入一个相当长的成熟期。产品成熟期的主要特点为:市场竞争格局基本定型,市场需求达到饱和,销售增长缓慢或稳定在最高水平,利润达到最大值。由于市场格局已经定型,企业间的竞争焦点转变到了如何有效满足顾客的需求,内部如何提高转化效率和降低成本上。稳定顾客、为顾客提供增值服务、培养顾客的忠诚度等对企业来说都十分重要。

这一阶段物流服务的重点也由支持渠道分销和市场拓展转向为顾客提供增值服务上来。物流服务首先必须保证货物的随时可得性,一旦供货不及时,竞争对手就可能乘虚而入。其次,物流系统在提供基本的物流服务的同时,能够为顾客提供诸如服务信息的实时查询、浏览、在线货物的跟踪,联机实现配送路线的规划、物流资源调度、货物检查等增值服务,特别是处于成熟期的产品市场已是卖方市场,经销商、超级零售终端、顾客的话语权和议价能力越来越强,此时能够提供增值服务尤为重要。由于企业间竞争激烈程度的加剧,企业的获利能力减弱,通过组建物流联盟或外包给专业化的第三方物流企业,可以降低物流运作的成本。

4. 衰退期

经历了一段长时间的销售高峰后,伴随着消费者兴趣的减退,产品慢慢进入了衰退期。产品衰退期主要特点有:更新的新产品进入市场,逐渐取代老产品;市场销售量日益下降;市场竞争表现为价格竞争,价格竞相跌落,企业已无利可图。面对不断萎缩的市场,企业这时关心的是如何以最低的代价将资源转移到其他产品上。但企业尚未放弃这个产品是因为该产品还没有完全被市场抛弃。相应地,物流服务的反应速度和可靠性已经不是这个阶段关心的重点,需求的减少使得大量的物流能力闲置,企业应及时将这部分闲置资源转移到对其他产品的服务上去,以避免这部分资源的浪费。

产品生命周期现象会对企业的物流服务运作造成影响。物流管理人员应该时刻了解产品所处的生命周期阶段,调整物流战略和分拨模式以实现该阶段的物流运作效率最大化。同时,产品生命周期现象也为物流管理人员预见产品的物流服务要求,并提前做出计划提供了依据。

5.1.3 不同重要性的产品

企业管理人员通过对企业产品的销售数据分析还会经常发现一个有趣的现象:企业产品系列中少量产品创造了大部分的销售额,即所谓的 80-20 曲线(或称帕累托曲线)。也就是说,企业 80% 的销售额由 20% 的产品系列创造,如图 5.2 所示。

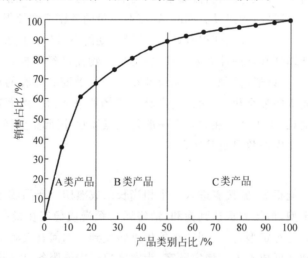

图 5.2 基于 80-20 曲线的 ABC 分类[3]

80-20 曲线对企业产品的管理有着非常重要的作用。企业管理人员常常利用 80-20 曲线对产品分组或分类,他们将其中销售额在前 20% 的产品称为 A 类产品,其次 30% 的产品称为 B 类,其余的为 C 类产品。针对每一类产品,采取不同的分拨策略和库存策略。

由于 A 类产品占企业销售额非常大的比例,因此在分拨战略中可以在分布较广的多个仓库进行分拨,以保证高的现货供应比率;在库存管理战略中应进行严格控制,通过确定合理的订购时间和订购批量,以及投入较多的人力和赋予较高的作业优先权,使其有较高的库存服务水平和较少的库存积压。而 C 类产品由于数量大、对销售额影响较小等特点,可以通过一两个中心存储点(工厂)进行分拨,产品库存水平不用很高,一般可以采用大批量采购的方式来降低运输成本。B 类产品的分拨和库存策略介于 A 类和 C 类之间,可以采用少数几个地区性仓库进行分拨,适当加大订货周期和安全库存量,一般可采取经济订货批量法和定期采购相结合的方式确定订货数量和安全库存量。

由于现实的累积销售比例不一定是恰好满足 80-20 的关系,为了应用少数产品具有很高的重要性这一规则,可以采用下列方法进行分析。

由于 80-20 曲线的本质原因可以理解为,如果将产品的销售量按从大到小排序,则累积销售比例和产品类别数之间的关系可以用对数正态分布去拟合。记 Y 是累积销售比例,X 是累积产品比例,这种关系也可以用以下关系去拟合[11]

$$Y = \frac{(1+A)X}{A+X} \tag{5.1}$$

其中,A 是待定参数。如果企业有容量为 N 的样本 (X_i, Y_i),则 A 按下式通过最小二乘估计确定:

$$\sum_{i=1}^{N} \frac{Y_i X_i - Y_i X_i^2}{(A+X_i)^2} - \sum_{i=1}^{N} \frac{(1+A)(X_i^2 - X_i^3)}{(A+X_i)^3} = 0 \tag{5.2}$$

对于单样本情形,$A = X(1-Y)/(Y-X)$。例如,假设 25% 的产品完成 70% 的销售额,则 $A = 0.25(1-0.70)/(0.70-0.25) = 0.167$。

例 5.1 戴维斯钢铁经销公司计划在其分拨网络中再建一座仓库,对其他仓库产品的销售额的分析表明,25% 的产品实现 75% 的销售额。在该企业中,仓库中不同产品的库存策略是不同的,前 20% 的产品是 A 类产品,库存周转次数是 8;其次的 30% 产品是 B 类产品,周转次数为 6;剩余 C 类产品的周转次数是 4。仓库中共有 20 种产品,预计销售额是 260 万美元。试估计该仓库的平均库存额是多少?(说明:平均库存=产品的预计销售额/该产品的周转次数)

解: 由题意可知,$X = 0.25$,$Y = 0.75$,根据式(5.1),则 $A = 0.25 \times (1-0.75)/(0.75-0.25) = 0.125$。对于 A 类产品,其累计销售比例

$$Y = (1+A)X/(A+X) = (1+0.125) \times 0.2/(0.125+0.2) = 9/13$$

则其累计销售额为 $260Y = 180$,平均库存为 $180/8 = 22.5$。B 类和 C 类产品的计算过程与 A 类相同,则戴维斯钢铁经销公司的各类产品平均库存及仓库平均库存如表 5.2 所示。

表 5.2 利用 80-20 曲线估计的戴维斯钢铁经销公司的平均库存

产品类别	累计产品比例 X	预计产品销售额 /万美元	累计销售额 Y /万美元	周转次数	平均库存 /万美元
A 类产品	0.20	180.0	180.0	8	22.5
B 类产品	0.50	54.0	234.0	6	9.0
C 类产品	1.00	26.0	260.0	4	6.5
合计					38.0

因此,戴维斯钢铁经销公司的平均库存额为 38 万美元。

5.2 基于外在表现的产品分类

产品的外在表现属性包括重量、体积、价值、易腐性、易燃性和可替代性等。这些不同的属性及其组合对物流服务的组织和实施会有不同的要求。

5.2.1 重量-体积比

产品的重量-体积比是将产品的重量和空间两方面的因素结合起来考虑的一个很重要的衡量指标,它对各种物流活动的组织和实施有着非常重要的影响。产品的重量-体积比主要影响产品的运输和仓储,并直接影响着它们的运作成本。例如,对于单独的一辆运输卡车,其装载量更多的是受到空间的限制,而不是重量的限制。即使产品的重量很轻,车辆一旦装满,就不可能再增加运输数量了。而产品运输或仓储的成本通常可以表示为每单位重量/体积所花费的费用,因此,重量-体积比越大的产品(如轧制钢托架、印刷品和罐头食品等),其单位重量的运输成本就越低,反之,对于那些重量-体积比较小的产品(如充气的沙滩球、船艇、薯片和塑料泡沫等),其单位重量的运输成本往往较高。关于产品的重量-体积比和产品的运输及仓储成本之间的关系如图 5.3 所示。

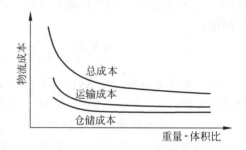

图 5.3 产品的重量-体积比对物流成本的影响

一般来说,物流管理者会设法增加产品密度,以便能更好地利用运输车辆和存储仓库的容积,使车辆或仓库单位体积内能够装载更多数量的货物。例如,家具制造公司一般都利用拆装运输的方法来运输其家具产品,到达消费地后再重新组装起来,从而减少了包装产品的体积,降低了运输成本[3]。同样,货架制造商往往也是通过拆解的方法来运输货架的,首先将货架钢制元件运输到接近市场的装配点,然而再根据顾客的需要进行组装,从而通过控制重量-体积比降低了运输成本。

5.2.2 价值-重量比

价值-重量比又叫产品的价值密度。通过产品的价值密度分析可以发现物流成本中一个有趣的成本悖反现象,如图 5.4 所示。

从图 5.4 可以看出,价值密度低,即价值-重量比低的产品(如煤炭、铁矿石、沙子等)仓储成本也低,但运输成本却较高。因为产品的库存持有成本是按产品价值的一定比率计算的,因此产品的价值密度低意味着产品的仓储成本低。运输成本则正好相反,因为运输成本与产品的重量是成正比的。价值密度高的产品(如手机、笔记本电脑、珠宝、乐器等)的仓储成本较高而运输成本较低。

价值密度直接影响运输方式决策。运输方式是指将产品从物流网络的一个位置转移到

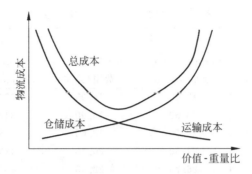

图 5.4 产品价值密度对物流成本的影响

另一个位置所采取的方式。选择一种合适的运输方式,既是规划性决策又是操作性决策。较快的运输方式适合于具有较高价值-重量比的产品,因为对这些产品来说,减少库存至关重要;而较慢的运输方式则适合于运送价值-重量比较低的产品,因为对这些产品来说,减少运输成本最为重要。

货物运输有 5 种基本方式:公路运输、铁路运输、水路运输、管道运输和航空运输。每种方式都各有其优缺点,见表 5.3。

表 5.3 各种运输方式的比较

运输方式	成本	运输速度	运输时间变动值	运输中的损失	平均运距[①]/km	其他特点
公路运输	较高	较快	一般	较大	460	到达性最好,可以小批量运输
铁路运输	一般	一般	较大	最大	1150	到达性较好,运输批量可以较大
航空运输	最高	最快	最小	一般	1610	到达性较差,运输批量一般较小
水路运输	最低	最慢	最大	较小	770(内河) 2650(海运)	到达性很差,运输批量很大
管道运输	较低	较慢	较小	最小	—	因为连续运输,有效速度很高

注①:美国 2000 年发布的数据。

在实际运输方式决策中,往往将其运输成本和时间结合起来考虑。比如英特尔公司为个人计算机生产微处理器,就要决定微处理器是采用空运还是陆运。分析表明只要空运成本合理,缩短空运时间就是有意义的。即这类决策存在一个平衡点:运输时间的缩短和因此降低的库存成本,与运输成本的提高之间的平衡。

例 5.2 计算货物空运和陆运的平衡点。考虑从马萨诸塞州的利特尔顿到印第安纳州的布卢明顿的运输总成本。假定库存年保管成本是产品价值的 30%,包括资本占有、保险、仓储等成本,用这个比率说明在给定产品的情况下一年的库存保管成本。若库存费用的比例为 30%,则价值 100 美元的货物的年库存保管成本是 30 美元。有两种运输方式可供选择:联合包裹公司(UPS)的公路运输,8 天到达;联邦快递(Federal Express)的空运,2 天到达。表 5.4 是物品重量在 1~10 lb[①] 时,两种运输方式的运输成本。

---

① 磅,1 lb=0.4536 kg。

表 5.4　单位产品的运输成本比较

库存保管费率=0.3			缩短的天数=6 天		
装载重量/lb	UPS(8 天、公路)/美元	联邦快递(2 天、航空)/美元	用 UPS 节省的费用/美元	平衡点产品价值/美元	平衡点产品价值/(美元/lb)
1	3.30	18.25	14.95	3031.53	3031.53
2	3.60	20.50	16.90	3426.94	1713.47
3	3.85	22.50	18.65	3781.81	1260.60
4	4.10	24.50	20.40	4136.67	1034.17
5	4.30	26.75	22.45	4552.36	910.47
6	4.50	28.75	24.25	4197.36	819.56
7	4.65	30.75	26.10	5292.50	756.07
8	4.75	32.75	28.00	5677.78	709.72
9	7.85	34.75	29.90	6063.06	673.67
10	5.00	36.75	31.75	6438.19	643.82

解：解决这个问题必须使空运运输成本＋空运库存保管成本＝陆运运输成本＋陆运库存保管成本。很自然,我们能得到一般性的结论：昂贵的货物用联邦快递的空运,低价值的货物用 UPS 的陆运。则

$$节省的运输成本 = 空运运输成本 - 陆运运输成本$$

在平衡点,节省的运输成本等于多出的库存保管成本

$$节省的库存成本 = 库存保管费用 = \frac{项目价值 \times 0.30 \times 6 天}{365 天/年}$$

库存保管成本等于货物价值乘以 0.3 的库存保管费率再乘以运输天数占一年的比例 (6/365)。货物价值的结果如下

$$货物价值 = \frac{365 \times 节省的运输费用}{0.30 \times 6}$$

表 5.4 中最后一列是用平衡点产品价值除以产品重量得到的。任何货物只要价值超过了最后一栏的数据都应该使用空运。比如,平均价值超过 910.47 美元、重量为 5lb 的集成电路板就应该使用联邦快递来运输。

5.2.3　可替代性

当企业的产品与其竞争对手的产品差别不大或没有区别时,则该产品被称作是可替代性很强的产品,即当该产品出现暂时缺货时,顾客会愿意选择其他品牌的相关产品。产品的可替代性对企业的物流战略同样有着重要的影响,特别是产品的分拨战略。由于企业的产品和其竞争对手的产品之间具有很强的可替代性,一旦企业产品出现缺货或失销(即销售机会丢失),顾客可能会立即转向替代品的购买,从而导致很高的缺货成本或失销成本。因此,维持一定水平的产品现货供应比率,使顾客无须考虑替代品是分拨战略中常常使用的一种方法。

产品的可替代性对企业的物流成本影响很大。虽然在大部分情况下物流管理人员无法控制产品的可替代性,然而他们可以通过改进运输方式、提高库存水平或两者兼用来降低此

类产品的失销成本。在平均库存水平一定情形下,可以通过提高货物的运送速度和可靠性来减少货物的损坏和提高货物的可得性。对顾客来说,产品越容易得到,顾客购买替代品的可能性就越小。当然,企业需要在快捷的运输服务所导致的较高运输成本与失销成本之间权衡。企业也可以在一定的运输服务方式下,通过控制库存水平控制对顾客的现货供应能力。

5.2.4 风险特征

产品的风险特征是指产品本身存在的易腐性、易贬值性、易燃性、易爆炸性和易于被盗等方面的特性。产品的风险特性会对企业物流活动有一定的限制,并对产品的分拨系统有特定的要求,这些都会引起企业物流成本的增加,如图5.5所示。例如,对于肉蛋奶等动物性食品、水产品、水果、蔬菜等易腐性产品,在运输和仓储时需要进行冷冻、保鲜等处理;对于汽油、烟花爆竹、压缩气体、化学试剂等易燃、易爆性产品,必须采用油罐车、钢瓶等特殊的运输和储存装置;而如黄金、珠宝、高档电器、手表等贵重物品,需要采取防盗性运输和储存装置等。总之,由于产品的风险性而在物流过程中引起特殊防护作业,都会增加企业的物流成本。

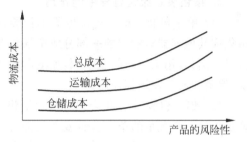

图 5.5 产品的风险性对物流成本的影响示意图

5.3 产品包装

实现商品或服务的高效快速流通是现代物流服务的主要目标。作为现代物流服务运作不可或缺的一个环节,产品包装不仅有助于保护产品、方便运输和促进销售,还可以帮助企业降低物流成本,提高运作效率。包装对物流服务各个环节的运作效率都有影响,与此同时,包装也受到产品本身特征的影响,不同的产品特征对包装的要求各不相同的。本节将首先介绍产品包装的基本概念和基本功能,其次介绍产品包装对物流服务运作的影响,最后从产品特征的角度介绍基于产品特征的产品包装方法。这些方法可以帮助物流管理者进行有效产品包装,提高物流服务运作效率。

5.3.1 包装的概念与分类

无论是产品还是原材料,在运输、存储之前都要进行某种程度的包装捆扎或装入适当的容器,以保证产品完好无损地运送到消费者手中。关于包装的定义,我国国家标准《包装通用术语》(GB 4122—1983)对其进行了如下描述:为在流通过程中保护产品、方便储运、促进销售,按一定技术方法而采用的容器、材料及辅助物的总体名称,也指为了达到上述目的而采用容器、材料和辅助物的过程中实施的一定技术方法等操作活动。

由于产品的种类、性质和用途的差异,以及包装的材料、目的的不同,包装呈现出多种类型。一般来说,主要有以下几种分类方法[12]。

1. 按包装在销售中的功能

(1) 工业包装。工业包装亦称运输包装,其主要作用是在运输储存过程中,保障产品的安全,方便储运装卸,加速交接和检验等过程,从而保证合格产品在从工厂到用户这段时间内免受自然因素和人为因素的损坏。

(2) 商业包装。商业包装也称销售包装或消费包装,主要是指根据零售业的需要,作为商品的一部分或为方便携带所做的包装。商业包装的目的主要是方便顾客、增强市场吸引力以及保护商品的安全,它们将会随商品的流通进入零售网点,并直接与消费者见面。

2. 按包装在流通过程中的作用

(1) 单个包装。单个包装也称小包装,是物品送到使用者手中的最小包装单位。一般用袋或其他容器对物体的一部分或全部包裹起来,并且印有商品的标记和文字说明等信息资料。例如,用来装药的瓶子、装冰淇淋的袋子等。单个包装一般属于商业包装,主要起美观、促销和便于使用等作用。

(2) 集合包装[13]。集合包装包含销售性集合包装和运输性集合包装。销售性集合包装是指将一定数量的单个包装或产品进行再包装,以便能促进销售和方便提携。例如,超市中常常将 10 支圆珠笔芯或 12 盒牛奶集合在一起,形成一个新的销售单元。而运输性集合包装是指将一定数量的单个包装件或产品,装入具有一定规格、强度、符合长期周转使用要求的大型包装容器内,形成一个合适的运输单元。这种包装单元包括集装箱、集装袋、集装托盘等。集合包装对运输环节的物流成本和效益影响很大。

3. 其他分类方式

(1) 按包装使用的次数,可以分为一次性包装、多次用包装和周转包装;

(2) 按包装材料,可以分为纸制品包装、塑料制品包装、金属包装、竹木器包装、玻璃容器包装以及复合材料包装等;

(3) 按包装方法,可以分为防震包装、防湿包装、防锈包装、防霉包装等;

(4) 按包装容器的软硬程度,可以分为软包装、半硬包装和硬包装。

5.3.2 包装的功能与作用

对产品进行必要的包装,不仅可以起到保护产品、便于运输,还可以增加顾客的购买欲望,促进产品的销售。包装的主要功能表现在以下几个方面[14]。

1. 保护产品不受损害

对产品进行保护是包装最基本,也是重要的功能。产品从工厂被生产出来到送达最终消费者手中,往往要经一定的时间和空间历程。在这个过程中,人为因素以及自然因素的影响往往使得产品无法完好无损地运往消费者手中,因此,对产品进行一定的包装是非常必要的。包装对产品的保护作用主要有:

(1) 防止产品破损变形。产品在装卸、运输、保管等过程中会受到各种冲击、振动、颠簸、挤压、摩擦等外力的作用,通过特殊的包装,可以减少这些外力对产品的作用,从而保护产品免受损害。

(2) 防止产品发生化学变化。在运输和储存过程中,产品有可能由于淋雨、受潮、不通风等而发生发霉、生锈、变质等化学变化,通过对产品进行包装,在一定程度上可以起到阻隔水分、潮气、溶液、光线以及空气中各种有害气体的作用,从而保护产品。

(3) 防止有害生物对产品的影响。鼠、虫等有害生物对产品的破坏性很大。如果对产品不进行包装或包装封闭不严,会给细菌、虫类造成机会,导致产品破坏甚至变质。

(4) 防止异物、污物的混入和产品部件的丢失和散失。

2. 方便产品的运输和携带,提高作业效率

产品的包装不仅具有保护产品的作用,还具有方便流通和方便消费的特点。通过规格化的包装,如物流中心的托盘和远洋运输的集装箱,不仅方便了各种装卸、搬运器械的使用,提高作业效率,还可以提高运输工具的装载率,减少运输成本。包装物的各种标志方便了仓库管理者的识别、存取以及盘点等活动,节约了产品的验收时间、加快产品的验收速度。通过对产品进行便利化的包装,可以方便消费者携带。

3. 激发购买动机、增加产品销售

顾客对产品的第一印象是通过包装获取的,因此,恰当、精美的包装往往能唤起消费者的购买欲望。据一些发达国家的调查表明,大概有60%左右的人在选购商品时,是受了精美包装或装潢的吸引而购买的。包装的精美以及合适的外部形态是产品"无声的推销员",对顾客的购买起着刺激的作用。因此,通过优美的包装可以增加产品的销售,扩大市场的占有率和提高公司的销售利润。

5.3.3 基于产品特征的物流包装

产品的特征对物流服务运作有着很重要的影响,作为物流服务活动的一部分,产品特征同样影响着产品的包装。产品特征对包装的影响主要表现在产品的包装方式、包装程度、包装技术,以及包装材料的选取上。因此,产品的包装必须根据产品的种类、性能和包装要求来进行,对不同的产品采取不同的包装措施。

1. 包装材料的选取

包装材料是包装的物质基础,它是包装各项功能发挥作用的具体承担者,可以起到保护产品、装饰外观和方便使用的效果。用于物流包装的材料很多,归纳起来,主要有以下类别:

(1) 纸制包装材料。是最古老、也是最常用的包装材料之一。具有价格便宜、重量轻、运输费用低、质地细腻、耐磨、耐冲击、遮光、易印刷和黏合、无毒、无味、可反复利用和回收等特点。常见的包装用纸有牛皮纸、玻璃纸、羊皮纸、箱纸板、瓦楞纸板、黄纸板、白纸板和白纸卡以及蜂窝纸板等。

(2) 木质包装材料。木质包装容器主要用于易碎产品的装运。木质材料具有抗压、抗震、抗挤压和抗冲击的能力,因此,木质包装材料主要是用于产品的外包装。一般的木质包装容器有木箱、胶合板箱、木桶、框架箱以及栅栏箱等。由于木质容器会导致大量木材的使用,因此,人们正在逐步缩减木质包装材料的使用。

(3) 塑料包装材料。塑料制品是现代包装材料中很重要的一部分。塑料具有质轻、耐腐蚀、防潮、防水等特点，且其制品具有设计灵活、使用方便、保鲜性好、成本低等优点，正日益被人们接受。根据塑料包装材料制品的形态可以将其分为 6 大类：塑料薄膜、中空容器、塑料箱、编织袋、塑料袋以及泡沫塑料。塑料包装正在取代着传统的包装方式，例如，塑料袋及塑料交织袋已经成为牛皮纸袋的代用品，塑料容器正在代替传统的玻璃瓶、金属罐、木桶等包装容器。

（4）玻璃、陶瓷包装材料。玻璃、陶瓷不仅具有高强度抗腐蚀性，还有装潢和装饰的作用。用玻璃或陶瓷制成的包装容器可以用来盛装食品、饮料、酒类、药品，还可以用来储存如强酸强碱等化工产品。但是玻璃、陶瓷包装也有不足之处，抗冲击的强度不高，也不能承受温度剧变。

（5）金属包装材料。金属包装也是现实生活中常见的包装之一。金属包装具有强度高、耐压性好、加工工艺成熟并具有连续性、保护性能好、保质时间长等优点而广泛应用于食品、饮料、医药及化工等行业。用于金属包装的金属材料主要有：低碳薄钢板、镀锡薄钢板、镀铬薄钢板以及铝合金薄板和铝箔等。

（6）生物包装材料[16]。随着人们环保意识的加强，对产品的包装不仅要求其外观新颖、经济方便，还要求包装材料应该具有无污染、易回收、易降解等环境保护功能。近年来，世界各国相继开发出了一些可降解塑料和生物材料，对包装事业的发展起了很大的推动作用。这些可降解塑料以及生物材料可以从农业原料或副产品中获取，例如利用棉籽蛋白生产包装薄膜，利用小麦秸秆的纤维和麦粒中的淀粉制成快餐包装盒等。

（7）复合材料以及辅助材料。复合材料是指将几种性能不同的材料结合在一起，形成一个多层结构、多特性的新的包装材料。例如，塑料与塑料复合、塑料与玻璃复合、金属与塑料复合等。而辅助材料是指有助于包装实现的物资材料，如黏合剂、黏合带、尼龙布等。

2. 包装容器的种类

包装容器是包装材料与造型相结合的产物，是实现包装各项功能的外在表现形式。常见的包装容器主要有瓦楞纸箱、木箱、托盘集合包装、集装箱和塑料周转箱等[13]。

（1）包装袋。包装袋是一种重要的柔性包装技术，往往因其所采用的材料具有较高的韧性、抗拉强度和耐磨性而广泛用于运输包装、商业包装中。包装袋的一般结构为桶管状结构，一端预先封死，在完成对内装物的填充后再封合另外一端。根据包装袋容量的大小，包装袋又可分为集装袋、一般运输包装袋和小型包装袋 3 种。

（2）包装盒。包装盒是介于刚性包装和柔性包装两者之间的包装技术。包装盒的材料具有一定的柔性，不易变形，有一定的抗压强度，刚性高于袋装材料。包装盒一般是规则几何形状的立方体，包装操作与包装袋类似。由于包装盒的整体强度不大，包装量较小，因此主要适用于商业包装和内包装。

（3）包装箱。包装箱是属于刚性包装中的一种，其所采用的材料为刚性或半刚性材料，有较高的强度。包装箱和包装盒具有相同的结构，但外形要大于包装盒，两者通常以 10 L 为分界。其包装操作主要是码放，然后将开闭装置闭合或将一端固定封死。由于包装箱的整体强度高、抗变形能力强、容积大等特点，适合于运输包装和外包装。常见的包装箱类型包括瓦楞纸箱、木箱、塑料箱和集装箱。

（4）包装瓶。包装瓶是瓶颈尺寸有较大差别的小型容器，是刚性包装的一种，包装材料具有较高韧性和抗变形能力。瓶的形状在受外力时可能发生一定程度的变形,但外力一旦撤除,仍可恢复原来形状。瓶口一般比瓶身要小,且在瓶颈顶部开口。其包装操作是填灌操作,然后将瓶口用瓶盖封闭。常见的包装瓶的种类有圆瓶、方瓶、高瓶、矮瓶和异形瓶。

(5) 包装罐。包装罐是罐身各处横截面形状大致相同,罐颈短、罐颈内径比罐身内径稍小或无罐颈的一种刚性包装容器。包装罐一般采用强度高、抗变形能力强的材料制作而成,因此可用于运输包装和外包装,如运输汽油的铁罐。按照容积的大小,包装罐又可以分为小型的包装罐、中型包装罐和集装罐3种。

3. 基于产品特征的物流包装

在介绍了各种包装材料和包装容器后,接下来便要选择合适的包装材料和包装容器进行产品包装。由于产品是由各种特征属性组成的集合体,不同的特征对产品的包装的要求各不相同[16],因此,产品的包装应根据产品的特征来进行,对不同特征的产品采取不同的包装。

1) 防震包装

对于如玻璃制品、陶瓷制品、工艺品、建筑材料和瓶装食品饮料以及精密的电子、电器、通信产品等在外界压力或冲击下容易损坏的物品来说,采取一定的防震包装是非常有必要的。防震包装又称缓冲包装,是指为了减缓内装物受到的冲击和振动,保护其免受损害而采取一定防护措施的包装。如用发泡聚苯乙烯、海绵、木丝、绵纸等缓冲材料包衬内装物,或将内装物用弹簧悬吊在包装容器内。在防震包装中,缓冲材料的作用是非常重要的,目前常用的材料有各种纸板、各种泡沫塑料、纤维橡胶以及纸浆模塑衬垫等。利用这些缓冲材料,可以对产品进行全面缓冲包装(如工艺品)、部分缓冲包装(如家电)和悬浮式缓冲包装(如允许加速度小的易碎贵重品)。

2) 防锈包装

防锈包装主要是针对金属制品,如汽车、自行车、各类金属货架、弹簧以及各类金属零部件等。这类商品易受大气、雨水等物质的腐蚀,从而变色、生锈,降低产品的性能甚至使产品失去使用价值而报废。常见的有害介质有二氧化硫、氯化钠、灰尘、水分与氧、有机气体等,这些介质通过与金属制品接触并发生化学反应,从而腐蚀这些金属制品。因此,可以采取人为隔离的方法来防止这些金属制品的锈蚀。常见的方法有四类:在金属表面涂覆含有防锈添加剂的油脂,防止外界水分、腐蚀介质直接接触金属表面;在包装容器内放入对金属起延缓锈蚀作用的气相缓冲剂;在包装容器内放入干燥剂,降低包装容器内的相对湿度;在包装容器内充入如氮气等惰性气体。

3) 防霉、防腐包装

对于食品和其他有机碳水化合物,防霉、防腐包装措施是非常重要的。这些产品在流通过程中如遇潮湿的环境,其表面可能会生长霉菌,从而使食物腐烂、发霉甚至变质。为了保证这些产品的安全流通,需要采取一定的防霉、防腐措施。常见防霉、防腐措施可以分为两大类:密封包装和非密封包装。密封防霉、防腐包装主要是降低产品周围环境的湿度、温度或氧气,以抑制霉腐生物的繁殖,主要采取的技术有干燥空气封存包装、脱氧包装、真空包装等。而非密封包装主要是针对已进行过有效防霉、防腐处理或霉、腐敏感度较低的产品,这类包装技术有添加化学防霉、防腐药剂包装,以及低温冷藏防霉、防腐包装以及包装箱开通风窗等。

4）防虫包装

防虫包装主要是应用在仓储物流活动中。对于如羊毛制品、蚕丝制品、皮革制品、毛皮制品和粘胶纤维制品、食品以及书籍等物品,在仓储过程中极易受到害虫的侵害,从而破坏商品的组织结构,影响商品的质量和外观,因此,进行一定的防虫措施是非常有必要的。常用的防虫技术是使用驱虫剂,即在包装中放入有一定毒性和臭味的药物,利用药物在包装中挥发的有毒气体驱除和杀死各种害虫,如对位二氯化苯、樟脑精、萘等,也可以通过控制害虫活动的温度,或采用电离辐射和远红外线等科技手段来防虫和杀虫。

5）防潮包装

对于食品、医药品、军用器械、弹药等产品,在包装时还应该考虑对其实施防潮包装。防潮包装是指为了防止潮气侵入包装件影响内装物质量而采取一定防护措施的包装。如采用防潮包装材料密封产品,或在包装容器内加入适当的干燥剂等。防潮包装必须做好两方面的工作:一方面必须排除包装时封入容器内空气中的水分;另一方面必须限制因包装材料的透湿性而透入容器内的水蒸气量。因此,可以采用如下包装技术:密封包装、真空包装、充气包装,或用低透湿度材料密封,内加干燥剂包装。

6）危险品包装

危险品有成千上万种,按其危险性质,交通运输及公安消防部门规定分为10大类,即爆炸性物品、氧化剂、压缩气体和液化气体、自燃物品、遇水燃烧物品、易燃液体、易燃固体、毒害品、腐蚀性物品和放射性物品。

对于有毒物品,除了在包装上注明有毒标志外,更应该重点注意其包装的严密性,保证其在运输和仓储等活动中不会发生泄漏。例如,重铬酸钾和重铬酸钠均为红色透明结晶体且有毒,因此应采用坚固的铁桶进行包装,桶口要严密不漏,桶板的厚度不能小于1.2mm。对有机农药一类的商品,应装入沥青麻袋,再将缝口封严,如若采用塑料袋或沥青纸袋包装,外面还应再用麻袋或布袋包装一次。而对于带有剧毒的磷化锌,应用塑料袋严封后再装入木箱中,箱内用两层牛皮纸、防潮纸或塑料薄膜衬垫,使其与外界隔绝。

对于具有腐蚀性的物品,要特别注意包装容器的选择,一旦与包装容器发生反应,不仅毁坏了包装容器,产生泄露事件,还使得内装物品的化学成分和性质也发生变化。因此,应该对包装容器采取一定的防护措施,或选择不能与内装物品发生化学反应的容器来盛装腐蚀性物品。例如,包装合成脂肪酸的铁桶内壁要涂有耐酸保护层,防止铁桶被商品腐蚀;氢氟酸是无机酸性腐蚀物品,有剧毒,能腐蚀玻璃;因此不能用玻璃瓶作为包装容器,应装入金属桶或塑料桶,然后再装入木箱。

对于黄磷等自燃物品,在包装上应尽量将其与空气隔绝,可以选择涂有耐酸保护层的铁桶,桶内盛水并浸没该物品,桶口严密封闭。而对于遇水能引起燃烧的物品如碳化钙,遇水即分解并产生易燃乙炔气,对其应尽量与水隔绝;可采用坚固的铁桶包装,桶内充入氮气,如果桶内不充氮气,则应装置放气活塞。

对于易燃、易爆、强氧化性的物品,一般采用塑料桶包装,然后将塑料桶装入铁桶或木箱中,并应有自动放气的安全阀,当桶内达到一定气体压力时,能自动放气。

当然,在上述包装技术中,一般都会涉及对内外包装形状尺寸大小的合理选择,对包装物进行合理捆扎、体积压缩、填充等操作,这些操作与上述特殊包装技术结合在一起,对不同特征的产品采取不同的包装措施,或在同一产品中采用上述多种包装技术,从而保护产品在运输、仓储等物流活动中不受损坏。

5.3.4 包装对物流服务运作的影响

作为物流过程的一个重要环节,包装对整个物流活动的组织和实施都有非常重要的影响[16]。包装的外形、尺寸、重量会影响到产品的装卸;包装的强度、技术会影响产品的运输和储存;包装的材料和方法会影响物流活动的成本;包装设计的新意及美观度会影响产品的销售等。

1. 包装对产品装卸的影响

包装对产品物流活动影响的第一个环节便是产品的装卸。首先,包装的重量影响产品的搬运。当采用人工装卸作业时,其包装重量必须限制在人力允许之下;若通过机械进行装卸,则可以提高包装的重量,然而具体的重量也同样要受到装卸作业条件的影响。其次,包装的外形尺寸影响装卸效率,例如,包装的体积会影响装卸的次数。再次,包装的形式对装卸也会有影响,例如,人工装卸要考虑设置便于搬动的手扣,叉车搬运要考虑货叉的进出位置等。

2. 包装对储存的影响

产品的包装对产品的储存保管同样有着很大影响。首先,产品的包装强度影响仓库的堆放数量。为了提高仓库的利用率,现代仓库一般都是采用立体储存模式,产品在仓库中经过堆码作业,形成一个个垛形,垛形底部产品的包装强度影响着垛形的高低,因此影响着仓库的堆放数量。其次,包装规格尺寸影响仓库的容量。同一产品,当采用不同的包装尺寸时,其体积大小是不同的,这使得相同体积的仓库能储存的产品数量会不同。再次,包装能给库存管理带来便利。产品的包装能够向仓储系统提供大量的关于产品的信息,通过这些信息可以让管理者及时了解产品的数量、名称、储存位置等,提高产品的调运速度和仓库的管理水平。另外,通过包装可以弥补仓储中缺少的一些保管条件。例如,保温袋可以弥补普通仓库中对温度不能进行控制的欠缺。

3. 包装对运输的影响

包装对运输的影响主要表现在保护产品和强化运输上。①合适的缓冲包装能保护产品在运输过程中不受损伤。产品在运输过程中总会受到各种各样的冲击、震动或挤压,使得产品送达顾客手中就已破损或划伤,因此,对产品实施必要的缓冲包装是非常有必要的。例如,在装电视机的纸箱里面放入海绵垫子;在鸡蛋之间加入木屑等都可以起到缓冲作用。②包装的尺寸影响车辆的运输效率。对于单一的运输车辆,其内部空间总是一定的,而产品的不同包装其对应的外廓尺寸是不同的,这使得同一车辆能运输产品的数量会发生变化,从而影响产品的运输效率。

4. 包装对销售的影响

包装能影响产品的销量。良好、精美的包装可以引起消费者的注意,刺激消费者购买欲望;方便、灵巧的包装可以方便消费者提携,促进产品的销售;设计良好的包装还可以帮助企业树立良好的品牌形象,增加产品的销售量。包装对销售的功能主要是通过包装设计来实现的,精巧的造型、合理的结构、醒目的商标、得体的文字和明快的色彩等艺术语言,都可以对消费者形成感官刺激,从而导致消费者购买行为的发生。

另外,包装对物流系统的总成本也有着非常重要的影响。一方面,包装成本是物流总成本的一部分,包装材料的选取、包装规格与尺寸的大小以及包装的技术和方法等会直接影响包装费用的大小;另一方面,包装的好坏可以影响产品的运输、仓储等其他物流活动的效率,从而影响它们的运营成本。

小结与讨论

本章主要介绍产品特征和物流包装产品对物流服务运作的影响。首先通过对产品内在价值(包括产品的客户类别,产品生命周期的不同阶段,产品的不同重要性等角度)的不同对产品进行分类,并总结不同类产品物流服务运作的特点和要求。其次,通过对产品本身特征属性(如产品的重量-体积比、价值-重量比、可替代性和风险特征等)的考察可以帮助物流管理者针对不同的产品采取差异化物流服务管理,从而提高物流服务运作的效率。

包装是物流活动的一个重要环节。不同特征的产品应采取不同的包装技术和手段,不同的包装对物流服务的运作效率又会产生不同的影响。

思考题

1. 快速消费品的物流运作应具备哪些特点?请举例说明。
2. 试比较洗涤剂和汽车的产品生命周期,谈谈二者处于生命周期不同阶段时物流运作的异同点。
3. 找出几种重量-体积比、价值-重量比、可替代性和风险性极大或极小的产品,并说明这些产品特征是如何影响其物流服务运作的。
4. 试谈谈物流包装和销售包装的区别和联系。
5. 包装对整个物流系统的运转会产生哪些方面的影响?
6. 请解释产品的特征对产品的物流包装的影响。

练习题

1. 贝塔公司准备新建一个仓库,从所有产品中挑出 10 种属于 A 类和 B 类的产品存放在新仓库中。所有 C 类产品都由工厂供应。新仓库所服务地区的年销售额预计为 300 万箱(A、B 和 C 类)。历史数据显示 30% 的产品会实现 70% 的销售量。前 20% 的产品被定为 A 类产品,其次 30% 的产品被定为 B 类产品,其余的 50% 是 C 类产品。预计新仓库库存周转次数分别为:A 类产品是 9,B 类产品是 5。假设每单位库存平均需要 1.5 ft^3[①] 的空间,不

---

① 英尺,1 ft=0.3048 m。

考虑通道、办公和其他空间的占用,试问该企业需要多少有效的存储空间?

2. 某药店有两种方式补货:从经销商进货或直接从工厂拿货。对于那些销量巨大、采购量大的商品,由于无需额外的储存和搬运作业,直接从经销商处进货通常会有成本优势,而其他的产品从仓库进货则更有效率。药店店主知晓 80-20 原理,认为可以根据它将产品分成销量大的和销量小的产品组,以实现最大的规模经济效益。假设某一药品类别共有 12 个品种,其销售额数据如表 5.5 所示。如果订货量与销售水平接近,试利用 80-20 原理确定哪些药品应该直接从经销商处进货?

表 5.5 12 种药品的销售额

产品代码	销售额/美元	产品代码	销售额/美元
10732	56 000	11007	4000
11693	51 000	07071	22 000
09721	10 000	06692	14 000
14217	9000	12077	27 000
10614	46 000	10542	18 000
08776	71 000	总计	391 000
12121	63 000		

3. 假设某仓库存储着 14 种产品,如表 5.6 所示。其中 21% 的产品将完成 68% 的销售额,即 $X=0.21, Y=0.68$。针对不同类别的产品该仓库采取不同的库存策略,假设 A 类产品的库存周转率为 7:1,B 类产品为 5:1,C 类为 3:1。如果该仓库库存产品的年销售额为 2.5 万美元,那么该仓库的库存投资预计是多少?

表 5.6 某仓库存储的 14 种产品数据

产品编号	产品按销售额排序	月销售额/千美元	占总销售额的累计百分比/%	占产品种类总数的累计百分比/%	ABC分类
D-204	1	5056	36.2	7.1	A类
D-212	2	3424	60.7	14.3	A类
D-185-0	3	1052	68.3	21.4	B类
D-191	4	893	74.6	28.6	B类
D-192	5	843	80.7	35.7	B类
D-193	6	727	85.7	42.9	B类
D-179-0	7	451	89.1	50.0	B类
D-195	8	412	91.9	57.1	B类
D-196	9	214	93.6	64.3	C类
D-186-0	10	205	95.1	71.4	C类
D-198-0	11	188	96.4	78.6	C类
D-199	12	172	97.6	85.7	C类
D-200	13	170	98.7	92.9	C类
D-205	14	159	100.0	100.0	C类

4. 某连锁企业的销售数据表明,其 65% 销售额来自 20% 产品销售。该企业经营的商品约 5000 种,其中,累计占前 75% 销售额的产品采用仓库备货方式经营,其余产品直接从制造商进货。则占销售额前 75% 的产品共有多少种?

5. 计算包裹特快和普快投递的平衡点。考虑从合肥到北京包裹投递的运输总成本。假定库存年(365 天)保管成本是产品价值的 30%,包括资本占有、保险、仓储等成本。现有两种包裹投递方式可供选择:特快,隔夜送到;普快,3 天到达。表 5.7 是物品重量在 2~9kg 时,两种运输方式的运送成本。

表 5.7 不同物品重量的运费

重量/kg	运费(特快)/元	运费(3 天送到)/元	重量/kg	运费(特快)/元	运费(3 天送到)/元
2	15.00	2.87	6	25.40	4.39
3	17.25	3.34	7	26.45	4.67
4	19.40	3.78	8	27.60	4.91
5	21.55	4.10	9	28.65	5.16

案例: 我国蔬菜类农产品的物流服务运作模式(以山东省为例)[①]

我国作为世界果蔬生产第一大国,全年上市品种有数百个。蔬菜,尤其是果类蔬菜(如土豆、西红柿等)已基本形成了所谓"全国大流通"的模式。由于批发市场和流通中心的快速发展,果蔬物流体系已见雏形,初步形成了从生产、收购、流通、加工、运输、储存、装卸、搬运、包装、配送到销售的完整体系。

由于蔬菜类农产品的生产具有一定的季节性和地域性,而产品本身又具有生鲜易腐性且产品价值密度较低等特点,所以要求物流速度快、运输成本低。当前,随着燃油价格不断提高,运输成本不断上升,我国蔬菜类农产品的物流服务运作模式面临不少挑战。为分析蔬菜类农产品的物流服务中可能的问题,下面以我国蔬菜生产的大省——山东省为例,说明我国蔬菜类农产品的物流服务运作的现状。山东省是我国粮食、棉花、花生、蔬菜、水果的主要产区之一。山东省 2001—2007 年蔬菜产量如表 5.8 所示,山东省各地市 2001—2005 年蔬菜产量如表 5.9 所示。

表 5.8 山东省 2001—2007 年蔬菜产量表 万 t

年份	2001	2002	2003	2004	2005	2006	2007
产量	8828.58	9678.64	10 029.3	8883.7	8607.0	8309.3	8625.2

表 5.9 山东省各地市 2001—2005 年蔬菜产量表 万 t

年份 地市	2001	2002	2003	2004	2005
济南	649.32	718.96	754.7	619.4	701.2
青岛	701.6	761.98	807.3	494.2	579.2

---

① 本案例来源于参考文献[18],本书进行了必要的改编。

续表

年份 地市	2001	2002	2003	2004	2005
淄博	373.63	379.43	378.9	294.6	337.8
枣庄	475.28	545.42	581.3	305.8	525.5
东营	204.67	211.81	224.2	152.0	209.4
烟台	282.81	311.2	342.3	259.2	288.5
潍坊	1224.2	1286.93	1353.6	1001.8	1032.8
济宁	658	733.69	819.5	644.1	1028.3
泰安	682.22	737.52	794.2	451.9	695.7
威海	86.5	98.45	109.7	95.4	102.5
日照	167.29	171.96	156.3	130.0	126.2
莱芜	141.74	152.72	155.9	145.2	145.7
临沂	572.07	620.23	640.7	455.7	579.0
德州	781.7	878.72	838.4	469.1	544.7
聊城	748.66	866.39	983.5	620.4	764.2
滨州	253.07	255.9	286.2	165.5	248.8
菏泽	825.83	947.35	968.5	459.9	697.1
总产量	8828.58	9678.64	10 029.36	8883.7	8607.0

从表 5.9 可以看出,山东省各地市蔬菜生产是不平衡的,其中潍坊是山东第一大蔬菜产地。在潍坊境内坐落着具有"蔬菜之乡"美誉的寿光。近些年来,寿光的蔬菜已经品牌化,并大量出口。同时,寿光的蔬菜批发市场已发展成为全国重要的蔬菜集散中心、价格形成中心和信息交流中心,辐射全国 30 多个省、区、市。

目前,山东省的蔬菜生产与流通模式主要可以概括为 3 类,即批发市场体系模式、农村经济合作组织模式和企业+农户模式。

1. 批发市场体系模式

批发市场体系模式由多级批发市场组成,市场交易主体包括各类批发商、农户和零售商等。其中,批发市场层级主要包括产地批发市场和销地批发市场,如图 5.6 所示。批发市场主要是在集市贸易基础上建立和发展起来的。批发市场本身是一个交易平台,由独立的企业运作;各交易主体自发进入交易平台进行交易,并按交易量或交易额付一定的交易场地费。典型的产地批发市场如寿光蔬菜批发市场(辐射全国),典型的销地批发市场如合肥周谷堆农副产品批发市场(辐射合肥周边约 400 公里区域内的需求)等。

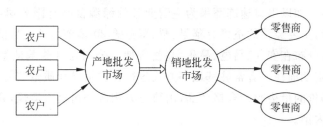

图 5.6 批发市场体系模式

批发市场体系模式是目前我国蔬菜类农产品物流服务运作的主导模式。据不完全统计,90%以上的果类蔬菜流通属于这种模式。

该模式的一般运作流程是,生产者将生产出的农产品运到产地批发市场进行销售,批发商进行收购,达到一定的数量后,运送(以卡车运输为主)到销地批发市场,零售商从销地批发市场中批发产品,在零售市场或以其他形式在零售终端(如超市、街道菜市等)进行销售。该模式的缺点是:交易环节多,交易成本高,运输成本高,信息的传递性差,批发商大量获利。其优点是:有利于蔬菜的大区域流通,有利于蔬菜的区域规模和集约生产。

2. 农村经济合作组织模式

这种模式的主导者是农村经济合作组织。农村经济合作组织一般都是由政府牵头,个人带动,自发形成的。在这种物流模式下,农产品由农村合作组织组织农户或种植企业生产,农产品生产者形成合作组织对产品统一进行销售,由合作组织将各家各户零散地集中起来进行运输,直接把农产品分销给零售商甚至直接面对消费者。其基本运作流程如图 5.7 所示。

该种模式的典型代表如燎原无公害蔬菜基地。燎原无公害蔬菜基地是潍坊市寿光县稻田镇的一个蔬菜基地。该基地与附近的 200 多户将近 60 个大棚签订合同,一方面指导农产品生产,一方面包购包销。产品主要销售给济南银座、青岛沃尔玛、家乐福和东营、淄博、滨州等地的超市。基地现自有车辆 4 辆用于配送,到了旺季需要再从社会上临时租用 4 辆货车用于配送。

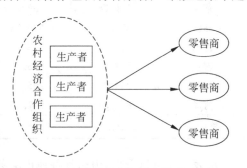

图 5.7　农村经济合作组织模式示意图

这种模式在全国各地都有典型代表,但总体规模不大。该模式的优点是:减少了交易环节,降低了交易成本,可以在一定程度上采用第三方物流服务模式,需求信息的传递相对于批发市场模式有一定的改善。其缺点是:由于总体规模不大,物流成本的降低是一个亟待解决的问题;交易与辐射半径往往不大;尽管有较充分的用户需求信息,但由于蔬菜生产的地域性等限制,信息的价值往往难以得到充分体现等。

3. 企业+农户模式

这种模式的主导者往往是农产品加工企业。农产品加工企业(人们习惯称之为龙头企业)与农产品的生产者签订购买合同,并对其进行技术指导和质量监督,到了收获季节,公司以不低于市场价的价格收购合格的产品,然后经过加工出口或分销给零售商。其基本运作流程如图 5.8 所示。我国现在有很多农特产品的加工企业都采用这种模式,生产一种或几种农产品加工产品。如以出口速冻蔬果为主营业务的绿源食品有限公司,是潍坊寿光的一家农产品加工企业,主要经营的蔬果有苹果、梨、草莓等 20 多个品种。目前该公司拥有各种蔬果基地 20 余个,分布在安丘、昌邑、昌乐、高密等地。公司与这些基地签订比较松散的合同,通过技术人员定期前往或者常驻基地等方式进行技术指导和质量监督。到了收获季节,公司以不低于市场价的价格收购合格产品,由第三方物流公司负责运输,到工厂后进行冷冻加工,然后出口或内销。

该种模式增加了产品附加价值,可以实现物流成本的降低。但目前国内市场需求的接

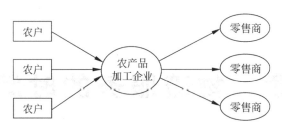

图 5.8　企业＋农户模式示意图

受度不高。

讨论：

(1) 请结合果蔬类农产品的产品特性，列举其对物流服务运作的要求。

(2) 你认为我国蔬菜类农产品物流服务运作的主要问题和挑战有哪些？

(3) 试根据 3 类蔬菜生产与流通模式的特点，设计出你认为较好的物流服务运作模式，并说明理由。

参考文献

[1] JURAN J M. Juran on leadership for quality [M]. New York：Free Press，1989.
[2] FISHER M L. What is the right supply chain for your product? [J]. Harvard Business Review，1997，75(2)：105-116.
[3] BALLOU R H.企业物流管理[M].王晓东，胡瑞娟，等，译.北京：机械工业出版社，2006.
[4] COPELAND M T. Relation of consumers' buying habits to marketing methods [J]. Harvard Business Review，1923，1(2)：282-289.
[5] HUNG Y C. The future trend of fast moving consumer goods in taiwan [D]. 高雄："国立中山大学"硕士学位论文，2006.
[6] 王海涛.快速消费品物流市场研究[D].武汉：武汉理工大学硕士学位论文，2006.
[7] 物流技术与应用编辑部.中国物流发展蓝皮书[Z].北京：物流技术与应用出版社，2003.
[8] FREDERICK E，WEBSTER J R.工业品市场营销战略[M].胡英杰，译.北京：中国财政经济出版社，1989.
[9] 王婧.工业品物流分析和实格公司配送中心项目研究[D].北京：对外经济贸易大学硕士学位论文，2000.
[10] LEVIRT T. Exploit the product life cycle [J]. Harvard Business Review，1965，43(6)：81-94.
[11] BENDER P. Mathematical modeling of the 20/80 rule：theory and practice[J]. Journal of Business Logistics，1981(2)：139-157.
[12] 王国华.中国现代物流大全——现代物流技术与装备[M].北京：中国铁道出版社，2004.
[13] 冯爱兰，王国华.物流技术装备[M].北京：人民交通出版社，2005.
[14] 黄中鼎.现代物流管理学[M].上海：上海财经大学出版社，2004.
[15] 宋兵.生物包装材料的发展现状及展望[J].包装世界，2005(06)：52-54.
[16] BAKKER M.包装技术大全[M].孙蓉芳，等，译.北京：科学出版社，1992.
[17] JOHNSSON M. Packaging logistics—a value added approach [D]. Lund：Lund University，1998.
[18] 宁维巍.山东省果蔬类农产品现代物流配送体系研究[D].济南：山东大学硕士学位论文，2005.

第 6 章 物流服务的时间管理

时间性是服务区别于制造的一个重要特性。在物流服务管理中,时间和成本、质量一样,是物流服务企业赢得竞争的一个基本绩效指标。

6.1 时间管理与服务响应

6.1.1 时间管理

20 世纪 80 年代,波士顿咨询公司 George Stalk 等人借鉴日本企业的成功经验,提出了基于时间竞争(time-based competition,TBC)的概念。基于时间的竞争是将时间看成企业的一种战略资源,它要求企业开展时间管理,缩短供应链提前期,通过快速响应市场需求来获得竞争优势。因此,企业有效管理整个供应链中从产品设计、开发,到最终销售各项活动所耗费的时间是其赢得竞争的一种重要手段。通过时间管理,企业可以分辨组织的关键程序和程序之间的链接,而这些程序和链接从根本上决定了一个企业的运作和竞争方式。

导致时间管理必要性和重要性的主要原因是:

(1) 产品生命周期的缩短:产品生命周期指从产品推向市场到退出市场的时间间隔。这个时间段在 20 世纪 50~60 年代以前可以达到七八年。以后不断缩短至一两年,甚至更短。由于产品生命周期的缩短,企业用于开发新产品,并将它们投放市场以满足顾客需求的时间已经大大缩短了。

(2) 需求的多样化:面对客户个性化需求的压力,企业生产的产品数不断增多,为此必须降低每种产品的库存以降低成本。然而,低库存水平可能导致低的客户服务水平。为了在低库存水平下,不降低、甚至提高客户服务水平,企业就需要有更高的物流服务水平、更短更可靠的交货期。

(3) 需求变异性的增加:市场环境中存在很多不确定的因素,激烈的竞争使需求的不确定性不断增加。市场需求的高变异性导致预测的偏差增大,且该偏差随预测期的增长而进一步增大。因此,系统的优化只能在一个相对较短的时间段上进行。

另外,服务的时间性要求往往也被看成是服务质量的一部分。服务的时间性指服务型企业能快速、可靠地响应顾客的需求。因此,时间管理和基于时间的竞争,可以降低企业的成本,提高企业服务的质量水平,为企业带来更多的利润。

6.1.2 物流服务响应过程管理

物流服务的响应过程指物流服务企业在接到客户的需求订单后,为客户提供满意的物流服务的整个过程。在物流服务的响应过程管理中最重要的因素是确定响应时间以及客户服务水平。图 6.1 以物流运输服务为例说明了物流服务响应过程的一般步骤。

(1) 与客户联系。企业可以通过电话、互联网等方式主动与客户保持联系,及时了解客户的需求和要求服务的类型及水平。

(2) 确定客户的需求。明确客户的需求,并进行详细的记录,包括需求的数量、时间和地点等。对个性化要求比较高的客户,更要确定客户的需求。

(3) 检查公司是否有能力满足需求。通过公司的信息平台或其他方式,查询公司的人力资源、资本和技术等,看是否能够按时满足客户的需求。如果不能满足,要及时通知客户取消订单。有时企业还要根据需要核对客户的信用状况等,然后做出自己的选择。

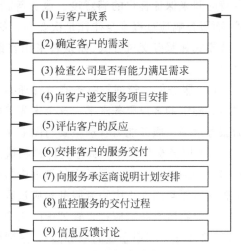

图 6.1 物流服务响应的步骤

(4) 向客户递交服务项目安排。当公司提供服务的条件具备时,就可以为客户服务。此时,企业要核对所提供的服务是否符合客户的需求,并保持与客户的联系,进行信息的反馈收集。

(5) 评估客户的反应。对客户反馈回来的信息进行评估。企业要有很强的领会顾客潜在需求的能力,可以通过提供额外的服务,增加客户的满意度。

(6) 安排客户的服务交付。以上步骤都完成之后,若企业所提供的服务符合客户的需求,且企业又有能力提供服务,就开始安排客户服务的交付。如果顾客要求的服务是物资运输,企业要决定是自己运送还是选择承运商运送,然后决定交付地点、时间等。若公司自己运送就需要制订计划安排,确定交货时间窗;若选择承运商运送,此时承运商和客户就共同决定一个合适的交货时间窗。

(7) 向服务承运商说明计划安排。若选择承运商运送就需要向服务承运商详细说明计划的安排,使他们能够在准确的时间、准确的地点向客户交付准确的服务。

(8) 监控服务的交付过程。在服务交付过程中要进行实时的监督与控制。若出现异常状况,要及时通知客户,保证顾客的忠诚度。物流服务交付过程的监控一般应用信息技术系统等手段,同时产生状态报告,并及时采取偏差修正措施。

(9) 信息反馈讨论。收集客户得到相应服务后的反映信息,评价企业的服务水平,总结失败或成功的原因,为以后的服务改善做准备。

在图 6.1 的 9 个步骤中,步骤(1)~(5)主要是物流服务的订单处理功能。对上述物流服务响应过程的管理主要包括:控制等待时间、服务能力管理和服务交付管理。控制等待时间是指设法缩短顾客得到服务的等待时间。服务能力管理是指对服务人员和服务过程进行计划和调配,以达到预定的客户服务水平。服务交付管理是指选择配送渠道并将服务送达给顾客。在服务响应过程管理中,物流服务人员必须意识到,物流服务过程不仅是传递具体物品的运输过程,而且是相关服务的传递过程。

(1) 等待时间控制。物流服务响应的目标是最小化客户服务等待时间,通过缩短客户等待时间来保证客户的满意度。服务等待时间主要取决于服务能力和服务交付方式的决策,而服务响应过程本身往往是次要的。如果服务能力很大,客户等待时间就很少。同样,服务模式和服务交付方式(如是否采用自助式服务等)也是影响服务等待时间的一个重要因素。

(2) 服务能力管理。服务能力管理指采用主动或被动的方式,充分利用服务能力以实现事先确定的客户服务水平。这个事先确定的服务水平应该是服务能力收益最大化情况下的服务水平。服务能力管理主要与图 6.1 中物流服务响应过程步骤(4)和(6)密切相关。

(3) 服务交付管理。服务交付是物流服务响应过程的最后阶段,它需要选择具体的模式与方法为客户服务。服务交付管理中最重要的指标是方便、柔性、互动和可靠性。服务交付管理主要与图 6.1 中物流服务响应过程步骤(6)~(8)密切相关。

以上物流服务响应过程管理中的三个主要活动必须要进行协调,既要降低客户的等待时间,又要充分利用企业的服务能力,还要保证准时和及时的服务交付。

6.1.3　推动式和拉动式物流服务计划模式

在服务响应中,有两种典型的物流服务运作计划模式,即供给推动式和需求拉动式。其中,供给推动式物流服务运作模式是比较传统的计划模式。

1. 供给推动式

供给推动式物流服务运作计划模式通过编制需求计划对物流运作提出要求或做出安排,例如物料需求计划(material requirements planning,MRP)和分销资源计划(distribution requirements planning,DRP)等对物流中的库存资源进行管理。另外,再订购点法(reorder point,ROP)也是一种供给推动式的物流计划模式。随着市场需求的多样化和需求变异性的增大,依靠库存的模式往往不能很好地满足客户个性化的需求。

2. 需求拉动式

需求拉动式物流服务计划模式不预先编制"优化"的安排,而是根据客户的需求,根据一定的机制和规则快速地做出反应。常用的有准时制(JIT)、快速反应(quick response,QR)、持续补充库存(continuous replenishment,CR)和自动补充货物(automatic replenishment,AR)等。

(1) 准时制。最初的以时间为基础的物流管理方法是在日本丰田公司引进"看板"管理后建立起来的。它的主要思想是消除浪费,减少库存,要求在准确的时间内,按准确的数量,将准确的货物送至准确的地点。

(2) 快速反应。它是一种通过零售商及供应商之间在改进库存管理方面的通力合作,以紧密迎合客户的购买需求。即通过零售商及供应商之间需求信息的交换,减少需求的不确定性,快速响应客户的需求。

(3) 持续补充库存。它不需要补充订货订单,供应商每天按照要求的数量、尺寸和样式负责补货给零售商。实施持续补充库存要求供应商和零售商之间必须建立良好的沟通,以保证信息共享。

(4) 自动补充货物:它延伸了 QR 和 CR,允许供应商根据他们的知识来预见未来客户的需求,实行自动补货。

随着市场需求的多样化和不确定性的增强,基于时间的竞争更倾向于需求拉动式物流服务计划模式。

6.2 订单处理

在物流服务的时间管理中,订单的快速处理是第一步。它也是物流服务运作流程中的重要环节。

6.2.1 订单处理过程

订单处理过程包含处理客户订单周期(order cycle)中所涉及的各种活动。这里订单周期指客户提出订货、购买或服务要求(发出订单)到收到所订购产品或服务所经过的时间,一般由订单传输时间、订单处理和配货时间、额外补充存货时间、交付时间等构成。订单传输时间可能由于传输方式的不同而相差很大,例如电子传输和人工传输的订单传输时间长短就会不同。订单的处理包括了订单的核算、客户信用的核对等过程。配货时间是配送中心或中心仓库接到订单后,从仓库取出货物运至出货点的时间。交付时间就是从出货点运送货物到客户指定的地点的时间,有时也包括装货和卸货的时间。订单处理的过程如图 6.2 所示。

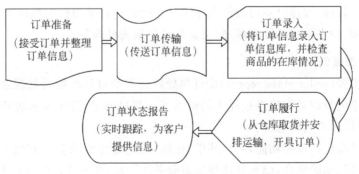

图 6.2 订单处理过程示意图

1. 订单准备

订单准备(order preparation)主要是收集顾客所要购买的产品或服务的信息,选择合适的供应商,填写必要的订单,正式提出购买要求。利用先进的信息技术,可以大大缩短订单周期中订单准备时间。

2. 订单传输

订单传输(order transmittal)主要是在订单发出地点到订单录入地点之间的传输。订单信息处理的方式分为：手工传输方式、电话/传真传输方式、网络传输方式。手工传输方式速度比较慢，准确性不能保证，但成本比较低；电子传输方式速度很快、安全性得到保证，但成本相对较高。随着电子数据交换(EDI)等网络信息技术的发展，电子方式传输订单得到了普及，传输的时间很短，而且还可以保证准确性、可靠性等。表6.1是3种信息传输方式比较。

表6.1　3种信息传输方式比较[1]

传输方式	传输速度	实施费用	可靠性	准确性
手工传输	慢	低	差	低
电话/传真	中等	中等	一般	一般
网络传输	快	投资高，运行成本低	好	高

3. 订单录入

订单录入(order entry)是订单履行前的工作，包括核对订货信息、审核客户的信用等级、检查所订购货物的库存情况、决定是保留订单还是取消订单等工作。订单的录入也有人工方式和自动方式两种。条形码和扫描技术的发展也给订单录入工作带来了方便，大大缩短了订单录入的时间。

4. 订单履行

订单履行(order fulfilling)主要是和客户所订购的产品实物相联系，包括提取货物、对其进行包装、组织协调运货等。订单履行中的活动有些可以和订单录入的过程同时进行，以实现并行运作，节省订单处理时间。订单履行的顺序也是物流服务企业需要考虑的重要问题。按照不同的目标，选择订单履行的顺序也是不同的。订单履行的顺序有：先到先处理、总处理时间最短、预先确定的处理顺序、交货期最早最先处理等。

5. 订单状态报告

订单状态报告(order state report)指订单处理过程中对订单履行状况进行跟踪、控制，向客户报告订单处理或货物运送过程中的延迟等。其目的是，让企业和客户了解订单执行的过程信息，保证客户的满意度。

物流服务活动包括多种功能环节，其中，运输、配送是比较重要且有代表性的。因为配送要求多种物流功能的整合，能充分体现物流服务的特点，图6.3以配送订单的处理过程为例，说明订单处理的一般流程。

从图6.3可以看出，配送订单处理过程中包括了一般订单处理中的订单传输、订单录入、订单履行和订单数据处理的状态报告。另外，配送订单处理过程还具有一些特殊要求，如要确定自己配送运输或找承运商运输，要选择配送模式(如直接配送、中心仓库配送等)和服务方式(如定时配送、准时配送、定量配送)等。

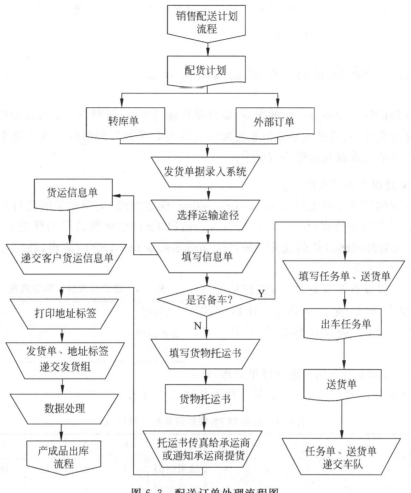

图 6.3 配送订单处理流程图

6.2.2 订单处理系统

随着信息技术的发展，物流服务企业中物流信息系统的作用越来越大。物流信息系统可以帮助企业更好地管理物流服务过程，缩短物流服务的响应时间。订单处理系统是物流信息系统的重要组成部分。

订单处理系统按照订单处理的过程可以分为 5 个模块：订单准备系统、订单传输系统、订单录入系统、订单履行系统和订单状态报告系统。一般的订单处理系统的结构如图 6.4 所示。

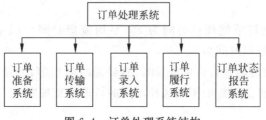

图 6.4 订单处理系统结构

在订单处理系统设计时不仅要考虑满足不同客户的需求,还需要考虑与相关商品报价、客户信用记录、企业仓库库存信息状况等的关联。

6.2.3 订单处理时间的影响因素与改善方法

订单处理的时间受很多因素的影响,如订单传输的方式、订单录入的方式和订单履行的顺序等。除此之外,还有其他很多因素会加快或延缓订单处理的时间。这些因素主要来源于客户对服务的要求以及运输等方面[2]。

1. 订单处理的先后顺序

根据不同的订单处理顺序(priority processing)确定方法,会导致不同的订单处理周期时间。如采用先到先处理(first come first serve, FCFS)、交货期最早的优先(earliest due data, EDD)或处理时间最短的优先(shortest processing time, SPT)原则,最后得出的处理时间会有很大的差异。

例6.1 假设有5张订单,每张订单处理的时间和交货期如表6.2所示,分别采用FCFS、EDD和SPT进行订单处理,计算其订单处理周期。

表6.2 订单处理时间和交货期数据表

订单号	1	2	3	4	5
处理时间	3	7	1	5	4
交货期	23	20	8	6	14

解:(1) 按照FCFS规则进行订单处理,订单处理的顺序为1—2—3—4—5,计算排序表如表6.3所示。

表6.3 采用FCFS规则订单处理排序表

订单号	1	2	3	4	5	订单号	1	2	3	4	5
处理时间	3	7	1	5	4	结束时间	3	10	11	16	20
交货期	23	20	8	6	14	延误时间	0	0	3	10	0
开始时间	0	4	11	12	17						

从表6.3可以看出订单处理总时间为20,平均流程时间=(3+10+11+16+20)/5=12,有两个订单延误,且最大延误为10。

(2) 按照EDD规则进行订单处理,订单处理的顺序为4—3—5—2—1,计算排序表如表6.4所示。

从表6.4可以看出订单处理总时间为20,平均流程时间=(5+6+10+17+20)/5=11.6,没有订单延误。

(3) 按照SPT规则进行订单处理,订单处理的顺序为3—1—5—4—2,计算排序表如表6.5所示。

从表6.5可以看出订单处理总时间为20,平均流程时间=(1+4+8+13+20)/5=9.2,有1个订单延误,延误时间为7。

以上3个订单处理规则进行订单处理时,总处理时间相等,但是平均流程时间不相等。在实际订单处理时,要根据目标的不同选择不同的订单处理规则。

表 6.4　采用 EDD 规则订单处理排序表

订单号	4	3	5	2	1
处理时间	5	1	4	7	3
交货期	6	8	14	20	23
开始时间	0	6	7	11	18
结束时间	5	6	10	17	20
延误时间	0	0	0	0	0

表 6.5　采用 SPT 规则订单处理排序表

订单号	3	1	5	4	2
处理时间	1	3	4	5	7
交货期	8	23	14	6	20
开始时间	0	2	5	9	14
结束时间	1	4	8	13	20
延误时间	0	0	0	7	0

2. 并行处理与顺序处理

并行处理(parallel processing)指将多个订单同步地进行处理。由于并行处理比顺序处理(sequential processing)的订单周期要短,随着信息技术的发展,采用并行处理以缩短订单周期是一种趋势,但并行处理要求较强的协调能力。

3. 订单履行的准确度

订单履行的准确度(order-filling accuracy)指订单履行过程中发生差错或不一致的概率。订单履行中出现差错越少,订单的周期就会越小。尽管有些差错是不可避免的,但尽量避免差错和及早发现差错仍是缩短订单处理周期的基本要求。

4. 订单的批处理

订单的批处理(order batching)指将一定时期的订单收集起来进行成批处理。这种方法可以节约成本,但也可能带来订单处理时间的增加。因此企业要在成本和时间之间进行权衡。

5. 分批处理

如果客户订的货物很多,企业无法一次满足,就可以采取分批供货(batch processing)。分批处理可以缩短订单处理时间,但由于频繁运货,成本就会增加。因此企业也需要在成本和时间之间进行权衡。

6. 合并运输

合并运输(shipment consolidation)类似于订单的批处理,指保留订单,直到达到运送的经济批量时再进行运送。这种方法可以节约运输成本,但会增加订单处理的时间。

应用网络结构图和甘特图等方法可以改进订单处理的效率。下面以一个例子来说明如何应用网络结构和甘特图进行订单处理效率的改善。

例 6.2　利用网络结构图和甘特图来分析改善订单处理效率的实例。

某公司批发销售某种产品,总公司下有连锁公司、市内业务及市外业务 3 部分,其组织结构如图 6.5 所示。该公司采用中央采购的方式,即绝大部分产品由总公司采购,并存放在总公司仓库。一些细、小、杂产品由其下属连锁公司采购,存放在连锁公司仓库中。该公司意识到其连锁公司订货提前期太长,要求对订货过程进行改进,以缩短订货提前期,从而降低库存水平,减少库存费用,改善服务水平。

解:分析步骤如下:根据企业的订单处理流程绘制流程图;调查现有订单处理流程中各个节点所用时间;绘制订单配送过程的网络结构图;利用流程改善原则改善现有订单处理的流程。流程改善常遵循的原则包括并行处理、分批处理、交叉处理、删除不增值工序、减少等待、在瓶颈处添加额外资源等。

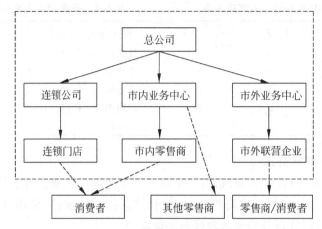

图 6.5　某公司的组织结构图

(1) 通过调查得到订单配送流程图

在该流程中,涉及的节点有总部仓库、连锁公司仓库、配送平台、连锁门店、连锁公司业务部、总部业务部,如图 6.6 所示。

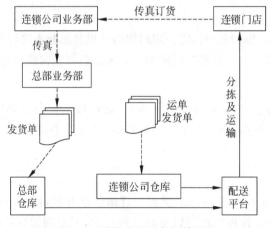

图 6.6　连锁公司现存订单流程

(2) 调查这些节点的时间耗用,并绘制订单配送网络结构图

连锁公司从下属连锁订货到配送完毕的工作流程及所需时间的网络结构如图 6.7 所示,图中,箭头下面数字为工序代号,上面数字为该工序所需时间。

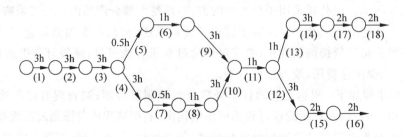

图 6.7　订单工序与时间耗用图

改进前的订单处理过程时间耗用如表 6.6。

表 6.6 改进前订单处理过程时间耗用表

日期	第 1 天		第 2 天				
时间	8:00—20:00	20:00—23:00	7:30—9:00	9:00—12:00		8:30—11:30	11:30—13:00
活动	(1)(2)	(3)	(5)(6)	(9)		(4)	(7)(8)
日期	第 2 天		第 3 天				
时间	13:00—16:00	16:00—18:00	8:00—11:00	11:00—14:00	11:00—15:00		14:00—18:00
活动	(10)	(11)(13)	(12)	(14)	(15)(16)		(17)(18)

其甘特图如图 6.8 所示。整个过程最长 56.5h,最短 37.5h,平均 47h。由于中间经历了两个晚上,且存在着大量的大批量处理及串行过程,使得订货提前期很长。

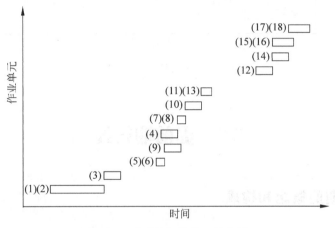

图 6.8 改进前订单处理甘特图

(3) 分析现有流程,根据流程改善原则构造新流程

经过深入调查、分析研究后,发现连锁公司业务部和总公司业务部在处理订单时存在着串行现象,而且在复验时,所有的订单整批处理,配送时处在运输和营业高峰期,严重地耽误了时间。根据并行处理、减少等待、使用额外资源等原则对其工作流程进行改进,改进后的订单过程时间安排见表 6.7。

表 6.7 改进后订单处理过程时间耗用表

日期	第 1 天					
时间	8:00—17:00	17:00—18:00	18:00—21:00	21:00—21:30	21:30—23:30	
活动	(1)(2)	(3)(6)	(4)	(7)	(8)	
日期	第 2 天					
时间	7:30—8:00	8:00—13:00	13:00—16:00	16:00—19:00	16:00—19:00	19:00—22:00
活动	(5)	(9)(10)(11)	(12)	(14)	(15)(16)	(17)(18)

其甘特图如图 6.9 所示,改进后订单配送过程最长 36.5h,最短 24.5h,平均为 30.5h。比现行方案缩短了 16.5h,缩短 35.1%。通过这种改动后,其库存成本大幅度降低。

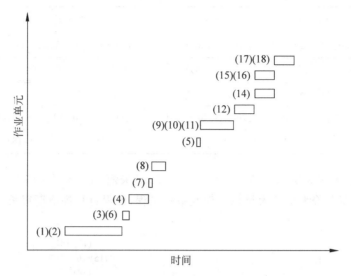

图 6.9　改进后订单处理甘特图

6.3　提前期管理

6.3.1　提前期的概念和构成

提前期是指从一个活动或项目开始一直到出现相应的结果所经历的时间间隔。从物流服务提供商的角度来说,提前期是指从接到客户订单到将货物送达目标顾客的时间间隔;从顾客角度来说,提前期是指交货期(delivery time),即从顾客发出需求指令(订单)开始到最终收到货物所耗费的时间。

物流服务的过程是指物流服务商在接到制造商发出的顾客订单后,进行订单处理,然后去制造商指定的地点,在时间窗的时间段内提货,将货物储存在中心仓库,进行必要的包装,配送货物到各个地方的区域仓库,最后送达到顾客手中的全过程。物流服务活动过程中包括的主要环节有订单处理、提货、装卸货物、搬运、包装、运输和交货,因此,可以将物流服务过程所经历的时间分为提货提前期、包装提前期、配送提前期和交货提前期,如图 6.10 所示。

1. 提货提前期

物流服务商接到制造商发出的顾客订单后,对订单进行处理,然后去制造商处取货,此过程所耗费的时间就是提货提前期。提货提前期一般由提货预处理提前期、提货处理提前期、提货后处理提前期组成。提货预处理提前期是接到制造商发出的顾客订单,并进行订单处理、运输工具选择的整个过程所耗费的时间,包括报价商务谈判、订单签订、合同审批、运

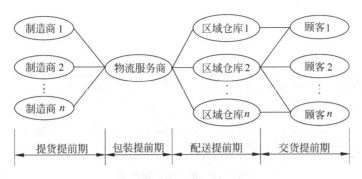

图 6.10　物流服务提前期的基本构成

输工具选择等过程。提货处理提前期是从物流服务商处理订单之后到制造商指定地点取货的时间。提货后处理提前期是从接收地收货、点数、检验到接收入库的时间。提货提前期的构成如图 6.11 所示。

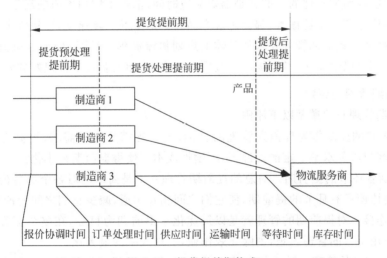

图 6.11　提货提前期构成

2．包装提前期

物流服务商根据顾客订单情况，对部分产品进行包装，如合并包装等，对于某些产品，物流服务商可能不会对其进行包装，此时，这些产品的包装提前期就等于零。包装提前期一般由准备提前期和包装提前期构成。准备提前期由库存时间、备料和发料时间等构成。包装提前期是对产品进行重新包装的时间。

3．配送提前期

配送提前期是从产品在物流服务商的中心仓库装车至运输到区域仓库的时间。包括了装卸时间、运输时间和交接等待时间等。如果物流服务商直接从中心仓库配送货物至目标顾客，那么配送提前期就可以和交货提前期合并在一起。配送提前期的构成如图 6.12 所示。

4．交货提前期

交货提前期是从区域仓库运送货物到目标顾客，并进行交接和顾客验货的时间。

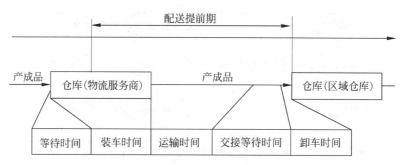

图 6.12 配送提前期构成

6.3.2 提前期管理的原则和思路

简单地说,提前期管理的目的就是缩短响应时间,消除不增加价值的活动。在物流服务过程中,产品库存和等待运输等,都会延缓产品在渠道中的周转速度,导致资金流通缓慢,从而致使成本增加。提前期管理要求从整体上规划物流流程,消除不增加价值但却增加消耗的活动,这样就可以缩短交货期,提高资金周转速度,从而为企业带来很好的效益。

1. 提前期管理的原则

对提前期管理必须遵循以下原则:

(1) 以客户的要求作为提前期管理的目标,最大化满足客户需求,提高客户的服务水平。在保证客户服务水平一定的条件下,不增加成本而使得提前期最小化。

(2) 平衡各环节的提前期。对总的提前期管理并不是简单的对各个部分的提前期进行管理,而是要协调所有环节的提前期,使它们之间相互沟通,减少它们之间的冲突,使它们之间实现无缝连接。对提前期的管理就是以最优化总提前期为目标,在整个流程中减少不增值的活动,应用JIT的管理思想,消除无效作业,实现效率的最大化。

(3) 加强信息的管理。随着信息技术的发展,信息对提前期管理的各个方面都有很重要的作用。基于时间竞争的提前期管理更是对时间很敏感,所以要求利用信息管理对提前期进行管理。缩短提前期,提高交货的准确率,对信息的要求会更高。信息的共享,可以提高提前期管理的效率。

(4) 重视提前期中的瓶颈环节。时间瓶颈是指其提前期最难以达到理想值且影响较大的环节。由于各个流程环节是相互联系的,时间瓶颈不仅对本环节造成影响,也会影响到后面的环节,而且后果会越来越严重。因此,在提前期管理中要对时间瓶颈进行重点管理、规划。

(5) 提前期的弹性管理。因为时间因素的不确定性很大,各个环节提前期的关联性也较强,任何一个环节时间因素的变化都会对整个流程产生影响,这就需要在提前期管理中保持一定的弹性,根据情况的不同,做出适当的调整。

2. 提前期管理的思路

对提前期的管理要对总提前期进行整体管理,对各个环节的提前期进行协调管理,使整体效益达到最优。站在制造型企业的角度,提前期管理的思路可以概括为如图 6.13[3] 所示

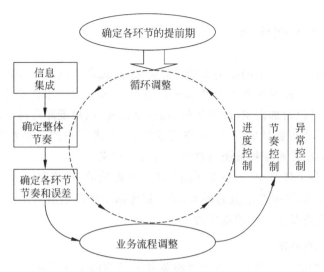

图 6.13 提前期管理的思路[3]

的若干步骤。

(1) 信息的收集和集成。要对提前期进行很好的管理,首先就是信息的收集,然后将信息进行集成,创建信息平台,这样就可以很好地、快速地协调各个环节,使它们在统一指挥下进行生产,减少各个环节之间的冲突。

(2) 各个环节统一协调,以主要环节为基准,考虑到瓶颈环节的约束,合理安排整体的运行节奏。

(3) 按照总的运行节奏,依次确定各个环节的节奏以及运行允许的误差。

(4) 业务流程重组。按照各个的运行节奏,对组织管理的方式进行重新安排,对不合理的业务进行业务流程调整。

(5) 进度的控制。任何管理都需要对其实施过程进行控制,使结果与目标计划相吻合,出现异常状况时,要及时调整,采取修正措施,以保证交货期的准确性。在实际中,对提前期的控制难度很大,要借助信息技术和网络平台,实现信息共享。

(6) 节奏的控制。节奏的控制就是使各个环节运行与整体的运行节奏保持一致。在物流的各个环节中,任何一个环节出现差错,都会导致整个效率下降。只有严格控制节奏,才可能对提前期进行有效地管理。

(7) 异常状况的管理。提前期是各个环节统一协调的一个整体,每个环节都会对整体产生影响。在提前期管理的过程中,难免会有异常情况发生,一旦发生异常情况,要对其进行详细地分析,找出原因,采取及时的措施进行改进。在很多时候,要采取预防措施而不是修正措施。

(8) 物流渠道的管理(logistics pipeline management)。提前期管理最重要的就是对物流周期的管理,而物流渠道是影响物流周期最重要的因素。渠道的管理就是要把市场和配送周期联系起来,以更低的成本、更高的质量、更好的柔性,快速地响应市场。

对提前期管理是一个很复杂的过程,也不可能一次就能成功,要经过很多次循环往复,最终才能达到预期的目标。

6.3.3 提前期的时间压缩

时间压缩就是减少非增值的活动来获得时间优势,提高响应速度和顾客的忠诚度,从而提高企业的竞争力[4]。提前期在通过快速响应客户需求获得竞争优势中扮演很重要的角色。提前期的压缩可以增加需求、改进质量、减少单位成本、降低库存持有成本、减小预测的误差、减少安全库存和在制品库存、降低空间的需要、改进客户的服务水平和改善资金流。因此,提前期的时间压缩对于物流服务过程具有重要意义。

在物流服务的各个环节中,有很多活动是不增加价值的,物流服务提前期的时间压缩的目标就是:减少物流运作中非增值的环节、减少物流活动中非增值的活动,提高物流服务响应的敏捷性,提高企业基于时间的竞争力。

1. 提前期压缩的内容

物流服务提前期的压缩主要是对物流服务各个环节的提前期进行压缩,主要包括提货时间压缩、包装时间压缩、配送时间压缩、装卸搬运时间压缩、交货时间压缩以及信息处理时间压缩。

1) 提货时间压缩

制造商和物流服务商中心仓库之间的距离是影响提货时间的主要因素,提货时间压缩的主要方法就是合理规划物流运输网络,适当选择运输工具,从而缩短提货提前期。

2) 包装时间压缩

对于需要物流服务商进行组合包装的产品就存在包装提前期,包装提前期的压缩要在保证产品质量的情况下进行,损坏了产品质量的时间压缩是没有任何意义的。包装时间的压缩主要可以通过合理设计包装流程、对人员进行合理安排、采用先进的包装机器等来对包装时间进行压缩。

3) 配送时间压缩

物流服务商的中心仓库和区域仓库之间会有距离的影响,在仓库之间进行货物的交接等方面会耗费大量的时间。配送时间主要受到车辆能力、距离、交通状况、运输工具等的影响,要想压缩配送时间,就需要合理选择运输工具和设计物流服务的网络,建立物流配送中心就能很好地对配送时间进行压缩。

4) 装卸搬运时间压缩

装卸搬运在物流服务过程中是必不可少的环节,影响装卸搬运的时间的因素有:产品的属性特征、装卸搬运设备等。根据产品特征选择合适的装卸搬运设备可以压缩装卸搬运时间。目前,装卸搬运工具都趋于机械化、自动化和智能化,这样可以大大缩短装卸搬运时间。

5) 交货时间压缩

交货时间主要是物流服务商和客户之间进行交货所耗费的时间,加强与客户之间的联系,充分利用信息技术平台,可以加快交货速度。物流服务商可以在平时就保持与客户之间的联系,随时了解客户的动态需求,保持客户对该物流服务企业的忠诚度,在交货时就可以节省很多不必要的环节,从而压缩交货时间。

6) 信息处理时间压缩

在物流中的信息流不仅包括客户订单的定量信息,还包括顾客需求的定性信息以及客户反馈的信息。在信息流动过程中,若不能很好地缩短信息流动时间,就可能造成信息失真。信息流的传递时间有很大弹性,利用先进的信息技术就能很好地缩短信息流时间。

信息流贯穿于物流服务的整个过程,信息的时间延迟会给物流服务带来巨大的负面影响,因此,信息流提前期的压缩意义重大。但是,信息流提前期的压缩也是很困难的。企业可以通过电子传递订单、顾客需求信息以及客户的反馈信息,加快信息流动,使得企业可以及时获得需要的信息,提高物流服务的效率和客户服务水平。

2. 物流服务提前期压缩的基本方法

物流服务的时间压缩应该从系统的角度考虑,对物流服务的各个环节进行协调管理,使整体水平达到最优。下面介绍两种基本的提前期压缩的方法——网络计划法和时间-费用优化方法。

1) 网络计划法

物流服务企业采用网络计划法,通过缩短关键路径上的物流活动就可以缩短整个物流服务过程的时间,找出最少的形成关键路径的关键物流活动,尽量进行平行作业,就可以有效压缩时间[5]。

网络计划法就是通过绘制网络图,找到其中的关键路线并对其进行优化的方法。下面首先给出网络计划时间参数的计算和关键路线的确定。

(1) 节点最早时间 ET_j:作业最早开始时间,其公式为

$$ET_j = \max_i \{ET_i + t_{ij}\} \tag{6.1}$$

其中,t_{ij} 表示节点 i 到 j 上的作业时间。这是递推关系式,始节点的最早时间为 0,终节点的最早时间为总的提前期。

(2) 节点最迟时间 LT_j:作业最迟必须完成的时间,其公式为

$$LT_j = \min_i \{LT_i + t_{ij}\} \tag{6.2}$$

终节点的最迟时间为总的提前期。

(3) 作业最早开始时间 ES_{ij}:作业的最早可能开始时间,等于作业开始节点最早时间,其公式为

$$ES_{ij} = ET_i = \max_k \{ES_{ki} + t_{ki}\} \tag{6.3}$$

(4) 作业最早完工时间 EF_{ij}:它等于作业最早开始时间加上作业时间,其公式为

$$EF_{ij} = ES_{ij} + t_{ij} \tag{6.4}$$

(5) 作业最迟开始时间 LS_{ij}:作业的最迟必须开始时间,等于作业结束节点最迟时间减去作业时间,其公式为

$$LS_{ij} = LT_j - t_{ij} = \min_k \{LS_{jk} - t_{ij}\} \tag{6.5}$$

(6) 作业最迟完工时间 LF_{ij}:它等于作业最迟开始时间加上作业时间,其公式为

$$LF_{ij} = LS_{ij} + t_{ij} = LT_j \tag{6.6}$$

(7) 作业的总时差 R_{ij}:它是指在总提前期限制内,某作业开始时间允许推迟的最大限度,等于作业的最迟开始(完工)时间减去作业的最早开始(完工)时间,其公式为

$$R_{ij} = \text{LS}_{ij} - \text{ES}_{ij} = \text{LF}_{ij} - \text{EF}_{ij} \tag{6.7}$$

(8) 作业的单时差 r_{ij}：指在不影响后面作业的情况下，某作业完工时间允许推迟的最大限度，其公式为

$$r_{ij} = \text{ET}_j - \text{ET}_i - t_{ij} \tag{6.8}$$

总时差为零的作业是关键作业，由关键作业组成的路线为关键路线。

网络计划法应用于物流服务的时间压缩的步骤如下：

(1) 将物流服务活动分解为物流活动单元，为编制网络计划图提供基本单元。

(2) 找出紧前物流服务环节(物流活动单元)和紧后物流服务环节(物流活动单元)。

(3) 设定定额作业时间，主要有以下两种方法：①一点时间估计法，指在具备劳动定额资料的条件下，或者在具有类似物流活动环节的作业时间消耗的统计资料时，用对比分析的方法确定作业时间。②三点时间估计法，指在不具备劳动定额和类似物流活动环节的作业时间消耗的统计资料，作业时间较长，且未知的和难以估计的因素较多的条件下，对完成工序可估计3种时间，然后计算它们的平均时间作为该物流服务环节的作业时间，计算公式为

$$T = \frac{a + 4m + b}{6}, \quad \sigma^2 = \left(\frac{b - a}{6}\right)^2 \tag{6.9}$$

它们分别表示物流服务作业时间和方差。其中，T 为工作的平均时间；a 为乐观(最短)时间；m 为最有可能时间；b 为悲观(最长)时间。

(4) 按照物流服务环节的先后顺序编制网络图，计算网络时间，找出关键路线。

(5) 根据资源条件等进行网络优化，采取组织措施，充分利用非关键环节的总时差，合理调配技术力量及人力、财力、物力等资源，缩短关键环节的作业时间，在资源允许的情况下确定最优的计划方案。

例 6.3 某物流服务商为客户提供服务的活动中各个作业的时间，作业之间的先后顺序都表示在网络图(图6.14)中，图中路线的上部是作业，下部表示相应作业时间。在此物流服务活动中，作业 A 表示物流服务商进行订单处理，作业 B 表示物流服务商到某个制造商处提货，作业 C 表示物流服务商到其他制造商处提货，作业 D 表示运输至区域仓库，作业 E 和作业 F 都表示运输至中心仓库，作业 G 表示运输至另一区域仓库，作业 I、J、H 都表示向顾客交货。根据网络计划法计算作业的时间参数，确定关键路线。若客户设定的时间窗间隔为26h，如何进行提前期的压缩。

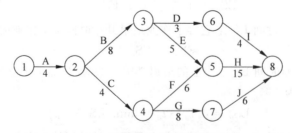

图 6.14 物流服务活动的网络图

解：根据网络图中各作业的先后顺序与作业时间，计算的网络时间参数如表6.8所示。该物流活动的总提前期为32h，关键作业依次为 A、B、E、H，关键路径为 A⇒B⇒E⇒H。

表 6.8　网络时间参数

作业代码	节点编号 i	节点编号 j	作业时间 T	节点最早时间 ET	节点最迟时间 LT	作业最早开始与结束时间 ES	作业最早开始与结束时间 EF	作业最迟开始与结束时间 LS	作业最迟开始与结束时间 LF	总时差 R	单时差 r	关键路线 CP
A	1	2	4	0	0	0	4	0	4	0	0	*
B	2	3	8	4	4	4	12	4	12	0	0	*
C	2	4	2			4	6	9	11	5	0	
E	3	5	5	12	12	12	17	12	17	0	0	*
D	3	6	3			12	15	25	28	13	0	
F	4	5	6	6	11	6	12	11	17	5	5	
G	4	7	8			6	14	18	26	12	0	
H	5	8	15	17	17	17	32	17	32	0	0	*
I	6	8	4	15	28	15	19	28	32	13	13	
J	7	8	6	14	26	14	20	26	32	12	12	
	8			32	32							

由于要把提前期从 32 h 压缩到 16 h,将节点 8 的最迟时间改为 26,重新计算节点最迟时间 LT,然后计算各个作业的最迟开始时间 LF 和总时差 R,重新计算的结果如表 6.9 中加粗字体所示。

表 6.9　网络路线压缩计算表

作业代码	节点编号 i	节点编号 j	作业时间 T	节点最早时间 ET	节点最迟时间 LT	作业最早开始与结束时间 ES	作业最早开始与结束时间 EF	作业最迟开始与结束时间 LS	作业最迟开始与结束时间 LF	总时差 i	单时差 j	关键路线 CP
A	1	2	4	0	**−6**	0	**4**	0	**−2**	**−6**	0	*
B	2	3	8	4	**−2**	4	**12**	4	**6**	**−6**	0	*
C	2	4	2			4	6	9	**5**	**−1**	0	
E	3	5	5	12	**6**	12	**17**	12	**11**	**−6**	0	*
D	3	6	3			12	15	25	**22**	**7**	0	
F	4	5	6	6	**5**	6	**12**	11	**11**	**−1**	5	
G	4	7	8			6	**14**	18	**20**	**6**	0	
H	5	8	15	17	**11**	17	**32**	17	**26**	**−6**	0	*
I	6	8	4	15	**22**	15	**19**	28	**26**	**7**	13	
J	7	8	6	14	**20**	14	**20**	26	**26**	**6**	12	
	8			32	**26**							

从表 6.9 可以看出,作业 A、B、C、E、F、H 的总时差为负值,压缩提前期的路线有两条,分别为 A⇒B⇒E⇒H,A⇒C⇒F⇒H,前一条路线必须压缩提前期 6h,后一条路线必须压缩提前期 1h。如果作业 H 压缩 1h,那么需要压缩 B、E 共 5h,此时就有两条关键路线。

表 6.10 给出了作业 B、E、H 分别压缩 1、1、4h 后,网络图的时间参数。

为了在顾客设定的时间窗内完成交货,如果物流活动的提前期大于时间窗间隔,就需要压缩原来的物流活动的提前期。此网络计划法就将物流活动进行作业分解,找出可以压缩的物流作业,并给出作业压缩的时间,使得管理者可以很好地安排计划,使得在时间窗内满足顾客的需求,提高客户服务水平。

表 6.10 时间压缩后网络时间表

作业代码	节点编号		作业时间 T	节点最早时间与最迟时间		作业最早开始与结束时间		作业最迟开始与结束时间		总时差 i	单时差 j	关键路线 CP
	i	j		ET	LT	ES	EF	LS	LF			
A	1	2	4	0	0	0	4	0	4	0	0	*
B	2	3	7	4	4	4	11	4	11	0	0	*
C	2	4	2			4	6	8	10	4	0	
E	3	5	4	11	11	11	15	11	15	0	0	*
D	3	6	3			11	14	19	22	8	0	
F	4	5	6	6	10	6	12	9	15	3	3	
G	4	7	8			6	14	12	20	6	0	
H	5	8	11	15	15	15	26	15	26	0	0	*
I	6	8	4	14	22	14	18	22	26	8	8	
J	7	8	6	14	20	14	20	20	26	6	6	
	8			26	26							

2) 时间-费用优化方法

时间-费用优化是指通过综合考虑提前期与费用之间的关系,寻求以最低的总费用获得最短的提前期。这里包括两个方面的内容:在费用一定的条件下,确定最短的提前期;在提前期一定的条件下,确定最低的总费用。

时间-费用优化方法的步骤如下:

(1) 预备工作。首先确定各物流服务作业的正常作业时间、极限作业时间、正常费用、极限费用以及直接费用率;然后确定物流活动的间接费用率;最后对所有物流服务作业取正常作业时间,确定关键路线、总提前期以及总费用。

(2) 压缩提前期。压缩过程分为两个步骤:①确定待压缩物流服务作业。当网络图仅有一条关键路线时,压缩关键路线上直接费用变化率最小的物流服务作业;当存在数条关键路线时,需使每一条关键路线的长度都得到压缩,取使成立的作业为待压缩作业。其最小作业计算公式为

$$\min\left\{\sum_{i=1}^{k} a_i \mid a_i \in l_i\right\} \tag{6.10}$$

其中,a_i 表示路线 l_i 中的一个作业;k 表示总的路线数。②确定压缩长度。压缩长度既要满足极限作业时间的限制,又要考虑网络中次长路线提前期与关键路线提前期差额的限制,取两者中较小的。压缩过程的优化标准为:直接费用变化率=间接费用率。

例 6.4 图 6.15 为一个物流服务活动的网络结构图,表 6.11 为相应的数据,包括了各

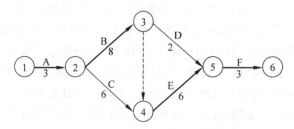

图 6.15 物流服务活动网络结构图

个作业单元的正常时间和极限时间,以及相应的费用,根据时间-费用优化方法进行提前期的压缩。

表6.11 作业单元时间费用数据

作业代码	作业时间/h		直接作业费用/千元		直接费用变化率/(千元/h)
	正常	极限	正常	极限	
A	3	1	2	3.2	0.6
B	8	4	5	6.2	0.3
C	6	3	4	4.6	0.2
D	2	1	3	3.1	0.1
E	6	4	4	4.8	0.4
F	3	2	2	2.8	0.8
间接费用率为 0.5 千元/h					

解:图中粗线为关键路线 A⇒B⇒E⇒F,总提前期为20h,正常时间下的直接作业费用为 20 千元,总费用为 20×0.5+20=30(千元)。

首先,只有一条关键路线,次长路线 A⇒C⇒E⇒F 的提前期为 18h。故压缩关键路线上的 B 作业单元 2h,总提前期变为 18h,总费用为 18×0.5+20+2×0.3=29.6(千元)。

压缩作业单元 B 后,网络图的关键路线有 2 条。还有一条路线 A⇒B⇒D⇒F 的总提前期为 16h。压缩公共作业单元中的 E 作业 2h,总提前期变为 16h,总费用为 16×0.5+20+2×0.3+2×0.4=29.4(千元)。

压缩作业单元 B 和 E 后,网络图的关键路线有 3 条。压缩 B 和 C 作业单元各 2h,总提前期为 14h,总费用为 14×0.5+20+2×0.3+2×0.4+2×0.3+2×0.2=29.4(千元)。此时不能继续压缩了,最终物流服务活动的总提前期为 14h,总费用为 29.4 千元。

通过时间-费用优化方法进行提前期的压缩,不仅大大缩短了提前期,而且还降低了总费用。提前期的压缩对物流服务活动具有重大意义。

3. 基于优化的提前期压缩方法

提前期压缩能够降低库存,增加需求,但是提前期的压缩会增加成本。企业为了实现成本最小化或利润最大化的目标,可以通过求解在资源约束条件下的优化问题来得到最优的提前期。下面以利润最大化为目标,介绍最基本的无约束提前期压缩模型。

假设物流服务商的提前期为 L,顾客在提前期 L 内的需求为 $D(L)$ 每单位产品的服务成本为 $V(L)$,物流服务商的服务能力是无限的,p 表示物流服务商运输单位产品得到的收益,$\pi(L)$ 表示提前期为 L 时,物流服务商的利润,它等于物流服务商为顾客运输产品得到的收益减去服务成本。

该模型中假设顾客在提前期内的需求是提前期的负指数函数,即

$$D(L) = aL^{-b} \tag{6.11}$$

其中,$a>0$ 是一个常数;$b>0$ 是需求关于提前期的弹性系数。

同时,假设每单位产品的服务成本也是提前期的负指数函数,即

$$V(L) = \alpha L^{-\beta} \tag{6.12}$$

其中,$\beta>0$ 是单位服务成本关于提前期的弹性系数。

最大化利润的提前期压缩优化模型可以表示为

$$\max \pi(L) = (p - V(L)) \cdot D(L) = (p - aL^{-\beta}) \cdot aL^{-b} \tag{6.13}$$

解优化模型时,首先利润函数对提前期 L 求一阶导数和二阶导数分别为

$$\frac{\partial \pi(L)}{\partial L} = \alpha\beta aL^{-\beta-b-1} - ab(p - \alpha L^{-\beta})L^{-b-1} = aL^{-b-1}((\beta+b)\alpha L^{-\beta} - pb) = 0 \tag{6.14}$$

$$\frac{\partial^2 \pi(L)}{\partial L^2} = aL^{-b-2}(pb(b+1) - \alpha(\beta+b+1)(\beta+b)L^{-\beta}) \tag{6.15}$$

令 $L_0 = \left(\dfrac{\alpha(\beta+b)(\beta+b+1)}{pb(b+1)}\right)^{1/\beta}$,那么,当 $L \in (0, L_0)$ 时,$\dfrac{\partial^2 \pi(L)}{\partial L^2} < 0$,利润函数是关于提前期的凹函数;当 $L \in (L_0, \infty)$ 时,$\dfrac{\partial^2 \pi(L)}{\partial L^2} > 0$,利润函数是关于提前期的凸函数。因此,在区间 $(0, L_0)$ 内存在最优的提前期 L^* 使得利润最大化。

最优提前期和最大利润分别为

$$L^* = \left(\frac{\alpha(\beta+b)}{pb}\right)^{1/\beta} \tag{6.16}$$

$$\pi^* = \pi(L^*) = \left(p - \frac{pb}{\beta+b}\right) \cdot a\left(\frac{\alpha(\beta+b)}{pb}\right)^{-b/\beta} = a\beta\left(\frac{b}{\alpha}\right)^{b/\beta}\left(\frac{p}{\beta+b}\right)^{b/\beta+1} \tag{6.17}$$

例 6.5 假设提前期内的需求与提前期的关系为 $D = 50\,000L^{-1.3}$,单位产品在提前期为 L 时的服务成本为 $V = 20L^{-0.3}$,运输单位产品得到的收益 $p = 10$。试画出物流服务商的利润与提前期的函数关系图,并计算使得利润最大化的最优提前期、最大利润。

解:物流服务商的利润可以表示为收益减去服务成本,即

$$\pi = (p - V)D = (10 - 20L^{-0.3})50\,000L^{-1.3}$$

利润与提前期的关系图如图 6.16 所示。

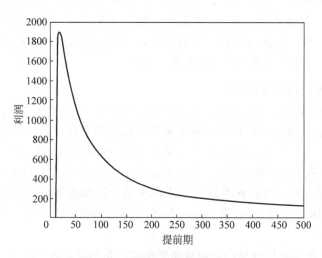

图 6.16 利润与提前期的关系图

从图 6.16 中可以看出,存在最优的提前期使得利润最大化,由式(6.16)计算的最优的提前期为

$$L^* = \left(\frac{20(0.3+1.3)}{10 \times 1.3}\right)^{1/0.3} = 20.1383$$

将最优提前期代入到利润函数中,得最大的利润为

$$\pi^* = (10 - 20(L^*)^{-0.3}) \times 50\,000(L^*)^{-1.3}$$
$$= (10 - 20 \times 20.1383^{-0.3}) \times 50\,000 \times 20.1383^{-1.3}$$
$$= 1891.2$$

通过以上模型可以看出,压缩提前期能够带来收益,但是也会增加成本,并不是提前期越短越好,而是存在最优的提前期,使得企业利润最大化。企业应该根据自身的特点,确定各个参数以及目标,从而根据目标最大化的原则确定最优的提前期来获得竞争优势。

6.4 时 间 窗

物流服务往往涉及多个业务关联企业间的作业衔接。在作业衔接中,一个基本的方法是设置时间窗(time windows)作为作业衔接的时间约束。

6.4.1 时间窗的概念

先给出时间窗的一个简单例子。某企业要求其供应商在每个星期一的上午 9:30~10:00 将预定的货物准时运送到第一号门的第 3 个车位。提前 5min 到达时可免费停车等待,提前时间超过 5min 则停车费用自理;超过 10:00 到达,则需要等待卸货安排,并且所有卸货费用自理或直接拒绝接收该批货物。这里,9:30~10:00 的时间区间就是交货的时间窗。时间窗有广义和狭义两种理解。从广义的角度看,时间窗指从顾客订单开始到顾客的物流需求得到满足为止的时间跨度;从狭义的角度理解,时间窗指需求的货物或服务到达约定地点的时间至货品装卸处理完毕的时间长度[6]。

这里取时间窗的狭义内涵,即时间窗是对顾客需求响应的时间限定,这种限定在通常情况下是一个时间区间。物流服务提供商的实际需求响应时间是一个服从一定概率分布的随机变量。设置时间窗的目的,是希望物流服务提供商的实际需求响应时间尽可能落在客户企业设置的区间内。由于时间窗主要在运输和配送环节应用,下面以运输和配送为例说明其基本概念、应用方法及其对物流服务运作的影响。

6.4.2 带时间窗的车辆路径问题

面对激烈的全球竞争,物流服务提供商必须在顾客指定的时间内提供服务,提前供给的物流服务提供商需要等待顾客接受服务;物流服务提供商滞后供给,顾客会直接拒绝接受服务或采取惩罚措施。典型的时间窗问题包括带时间窗的资源调度问题,带时间窗装卸货问题(pickup and delivery problem with time windows, PDPTW) 和带时间窗的车辆路径问题(vehicle routing problem with time windows, VRPTW)[7]。这里主要介绍带时间窗的车辆路径问题。

图 6.17 是带时间窗的车辆路径问题的一个实例。车辆由中心仓库出发选择合适的路径向地理位置分散的顾客提供服务。每个顾客(用○表示)要求在相应的时间段内接受指定

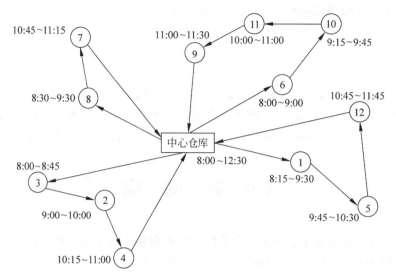

图 6.17 VRPTW 实例：顾客在时间窗内由 4 辆车服务

负荷的服务。例如，顾客 4 要求在 10:15～11:00 之间接受车辆的服务。如果车辆在 10:15（最早服务开始时间）之前到达顾客 4 所在地，它必须等待直到 10:15 才开始向顾客提供服务；如果车辆在 11:00（最迟服务开始时间）之后到达顾客 4 所在地，顾客不接受车辆的服务。由最早服务开始时间和最迟服务开始时间所构成的时间段称为时间窗。图 6.17 给出了 VRPTW 一组可行路径，由中心仓库出发 4 辆车以满足 12 名顾客的需求。

带时间窗的车辆路径问题是指车队在车辆能力约束和顾客时间窗约束的条件下，选择一组路径最小化服务总成本、服务总时间、服务车辆数目或服务等待时间的一类问题。一般情况下，VRPTW 以最小化服务总成本为目标。VRPTW 中的时间窗约束有两种情况：①硬约束，车辆在最早服务开始时间之前到达需要等待直至顾客接受服务，车辆不允许在最迟服务开始时间之后到达；②软约束，车辆可以在与时间窗不一致的时间到达服务顾客，但需要计算成本。车辆在时间窗之内到达服务顾客不需要成本。

当 VRPTW 中车辆的能力足够大或无限时，称之为带时间窗的多维旅行售货员问题（multiple traveling salesman problem with time windows，m-TSPTW）。每个城市（等同于 VRPTW 中的顾客）都有且仅有一个售货员在指定的时间窗内经过。所有售货员从同一个城市（中心仓库）出发，旅行结束后再回到同一个城市。这种问题可通过设置充分大的车辆能力用 VRPTW 来确定车辆路径。物流行业中的邮政配送，公交运行线路都属于此类问题。

最早服务开始时间为零，最迟服务开始时间无限时，VRPTW 就是经典的车辆路径问题，有时也称为有能力限制的车辆路径问题（capacitated vehicle routing problem，CVRP）。在此情形下，每条路径的总需求只需不超过该路径上行驶车辆的能力。

多任务排程问题中，任务有起点、终点、持续时间和固定开始时间，任意连续任务之间有任务切换成本和时间的问题也是一个 VRPTW 问题。任务可看作车辆服务的顾客，连续任务间的切换成本等价于顾客间的距离，执行任务的时间等价于顾客的服务时间。这种问题在航空、铁路、城市交通系统都是很常见的。VRPTW 还可以根据实际应用需要进行拓展。

譬如不同类型的车辆,多个中心仓库以及通过附加耦合约束或优先权约束的带时间窗和回程取货的车辆路径问题等。这些拓展大都与实际问题相关,主要应用于包裹运输、原油配送等运输系统。

如果带时间窗的车辆路径问题是车队在自身能力限制条件下向地理位置分散的顾客按时提供服务,最小化服务总成本下的车辆路径选择,则 VRPTW 的数学模型可以按如下思路建立。

定义网络图 $G(N,A)$,节点集合 $N=\{0,1,\cdots,n+1\}$ 表示顾客和中心仓库,其中节点 0 和节点 $n+1$ 表示同一个中心仓库,集合 $C=\{1,\cdots,n\}\subset N$ 表示待服务的顾客,A 是两个顾客间的所有可能连接弧的集合。V 表示有同类型车辆的车队,车队需要服务每个顾客且其所有的车辆都从节点 0 出发返回至节点 $n+1$,车辆的能力均为 q。网络中每条弧 $(i,j)\in A$ 的车辆行驶成本是 c_{ij},车辆行驶时间是 t_{ij}。顾客 $i,i\in C$ 的需求为 d_i,服务时间为 s_i,时间窗为 $[a_i,b_i]$,a_i 为最早服务开始时间,b_i 为最迟服务开始时间。车辆服务必须在时间窗内开始。假设车辆离开中心仓库的时间为 0,服务一些顾客后必须在时间窗内返回中心仓库。时间窗约束是硬约束,即车辆容许在时间窗之前到达等待服务开始,无等待成本,但不允许在时间窗之后到达。每个顾客能且只能被服务一次并且所有顾客都必须在时间窗内被服务。车辆路径可用二元变量 $X_{ij}^k(\forall(i,j)\in A,\forall k\in V)$ 表示,$X_{ij}^k=\begin{cases}1 & \text{车辆 }k\text{ 由顾客 }i\text{ 处向顾客 }j\text{ 处行驶}\\0 & \text{否则}\end{cases}$,$S_i^k(\forall i\in N,\forall k\in V)$ 表示车辆 k 在顾客 i 处的开始服务时间。如果车辆 k 不向顾客 i 提供服务,S_i^k 无意义,并假设 $S_0^k=0,\forall k$,S_{n+1}^k 表示车辆 k 返回中心仓库的时间。

VRPTW 的目标是为车辆设计一组最小总成本路径,使得所有顾客能且只能被服务一次。因此,分批配送是不允许的。VRPTW 可以表示为下述混合整数规划模型

$$\min \sum_{k\in V}\sum_{(i,j)\in A} c_{ij} X_{ij}^k \tag{6.18}$$

满足约束条件

$$\sum_{k\in V}\sum_{j\in N} X_{ij}^k = 1, \quad \forall i\in C \tag{6.19}$$

$$\sum_{i\in C} d_i \sum_{j\in N} X_{ij}^k \leqslant q, \quad \forall k\in V \tag{6.20}$$

$$\sum_{j\in N} X_{0j}^k = 1, \quad \forall k\in V \tag{6.21}$$

$$\sum_{i\in N} X_{ih}^k - \sum_{j\in N} X_{hj}^k = 0, \quad \forall h\in C,\forall k\in V \tag{6.22}$$

$$\sum_{i\in N} X_{i,n+1}^k = 1, \quad \forall k\in V \tag{6.23}$$

$$X_{ij}^k (S_i^k + t_{ij} - S_j^k) \leqslant 0, \quad \forall(i,j)\in A,\forall k\in V \tag{6.24}$$

$$a_i \leqslant S_i^k \leqslant b_i, \quad \forall i\in N,\forall k\in V \tag{6.25}$$

$$X_{ij}^k \in \{0,1\}, \quad \forall(i,j)\in A,\forall k\in V \tag{6.26}$$

其中,目标函数中 $\sum_{k\in V}\sum_{(i,j)\in A} c_{ij} X_{ij}^k$ 表示车队提供服务的总成本。约束条件(6.19)表示每个顾客能且只能被服务一次;式(6.20)表示车辆的能力约束,车辆不能提供超过其能力的服务;

式(6.21)~式(6.23)表示车辆的路径约束,所有车辆都从中心仓库出发,服务完顾客后继续服务下一个顾客,直到回到中心仓库;式(6.24)表示车辆的服务开始时间约束,车辆 k 从顾客 i 处行驶至顾客 j 处,它不可能在 $S_i^k + t_{ij}$ 之前到达顾客 j 处,否则服务开始时间无约束;式(6.25)是顾客的时间窗约束。另外,VRPTW 其他相关问题可以通过改变约束条件得到相应的数学规划。譬如经典的车辆路径问题的数学模型可由上述规划去掉约束(6.24)和约束(6.25)得到,再去掉约束(6.20)就得到了一个多维旅行售货员问题的数学模型。

带时间窗的车辆路径问题是众所周知的 NP-hard 组合优化问题。模型(6.18)~(6.26)主要有小规模问题的精确算法和大规模问题的启发式算法。

1. 精确算法

VRPTW 的精确算法最早是由 Kolen 于 1987 年提出的,之后由 Desrochers、Fisher、Kohl 和 Madsen 发展起来。精确算法中目标函数的下界主要通过状态空间的松弛计算,分枝决策由路径顾客安置处理。精确算法主要分为两类:列生成方法(column generation based approaches)和拉格朗日松弛方法(Lagrange relaxation based approaches)。

1) 列生成方法

列生成方法主要由 Desrochers 和 Kohl 等引入带时间窗的车辆路径问题。列生成方法通过将原问题分解为主问题和子问题进行处理,其中主问题保留原问题的目标函数和一些约束,如顾客能且只能被服务一次的约束和车辆是否经过某顾客的二元约束。通过求解带有时间窗和能力限制的最短路问题生成列。列生成方法可用于求解 25~50 个顾客的 VRPTW 和少量 100 个顾客的 VRPTW。

2) 拉格朗日松弛方法

Fisher 提出了两种拉格朗日松弛方法:K-树法(K-tree)和变量分裂法(variable splitting)。K-树法通过约束条件的拉格朗日松弛得到一个度约束 K-树问题(degree constrained K-tree problem),对应的拉格朗日乘子由次梯度法确定。变量分裂法中,通过拉格朗日松弛将变量分裂而分原问题为两类子问题:指派问题和一系列带时间窗和能力限制的最短路问题。拉格朗日松弛法可用于求解少量 100 个顾客的 VRPTW。

2. 启发式算法

带时间窗的车辆路径问题的规模从几个顾客到数千顾客不等,随顾客数的增加,问题越来越复杂。处理小规模问题的精确算法不适用于大规模的问题。对于大规模的 VRPTW 往往不是寻找问题的最优解,只是在可接受的时间内得到高质量的解。VRPTW 的启发式算法主要有 3 类:路径构建启发式算法(route construction heuristics)、路径改进启发式算法(route improvement heuristics)和超启发式算法(metaheuristics)[7]。

1) 路径构建启发式算法

路径构建启发式算法是从问题的原数据开始通过迭代构建可行解。在现有的部分路径中串行或并行插入未被服务的顾客进行迭代构建新的可行解。这里简要介绍节约启发式(saving heuristic)的思路:假设每个顾客的需求都小于车辆的能力,从一个顾客一条路径的原始解出发,在考虑车辆能力和时间窗的基础上,将一条终止于顾客 i 和另一条起始于顾客 j 的路径用弧 (i,j) 合并,条件是合并前后成本节约量非负。一直迭代下去,直到不能合并为止。

路径构建启发式算法还有扫描启发式(sweep heuristic)、时间方向近邻启发式(time oriented nearest neighbor heuristic,NN)和插入启发式(insertion heuristic)等。路径构建启发式主要用于构建算法的初始解。

2) 路径改进启发式算法

路径改进启发式算法从可行解出发通过局部修正序列寻找改进解。将现有解通过弧的交换构建邻近解,反复修正直到得到改进解。大部分改进启发式的基本原理都是 k-opt 和 Or-opt 弧交换程序。k-opt 弧交换将现有路径中的 k 个弧用另外 k 个弧代替,其复杂性严格依赖于 k。在大多数算法中,k 一般取 2 或 3。值得注意的是,在时间窗车辆路径问题中,k-opt交换由于不能保持路径的方向性可能会产生非可行解,因此在实际计算时要检验路径的方向性。Or-opt 弧交换将路径中不超过 3 个连续顾客间的链插入所有可行位置中,保持了路径的方向性。路径改进启发式算法还有 k-opt* 弧交换启发式、交叉交换启发式(cross-exchange heuristic)等。

3) 超启发式算法

超启发式算法是新一代的启发式算法,也是近期 VRPTW 启发式算法的核心。它是以实际现象的经验和规则为依据,学习和适应环境的人工智能算法。超启发式算法主要有以下特点:

(1) 有效搜索空间:引导搜索指向最优解和近似最优解;
(2) 可避免陷入搜索空间的边界;
(3) 可以利用以前搜索获取的经验指引新的搜索;
(4) 可以利用特定领域的知识。

超启发式算法可以消除一些经典方法的缺点。譬如,超启发式的智能搜索策略可以引导经典方法避免陷入局部最优的困境。VRPTW 超启发式算法主要有禁忌搜索(tabu search)、模拟退火(simulated annealing)和遗传算法(genetic algorithms)等。

超启发式算法主要用于引导路径构建和路径改进。路径构建启发式算法用于生成问题的初始解,路径改进启发式经常内含于超启发式或与之组合来改进现有解。

6.4.3 时间窗的设置

时间窗的大小对物流活动的影响主要有以下几个方面:

(1) 影响运输工具的选择。时间窗宽松时,可以选择物流成本比较低廉的运输方式;时间窗狭窄时,应该选择快速的运输方式来满足客户的要求,但此时物流的成本就会增加。

(2) 影响库存管理策略。时间窗狭窄时,顾客可以保留少量库存,而供应商或物流服务提供商应该保存能够满足需求的库存。

(3) 影响整个物流的处理流程和方法。若时间窗狭窄,就应该尽量缩短提前期,强调并行处理。

时间窗的设置也是物流服务时间管理中重要的一部分。在确立时间窗时,必须考虑到供应商的服务能力、订单处理的复杂程度等因素。时间窗设置得过于狭窄会增加供应商的难度和供应成本;时间窗过宽则会导致计划的不准确,容易产生时间资源的浪费。

时间窗设置问题是一个风险决策问题或博弈问题。如果是只涉及单个企业主体的风险决策问题,且物流服务的实际需求响应时间是一个服从一定概率分布的随机变量,时间窗的长度可以考虑采用 3 倍标准差的方式设定。如果时间窗设置问题涉及两个或多个决策主体,则其确定是一个博弈问题,需要在权衡不同决策主体利益的基础上确定适当的时间窗。

小结与讨论

由于竞争的日益加剧,时间成为物流服务行业获得竞争优势的关键因素,物流服务的时间管理的重要作用日益明显。对于物流服务企业,时间和成本、质量一样,是其赢得竞争的一个基本绩效指标。

物流服务时间管理主要站在物流服务提供商的角度,将时间看成是企业的一种资源,以提高物流服务中时间的价值。因此,有必要对物流服务的整个过程中消耗的时间进行管理,具体包括物流服务响应过程的管理、订单处理过程的管理、提前期管理和带时间窗约束的调度和计划问题。

思考题

1. 物流服务响应过程中主要有哪些步骤以及各自的影响因素是什么?
2. 推动式和拉动式物流服务计划模型的区别是什么?
3. 简述订单处理过程中的主要活动。
4. 试述订单处理顺序原则对订单处理总时间的影响。各种订单处理顺序原则的使用条件是什么?
5. 请指出在下列情况下,以下各项内容对订单处理时间的影响:①订单处理先后次序;②并行处理还是顺序处理;③订单履行的准确性;④批处理订单;⑤合并运输。
    (1) 学生在食堂就餐。
    (2) 从零部件供应商处购买零部件用于装配。
    (3) 连锁超市向总仓库发出的补货订单。
    (4) 物流公司为客户提供物流运输服务。
6. 简述物流服务提前期的构成,提前期管理的原则和思路。
7. 提前期压缩能给企业带来的好处是什么?如何进行提前期的压缩?提前期压缩的标准是什么?
8. 简述带时间窗的车辆路径问题的目标、约束条件以及针对不同问题的求解算法。

练习题

1. 假设有 8 个订单,只有一个订单处理系统,8 个订单处理的时间和交货期数据如表 6.12 所示,分别按照 FCFS、SPT 和 EDD 规则进行订单处理,计算总处理时间和平均流程时间,并分析各种规则的适用条件。

表6.12 订单处理时间和交货期数据表

订单号	1	2	3	4	5	6	7	8
订单处理时间	3	7	2	5	4	5	3	2
交货期	23	20	8	16	14	27	31	26

2. 某物流服务活动的作业参数表如表6.13所示,画出网络图,并计算网络图的时间参数,找出关键作业和关键路线。

表6.13 物流服务活动作业参数表

作 业	紧后作业	作业时间/h	作 业	紧后作业	作业时间/h
A	G	2	E	G	1
B	D、E、F	2	F	H	1
C	H	1	G		3
D	G、H	1	H		2

3. 已知某物流服务活动的作业单元的网络图如图6.18所示,相应的正常时间、极限时间以及费用如表6.14所示。①找出关键作业和关键路线;②已知间接费用率为500元/h,用时间-费用优化方法进行提前期压缩。

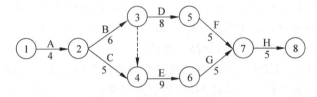

图6.18 网络图

表6.14 时间费用表

作业代码	作业时间/h		直接作业费用/元		作业代码	作业时间/h		直接作业费用/元	
	正常	极限	正常	极限		正常	极限	正常	极限
A	4	3	1400	2200	E	9	7	1000	1800
B	6	4	600	1000	F	5	4	800	1200
C	5	3	1500	2700	G	5	3	3000	4600
D	8	7	1300	1900	H	5	4	1300	2100

4. 在6.3.3节的提前期压缩模型中,如果服务成本与提前期的关系为 $V(L)=\alpha e^{-\beta L}$ 或 $V(L)=\alpha e^{\beta/L}$,其他条件不变,最优的提前期是多少？如果提前期内顾客需求是提前期 L 和单位产品收益价格 p 的函数,其关系为 $D(L,p)=aL^{-b}p^{-c}$,物流服务商确定最优的提前期和单位产品收益价格,使得其利润最大化,那么最优的提前期和单位产品收益价格分别是多少？

案例：美国联合包裹服务公司的现代化物流服务运作[①]

美国联合包裹服务公司(UPS)建于1907年。在经过近一个世纪的发展之后，它已经由一家拥有技术的货车运输公司，演变为拥有货车的技术型公司。目前，UPS是全球最大的速递机构，全球最大的包裹递送公司，同时也是世界上一家主要的专业运输和物流服务提供商。每天都有1200万件包裹和文件的运送量，它每天还需租用300多架包机。公司在美国国内和世界各地建立了18个空运中转中心，每天开出1600个航班，使用机场610个。UPS的成功来自于UPS在信息时代来临时紧紧抓住了发展电子商务这一良机，实现了由传统物流企业向电子物流企业的跨越，从而加速了物流服务的速度和准确度。

UPS之所以能够取得巨大的经营成功，与富有特色的物流服务、UPS的信息化战略以及电子商务的应用密切相关。

1. 物流服务的特色

(1) 传递快捷、准确。UPS规定：国际快件3个工作日内送达目的地；国内快件保证在次日上午8点半以前送达。在美国国内接到客户电话后，UPS可以在1h内上门取件，并当场用微型电脑办理好托运手续。UPS坚持"快速、可靠"的服务准则，获得了"物有所值的最佳服务"的声誉。

(2) 代理和信息服务。UPS从20世纪80年代末期起投资数亿美元建立全球网络和技术基础设施，为客户提供报关代理服务。UPS建立的"报关代理自动化系统"，使其承运的国际包裹的所有资料都进入这个系统，这样，通关手续在货物到达海关之前就已办完。UPS的计算机化通关为企业节省了时间，提高了效益。

(3) 即时追踪服务。UPS的即时追踪系统是目前世界快递业中比较先进的信息追踪系统。素有交付货物都能获得一个追踪条码，货物走到哪里，这个系统就追踪到哪里。非计算机网络客户可以用电话询问"客户服务中心"。

(4) 先进的包裹管理服务。UPS建立的亚特兰大"信息数据中心"可以将UPS系统的包裹的档案资料从世界各地汇总到这里。包裹送达时，物流员工借助一个类似笔记本电脑的"传递信息读取装置"，提取客户的签字，再通过邮车上的转化器，将签名直接输送到"信息数据中心"，投递实现了无纸化操作。送达后，有关的资料在数据中心保存18个月。这样的包裹管理工作更加科学化，同时也提高了UPS服务的可靠性。

(5) 包裹检验和设计服务。UPS设在芝加哥的"服务中心"曾设计水晶隔热层的包装方式，为糖果、巧克力等的运输提供恒温保护；坚韧的编织袋，为16万台转化器提供了经得起磨损的包装材料。这样的服务为企业节省了材料费和运输费。

2. UPS的信息化

在20世纪80年代，UPS就应用了货物信息收集器(DIAD)、条形码系统、大规模数据中心等一系列领先技术，实现了让客户了解实时货物运输进程的目标。1995年，开通了货物跟踪网络，客户可以更简便的接收托运货物信息。

[①] 本案例来源于参考文献[8]，本书进行了必要的改编。

UPS 为了规划其内部运营，公司开始使用信息系统，摆脱了从前的包裹搬运工的角色，成了一个从经营原材料运输到售后结算业务，并提供完善后勤服务的物流企业。UPS 推出的全球电子后勤保障战略的客户服务技术，也可以很好地帮助客户准确估计包裹的运输时间并实时查询货物所在地点。

3. 电子商务的应用

UPS 建立了电子商务信息系统，可向顾客提供瞬间电子接入服务，以便查阅有关包裹运输和传递过程的信息。通过应用电子商务，UPS 能够对每日运送的 1300 万个包裹进行电子跟踪。例如一个出差在外的销售员在某地等待某些产品的送达，他可以通过 UPS 安排的 3com 网络系统中输入 UPS 运单跟踪号码，即可知道货物在哪里。

UPS 通过电子商务，减少了物资周转的时间，加快资讯的传递、缩短资金的使用周期、大大降低了企业生产成本。同时，UPS 对货运飞机进行合理的装载控制，缩短运输路径，为客户节约了费用，提高了客户服务的满意度。

UPS 成功的另一重要原因是其在保住现有重要客户的基础上，继续通过和客户的合作来扩大业务范围，同时重点开发具有巨大潜力的市场。该公司几年前就与丰田、本田、克莱斯勒等公司建立了联系，近日又与福特汽车公司组成策略联盟，提供供应链重新策略、运输网络管理、零部件物流服务，并替汽车制造商及供应商提供技术解决方案等服务。

讨论：
(1) UPS 现代化运作的特点是什么？
(2) UPS 的物流服务时间管理主要体现在哪些方面？
(3) UPS 的成功经营给中国物流企业的启示是什么？

参 考 文 献

[1] 朱道立，龚国华，罗齐. 物流和供应链管理[M]. 上海：复旦大学出版社，2001.
[2] BALLOU R H. 企业物流管理：供应链的规划、组织和控制[M]. 王晓东，胡晓娟，等，译. 北京：机械工业出版社，2006.
[3] 马士华. 基于供应链的企业物流管理——战略与方法[M]. 北京：科学出版社，2005.
[4] HILL A V, KHOSLA I S. Models for optimal lead time reduction [J]. Production and Operations Management，1992，1(2)：185-197.
[5] MACHETH D K, FERGUSON N. Partnership sourcing: an integrated supply chain approach. Edinburgh Gate：Longman Group (UK) Ltd，1999.
[6] ELLABIB. Design and analysis of ant colony system based approaches for vehicle routing problem with time windows[D]. Waterloo：University of Waterloo, Ontario, Canada, 2005.
[7] SONG J. Meta-heuristics for the vehicle routing problem[D]. Shanghai：Shanghai Tongji University，1996.
[8] 杨平安. 现代物流国际通用管理与成功案例典范[M]. 北京：新华出版社，2002.

第 7 章 物流服务的成本管理

物流服务是服务于制造型和服务型企业的生产经营活动。因此,物流服务成本管理的目的是科学、系统地核算企业生产经营中物流服务活动的成本,然后有针对性地采取措施,在保障物流服务水平的前提下降低成本、提高物流服务系统的效率。本章首先介绍物流服务成本的概念、构成与分类,然后介绍物流服务成本核算方法,并在物流服务控制的一般方法介绍的基础上介绍物流服务成本控制方法。

7.1 物流服务成本概述

物流服务成本的高低反映了一个国家或地区的总体物流服务发展水平。发达国家的企业物流服务成本占 GDP 的比例在 10% 左右,而很多发展中国家或物流服务总体水平较低的国家这个比例往往在 20% 以上。良好的管理和社会化分工协作是降低物流服务成本的关键,而明确地定义和合理地核算物流成本是物流服务成本管理的基础。

7.1.1 物流服务成本的定义

根据我国 2001 年 8 月 1 日颁布的《中华人民共和国国家标准·物流术语》(GB/T 18354—2001),物流成本是"物流活动中所消耗的物化劳动和活劳动的货币表现",即产品在实物运动过程中,如包装、运输、存储、加工、物流信息等各个环节所支出的人力、物力和财力的总和。具体表现为企业向外部企业支付的物流费用、企业内部消耗掉的物流费用、企业材料物流费用、销售物流费用等。

1997 年日本运输省制定的《物流成本计算统一标准》将物流服务成本按物流功能划分为库存费、运输费、包装费、装卸费、物流管理费、物流信息费。其中,库存费是由于产品的存储以及工厂和仓库的地址转变所造成的,包括仓储费、设施折旧费、人员工资、保险费及税费,除此之外还包括库存占用资金的利息;运输费指企业在物资采购和销售发货过程中发生的物力、财力和人力消耗,包括公路运输费、其他运输费、维护费和货主费等;包装费指为产品包装而耗用的人力、物力和财力;装卸费指企业在保管和运输物资过程中发生的人力、物力、财力消耗的总和;物流管理费是用来核算企业在物流管理中发生的费用,主要包括差旅费、交通费、会议费、交际费、教育费及其他杂费;物流信息费指企业为物流管理所发生的财务、管理信息系统费,包括管理信息系统的投资、物流软件费、订单处理费以及一些利息费用等。这种物流成本的定义与计算方法侧重于生产企业内部的物流费用。

欧美学者将物流服务成本分为 3 部分：库存费用、运输费用和管理费用。其中，库存费用是指保存货物的费用，包括仓储、破损、人力费用、保险和税收费用，以及库存占用资金的资金成本。运输费用包括公路运输费用、其他运输方式费用和货主方面的费用，公路运输费用包括城市之间以及城市内运送费用与区域间运输费用；其他运输方式费用包括铁路运输费用、国际国内空运费用、货代费用、油气管道运输费用；货主方面的费用包括运输部门运作、装卸以及摆放等方面的费用。物流管理费用则是根据历史数据由专家确定一个固定比例，乘以库存费用和运输费用的总和得出的。这种物流成本的定义属于按支付形态定义物流服务成本，侧重在客户企业因满足其物流需求而发生的费用，既包括生产企业内部物流活动的费用，也包括物流需求满足过程中支付给外部物流服务提供商的费用。该定义对于分析物流成本结构和发现物流成本管理的重点有帮助，但因为物流活动的范围和物流活动的对象不太明确，物流成本的核算比较困难。

有关物流服务成本的概念至今没有一个统一的定义。企业类型的不同、成本分析的角度不同以及经济分析的目的不同，会导致物流成本概念和核算方法的不同。从物流活动"服务"性的特点出发，定义物流服务成本（或物流成本）为企业在生产经营中为满足其物流服务需求所发生的成本。物流服务需求包括企业经营过程中的需求预测、选址、采购、订单处理、流通加工、储存、包装、配送、装卸搬运、运输、客户服务、废弃物处理以及其他辅助活动等。这些需求可以由企业自己满足（自营物流或企业内部物流），也可以由第三方物流服务提供商提供。如果物流需求由企业自己满足，则成本由企业自己核算；如果采用第三方物流服务模式，则成本由第三方物流服务提供商核算，或简单地将第三方物流服务提供商的服务价格纳入企业的物流成本。

由于物流服务活动的复杂性，物流服务成本与一般的成本相比，有一些突出的特征，主要包括：

（1）复杂性，即物流服务成本的构成及其相互关系复杂。物流服务属于依靠设备的服务。物流服务过程由很多前后相互关联的活动和环节组成；不同的活动可能有不同的主体和对象；每项活动的费用组成复杂多样，包括人工费用、管理费用、设备的折旧和维护费等。

（2）隐含性，即物流服务成本的复杂性导致了物流服务成本核算的不完全性。有关物流服务成本财务、会计方面研究的滞后和以企业单纯地以生产经营活动为主导的传统的记账和核算方法，导致物流成本难以在企业的会计、财务信息中得到完整反应。其结果是，企业现有会计统计报表中按物流概念统计的数据极少，依据现有会计核算数据得出的物流费用，往往只是真正发生的物流服务成本的一部分。

（3）成本悖反性，即与一项物流活动或决策对应的物流成本有多项，且这些成本之间往往是冲突的。3.2.3 节介绍过"总成本最小化"原则，其原因正是由于多项服务活动的关联性。即一项活动往往影响多项成本，且这些成本之间存在悖反性。例如，航空运输的运输成本高，但比卡车或铁路的库存成本低。第 5 章中也曾提到产品价值密度对仓储成本和运输成本影响的悖反现象。

上述特征导致了物流服务成本界定和核算的困难。

7.1.2 物流服务成本的影响因素

为了更深入地理解物流服务成本的内涵与特点,以便有针对性地开展物流成本管理活动,需要进一步分析影响物流服务成本大小的主要因素。这些因素包括产品因素、物流活动环节、服务水平、核算方式、空间因素以及管理因素等。

1. 产品因素

产品是物流服务的对象。产品的种类和属性会对物流服务活动如存储、运输和物料搬运的成本产生影响。

(1) 产品的种类。不同产品种类的物流成本是不同的。对于6种不同的产品,图7.1以我国台湾地区的数据为依据,比较了它们的物流成本占销售额的百分比。从图7.1可以看出,食品和消费品的物流成本占销售额的比重最大,达到32.01%;其次是金属产品;最低的是化工产品和塑料。

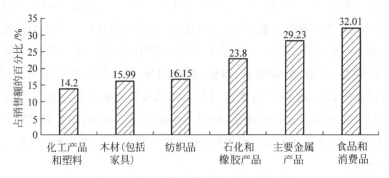

图7.1 产品种类和物流服务成本的关系

(2) 产品的易损性。易损性产品是指产品在物流服务过程中损坏的概率相对于其他产品要高。对于易损性的产品,就必须花费更多的人力和物力来保持产品的完整性和实用性。因为易损性的产品对运输、库存、装卸等都提出了更高的要求,这就增加了物流服务的成本。

(3) 产品的特殊搬运要求。有些产品需要特殊尺寸的搬运工具,需要冷藏或加热,这些都会增加物流服务的成本。

(4) 产品的价值密度和可替代性。这些产品特征对物流服务成本的影响可参见第5章中的相关内容。

2. 物流活动环节

物流服务过程中的服务活动环节包括运输、储存、装卸、搬运、包装、加工、配送、物流信息的处理等。物流环节的多少、经历时间的长短直接影响着物流服务成本的大小。在物流服务的管理中要尽量减少物流服务的不必要的中间环节,缩短在中间环节停留的时间,加强关键环节的管理;同时要尽量缩短每段运输距离,提高运输的速度,从而降低物流服务的成本。

3. 服务水平

物流服务水平和物流成本之间往往是冲突的,物流服务水平要求越高,物流服务成本就会越高。顾客期望较高的服务水平,而企业期望较低的物流服务成本。企业管理者在设定客户服务水平时要考虑服务水平对物流服务成本的影响程度,需要在物流服务成本、物流服务水平和企业利润之间做投入产出效益对比分析。

4. 核算方式

我国尚未建立起企业物流服务成本的核算标准,各企业不同的记账方式导致了物流服务成本的不同核算方式。核算方式的不同必然会导致物流服务成本的差异。表 7.1 是日本制定的《物流成本统一计算标准》中 3 种物流成本核算方式对物流服务成本影响的比较。我国企业目前 3 种物流成本核算方式都有应用。只有建立起统一的物流服务成本核算标准,使得物流服务成本具有可比性,才能对其进行很好地管理。

表 7.1 不同核算方式对物流服务成本的影响

核算标准	以支付形态为标准	以物流功能为标准	以适用对象为标准
具体含义	分别按运费、保管费、包装材料费、自家配送费、人事费、物流管理费、物流利息等支付形态记账	分别按包装、配送、保管、搬运、信息、物流管理等功能计算物流费用	按企业的物流成本不同的适用对象进行成本归集
对物流服务成本的影响	掌握物流成本总额及其在企业整体费用中的份额,明确物流成本各形态的比重并使之合理化	对比出各个功能的成本耗费情况,并可以由此计算出标准物流成本,通过作业管理,设定合理化目标	可以对不同类别的商品、顾客和地域的物流成本进行对比分析,以指导不同物流战略的制定

5. 空间因素

空间因素是指工厂或仓库相对于市场或供货点的位置关系。如果工厂距离市场太远,则必然要增加运输费用;而如果将工厂(或者库存)建立在市场中心,又必然会增加厂房建设成本或者厂房租赁成本。因此要降低物流服务成本,需要在这两者之间做出权衡。在工厂选址决策问题中,企业还要考虑可以利用的、现有的交通运输条件,以便采取适当的运输方式,优化运输路线,实现合理化运输。

6. 管理因素

管理成本与生产和流通过程没有直接的数量依存关系,但却直接影响着物流服务成本的大小。良好的物流计划与协调方法可以节约办公费、水电费、差旅费等管理成本,同时不会降低物流服务的总水平。

上述影响因素中,有些与物流管理或物流成本管理没有直接关系,如产品因素、部分物流活动环节因素等。但更多的影响因素与物流管理与决策有直接关联。这些影响因素的存在表明了管理和决策在降低物流成本中的重要性和可能性。

7.1.3 物流成本管理的必要性和重要性

对于物流成本管理,历史上很多学者从理论和实践的角度论述了其必要性和重要性。虽然当前物流管理的理论研究和实际行业发展状况与这些学者当时的情形相比有了很大不同,但介绍这些关于物流成本管理必要性的论述仍然是有意义的。

1. "黑大陆"说

著名管理学家 Drucker 将物流比作"一块未开垦的荒地"[1],强调应高度重视流通以及流通过程中的物流管理。Drucker 曾经指出"流通是经济领域里的黑暗大陆"。这里的流通主要是针对物流而言的。从某种意义上看,"黑大陆"学说是一种未来学的研究结论,是战略分析的结论,带有较强的哲学抽象性。这一说法对于物流领域的研究起到了启迪和动员作用。

2. 物流成本的"冰山理论"

物流成本的"冰山理论"是日本早稻田大学西泽修教授提出来的[2]。他在研究物流成本时发现,现行的财务会计制度和会计核算方法都不能掌握物流成本的实际情况,人们对物流费用的了解是一片空白,甚至有很大的虚假性。他把这种情况比作"物流冰山"。正如他在书中阐述的:"现在的物流成本犹如冰山,大部分潜在海底,可见的费用只是落在海面的小部分"。冰山的特点是大部分沉在水面以下,是看不到的黑色区域,而看到的不过是物流成本的一部分,如图 7.2 所示。

图 7.2 物流冰山示意图

西泽修教授用 Drucker 的"黑大陆"学说分析了物流成本。他发现,我们能看到的是支付的运费和保管费,但受物流服务影响的制造成本、销售费用和管理费用往往是看不见的。物流领域的很多方面对我们而言还是模糊的,在"黑大陆"中和"冰山"的水面以下部分正是物流尚待开发的领域,也是物流成本管理的潜力所在。根据物流冰山理论,由于传统的会计体系不能提供足够的物流成本分摊数据,因此,目前还很难把隐藏在水面下的物流成本全部核算出来。

3. "第三利润源"说

"第三利润源"的说法是日本的西泽修教授于 1970 年提出的,其目的是强调物流成本管理的潜力与效益。西泽修教授在他的著作《物流——降低成本的关键》中提出,企业的利润源泉随着时代的发展和企业经营重点的转移而变化。日本 1950 年因朝鲜战争受到美国的经济援助和技术支持,很快实现了企业机械化、自动化生产。当时日本正处于工业化大生产时期,企业的经营重点放在了降低制造成本上,这便是日本第二次世界大战后企业经营的第一利润源。然而,依靠自动化生产手段制造出来的大量产品,引起了市场泛滥,产生了对大量销售的需求。于是,1955 年从美国引进了市场营销技术,日本迎来了市场营销时代。这一时期,企业顺应日本政府经济高速增长政策,把增加销售额作为企业的经营重点。这便是日本第二次世界大战后企业经营的第二个利润源。1965 年起,日本政府开始重视物流。1970 年开始,产业界大举向物流进军,日本又进入了物流发展时代。这一时期,降低制造成本以增加利润的作用已经有限,增加销售额也已经走到尽头,迫切希望寻求新的利润源。因此,他提出降低物流成本是"未知的第三利润源"。后来,人们将西泽修的 3 种利润来源的说法略加修改和引申为:第一利润源——原材料资源领域;第二利润源——人力资源领域;第三利润源——降低物流成本。

"第三利润源"的说法有助于推动物流的发展。

7.2 物流服务成本的构成和分类

7.2.1 物流服务成本的构成

企业物流服务成本由于所考虑的费用范围不同,形成了不同的物流服务成本概念。先来看最狭义的物流服务成本,它是仅把生产厂家向外部支付的物流费用算作物流服务成本。除此之外,若再加上企业内消费掉的物流费用,则形成一般的生产企业的狭义物流服务成本。当在此基础上再将材料的物流费用包括进来,就形成了生产企业广义物流服务成本。再拓展开来,即除制造企业物流费用外,再将销售业的费用也包括进来,是最广义的物流服务成本,即工业制造企业可以将除加工制造成本之外的所有成本归入物流成本。类似地,一般服务型企业也可以将除核心服务运作成本之外的所有成本归入物流成本。综上所述,物流服务成本的构成可以由图7.3表示。

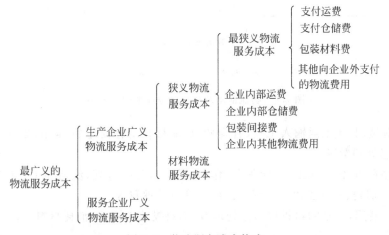

图7.3 物流服务成本构成

以制造型企业为例,图7.4说明了物流活动与物流服务成本构成的关系。企业为了开展生产经营活动,必须进行有关生产要素的购进、仓储、搬运以及产成品的销售等。另外,为保证产品质量,为消费者提供优良产品,企业还要进行产品的返修和废品的回收。因此,企业的物流服务成本是指企业在进行供应、生产、销售、回收等过程中所发生的运输、包装、配送、回收费用。其中:

(1) 销售费用中的有关商品的组织费用,包括人工费、管理费、材料费和物流信息处理费用等。需要注意的是,企业物流服务成本目标应与客户服务水平相适应,可根据产品定价信息确定。

(2) 相关的计划信息处理费用。这些计划包括从配送中心到各需求点的物流分拨计划、生产平衡或销售平衡所需的产成品、零配件、原材料库存计划、各种订购进货计划等。

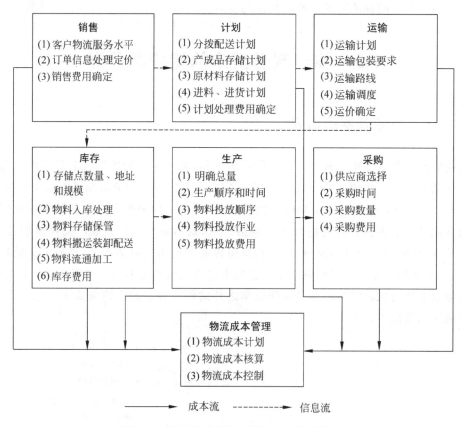

图 7.4　物流活动及物流服务成本构成模型

（3）运输费用，包括运输人工费、管理费、运输材料消耗使用费、运输设备折旧费、维护费和运输信息处理费等。

（4）库存费用，包括人工费、管理费、作业（搬运、装卸、包装、流通加工）材料消耗费、仓库和设备的折旧费、利息支出费、保险费、库存信息处理费等。

（5）生产费用，包括物料投放信息处理费、物料投放人工费、消耗材料费、设备器具折旧费、维护费等。

（6）采购费用，包括人工费、管理费、业务活动费和采购信息处理费等。

7.2.2　物流服务成本的分类

物流服务成本核算首先应确定从哪个角度来核算物流服务成本，因此必须对物流服务成本进行科学的分类。只有明确物流服务成本的范围，才能对物流服务成本进行核算，从而帮助管理者进行物流服务成本的控制与管理。物流服务成本的划分方法有多种，比较常用的划分方法是按物流流程分类、按物流活动构成分类、按物流活动职能分类、按费用支出形式分类及按物流服务成本的显现性分类等。

1. 按物流流程分类

按物流流程的分类方法是按物资的流动过程进行分类。它强调物流的先后次序，因而便于分析各个物流阶段中物流费用的情况。按照物流范围可以将物流服务成本分为以下 5 种。

（1）供应物流服务成本，指从原材料（包括容器、包装材料）采购直到批发、零售业者进货为止的物流过程中所需要的费用。

（2）生产物流服务成本，指从产品运输、包装开始到最终确定向顾客销售为止的物流过程中所需的费用。

（3）配送物流服务成本，指从确定向顾客销售到向顾客交货为止的物流过程中所需的费用。

（4）退货物流服务成本，指由于质量、规格、型号不符以及不按合同发货而造成顾客退货的物流过程中发生的费用。

（5）废弃物流服务成本，指由于产品、包装或运输容器、材料等的废弃的物流活动过程中所发生的费用。

这种成本分类方法既适用于专业物流部门，也适用于综合性物流部门和各类形式的企业物流。

2. 按物流活动构成分类

按物流活动构成的分类方法是以物流活动的基本环节为依据，将物流服务成本分为物品流通成本、物流信息成本和物流管理成本 3 部分[3]。

（1）物品流通成本，指物品实体因空间或时间转移流通而发生的费用，包括包装成本、运输成本、保管成本等。

（2）物流信息成本，指处理、传输有关的物流信息而产生的费用，包括与订单处理、存储管理以及客户服务有关的费用。

（3）物流管理成本，指进行物流计划、组织、协调、控制、监督和考核等活动所需要的费用，包括办公费、差旅费等。

这种成本分类方法与按物流范围分类的方法类似。

3. 按物流活动职能分类

即将物流服务成本分为运输成本、配送成本、包装成本、装卸与搬运成本以及仓储成本等。

（1）运输成本，主要包括人工费用、营运费用以及其他费用。

（2）配送成本，是企业的配送中心在进行分货、配货、送货过程中所发生的各项费用的总和，主要包括分拣费用和配装费用。

（3）包装成本，一般包括包装材料费用、包装机械费用、包装技术费用、包装辅助费用和包装人工费用。

（4）装卸与搬运成本，主要包括人工费用、固定资产折旧费、维修费、能源消耗费、材料费、装卸搬运合理损耗费用以及其他如办公费、差旅费等。

（5）仓储成本，包括持有成本、订货或生产准备成本、缺货成本和在途库存持有成本。

这种成本分类方法与前几种类似。

4. 按费用支出形式分类

即按照现行企业财务会计要求，将物流服务成本分为材料费、人工费、燃料和动力费、维修折旧费、利息支出、其他支出等。

(1) 材料费,指包装材料费,以及消耗性工具、器具、备用品等随物品消耗而发生的费用。

(2) 人工费,指对物流作业中消耗的劳务所支付的费用,包括工资、奖金、补贴、福利等费用。

(3) 燃料和动力费,指向自来水、电力、煤、燃气等提供公益服务的部门支付的费用。

(4) 维护折旧费,指为使用和维护土地、建筑物、车辆、搬运工具等而产生的维护维修费、折旧费等费用。

(5) 利息支出,指企业应计入财务费用的借入款项的利息支出减利息收入后的净额。

(6) 其他支出,指不属于以上各要素的费用支出,如差旅费、租赁费及保险费等。

这种分类方法便于检查物流费用在各项目的日常支出数额和比例,便于分析费用的变化情况,评价、分析各物流活动的绩效,适用于企业内部物流的成本控制。

5. 按物流服务成本的显现性分类

根据物流服务成本在生产经营过程中的显现性,可以将物流服务成本划分为显性成本和隐性成本。显性成本是指企业在生产过程中购买或租用所有生产要素的实际支出,主要包括仓库租金、运输费用、包装费用、订单清关费用、人员工资、管理费用、办公费用、应交税金、设备折旧费用、物流软件费用等。物流显性成本在现代物流中所占比重不会很大,大部分显性成本可以通过原始凭证反映和计算。物流隐性成本则主要是指由于物流运作不畅导致的库存费用增加所形成的资金利息成本、库存资金占用的机会成本和市场反映慢的损失及管理不善造成的货物损失成本。

目前,将我国现有会计报表所能体现的物流服务成本都归于显性成本。

7.3 物流服务成本的核算

物流服务成本核算可以提供全面、系统的物流服务成本信息,从而可以使企业准确把握物流服务成本的大小和它在总成本中所处的地位。通过对物流成本分布构成的分析,可以及时发现企业物流活动中存在的问题,并采取相应措施解决问题。应用物流服务成本的基础数据,加上科学的管理方法,可以提高物流管理的效率,降低物流服务成本。因此,加强物流服务成本的会计核算和管理,是及时控制物流服务成本、提高物流服务成本管理水平的前提和基础。本节主要介绍物流服务成本核算的原则、步骤以及方法。

7.3.1 物流服务成本核算的原则

为了提高物流服务成本核算的质量,为企业管理者进行物流服务成本控制提供依据,在进行物流服务成本核算时应遵循以下原则[4]:

(1) 合法性原则。合法性原则主要指成本支出的计入都必须符合国家法律关于成本支出范围和标准的规定。所谓成本支出的范围指哪些费用可以计入成本,成本支出标准指成本额的限制等。

(2) 可靠性原则。可靠性原则主要指成本的计入必须是真实的和可核实的。它保证了成本核算信息的正确性。所谓"真实"是指成本信息与客观事实相符合,"可核实"是指由不同的会计人员按照一定原则核算可以得到相同的结果。

(3) 相关性原则。相关性指成本核算要能为管理者提供有用的信息,并且及时地更新成本核算信息,帮助管理者进行成本管理。

(4) 分期核算原则。成本核算的分期应与会计的分期相一致或重合,这样可方便利润等指标的计算。

(5) 权责发生制原则。成本核算要以权责发生制为原则,对于由本期成本负担的支出,无论本期是否支付,都要计入本期的物流服务成本。此原则可以划分费用支出发生的时间和受益时间的界限,便于费用分摊,进而为管理者提供准确的物流服务成本信息。

(6) 一致性原则。企业应该根据自身的经营特点和要求,确定物流服务成本核算的对象、范围和方法。物流成本核算对象一旦确定,一般不得更改。这样可以使每期的成本具有可比性,提高成本信息的可用性。

(7) 重点性原则。物流服务成本核算中要根据需要,有重点地核算,具有影响重大的成本项目重点考虑。

上述原则事实上也是一般成本核算的原则。

7.3.2 物流服务成本核算的步骤

物流服务成本核算是按照国家有关的法律法规,对物流服务过程中发生的各项物流费用进行核算,并进行成本的归集和分配。其目的是为物流成本的控制提供真实有用的物流服务成本信息。物流服务成本核算的步骤如下:

(1) 明确物流服务活动范围。物流活动的范围是指物流活动的起点和终点之间的活动。一般包括原材料物流、工厂内物流、从工厂到仓库的物流以及仓库到客户的物流。主要的物流服务活动有包装、运输、配送和搬运等。在物流成本核算前要确定物流服务成本核算所包括的物流服务活动的内容。

(2) 审核物流成本信息记录。费用单据的很多记录可能是不符合规范的,需要进行审核。单据审核的目的是保证成本核算的真实、正确和合法。

(3) 确定成本核算对象。成本核算的对象是指成本费用归集和分配的对象。确定成本核算对象,是设置成本明细账、分摊物流服务费用和计算物流服务成本的前提。成本核算的对象需要根据经营类型的特点和管理要求来确定,而不能主观确定。

(4) 确定成本项目。成本项目实际上是物流费用或成本的归类,如直接材料费、燃料及动力费、直接人工和间接费用等。成本项目的设置要有利于成本核算和成本管理。

(5) 跨期费用分摊。本期支出需以后分摊的费用,记为待摊费用;前期支出的待摊费用在本期摊销的,记为本期费用;后期支出本期摊销的费用,记为预提费用。

(6) 成本归集和分配。将本期的各项费用在成本对象之间进行归集和分配,计算出按成本项目反映的各种成本对象的成本。

(7) 设置和登记成本明细账。为了保证成本核算结果的可查性,成本核算过程中要有完整的记录。利用明细表和计算单来描述这些信息,以方便查询和核实。

7.3.3 物流服务成本核算的方法

我国目前尚未建立起企业物流服务成本的核算标准，不同企业往往采取不同的核算标准。目前常用的物流服务成本核算方法主要有会计核算方法、产品成本核算方法、作业成本法、完全成本法以及变动成本法。

1. 会计核算方法

利用会计核算方法来进行物流服务成本的核算，是通过凭证、账户、报表对物流费用消耗进行连续、系统、全面地记录、计算和报告的方法。会计核算方法的物流服务成本核算，主要包括两种形式：①双轨制，是指把物流服务成本与其他成本分开来，单独建立成本核算的凭证、账户和报表。②单轨制，是指将物流服务成本的核算与其他成本核算采取相同的凭证、账户和报表。但这需要对原有的凭证、账户和报表进行适当的变革，以较好地反映物流服务的成本信息。

会计核算方法的物流服务成本核算，能够提供系统、全面和准确的成本信息。但是，这种方法计算量大，物流服务成本构成复杂，实施有一定的困难。

2. 产品成本核算方法

"产品"在这里是指企业的产出物，即最终的成本核算对象，它不仅可以指企业生产的产品，还可以指企业提供的服务，如运输、保管、装卸和包装等，因此，"产品"是指企业最终完成的各项物流服务。

企业经营类型不同，对成本进行管理的要求也不同，而经营的特点和管理的要求又会对产品成本核算产生影响。根据企业管理的需要，企业成本核算的对象可能是物流服务的品种，也可能是物流服务的批次或者物流服务的步骤。例如，对于大批量、多步骤的物流服务活动，只要求按物流服务的品种为成本核算对象，称为品种法；对于单件小批量、多步骤的物流服务活动，企业按照客户订单组织生产，成本核算的对象是一批物流服务订单，称为分批法；对于大批量、多步骤的物流服务活动，按照物流服务过程的步骤核算成本，称为分步法。

1) 品种法

品种法是一种以物流服务的品种作为成本核算对象来归集和分配费用的成本核算方法。其核算物流服务成本的程序如下：

(1) 按照物流服务的品种开设"服务成本明细账"。

(2) 根据"待摊费用分配表"或"预提费用计划表"，分配待摊费用或预提费用。

(3) 设置"辅助服务成本"总账和明细账，归集并分配辅助服务费用。

(4) 分配制造费用。这里的制造费用包括物流服务人员的福利、设备折旧费、维修费、办公费、水电费以及其他费用（这里使用"制造费用"是沿用工业企业会计的习惯）。

(5) 计算并分配废品损失或停工损失。

(6) 根据各种"费用分配表"有关资料，按服务品种登记相关"服务成本明细账"，并分别计算各种服务的总成本。

例 7.1 某运输企业有 10 辆客运汽车和 2 辆货运汽车，企业以物流服务的品种，即客运和货运来核算物流服务成本。2月份发生的制造费用为 120 000 元，制造费用的明细账如

表7.2所示。对制造费用设置"制造费用"账户,采用直接工资比例分配制造费用。已知:客运的直接材料费用15 000元,直接工资费用50 000元;货运的直接材料费用60 000元,直接工资费用10 000元。试利用品种法进行成本核算。

表7.2 某物流企业制造费用明细表　　　　　　　　　　　　　　　　元

月 份	福利	折旧费	修理费	办公费	水电费	其他	合计
2	4000	30 000	10 000	41 000	30 000	5000	120 000

解:由于该题中不存在待摊费用和预提费用,也没有辅助服务、废品损失以及停工损失,因此,品种法核算成本的程序中步骤(2)、(3)和(5)可以省略。

(1) 按照物流服务的品种,即客运和货运开设"客运成本明细账"和"货运成本明细账",开设直接材料、直接工资和制造费用3个成本项目;

(2) 按照直接工资比例分配制造费用,制造费用分配表如表7.3所示;

表7.3 制造费用分配表　　　　　　　　　　　　　　　　元

物流服务活动	直接工资	分 配 率	分配额＝制造费用×分配率
客运	50 000	120 000/60 000＝2	100 000
货运	10 000		20 000
合计	60 000		120 000

(3) 根据费用分配表,按照客运和货运登记"成本明细账",并分别计算各服务的总成本,如表7.4和表7.5所示。

表7.4 客运成本明细账　　　　　　　　　　　　　　　　元

月 份	直接材料	直接工资	制造费用	合 计
2	15 000	50 000	100 000	165 000

表7.5 货运成本明细账　　　　　　　　　　　　　　　　元

月 份	直接材料	直接工资	制造费用	合 计
2	60 000	10 000	20 000	90 000

品种法主要用于大批量、单步骤的简单服务,如运输企业等。这类服务在月末不存在未完工服务,生产经营费用不需要在完工服务和未完工服务之间分配。这种物流服务成本核算的方法比较简单,可以很好地帮助管理者分析各种服务的成本情况,做出正确的决策。

2) 分批法

分批法是以物流服务的批次作为成本核算的对象,归集并分配费用,核算批次服务成本的一种方法。它的核算期和订单完成周期基本一致,因此不存在未完工物流服务和完工物流服务之间的费用分配问题。

分批法核算物流服务成本的程序如下:

(1) 为每个批次的物流服务开设相应的"服务成本明细账";

(2) 按服务的不同批次归集各种费用；

(3) 根据费用分配表,按批次登记成本明细账,并分别计算各批次服务的总成本。

例 7.2 某物流企业以运送产品批次为核算对象,2 月份运送货物 4 批,编号为 201、202、203、204。发生的制造费用为 120 000 元,制造费用的明细账和例 7.1 中相同,如表 7.2 所示。对制造费用设置"制造费用"账户,采用直接工资比例分配制造费用。已知：201～204 批次的直接材料费用分别为 10 000 元、15 000 元、20 000 元、60 000 元；直接工资分别为 10 000 元、10 000 元、20 000 元、40 000 元。试利用分批法进行成本核算。

解：(1) 开设 4 个物流服务的"成本明细账",每个明细账设置直接材料、直接工资和制造费用 3 个成本项目。

(2) 按照直接工资比例分配制造费用,如表 7.6 所示。

表 7.6 制造费用分配表　　　　　　　　　　　元

批　次	直接工资	分　配　率	分配额＝制造费用×分配率
201	10 000		15 000
202	10 000		15 000
203	20 000	120 000/80 000＝1.5	30 000
204	40 000		60 000
合计	80 000		120 000

(3) 根据费用分配表,登记各服务批次的成本明细账,并分别计算各批次服务的总成本,如表 7.7～表 7.10 所示。

表 7.7　201 批次成本明细账　　　　　　　　　　　元

月　份	直接材料	直接工资	制造费用	合　计
2	10 000	10 000	15 000	35 000

表 7.8　202 批次成本明细账　　　　　　　　　　　元

月　份	直接材料	直接工资	制造费用	合　计
2	15 000	10 000	15 000	40 000

表 7.9　203 批次成本明细账　　　　　　　　　　　元

月　份	直接材料	直接工资	制造费用	合　计
2	20 000	20 000	30 000	70 000

表 7.10　204 批次成本明细账　　　　　　　　　　　元

月　份	直接材料	直接工资	制造费用	合　计
2	60 000	40 000	60 000	160 000

分批法主要适用于那些单件小批生产、生产的重复性一般较小的企业,特别适用于按照订单组织服务的企业,如物流服务企业。该方法可以很好地反映和监督每批物流服务的成本计划完成情况,为物流服务成本的控制提供有用信息。

3) 分步法

成本核算的分步法是以物流服务的步骤作为成本核算对象,进行归集和分配物流费用的一种方法。它适用于多环节、多功能的物流企业。

例 7.3 某物流服务公司的服务活动包括两个步骤:先是存储,后是配送。在分步法下,各步骤结转如图 7.5 所示。

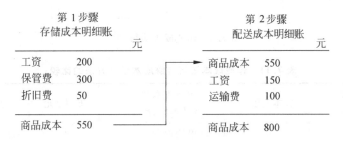

图 7.5 各步骤成本结转图

在图 7.5 中,第 2 步骤中的商品成本与第 1 步骤中的商品成本是相同的部分,在进行物流服务成本核算时不需要重复计入。

利用分步法核算的物流服务成本,可以提供物流服务活动各个环节的费用,根据费用信息进行各个环节的管理和控制,帮助管理者协调物流服务活动的整个过程。

除此之外,还有一些与基本成本核算方法结合使用的成本核算方法,如分类法和定额法等。采用品种法核算物流服务成本时,由于物流服务产品种类过多,为了简化成本核算,先将产品划分为若干类别,然后按各个类别进行成本核算,此方法就是分类法。在定额管理制度比较健全的企业中,可以以定额成本为基础,以加强成本的定额控制。

3. 作业成本法

作业成本法(activity based costing,ABC)最早是由美国哈佛大学教授开普兰(Robert S. Kaplan)和芝加哥大学的青年学者库伯(Robin Cooper)对美国公司调查研究之后提出来的[5]。作业成本法是以作业为间接费用归集对象,通过资源动因的确认、计量,归集资源费用到作业上,再通过作业动因的确认、计量,归集作业成本到成本对象上去的间接费用分配方法[6]。这里的"资源"主要指企业所拥有的人力、物力和财力等。作业成本法最初是用来解决因自动化生产和产品多样化等制造环境变化带来的信息扭曲问题,随后在制造业中获得巨大成功,并在服务业中也迅速得到推广。作业成本法为间接成本和辅助资源费用的分摊提供了有效的方法。

图 7.6 表示了作业成本计算中各种概念之间的关系。

ABC 法是现代管理会计的发展趋势,与传统成本法的不同之处在于间接费用的分配,使得成本核算更加精确。某物流企业的物流服务成本按照传统成本核算方法和作业成本法核算的结果对比见表 7.11。

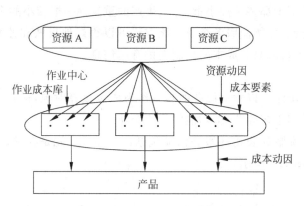

图 7.6　作业成本法模型[7]

表 7.11　作业成本法与传统成本核算方法的比较

传统成本核算方法（基本成分）	成本/元	作业成本法（基本成分）	成本/元	成本驱动因素
月薪	550	销售订单处理费	300	订单数量
日薪	580	库存持有成本	500	待运货物的价值
折旧费	250	分拣成本	300	订单中产品组合数
租金/电费/电话费	700	包装/根据订单进行组合	100	订单中产品组合数
维护费	100	装卸费	200	重量
燃料/煤气费	200	运输费	500	客户位置
		配送费	200	网点数量
		问题解决费	280	订单中产品组合数
合计	2380	合计	2380	

利用 ABC 方法核算物流服务成本的逻辑图如图 7.7 所示。

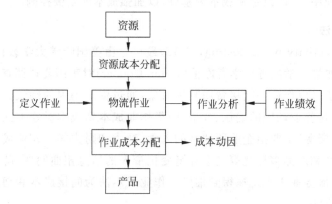

图 7.7　作业成本法计算物流服务成本的逻辑

物流服务成本的 ABC 核算方法的步骤如下：

(1) 分析和确定物流作业单元，计量资源消耗。例如，某公司提供 s 种物流产品（服务），整个过程有 m 种作业，消耗了 n 种资源。

(2) 确认资源动因,归集资源成本到作业并形成作业成本库。令 q_{ij} 表示单位作业 j 消耗资源 i 的数量($i=1,2,\cdots,n,j=1,2,\cdots,m$),$p_i$ 表示第 i 种资源单位资源的成本($i=1,2,\cdots,n$),则资源 i 的资源动因量为

$$a_i = \sum_{j=1}^{m} q_{ij} \tag{7.1}$$

资源 i 的资源动因率为

$$r_i = p_i/a_i \tag{7.2}$$

作业 j 的作业成本为

$$c_j = \sum_{i=1}^{n} r_i q_{ij} \tag{7.3}$$

(3) 划分作业单元,进行作业成本归集。假设 w_{jk}($w_{jk}=0$ 或 1)表示作业 j 是否属于作业成本库 k($k=1,2,\cdots,q$),B_k 表示作业成本库 k 的总成本,则作业成本库的成本可按下列公式计算得到:

$$B_k = \sum_{j=1}^{m} c_j w_{jk} \tag{7.4}$$

(4) 确定作业动因,分配成本库成本到成本对象。令 A_k 为作业成本库 k 的作业动因量,R_k 为作业成本库 k 的作业动因率,Q_{kp} 为成本对象 p($p=1,2,\cdots,s$)消耗作业成本库 k 的作业动因量,则对象 p 分配得到的总间接费用为

$$C_p = \sum_{k=1}^{q} R_k Q_{kp} \tag{7.5}$$

其中,$R_k = B_k/A_k$。

(5) 计算成本对象直接成本,如直接材料费、直接人工费和专项费等。假设有 v 种直接材料,x 种人工时,令 Z_p 为成本对象 p 的专项费用;Y_u 为直接材料 u($u=1,2,\cdots,v$)的单位价格,G_{up} 为成本对象 p 耗用直接材料 u 的数量,ω 为回收废料价值占全部材料费用的比例;μ_a 为人工 a($a=1,2,\cdots,x$)平均每小时工资标准,T_{ap} 为对象 p 耗用人工 a 的工时总数,λ 为附加工资对标准工资的百分比,则对象 p 的直接材料费用为

$$M_p = (1-\omega) \sum_{u=1}^{v} Y_u G_{up} \tag{7.6}$$

对象 p 的直接人工费用为

$$L_p = (1+\lambda) \sum_{a=1}^{x} \mu_a T_{ap} \tag{7.7}$$

(6) 计算总成本。成本对象 p 的总成本 T_p 以及所有物流产品(服务)的总成本 T 分别为

$$\begin{aligned} T_p &= M_p + L_p + Z_p + C_p \\ &= (1-\omega) \sum_{u=1}^{v} Y_u G_{up} + (1+\lambda) \sum_{a=1}^{x} \mu_a T_{ap} + Z_p + \sum_{k=1}^{q} \sum_{j=1}^{m} \sum_{i=1}^{n} \frac{p_i q_{ij} w_{jk}}{A_k a_i} Q_{kp} \end{aligned} \tag{7.8}$$

$$T = \sum_{p=1}^{s} T_p = \sum_{p=1}^{s} (M_p + L_p + Z_p + C_p) \tag{7.9}$$

(7) 计算单位对象成本 T'_p。

$$T'_p = T_p/Q_p = T_p \Big/ \sum_{k=1}^{q} Q_{kp} \tag{7.10}$$

通过对物流服务过程中各项作业的成本进行核算,可以帮助物流管理者直接分析出各种作业的经济性和价值,通过消除无效作业、优化选择最佳物流作业和降低物流作业消耗,可以大大提高物流作业完成效率。从而提高企业的物流服务绩效和物流服务水平。

例7.4　广州某物流公司(甲)先将某品牌啤酒从广州通过铁路运到另外一省境内的指定铁路车站,然后委托另一物流公司(乙)接货、卸车并配送到所在地区的客户。乙方应用ABC核算该物流项目的服务成本的过程如下。

(1) 物流项目业务流程分析

业务流程图见图7.8。

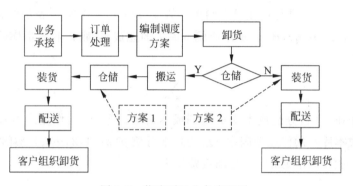

图7.8　物流项目业务流程图

(2) 确认物流项目中的主要作业

方案1的作业:订单处理、编制调度方案、卸货、搬运、仓储、装货、配送、行政管理、售后服务、物流信息服务。

方案2的作业:订单处理、编制调度方案、卸货、装货、配送、行政管理、售后服务、物流信息服务。

(3) 确认和归集资源耗费

本例的每月资源消耗数据如表7.12所示,作业成本数据如表7.13所示。

表7.12　资源消耗数据　　　　　　　　　　　　万元

部　门	成本性质	成本额	总成本额
业务部	工资、福利等间接成本	2.0	2.0
调度部	工资、福利等间接成本	1.5	1.5
装卸仓储部	直接成本(装卸搬运作业外包专项费用)	4.0	5.0
装卸仓储部	工资、福利、维修费、折旧费等间接成本	1.0	5.0
行政部	工资、福利、办公费等间接成本	1.2	1.2
售后服务部	工资、福利等间接成本	0.3	0.7
售后服务部	直接成本(赔偿专项费用)	0.4	0.7
各部门信息服务费	物流信息服务费间接成本	1.0	1.0

表 7.13 作业成本数据   万元

部门	作业	成本性质	作业成本库
业务部	订单处理	间接成本	2.0
调度部	编制调度方案	间接成本	1.5
装卸仓储部	仓储	间接成本	1.0
配送部	配送	间接成本	5.6
行政部	行政管理	间接成本	1.2
售后服务部	问题处理	间接成本	0.3
各部门物流信息费	信息服务	间接成本	1.0

（4）作业动因分析

经过作业动因分析和计算得到的单位作业的间接成本分配率如表 7.14 所示。

表 7.14 单位作业的间接成本分配率

作业	作业动因	作业成本/万元	作业动因数	作业动因率
订单处理	票数	2.0	134	149.25
编制调度方案	发送和到达批次	1.5	30	500.00
仓储	整车·天	1.0	84	119.04
配送	配送次数	5.6	365	153.42
行政管理	票数	1.2	134	89.55
问题处理	问题处理次数	0.3	20	150.00
物流信息服务	票数	1.0	134	74.62

（5）将作业成本库成本分配到各产品或服务中

具体分配数据见表 7.15。

表 7.15 作业成本分配表

作业	作业动因数	物流项目动因数	物流项目分配额/万元	其他项目动因数	其他项目分配额/万元
订单处理	134	26	0.38	108	1.61
编制调度方案	30	5	0.25	25	1.25
仓储	84	24	0.28	60	0.71
配送	365	175	2.68	190	2.91
行政管理	134	26	0.23	108	0.96
问题处理	20	2	0.03	18	0.27
物流信息服务	134	26	0.19	108	0.80
合计			4.04		8.51

（6）计算该物流项目的直接成本

本例中 $M_{物流}$ 和 $L_{物流}$ 均为零。根据统计估算，该物流项目的委托装卸费用和赔偿费用分别为 9360 元和 500 元，即 $Z_{物流}=9860$ 元。

（7）计算该物流项目的总成本

$$T_{物流} = M_{物流} + L_{物流} + Z_{物流} + C_{物流}$$
$$= 0 + 0 + 9860 + 40\,400 = 50\,260(元)$$

(8) 计算该物流项目每吨单位成本

$$T'_{物流} = \frac{T_{物流}}{Q_{物流}} = \frac{50\,260}{1560} \approx 32.22(元/t)$$

其中，$Q_{物流}$ 为啤酒项目的每月总吨数。

从物流服务的角度来看，企业的物流成本是各项物流作业的结果。由于物流作业活动的广泛多样性，以及单个顾客/产品消耗作业的差异性，使得物流服务的成本核算非常困难。ABC 核算方法将物流间接成本按物流作业单元进行归集和分配，然后将企业物流活动消耗的资源按资源动因分配计入各项物流作业中，它能够帮助物流管理者区分物流服务活动中的各项成本，特别是那些顾客要求个性化服务所带来的额外成本，为管理者的物流成本控制提供依据。

ABC 方法能够提供准确的成本信息，作业成本法的划分可以详细分析费用增减变动的原因，有利于管理决策，便于采取措施加强对服务成本的控制。但是，作业中心的划分有一定难度，与成本动因无直接关系的制造费用还要选择一定的标准分配计入各作业中心，在一定程度上影响了 ABC 方法的准确性，同时也增加了成本计算的工作量。

4. 完全成本法

完全成本法又称为全部成本法，是核算企业产品成本的主要方法之一。它也可以被用来核算物流服务成本，因为物流服务是一种广义的产品。完全成本法是在核算物流服务产品成本和存货成本时，把一定期间内物流服务过程中所消耗的直接材料、直接人工、变动制造费用和固定制造费用等全部成本都包括在内的成本核算方法。完全成本法主要应用于编制对外报表，符合传统的成本概念和存货估计，以免影响税收及有关方面的即时收益。

虽然固定制造费用只是同物流企业能力的形成有关，不与物流服务产品直接相联系，但它仍是物流服务产品最终形成所必不可少的，所以应当成为物流服务产品成本的组成部分，这是采用完全成本法的原因。在完全成本法下，单位物流服务产品成本受产量的直接影响，产量越大，单位产品成本越低，这样就能刺激企业提高产品生产的积极性。但是采用完全成本法计算出来的单位产品成本不仅不能反映生产部门的真实业绩，反而会掩盖或夸大它们的生产业绩；在产销量不平衡的情况下，采用完全成本法计算确定的当期税前利润，往往不能真实反映企业当期实际发生的费用，从而会促使企业片面追求高产量，进行盲目生产。另外，采用这种方法不便于管理者进行预测分析、参与决策以及编制弹性预算等。

根据前述讨论，我们认为与物流服务活动存在密切联系的库存费、运输费、包装费属于变动制造成本，而物流管理费、物流信息费都是为辅助物流服务活动的顺利进行而发生的支出，应归入固定制造成本。

完全成本法损益计算的基本公式：

$$营业利润 = 销售收入 - (销售产品的变动生产成本 + 销售产品的固定性制造费用)$$
$$- (当期全部变动非生产成本 + 当期全部固定非生产成本) \tag{7.11}$$

例 7.5 某物流企业进行产品包装，3 月份投入原材料 10 000 元，人工费 20 000 元，单位变动费用 80 元，固定制造费用 30 000 元，生产量 200 t，销售量 120t。4 月份投入原材料 10 000 元，人工费 20 000 元，单位变动费用 80 元，固定制造费用 30 000 元，生产量 200t，销售量 280t，两月的价格均为 470 元/t，按照完全成本法计算 3 月份和 4 月份的利润。

解：在该题中不存在非生产性成本，原材料和人工费被作为变动制造费用计入产品成本。

3月份：利润＝(470－(80＋(10 000＋20 000)/200)－30 000/200)×120＝10 800(元)

4月份：利润＝(470－(80＋(10 000＋20 000)/200)－30 000/200)×280＝25 200(元)

完全成本法提供的成本信息可以揭示外界公认的成本与物流服务活动在质的方面的归属关系，有助于扩大物流服务者的积极性。但是，它不能反映物流服务部门的真实业绩，根据此方法计算的损益不能为管理者理解，甚至会鼓励企业片面追求产量，盲目生产，造成不必要的积压和浪费。

5．变动成本法

在管理会计的常规成本核算过程中，完全成本法一直居于主导地位。但是，随着企业经营环境的变化、竞争的日益加剧以及管理者决策意识的变化，人们逐渐认识到完全成本法提供的会计信息越来越不能满足企业内部管理的需要。而变动成本法以其在加强企业成本管理、制订利润计划和组织科学的经营决策方面的优势越来越显示其重要作用。

变动成本法是一种只计算产品的变动成本的成本核算方法。采用变动成本法时，固定成本不计入产品成本，在计算利润的时候，直接减去固定成本。核算出的产品成本只包括在物流服务过程中消耗的直接原材料、直接人工等变动成本，不包括固定成本。变动成本法主要应用于编制内部报表，以加强企业的预测、决策和控制分析。

采用变动成本法算出的利润多少与销售量增减相一致，可以促使企业注重销售，根据市场需求以销定产，避免盲目增产；而且能够揭示销售量、成本和利润之间的依存关系，进行量本利分析，为企业短期的生产经营预测和决策提供所需数据。变动成本法，在成本控制方面比完全成本法有更多的优越性，它有利于各部门业绩的评价。但是，变动成本法不适于对外财务报告的要求，不便于长期投资和定价决策。

变动成本法损益计算的基本公式：

营业利润 ＝销售收入－(销售产品的变动生产成本＋当期全部变动非生产成本)

－(当期全部固定性制造费用＋当期全部固定非生产成本) (7.12)

例 7.6 条件与例 7.5 中相同，按照变动成本法计算企业利润。

解：

3月份：利润＝(470－(80＋(10 000＋20 000)/200))×120－30 000＝－1200(元)

4月份：利润＝(470－(80＋(10 000＋20 000)/200))×280－30 000＝37 200(元)

完全成本法在计算利润时，将固定成本分摊到生产的产品上，然后按照当期销售量来计算固定成本；而变动成本计算利润时，将全部固定成本计入当期成本中。在产销相等的情况下，两种方法计算的利润是相等的。

7.4 物流服务成本的控制

物流服务成本的控制是成本管理者根据成本计划(预算)，对物流业务流程中发生的成本费用，采用一定的控制方法，对其施加影响以实现成本控制目标的过程。实施成本控制，必须合理划分责任中心，明确规定权责范围。物流服务成本的控制要有重点和针对性，如以物流流程时间或资金占用成本为重点进行控制，并且从流通全过程的视角来控制物流服务成本[8]。

物流服务成本控制并不仅仅以物流服务成本为研究对象,而是要把物流成本、服务水平、物流服务定价等要素作为一个动态系统来研究。

7.4.1 物流管理控制的一般理论

在物流服务的实施过程中,可能面临一些突发事件(如洪水、火灾等)的产生,也可能出现经济条件、技术水平等物流环境的根本性变化。这些不可控因素都会对物流计划的实施产生影响,使物流措施的实施结果和预期目标相偏离。物流控制的目的就是控制企业的物流活动,当实际情况与计划相偏离时,采取修正措施使实际情况与计划实施相吻合。

控制系统通常定义为旨在稳定生产运行的调节系统,通常包括4个主要部分:流程、输入输出信息、标准或目标、监控,前两个部分为被控制的对象即受控部分,后两个部分为控制器即控制装置。

流程是任何一个控制系统的核心内容,也就是需要控制的主体对象,可能是某一单项活动,也可能包括某个部门所涉及的所有活动。输入信息则主要有两方面的内容:一是计划,二是环境影响因素,主要指那些可能会使流程产出偏离计划的不确定因素。输出信息主要是各种计划的实施情况。标准或目标是为控制系统设定的参照标准,以便比较流程中各项活动的执行情况。监控是将系统有关执行情况的信息与参照标准进行比较,并负责启动修正措施。

1. 控制系统的基本类型

控制系统一般可分为3类:开环系统(open-loop systems)、闭环系统(closed-loop systems)和修正控制系统(modified control systems)[9]。

开环系统是最常用的物流服务活动控制系统。开环系统的重要特征是,在对实际执行情况与预期的情况进行对比以后,由管理者进行监控,并提出修正措施。这种控制中,管理者起到了主导作用。开环控制系统的主要优势在于它比较灵活,而且成本较低。开环控制系统适用于目标、计划和环境影响不断变化,而自动控制过程高昂、受一定条件限制的系统。目前,大多数的单个物流活动,及其所构成的物流整体上都处在开环控制系统之下。图7.9所示的就是一个开环控制系统结构图。在图7.9中,虚线包围部分就是控制装置,虚线外部就是被控制的对象即受控部分。

在闭环系统中,决策准则(decision rule)取代了管理者,执行管理控制任务。流程可在管理制度与规则的约束下进行控制,控制过程中没有人员参与。闭环控制系统多用于目标数据较为准确,有重复事件发生的情况。与开环系统相比,闭环控制系统在其控制范围内能迅速、准确地执行控制。然而,在遇到其设计参数以外的情况变化时过于死板,同时由于其只对整个流程的一部分进行控制,闭环系统比开环系统控制的范围小,灵活性低,启动成本更高,但可以提高控制的速度和准确性。

修正控制系统是开环控制系统和闭环控制系统的综合,是物流控制活动中最为常见的一种控制系统。在修正控制系统中,监控者同时包括管理者和决策准则。它既能发挥开环控制系统和闭环控制系统各自的优点,又可以中和两种系统的缺点,达到扬长避短的效果。

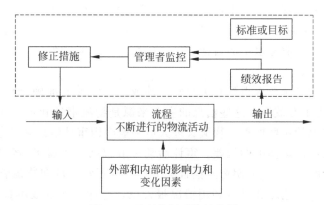

图 7.9 开环控制系统结构图

2. 物流控制的原则和策略

在影响物流活动的众多不确定因素性面前,企业需要选择一种最适合自身的控制系统来对具体的物流业务进行控制。而无论选择了哪种控制系统,企业都需要确定物流控制的原则和策略,包括是否采取宽阔的控制(即确定对偏差的容忍度(error tolerance))、系统的反应模式、目标的制定以及控制信息的获取方式等[9]。

偏差容忍度是控制系统对于系统绩效与计划目标之间偏差的容忍程度。当系统绩效偏差在这个容忍度范围内时,控制系统不采取修正措施;若绩效偏差超出容忍度范围,则采取修正措施。容忍度不能设置太小,容忍度过小的系统容易随微小的随机偏差而变化,这将导致系统的不稳定性,增加系统的控制成本。容忍度也不能设置太大,因为如果容忍度过大,将导致控制系统对绩效偏差太不敏感,直到问题产生相当长一段时间以后才能察觉并控制,这也会产生额外的控制费用。好的设计应该是设定合理的容忍度,使得控制系统既不会对微小的随机偏差产生过度的反应,又不会忽视绩效输出的重大变化。

如果绩效偏差超出控制系统的容忍度,就需要对控制系统采取修正措施。系统的反应模式主要受两个因素的影响:系统集中程度和信息时滞。系统集中程度是指系统受控制的范围和规模大小。集中程度越高,则控制系统要控制的范围越大,系统对修正措施的反应速度越慢,系统"失控"时间也就越长。信息时滞是指从物流流程中发生变化到控制系统发现该变化所需要的时间。这个时间越短,系统越容易控制;反之,控制系统越不容易在期望的水平上稳定下来。系统的反应模式还受到修正措施方式(即控制模式)的影响。常见的控制模式有两种:开-关控制模式(on-off modes)和比例控制模式。开-关控制模式是当系统发现误差时,立即采取全面、持续的修正措施,直到监控者认为已经达到了期望水平。如果系统规模和信息时滞很大,这种控制模式将导致系统反应速度过慢,最后使得系统绩效"大大超出"期望水平。比例控制模式是指修正措施和观察到的绩效偏差之间保持一定的比例关系,当绩效偏差不断减小的时候,修正措施也会不断减弱。这种控制模式比开-关控制模式更精确,系统反应速度更快,且不会降低流程绩效的稳定性,但是更加昂贵。

控制系统的目标一般以客户服务水平以及物流总体成本为依据。物流控制系统的目标制订必须综合这两种依据,不能偏废。如果只考虑客户服务水平,那么只要把物流成本升高到足够高的水平,理论上任何客户服务水平都能达到;同样地,如果只考虑物流成本,那么只要把客户服务降低到足够低的水平,理论上任何低的物流成本也能达到。但是,在实际生产中,任何企业不可能在毫无资金约束下进行生产和经营。因此,一方面,必须保持物流成本在预算范围内制定客户服务水平的目标;另一方面,企业也必须保持一定的物流服务水平,以保证服务的竞争力。

有效的物流控制系统要求得到有关经营活动或部门绩效的准确、恰当、及时的信息;否则,控制活动就失去了有效性。这些信息的主要来源是物流审计和定期物流报告。物流审计是对物流活动状况的定期检查。物流管理人员一般应用审计信息来确定是否需要修正由于错误信息导致的物流运作中的偏差。审计活动一般包括对于需求、客户服务、产品特性、库存、运费单等方面的审查。定期物流报告除了一些按正常制度向物流管理人员提供的报告,包括库存状况报告、仓库和车队利用情况报告以及仓库和运输成本报告;还需要使用3个关键性的评估报告,包括成本-服务报告、生产力报告以及绩效表。

3. 修正措施

当系统目标和实际绩效之间的差异超出容忍度范围时,就需要对系统采取修正措施来减少这个差异。修正措施取决于失控状况的性质和失控程度。根据失控状况的性质和失控程度的不同,可以采取3种不同类型的修正措施:微调、再规划和应急方案[9]。

1) 微调

在计划的执行过程中,实际绩效与期望绩效的某些偏离是可以预见的,但却是不可避免的。例如库存管理,当库存消耗降到预定水平时,就可以发出订单,启动修正措施。对这类变化,通常并不要求在流程上做重大改变,只需要对诸如决策准则或者系统目标做微调就可以保证系统处于正常控制之中。

2) 再规划

当物流系统的目标发生重大变化,或者物流系统运行环境发生重大改变时,微调已经不能使系统回归到控制之下。这时就需要对控制机制进行主体再规划,包括以新计划或是对原计划进行重新规划的形式对流程输入进行重大改变。

3) 应急方案

在某些情况下,物流系统的绩效水平可能发生急剧变化,如计算机失灵导致库存控制信息系统无法运转,工人罢工导致可选择的运输服务突然变化等都会造成物流绩效水平出现剧烈变化。此时微调作用太小,不能满足控制要求,再规划在时间上来不及。这时就需要启动第三类修正措施——应急方案。事先对可能发生的突变制订应急方案,是应对系统突变的好办法。

7.4.2 物流服务成本控制的内容

物流服务成本控制的内容主要包括物流服务成本的事前控制、事中控制和事后控制。

1. 事前控制

物流服务成本的事前控制指在物流服务活动或提供物流服务作业之前对影响物流服务成本的因素进行事前的规划,确定物流服务成本的目标。

2. 事中控制

物流服务成本的事中控制指在物流服务成本形成过程中,对实际发生的物流服务成本与目标物流服务成本进行对比,发现偏差时及时采取相应措施予以修正,保证物流服务成本目标的实现。

3. 事后控制

物流服务成本的事后控制指在物流服务成本形成之后,对实际发生的物流服务成本进行核算、分析和评价,确定物流服务成本的节约与浪费,找出其原因,并采取相应措施。目的是通过改进物流服务活动来降低未来的物流服务成本。

7.4.3 物流服务成本控制的方法

物流服务成本控制按照管理者关注的角度不同有不同的方法。例如,针对不同经济主体如零售业、厂商、运输业和货主等进行的物流服务成本控制;针对不同物流功能如仓储、运输、装卸、包装与流通加工等进行的物流服务成本控制等。常用的物流服务控制方法有标准成本法、目标成本法、基于作业成本法的物流服务成本控制方法以及全面成本管理方法。

1. 标准成本法

标准成本法是在泰勒的生产过程标准化思想的影响下,于20世纪20年代在美国产生的,是泰勒科学管理的思想在成本管理中的应用。标准成本法核算出产品的标准成本用来进行成本控制,因此是一种将成本核算和成本控制相结合的方法。它由标准成本制定、核算和分析成本差异、处理成本差异3个步骤组成。

标准成本法将成本的实际发生数分为标准成本和成本差异,针对成本差异进行分析,找出差异的原因,并及时采取有效措施消除不利的差异,从而实现对物流服务成本的控制。在应用标准成本法时,首先要确定标准成本。标准成本是用来评价实际成本中不良因素的标准,其制定要符合企业管理的目的。标准成本可以是单位产品的标准成本,也可以是实际产量的标准成本。

1) 标准成本制定

标准成本由产品的直接材料费用、直接人工费用和间接费用组成。这3项的具体性质不同,但是都需要确定其用量标准和价格标准,然后得出标准成本。制定标准成本时既要考虑过去的实际平均水平,又要考虑企业的实际经营状况和未来的发展趋势。

用量标准主要指单位产品的材料消耗量、单位产品的直接人工工时以及间接费用的多少等,由生产技术部门制定;价格标准主要指原材料的单价、直接人工的工资率以及每小时间接费用的分配率等,由会计部门与相关其他部门共同制定。

(1) 物流服务直接材料标准成本和直接人工标准成本的计算公式分别为

$$物流直接材料标准成本 = 价格标准 \times 用量标准 \tag{7.13}$$

$$物流直接人工标准成本 = 标准工资率 \times 工时标准 \tag{7.14}$$

(2) 间接费用的标准成本分为变动间接成本的标准成本和固定间接成本的标准成本,其计算公式分别为

$$变动间接成本的标准成本 = 单位物流服务直接人工标准工时 \\ \times 每小时变动间接费用的标准分配率 \tag{7.15}$$

其中,

每小时变动间接费用的标准分配率 = 变动间接费用预算总数 / 直接人工标准总工时
固定间接成本的标准成本 = 某物流服务直接人工标准工时
$$× 每小时固定间接费用的标准分配率 \quad (7.16)$$

其中，

每小时固定间接费用的标准分配率 = 固定间接费用预算总额 / 直接人工标准总工时

2) 成本差异计算

成本差异是指实际成本与标准成本之间的差额。当实际成本大于标准成本时所形成的差异叫不利差异、逆差，当实际成本小于标准成本时所形成的差异叫有利差异、顺差。成本差异分析可以帮助管理者找出差异形成的原因，及时采取措施消除不利差异，从而达到对物流服务成本的控制。成本差异由直接材料成本差异、直接人工成本差异和间接费用成本差异组成，间接费用差异又包括变动间接费用成本差异和固定间接费用成本差异。

(1) 物流直接材料成本差异计算。物流直接材料的成本差异由物流直接材料价格差异和物流直接材料用量差异组成，可用公式表示为

物流直接材料成本差异 = 物流直接材料实际成本 − 物流直接材料标准成本
$$= 物流直接材料价格差异 + 物流直接材料用量差异 \quad (7.17)$$

其中，

物流直接材料价格差异 = (材料实际价格 − 材料标准价格) × 材料实际用量
物流直接材料成本差异 = (材料实际用量 − 材料标准用量) × 材料标准价格

(2) 物流直接人工成本差异计算。物流直接人工差异由物流直接人工效率差异和物流直接人工工资率组成，可表示为

物流直接人工成本差异 = 物流直接人工实际成本 − 物流直接人工标准成本
$$= 物流直接人工工资率差异 + 物流直接人工效率差异 \quad (7.18)$$

其中，

物流直接人工工资率差异 = (实际工资率 − 标准工资率) × 实际人工工时
物流直接人工效率差异 = (实际人工工时 − 标准人工工时) × 标准工资率

物流服务间接费用的成本差异分为变动间接费用成本差异和固定间接费用成本差异。

(3) 变动间接费用成本差异计算。变动间接费用成本差异由变动间接费用效率差异和变动间接费用耗费差异构成，用公式表示为

变动间接费用成本差异 = 变动间接费用实际成本 − 变动间接费用标准成本
$$= 变动间接费用耗费差异 + 变动间接费用效率差异 \quad (7.19)$$

其中，

变动间接费用耗费差异 = (变动间接费用实际分配率 − 变动间接费用标准分配率)
× 实际工时

变动间接费用效率差异 = (实际工时 − 标准工时) × 变动间接费用标准分配率

(4) 固定间接费用成本差异计算。固定费用与变动费用不同，它不因业务量的多少而变，其成本差异分析也与变动费用不同。通常采用"二因素法"将固定间接费用成本差异分为固定间接费用耗费差异和固定间接费用能力差异，可用公式表示为

固定间接费用成本差异 = 固定间接费用实际成本 − 固定间接费用标准成本
$$= 固定间接费用能力差异 + 固定间接费用耗费差异 \quad (7.20)$$

其中，

$$\text{固定间接费用能力差异} = (\text{生产能力} - \text{实际产量标准工时}) \times \text{固定间接费用标准分配率}$$

$$\text{固定间接费用耗费差异} = \text{固定间接费用实际成本} - \text{固定间接费用预算成本}$$

3）成本差异形成原因分析

确定了成本差异后，就要分析成本差异形成的原因。成本差异形成的原因可能是可以控制的因素，也可能是无法控制的外界因素。企业的管理者要认真分析差异形成的具体原因，从企业的实际运营条件出发，采取针对性措施。

针对不同差异进行深入分析的内容如下：

（1）直接材料成本差异分析。导致物流直接材料数量差异的原因主要有采用了新的包装技术，但用料的标准未随之改变，操作人员技术不过关、责任心差等，这类差异的责任主要在操作部门。导致价格差异的原因也很多，如没有按经济批量进行采购，采购时舍近求远，这类差异的责任一般在采购部门。

（2）直接人工成本差异分析。物流直接人工效率差异形成的原因主要有用人不当，作业工人经验不足，路况差导致额外运输时间，物流机械设备陈旧、低效率等，这类差异的责任在操作部门。导致工资率差异的主要原因是工资制度的变动、临时工变动等，人事部应该对此差异负责。

（3）变动间接费用差异分析。变动间接费用效率差异形成的原因和直接人工效率差异相同。变动间接费用耗费差异主要是因为费用开支额或工时耗费发生变化，责任主要在物流服务操作部门。

（4）固定间接费用差异分析。固定间接费用耗费差异形成的原因有标准成本制定不切实际、实际物流服务量少于计划。固定间接费用能力差异反映了未能充分使用现有生产能力而造成的损失，它形成的原因主要是开工不足、车辆开动率和仓库利用率低，责任主要在管理部门。

例 7.7 某企业的物流服务成本计算采用标准成本法，某产品的成本资料如表 7.16 所示。该企业的计划使用生产能力为 11 000h，本月生产销售此产品 2450 件，购入原材料 30 000kg，实际成本 88 500 元，本月生产消耗原材料 25 500kg，实际耗用工时 9750h，应付工人工资 40 000 元，实际发生变动间接费用 15 000 元，实际发生固定间接费用 10 000 元。试计算此产品的成本差异。

表 7.16 单位产品的标准成本

成本项目	标准价格	标准数量	标准成本/元
直接材料	3 元/kg	10kg	30
直接人工	4 元/h	4h	16
变动间接费用	1.5 元/h	4h	6
固定间接费用	1 元/h	4h	4
单位产品标准成本			56

解：(1) 直接材料成本差异

$$\text{直接材料成本差异} = \text{实际数量} \times \text{实际价格} - \text{标准数量} \times \text{标准价格}$$
$$= 25\,500 \times (88\,500/30\,000) - 2450 \times 30 = 1725(元)$$

其中，

$$\text{价格差异} = \text{实际数量} \times (\text{实际价格} - \text{标准价格})$$
$$= 25\,500 \times (88\,500/30\,000 - 3) = -1275(元)$$

$$\text{数量差异} = (\text{实际数量} - \text{标准数量}) \times \text{标准价格}$$
$$= (25\,500 - 2450 \times 10) \times 3 = 3000(元)$$

$$\text{直接材料成本差异} = \text{价格差异} + \text{数量差异}$$
$$= 3000 - 1275 = 1725(元)$$

(2) 直接人工成本差异

$$\text{直接人工成本差异} = \text{实际人工成本} - \text{标准人工成本}$$
$$= 40\,000 - 2450 \times 16 = 800(元)$$

其中，

$$\text{直接人工效率差异} = (\text{实际工时} - \text{标准工时}) \times \text{标准工资率}$$
$$= (9750 - 2450 \times 4) \times 4 = -200(元)$$

$$\text{直接人工工资率差异} = \text{实际工时} \times (\text{实际工资率} - \text{标准工资率})$$
$$= 9750 \times (40\,000/9750 - 4) = 1000(元)$$

$$\text{直接人工成本差异} = \text{直接人工效率差异} + \text{直接人工工资率差异}$$
$$= 1000 - 200 = 800(元)$$

(3) 变动间接费用差异

$$\text{变动间接费用差异} = \text{实际间接费用} - \text{标准间接费用}$$
$$= 15\,000 - 2450 \times 6 = 300(元)$$

其中，

$$\text{变动间接费用效率差异} = (\text{实际工时} - \text{标准工时}) \times \text{变动费用标准分配率}$$
$$= (9750 - 2450 \times 4) \times 1.5 = -75(元)$$

$$\text{变动间接费用耗费差异} = (\text{变动间接费用实际分配率}$$
$$- \text{变动间接费用标准分配率}) \times \text{实际工时}$$
$$= (15\,000/9750 - 1.5) \times 9750 = 375(元)$$

$$\text{变动间接费用差异} = \text{变动间接费用效率差异} + \text{变动间接费用耗费差异}$$
$$= 375 - 75 = 300(元)$$

(4) 固定间接费用差异

固定间接费用的计算采用二因素分析法，计算过程如下：

$$\text{固定间接费用耗费差异} = \text{固定间接费用实际数} - \text{固定间接费用预算数}$$
$$= 10\,000 - 11\,000 \times 1 = -1000(元)$$

$$\text{固定间接费用能力差异} = (\text{生产能力} - \text{实际产量标准工时})$$
$$\times \text{固定间接费用标准分配率}$$
$$= (11\,000 - 2450 \times 4) \times 1 = 1200(元)$$

$$固定间接费用差异 = 固定间接费用耗费差异 + 固定间接费用能力差异$$
$$= 1200 - 1000 = 200(元)$$

成本差异为负值一般表示有利差异,要积极发展;成本差异为正值时,表示实际的成本大于标准的成本,这些环节需要采取措施加以改进。

标准成本法对差异分析的能力较强,通过成本差异形成原因的分析,找到责任部门,采取有力措施,消除不利差异,发展有利差异,以实现对成本的有效控制。但是,这种成本控制方法属于事后控制,在成本发生后再分析成本差异原因,界定责任方。现在的成本控制需要对成本发生的全过程进行控制,更重要的是事前控制。

2. 目标成本法

目标成本法是以实现目标利润为目的,以目标成本为依据,对企业的物流经营活动产生的各种费用进行全面管理。所谓目标成本,是指根据市场调查,预计可实现的物流营业收入,为实现目标利润而必须达到的成本目标值。目标成本法围绕企业的经营管理目标将物流服务活动作为一个系统进行全面管理,强调事前和事中的成本分析和控制,及时分析差异,采取措施,达到有效控制物流服务成本的目的。

制定物流服务成本控制的目标是实施物流服务成本控制的第一步,以物流服务总成本最低为控制目标来协调各子系统,将物流总成本分解到各子系统中,通过子系统的优化、集成,最终获得使物流服务总成本最低的物流系统最优状态[10]。采用目标成本法对物流服务成本进行控制,首先要确定物流服务的目标成本,然后将目标成本进行分解,以使其与各种物流服务活动相对应。

1) 目标成本的确定

目标成本法是在产品(服务)的设计阶段就根据市场调查给出产品(服务)的销售价格,然后制定自己的目标利润,最后用目标售价减去目标利润就是产品(服务)的目标成本,其计算公式为

$$目标成本 = 目标售价 - 目标利润 \qquad (7.21)$$

目标成本的确定过程可以用图 7.10 表示。

目标成本的确定首先要确定目标售价和目标利润,目标售价的确定可以采用消费者需求研究方法或竞争者分析方法。目标利润的确定可以采用如下公式得到:

$$目标利润 = 预计服务收入 \times 同类企业平均营业利润率 \qquad (7.22)$$

或

$$目标利润 = 本企业净资产 \times 同类企业平均净资产利润率 \qquad (7.23)$$

或

$$目标利润 = 本企业总资产 \times 同类企业平均资产利润率 \qquad (7.24)$$

2) 目标成本的分解

目标成本的分解是指将企业的总目标成本分配到各单位、各部门,使它们能够各负其责。如果企业是属于多产品作业的,那么应该将总目标成本分解为各作业目标成本,分解的方法就是先确定每种产品的营业利润率,然后倒推每种产品的目标成本,再相加看是否与总成本相符合。总目标成本或各产品目标成本都可以采用"倒扣法"确定,计算公式为

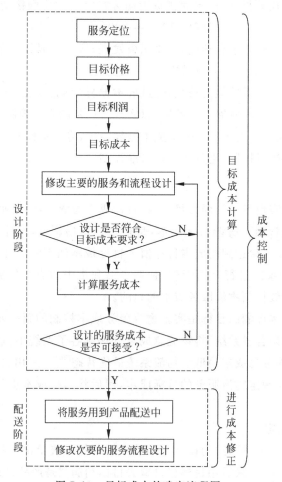

图 7.10 目标成本的确定流程图

目标成本 = 预计营业收入 − 应缴税金 − 预计营业收入 × 目标营业利润率 (7.25)

例 7.8 某企业有甲、乙两种产品作业,预计甲产品的作业量为 400 个,单价为 50 元/个,应缴税金为 8000 元;预计乙产品的作业量为 500 个,单价为 40 元/个,应缴税金为 9000 元。该企业的同行业目标营业利润率为 20%,计算该企业的总目标成本。如果该企业根据实际情况确定的甲产品目标营业利润率为 23%,乙产品的目标营业利润率为 18%,这种情况下,企业规定的总目标成本是否合理?

解:总目标成本 =(400×50+500×40)−(8000+9000)
            −(400×50+500×40)×20%
       = 15 000(元)

  甲产品目标成本 = 400×50 − 8000 − 400×50×23% = 7400(元)
  乙产品目标成本 = 500×40 − 9000 − 500×40×18% = 7400(元)
  甲、乙产品总目标成本 = 7400 + 7400 = 14 800(元)< 15 000(元)

从上面的结果可以看出,虽然各种产品的目标营业利润率和同行业目标营业利润率不相同,但是按此方法得到的总成本小于企业规定的目标成本,因此企业规定的总目标成本是合理的。

3. 基于作业成本法的物流服务成本控制方法

基于作业成本法的物流服务成本控制是通过作业分析,挖掘成本动因,改善和优化作业方式,降低作业成本,提高作业效率和质量,从而有目的、有重点地抓住关键物流要素,控制物流成本。

作业成本法在物流服务成本控制中应用的步骤如下:

(1) 利用作业成本法进行物流服务成本的核算,此步骤在 7.3.3 节中已经详细介绍过。

(2) 通过作业成本计算的物流服务成本信息,对所有与物流服务相关联的物流作业进行分析,尽可能消除"不增值作业",改进"增值作业",这是作业成本法在物流服务成本控制中应用的关键所在。对物流作业进行分析的过程又包括 3 个阶段[11]:

① 确认作业的增值性。确认作业的增值性是指辨别作业是增值作业还是非增值作业。增值作业是那些为企业和客户带来利润的作业,是保证物流正常运转的必不可少的作业;非增值作业是那些可以消除或减少,但不会对物流服务迎合客户的需要和物流企业竞争力造成影响的一些作业。对于非增值作业来说,物流系统应考虑的不是如何使它们更有效率,而是如何消除这些非增值作业。

② 作业重构。作业重构是从作业层次上重新设计组织物流服务的各项工作,由于作业是物流服务的各个基本活动,所以重购作业即是重构物流系统。在作业重构时,需要注意如下两点:努力寻找引起成本的根源,保持简单性。

③ 建立绩效评估系统。绩效评估是一个有效的管理工具,绩效评估系统应该能促使缩短提前期,提高生产率,改善质量,使物流服务不断地改进。

物流服务成本的控制首先要进行成本的核算,利用 7.3.3 节的作业成本法进行物流服务成本的核算,此时,假设只有一个作业成本库,即 $q=1, w_{ik}=1$,第 p 种产品消耗作业 j 的数量用 Q_{pj} 表示,所有产品(物流服务)的总成本为

$$TC_L = \sum_{p=1}^{s} C_p = \sum_{p=1}^{s}\sum_{k=1}^{q}\sum_{j=1}^{m}\sum_{i=1}^{n} \frac{p_i q_{ij} w_{ik}}{A_k a_i} Q_{kp}$$
$$= \sum_{p=1}^{s}\sum_{j=1}^{m}\sum_{i=1}^{n} p_i q_{ij} Q_{pj} \tag{7.26}$$

其中,各符号的含义可参考 7.3.3 节中基于作业成本法的物流服务成本核算。

这种模型着眼于成本动因,它拓展了成本核算的范围,改进了成本分配的方法,及时提供相对准确的成本信息,为管理者进行物流成本控制和业绩评价提供了可靠依据。

在作业成本法核算物流服务成本的例 7.4 中,分析了一种产品(物流服务)的物流成本核算过程,下面举例分析多种产品情况下的物流服务成本控制问题。

例 7.9 假设某公司有 5 种产品,有 8 种物流作业活动,各种产品销售及成本资料如表 7.17 所示。根据调查,包装需要进行箱装运输包装;每次发货需要检验一次;配送与订货次数相同;开票次数与顾客数相同;运输次数与订货次数相同;装卸和搬运次数与订货量相同,物流费用按照各产品的销售量比例分配到各产品中。经过作业成本法分析的各种产品物流作业成本动因率的结果如表 7.18 所示。求该企业物流服务总成本,并分析成本信息,说明如何进行物流服务成本控制。

表7.17 各产品销售及成本资料

产　　品	产品1	产品2	产品3	产品4	产品5
销售量/(箱/月)	780	1520	1200	900	600
销售收入/元	93 600	129 200	84 000	45 000	54 000
直接材料费用/(元/箱)	36	42	23	12	45
生产费用/(元/箱)	14	12	10	6	16
总物流费用/元	14 560					
物流费用分配率/(元/箱)	14 560/(780+1520+1200+900+600)=2.91				

表7.18 各产品物流作业成本参数表

物流作业	成本动因	成本动因量					成本动因率
		产品1	产品2	产品3	产品4	产品5	
订单	数量	36	90	80	43	25	14.60
包装	箱数	780	1520	1200	900	600	1.25
检验	次数	36	90	80	43	25	6.25
配送	次数	36	90	80	43	25	12.00
开票	数量	12	35	28	26	12	5.80
运输	t·km	1500	4500	3200	1300	600	3.20
装卸	t	117	349.60	300	171	162	8.13
搬运	次数	780	1520	1200	900	600	1.83

解：在此题中，$s=5, m=8, n=8$，由式(7.26)计算物流成本为

$$C = \begin{bmatrix} C_1 \\ C_2 \\ \vdots \\ C_s \end{bmatrix} = \begin{bmatrix} Q_{11} & Q_{12} & \cdots & Q_{1m} \\ Q_{21} & Q_{22} & \cdots & Q_{2m} \\ \vdots & \vdots & & \vdots \\ Q_{s1} & Q_{s2} & \cdots & Q_{sm} \end{bmatrix} \begin{bmatrix} q_{11} & q_{12} & \cdots & q_{1n} \\ q_{21} & q_{22} & \cdots & q_{2n} \\ \vdots & \vdots & & \vdots \\ q_{m1} & q_{m2} & \cdots & q_{mn} \end{bmatrix} \begin{bmatrix} p_1 \\ p_2 \\ \vdots \\ p_s \end{bmatrix}$$

$$\begin{bmatrix} C_1 \\ C_2 \\ C_3 \\ C_4 \\ C_5 \end{bmatrix} = \begin{bmatrix} 36 & 780 & 36 & 36 & 12 & 1500 & 117 & 780 \\ 90 & 1520 & 90 & 90 & 35 & 4000 & 349.6 & 1520 \\ 80 & 1200 & 80 & 80 & 28 & 3200 & 300 & 1200 \\ 43 & 900 & 43 & 43 & 26 & 1300 & 171 & 900 \\ 25 & 600 & 25 & 25 & 12 & 600 & 162 & 600 \end{bmatrix} \begin{bmatrix} 14.6 \\ 1.25 \\ 6.25 \\ 12 \\ 5.8 \\ 3.2 \\ 8.13 \\ 1.83 \end{bmatrix}$$

$$= [9400 \quad 24\,800 \quad 20\,010 \quad 9850 \quad 5845]^T$$

$$TC_L = \sum_{q=1}^{s} C_q = \sum_{q=1}^{5} C_q = 69\,905 \text{ 元}$$

单位产品物流服务成本(元/箱)为

$$\overline{c}_L = \begin{bmatrix} \overline{C}_1 \\ \overline{C}_2 \\ \overline{C}_3 \\ \overline{C}_4 \\ \overline{C}_5 \end{bmatrix} = \begin{bmatrix} \dfrac{9400}{780} \\ \dfrac{24\,800}{1520} \\ \dfrac{20\,010}{1200} \\ \dfrac{9850}{900} \\ \dfrac{5845}{600} \end{bmatrix} \approx \begin{bmatrix} 12.05 \\ 16.32 \\ 16.68 \\ 10.94 \\ 9.74 \end{bmatrix}$$

对各种产品的单位产品物流服务成本进行分析,结果如表 7.19 所示。

表 7.19 单位产品物流服务成本分析表　　　　　　　　　　元/箱

产品	直接材料费用	生产费用	物流费用	单位总成本	销售单价	单位产品毛利	产品毛利润率
产品 1	36	14	12.05	62.05	120	57.95	48.29
产品 2	42	12	16.32	70.32	85	14.68	17.27
产品 3	23	10	16.68	49.68	70	20.32	29.03
产品 4	12	6	10.94	28.94	50	21.06	42.12
产品 5	45	16	9.74	70.74	90	19.26	21.40

通过对表 7.19 的分析可以看出,对于不同产品,物流服务成本相差很大。产品 2 的物流服务成本很大,直接影响了产品的盈利。企业可以通过缩短物流运输距离、减小运输次数和提高装载效率,加强库存管理,适当配置库存量实现经济订货,物流作业机械化、托盘化和物流信息系统合理化,在生产和销售计划的基础上进行物流计划,降低物流服务成本,从而提高盈利率。

4. 物流服务成本控制的新方法——全面成本管理方法

传统的物流服务成本管理方法通常采用减员,以减少企业的各种开支和企业之间重组来降低企业的物流服务经营成本。从短期效益来看,企业的物流服务成本或许有所下降,但从长远效益来看,可能不会产生预期效果。

全面成本管理(total cost management,TCM)是近些年来欧美等国家的一些企业对传统成本管理方法进行改革后的一种新的成本管理方法。TCM 从系统的观点出发,通过目标管理策略、经营策略等方法,在管理中将企业物流服务作为一个系统来考虑,对企业整体物流活动进行管理和协调,采用现代化的管理技术合理制定企业的成本目标,并细分成部门、员工的个人目标,致力于全方位的成本管理。

全面成本管理方法的思想基础是全面质量管理(total quality management,TQM),强调企业的全体人员参与成本管理,以成本形成的全过程为核算对象,加强成本的事前、事中和事后控制。进行全面成本管理最重要的是设立物流服务成本管理体系,它由目标成本确定和分解体系、成本计划执行体系、成本监督和控制体系以及成本分析持续改善体系组成。

实施 TCM 可以有效地克服物流服务成本的"悖反"现象,因为 TCM 是对物流活动的全过程所发生的成本进行系统的统一核算,充分协调各部门、各环节的成本费用,以降低总成本为目的,最大限度地降低物流服务成本,有效地处理物流服务成本的"悖反"关系。实施 TCM 还可加快物流活动合理化进程,TCM 对物流作业质量、成本和时间进行协调,从而达到长期削减成本的目的。企业物流作业质量的提高,可加快物流速度,而物流速度的加快是物流服务成本效率提高的保证。充分协调质量、速度和成本三者之间的关系,可达到物流系统整体优化的目的。

小结与讨论

物流服务成本管理和控制的目的是在确定的物流服务水平下降低物流服务成本。降低物流服务成本,首先就要了解物流服务成本的复杂性、隐含性和成本悖反性特征,物流服务成本的构成以及影响物流服务成本的产品特征、物流环节、核算方式、空间等因素,然后针对生产经营的特点和管理的要求采取适当的核算方法核算物流服务成本,并对物流服务成本信息进行价格和用量的成本差异分析,找出差异形成的原因,消除不利差异,积极发展有利差异,从而达到物流服务成本控制和管理的目的。

思考题

1. 影响物流服务成本的因素有哪些?举出实例说明是如何影响的。
2. 物流服务成本由哪几部分构成?物流服务成本的分类方法有几种?其分类标准是什么?
3. 简述物流服务成本核算的程序和步骤。
4. 物流服务成本核算的方法有哪些?各自的优缺点是什么?
5. 作业成本法核算物流服务成本的步骤是什么?
6. 简述物流服务成本控制的内容。
7. 谈谈如何制定标准成本和目标成本。
8. 基于作业成本法物流服务成本控制的理论基础是什么?步骤有哪些?
9. 简述全面成本管理如何进行物流服务成本控制。

练习题

1. 某物流运输公司有两种型号(甲和乙)的货运车辆,每种运输车辆在某个月内运送货物两次,此月发生的制造费用如表 7.20 所示,各种情况下的成本如表 7.21 所示。分别按照品种法和分批法进行物流服务成本核算。

表 7.20 制造费用明细表　　　　　　　　　　　　　　　　　　　　　元

福利	折旧费	维修费	办公费	水电费	其他费用	合计
5000	40 000	11 000	42 000	30 000	6000	134 000

表 7.21 成本明细表　　　　　　　　　　　　　　　　　　　　　　　元

次 数	直接材料费用	直接人工费用	次 数	直接材料费用	直接人工费用
甲车第一次	10 000	5000	乙车第一次	50 000	45 000
甲车第二次	15 000	6000	乙车第二次	45 000	35 000

2. 某物流企业,1月份投入原材料5万元,人工费3万元,单位变动制造费用100元,固定制造费用2万元,产量400t,销量300t;2月份投入原材料2.5万元,人工费2万元,单位变动制造费用100元,固定制造费用2万元,产量200t,销量300t,两月的每吨价格均为550元。按照完全成本法和变动成本法分别计算1月份和2月份的利润。

3. 某项物流服务的变动间接费用的标准成本为:每次服务工时消耗2.5h,每小时费用5元。本月实际提供服务500次,实际使用工时1400h,实际发生变动间接费用为7700元。试分析物流服务的变动间接费用的耗费差异和效率差异,并分析可能的差异原因,说明应采取什么样的措施控制。

4. 某企业采用标准成本法进行物流服务成本的核算,该企业生产和销售一种产品,此产品的单位产品标准成本如表7.22所示。该企业在某月购入原材料5000t,购入原材料的实际成本9000元,生产销售产品250个,生产时消耗原材料2500t,实际耗用人工900h,应付工人工资4000元,实际发生变动间接费用为1500元,实际发生固定间接费用1000元。试计算和分析该产品的成本差异。

表 7.22 单位产品标准成本

成本项目	标准单价	每件产品耗费的标准数量	标准成本/元
直接材料	3元/t	10t	30
直接人工	4元/h	4h	16
变动间接费用	2元/h	3h	6
固定间接费用	1元/h	4h	4

5. 开运物流公司某年底制订下一年的物流服务成本控制计划。该公司估计下一年的作业量为5万件,服务单价为20元/件。假设同类物流企业的平均营业利润率为20%,计算该公司的目标利润、目标总成本和目标单位成本。

6. 假设某制造企业本年预算资源表中,预计发生在物流服务活动中需要耗费的资源总额为207万元,其中原材料供应过程中,存储作业的资源动因是存货体积,共有3000 m^3,每立方米耗费资源200元,购货、收货和验货作业发生员工工资40万元,该作业的成本动因为员工人数,3项作业耗用的员工人数分别为8人、10人和2人;销售过程中,订单处理、包装、运输和装卸作业发生员工工资45万元,耗用员工人数分别为5人、7人、8人和10人,运输作业中汽车折旧费2万元;生产过程中,制造和生产准备发生员工工资50万元,设备折旧费

10万元,经分析决定将总费用的90%分给制造作业,10%分给生产准备作业。

该企业主要生产销售A和B两种产品,两种产品在不同作业下的作业动因数量如表7.23所示。试计算A、B产品的物流服务成本、单位物流作业成本以及单位产品物流成本,并分析物流服务成本信息,说明如何控制物流服务成本。

表7.23 两种产品的作业动因数量

项目	存储/万件	购货/次	收货/次	验货/次	订单处理/次	包装/万件	运输/h	装卸/h	生产准备/次	制造/h
产品A	4	25	30	50	10	3.65	220	200	36	5500
产品B	2	15	20	30	5	1.6	130	100	24	3500

7. 某物流企业对甲和乙两种产品进行包装,本月发生的成本资料如表7.24所示。试用作业成本法核算两种产品的包装成本。

表7.24 成本资料表

项 目		甲产品	乙产品	合 计
产量/件		200 000	400 000	
直接成本/元		20 000	100 000	120 000
间接成本总计/元				720 000
间接成本	准备费用/元			200 000
	检验费用/元			145 000
	电费/元			180 000
	维护费/元			195 000
准备次数/次		600	400	1000
检验时数/h		1000	450	1450
耗电量/度		120 000	180 000	300 000
机器工时/h		20 000	100 000	120 000

案例: 安利(中国)的物流服务成本管理

1992年,安利(中国)日用品有限公司(简称安利)在广州正式成立,成为国家工商行政管理局批准的全国首批直销公司之一。当时,安利的办事处面积仅40m²,只有4名员工。安利本着诚信经营、立足长远的企业战略花了3年时间进行了生产基地等基础设施的建设。1995年4月10日,安利日用品有限公司在广州开业,开业之初,主要经营清洁剂、洗洁精等。1998年,安利打破了海外将近40年的经营传统,以"店铺+推销员"的模式转型经营。目前,安利主要为消费者提供营养保健品、美容化妆品、个人护理用品等。

2003年1月21日,安利的新物流中心在广州市经济技术开发区正式启用。为了配合全国性的营销战略,安利在北京、沈阳、哈尔滨、上海、成都、武汉等地设立了6个区域性外仓和15个卫星式外仓,总面积达9万多平方米,储存物流中心送达的各项货品,并根据需求将货物运送至全国188家店铺,有效缩短了货物的送达时间,实现了以最低物流服务成本达到最佳物流效率的目的。

安利的全国店铺运营都扎根于此物流中心,配合全国的物流运作、计划、协调及监督各店铺的营运活动,为遍布全国的安利店铺提供最直接的营运指导。在新物流中心启用之后,虽然同样面临物流资讯短缺、物流基建落后、第三方物流公司资质参差不齐的实际情况。但安利通过减少中间环节压缩成本,增加利润空间,不断尝试新工具和新技术来降低企业的运作成本。因此,在国内同行物流服务成本居高不下时,安利的物流服务成本却仅占全部经营成本的4.6%。

总结安利的物流服务成本管理的经验,可以概括为3个方面:非核心物流环节外包、合作建设仓库和重点投入信息系统。

1. 非核心物流环节外包

安利的物流系统特别是储运系统在提高物流服务水平、降低物流服务成本中发挥着重要作用。安利的物流系统运作如下:将安利工厂生产的产品以及外购的产品,如印刷品、辅销产品等运送到广州的物流中心,然后通过不同的运输方式,如陆运、空运和水运等运输到全国各地的仓库,再根据各地的需求状况转运至各省市的店铺,并通过直接送货或店铺等销售渠道将产品推向市场。因此,安利的物流系统影响着整个市场的运作,对于降低由于产品短缺或者延时送货造成的物流服务成本有重要作用。

安利采用了适合中国国情的"安利团队+第三方物流"的运作模式。对于库存控制等核心业务由安利统筹管理,实现信息共享,而对于运输、搬运等非核心环节外包给第三方物流公司。这样,既能充分发挥自身的优势环节,将主要精力集中在核心业务上;又整合了第三方的物流资源优势,降低了物流服务成本。

2. 合作建设仓库

安利根据中国人工成本低的特点,没有采用现代化的物流设备,并且安利在建立物流中心时,采取与其他物流发展商合作的模式,合作方提供土地和库房,安利租用仓库并对内部进行建设。安利投入1500万元,用了1年时间,就拥有了一个面积充足、设备先进的新物流中心。该物流中心占地面积达40 000m^2,是原来仓库的4倍,而仓库面积达16 000m^2,建筑物高10m,拥有14 600多个立体存储架位。这样大的物流中心如果全部自建,仅土地和库房等基础设施方面就需要很大的投资。国内的很多企业,在建自己的物流中心时将主要精力都放在基建上,不仅占用了大量的资金,而且效果不理想。

3. 重点投入信息系统

安利投资了9000多万元在AS400信息管理系统上,主要用于物流服务管理和库存管理。该信息系统提高了公司的物流配送运作效率,降低了各种物流服务的成本。安利先进的信息系统将全球各个分公司的存货数据联系在一起,各分公司与美国总部直接联机,通过数据专线与各批发中心共享有关的产品信息数据,产品的信息包括每项产品的生产日期、销售数量、库存状态、有效日期、存放位置、销售价值、成本等数据。通过信息共享,总部及区域仓库都能及时了解各地区、各店铺的销售和存货状况,并按各店铺的实际情况及时安排补货。在仓库库存不足时,公司的库存及生产系统会实时安排生产,并制订补给计划,以避免个别产品出现断货情况,从而大大降低了缺货造成的物流服务成本。

讨论：

（1）安利的物流服务成本管理有哪些特点？其主要竞争优势在哪里？

（2）安利如何实现对物流服务成本进行控制？

（3）如果你是安利的物流管理人员，你对物流成本的控制还有其他方法吗？请说明你的理由。

参考文献

[1] DRUCKER P F. The economy's dark continent [J]. Fortune, 1962(72): 103-104.

[2] 西泽修. 物流活动的会计与管理[M]. 东京：白桃书房，2003.

[3] 陈子侠. 现代物流学理论与实践[M]. 杭州：浙江大学出版社，2003.

[4] 韦恒，熊键. 物流学[M]. 北京：清华大学出版社，2007.

[5] COOPER R, KAPLAN R S. How cost accounting distorts product costs [J]. Management Accounting, 1998, 69(10): 20-27.

[6] THEMIDO I, ARANTES A, FERNANDES C, GUEDES A P. Logistic costs case study—an ABC approach[J]. Journal of the Operational Research Society, 2000(51): 1148-1157.

[7] TSAI W H, LAI C W. Outsourcing or capacity expansions: application of activity-based costing model on joint products decisions [J]. Computers & Operations Research, 2007, 34(12): 3666-3681.

[8] GOOLEY T B. Finding the hidden cost of logistics [J]. Traffic Management, 1995, 34(3): 47-53.

[9] BALLOU R H. 企业物流管理：供应链的规划、组织和控制[M]. 王晓东，等，译. 北京：机械工业出版社，2006.

[10] UMEDA S. A reference model for manufacturing enterprise system by using object modelling technology (OMT) method [J]. ACM Siggroup Bulletin, 1997, 18(1): 54-57.

[11] 连桂兰. 如何进行物流成本管理[M]. 北京：北京大学出版社，2003.

第8章 物流服务的质量管理

服务质量管理指服务型企业确定服务方针、目标和职责并在服务交付过程中通过诸如质量计划、质量控制、质量改进和质量保证等手段实施的管理职能活动。物流服务质量指物流服务满足顾客的物流及物流相关需求的能力和效果。由于物流服务系统是一个开放的系统,因此在物流服务运作过程中各种因素的影响使得物流服务质量出现变异性与不确定性。为了发现自身存在的不足并进行有针对性的改善,提高服务质量水平和顾客满意度,物流服务企业需要进行有效的物流服务质量管理。

8.1 服务质量管理概述

通过有效的服务质量管理提高服务质量,进而建立顾客对企业的信赖度和忠诚度,是服务型企业在当今千变万化的市场环境和日益激烈的市场竞争中必须重视的运营管理问题。与制造型企业质量管理主要侧重于产品的技术规格标准不同,服务型企业的质量管理以顾客满意度为核心。从广义的角度看,服务型企业为顾客提供的服务也是一种产品。但与制造型企业的有形产品不同,服务质量无法通过套用各种技术规格标准来进行评价。通常情况下,服务质量主要表现为顾客的满意度,属于一种主观范畴。因此,服务质量的概念可以通过顾客对服务的预期与实际感知之间的关系进行描述。

8.1.1 服务质量的定义

20世纪80年代初,芬兰学者Grönroos在瑞士杂志上发表了一篇关于服务质量的文章[1],第一次将质量引入服务领域,标志着服务质量研究的开始。尽管目前学术界对服务质量的定义并不完全统一,但是由于服务质量研究的根源来自欧洲的早期理论观点和北美的顾客满意理论,而顾客满意理论主要研究顾客感知价值与顾客预期价值之间的关系,所以从顾客对感知服务与预期服务的比较这一角度对服务质量进行定义是一种普遍接受的方式。当顾客对服务的感知超出预期时,服务被认为具有卓越质量;当顾客对服务的感知等于预期时,服务被认为具有满意质量;当顾客对服务的感知低于预期时,服务被认为具有不可接受质量,如图8.1所示。

图8.1表明,预期服务主要受到公众口碑、个人需要和过去经历的影响,表现为一种主观感受。分别记SQ为服务质量,PS为顾客感知的服务水平,ES为顾客预期的服务水平,根据图8.1,服务质量可以用公式表示为

$$SQ = PS - ES$$

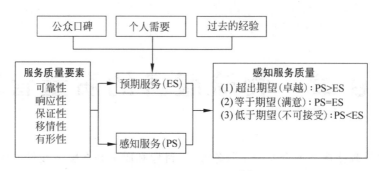

图 8.1　服务质量模型[2]

图 8.1 还给出了服务质量的特性要素,即可靠性、响应性、保证性、移情性和有形性。

(1) 可靠性(reliability)。可靠性指企业可信地、准确地给予所承诺服务的能力,它是服务质量的核心要素。可靠性意味着企业每次都能按照同一方式准时无误地履行所承诺的服务。比如,运输业的可靠性要求能准时且安全地实现旅客或货物的位移,快餐业的可靠性要求能迅速提供卫生可口的快餐等。信守承诺,提供可靠的服务是提升服务质量的基本前提。

(2) 响应性(responsiveness)。响应性指企业积极主动并迅速地应对顾客要求的意愿以及提供相应服务的能力。时间是影响服务质量的主要因素之一,也是考察企业响应性的有效指标。长时间的等待必然会造成顾客对于服务质量的消极印象。因此,企业必须采取各种措施进行积极响应才能消除或减弱这些消极印象,重新树立企业在顾客中的良好形象。比如,在航班延误的情况下,给候机的旅客提供免费饮品可能将潜在的不良服务感受有效化解。

(3) 保证性(assurance)。保证性指企业员工所具有的知识、礼节以及表达出自信与可信的能力。保证性包括如下特征:完成服务的能力、对顾客的礼貌和尊重、与顾客有效的沟通、将顾客最关心的事放在心上的态度等。

(4) 移情性(empathy)。移情性指企业设身处地为顾客着想,其本质是通过个性化服务使顾客感受到企业对他们的理解和关注。移情性具有以下特点:亲近顾客的能力、敏感性和有效理解顾客需求的能力。例如,服务员为误机的顾客着想并努力找出解决问题的方法。

(5) 有形性(tangibles)。有形性指服务企业有形的设施、设备、人员和辅助材料等的外表。有形性直接影响到顾客对服务质量的主观感知,是企业展示自我形象与服务能力的外在手段。有形性的概念往往还延伸至其他正在接受服务的顾客,比如,顾客在进入餐厅后所看到的整洁的桌椅、漂亮的鲜花、优雅的灯光、轻柔的音乐以及其他面带笑容就餐的顾客等。

顾客从以上 5 个方面将预期的服务与感知的服务进行比较,最终形成自己对服务质量的判断。

8.1.2　服务质量的范畴

在某些服务行业中,服务质量不仅限于提供的服务本身,还可能延伸至服务后的影响。以医疗行业为例,其服务质量不仅包括体检、诊断、配药、手术等方面的质量,还需要考虑医疗服务对患者的康复起到多大的作用,以及对其以后生活质量的影响。因此,明确服务质量的范畴对于服务质量管理十分必要。一般而言,服务质量的范畴包括以下5个方面[3]。

(1) 内容(content)。这里所关注的主要问题是:服务是否遵循了标准程序?比如,医生进行手术时是否采用了规范的操作步骤?对于常见的服务,一般都有相应的行业规范与执行标准,服务者应该遵照这些标准来提供服务,因为规范与标准是被实践证明可以提供高质量服务的基础。例如,一种名为 Professional Standards Review Organization 的正式系统被美国医疗行业用于进行自我规范。医师们可以给自己所在团体或专业领域建立操作规范,并通过定期的考察和回顾来确保医疗服务按规范执行。

(2) 过程(process)。这里所关注的主要问题是:服务过程中各项活动的先后次序是否合理?资源的调度是否恰当?服务活动能正常进行必然要求活动有一个合理的逻辑顺序并能良好地协调各类资源,同时顾客与服务人员之间以及服务人员与服务人员之间的交流沟通都应该得到适当的监控。服务过程的合理性和重要性在消防与医疗急救等应急服务类行业尤为明显,因此他们经常利用现场演习来考察服务团队的表现,发现资源协调与活动执行顺序方面存在的问题并及时纠正。

(3) 结构(structure)。这里所关注的主要问题是:有形设施与组织设计是否能充分满足服务的要求?有形设施和辅助设备的数量与先进程度会影响到实际服务的质量,但它们只是结构的一部分,人员资格和组织设计也是重要的因素。比如,增开一个辅助实验室和购进一台核磁共振检测仪通常可以提高医院诊断疾病的水平,同时,组织医师进修交流和开展多方会诊活动同样可以明显提高诊治水平。

(4) 结果(outcome)。这里所关注的主要问题是:服务会导致哪些状况的改变?服务质量的度量必须反映服务的最终结果,因此,顾客接受服务后的评价是最有效的考察手段之一。比如宾馆的意见单、酒店的留言簿通常都会请求顾客写下自己对于此次服务的评价。通常的假设是:除非顾客的抱怨与投诉级别有明显上升,否则就可以认为当前的服务质量是可以接受的。通过跟踪某些量化指标(如投诉率),可以对服务结果质量的变化进行监控。比如,记录投递延误率和错误率并与行业标准比较就可以大体上得知快递公司的服务水平。

(5) 影响(impact)。这里所关注的主要问题是:服务对于顾客能产生何种长远影响?比如,孩子接受的早期教育对其人格、思维、智力、语言等方面都必然会产生非常长远的影响;医疗服务对于患者健康的影响同样可能很复杂而且长远。在许多国家,医疗服务的总体影响一般是采用平均寿命或新生儿死亡率来度量,而教育行业的总体影响可以通过公民受教育率和国家标准考试(比如大学入学考试)的表现来度量。

8.1.3 服务质量缺口模型

一般而言,预期服务与感知服务之间存在一定差距,因此,测量这一差距是很多处于行业领先地位的服务型企业了解顾客反馈的经常性过程。服务质量缺口模型(service quality gap model)[4]是一种用于分析服务质量存在的问题、成因及相应的改善措施的主要方法。在服务质量五要素的基础上,服务质量缺口模型描述了服务质量的大致形成过程,阐明了可能产生服务质量问题的几大因素并将其定义为质量缺口,为进一步度量、设计和改善服务质量提供思路。模型如图8.2所示。

在图8.2中,顾客的服务预期与服务感知之间的差距被定义为缺口5。根据模型结构,

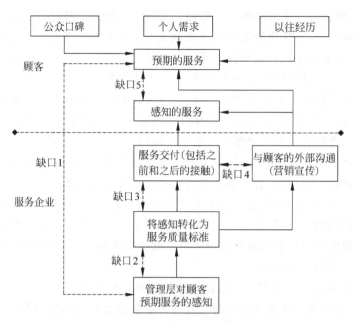

图 8.2 服务质量缺口模型

它依赖于与服务交付过程相关的其他 4 个缺口的大小和方向。

缺口 1 是顾客预期与管理者感知之间的差距（customer expectation-management perception gap）。导致这一差距的原因是管理者对顾客如何形成他们的期望服务缺乏了解。顾客期望的形成来源于广告、过去的经历、个人需要和亲友介绍等。缩小这一差距的战略包括改进市场调查、增进管理者和员工之间的交流、减少管理层次、增加管理人员与顾客的直接沟通等。

缺口 2 是管理者感知与服务质量标准的差距（management perception-service quality specification gap），它指管理者没有构造一个能够满足顾客期望的服务质量目标并将这些目标转化为切实可行的标准。导致这一差距的主要原因是管理层对服务质量支持的缺乏，或认为满足客户期望不可实现。此外，企业缺乏战略规划或规划过程中存在失误则同样可能造成该差距的不断扩大。设定服务质量目标和将服务交付工作标准化可弥补这一差距。

缺口 3 是服务质量标准与服务实际交付的差距（service quality specification-service delivery gap）。在服务实际交付的过程中，因人员参与难免产生异常，如缺乏团队合作、员工招聘问题、训练不足和不合理的工作设计等，因此，服务质量产生起伏，无法保持恒定。可能的解决方法包括：管理层时常检查企业的监督控制系统，为员工提供技术培训和人际技巧培训，适当授权等。

缺口 4 是实际交付的服务与外部沟通的差距（service delivery-external communication gap）。由于顾客对服务的预期受媒体广告与组织中各种交互过程的影响，因此当实际服务效果与企业夸大的承诺、信息的缺失等存在显著差异时该差距就会出现。准确制订营销方案与谨慎承诺是缩小这一差距的主要手段。

服务质量缺口模型说明，顾客最终接受的服务是服务型企业一系列内部决策与外部活动的产物。管理层对顾客期望的感知决定了服务质量标准，而服务质量标准又直接关系到服务交付过程,再加上外部的营销策略,所有这些因素都影响到顾客的预期服务与感知服务。因此,在分析服务质量缺口模型的基础上可以对服务质量进行度量。

8.1.4 服务质量的度量

由于顾客的满意程度由许多无形因素(如心理因素)共同决定,且服务质量的影响可能不仅限于直接的接触,还包括对顾客未来生活质量的影响(如医疗服务),因此,服务质量的度量是一项难题和挑战。服务质量常用的度量方法有 SERVQUAL、SQ-NEED 和标杆瞄准等。

1. SERVQUAL

SERVQUAL[5]是在服务质量缺口模型的基础上提出的一种量化方法。它考虑了服务质量五个维度,是用于调查服务质量和顾客满意度的有效方法。SERVQUAL 主要采用调查问卷表格的形式,其中第一部分用于评价顾客对于某类服务的预期(E),第二部分用于反映顾客对某个服务型企业(XYZ 公司)的感知(P),如表 8.1 所示。

表 8.1 SERVQUAL 调查问卷

	说明:本项调查旨在了解您对某类服务的看法。您的回答没有对错,我们最关心的是您对某类服务的看法。您认为提供_____服务的企业应该在多大程度上符合下列陈述描述的特征,对于每个评述项请给出 1~7 的评分(如果强烈同意服务提供方应该拥有该特征,则给 7 分;强烈不同意,则给 1 分;其余情况挑选中间数字给分)。
E1	企业应该拥有先进的设备(They should have up-to-date equipment)。
E2	企业的设备应该有明显的吸引力(Their physical facilities should be visually appealing)。
E3	企业员工的着装应该整洁得体(Their employees should be well dressed and appear neat)。
E4	企业设备的外观应该与提供的服务相匹配(The appearance of the physical facilities of these firms should be in keeping with the type of services provided)。
E5	企业的承诺应该按时履行(When these firms promise to do something by a certain time, they should do so)。
E6	当顾客遇到困难时,企业应该表现出同情心并帮助顾客建立信心(When customers have problems, these firms should be sympathetic and reassuring)。
E7	企业应该是可靠的(These firms should be dependable)。
E8	企业应该准时提供承诺的服务(They should provide their services at the time they promise to do so)。
E9	企业应该准确记录服务(They should keep their records accurately)。
E10	不能期望企业告知顾客提供服务的确切时间(They shouldn't be expected to tell customers exactly when services will be performed)。(-)*
E11	对于顾客来说,期望企业员工提供及时的服务是不现实的(It is not realistic for customers to expect prompt service from employees of these firms)。(-)
E12	企业员工不必总是乐于帮助顾客(Their employees do not always have to be willing to help customers)。(-)
E13	如果企业员工太过繁忙而无法及时回应顾客的请求,也可以理解(It is OK if they are too busy to respond to customer requests promptly)。(-)
E14	企业员工是值得信赖的(Customers should be able to trust employees of these firms)。
E15	与企业员工交往中放心(Customers should be able to feel safe in their transactions with these firms' employees)。

续表

E16 企业员工应该彬彬有礼(Their employees should be polite)。
E17 企业员工在履行本职工作时应能充分得到公司的支持(Their employees should get adequate support from these firms to do their jobs well)。
E18 不能指望企业给予顾客个别的关心(These firms should not be expected to give customers individual attention)。(-)
E19 不能指望企业员工关注顾客的个性化需求(Employees of these firms cannot be expected to give customers personal attention)。(-)
E20 期望企业员工了解顾客需求是不现实的(It is unrealistic to expect employees to know what the needs of their customers are)。(-)
E21 期望企业能把顾客最关心的事放在心上是不现实的(It is unrealistic to expect these firms to have their customers' best interests at heart)。(-)
E22 不能指望企业的运营时间便利所有顾客(They should not be expected to have operating hours convenient to all their customers)。(-)

说明：下列陈述与您对XYZ公司的看法有关。您的回答没有对错，我们最关心的是您对该公司的看法。评分方法与前一部分类似。

P1 XYZ公司拥有先进的设备(XYZ has up-to-date equipment)。
P2 XYZ公司的设备有明显的吸引力(XYZ's physical facilities are visually appealing)。
P3 XYZ公司员工的着装整洁得体(XYZ's employees are well dressed and appear neat)。
P4 XYZ公司设备的外观与提供的服务相匹配(The appearance of the physical facilities of XYZ is in keeping with the type of services provided)。
P5 XYZ公司按时履行其承诺(When XYZ promises to do something by a certain time, it does so)。
P6 当顾客遇到困难时，XYZ公司表现出同情心(When customers have problems, XYZ is sympathetic and reassuring)。
P7 XYZ公司是可靠的(XYZ is dependable)。
P8 XYZ公司准时提供承诺的服务(XYZ provides its services at the time it promises to do so)。
P9 XYZ公司准确记录服务(XYZ keeps its records accurately)。
P10 XYZ公司无法告知顾客提供服务的确切时间(XYZ does not tell customers exactly when services will be performed)。(-)
P11 XYZ公司员工无法为顾客提供及时的服务(You do not receive prompt service from employees of XYZ)。(-)
P12 XYZ公司员工不总是乐于帮助顾客(Employees of XYZ are not always willing to help customers)。(-)
P13 XYZ公司员工太过繁忙而无法及时回应顾客的请求(Employees of XYZ are too busy to respond to customer requests promptly)。(-)
P14 XYZ公司员工值得信赖(You can trust employees of XYZ)。
P15 与XYZ公司员工交往中放心(You feel safe in your transactions with XYZ's employees)。
P16 XYZ公司员工彬彬有礼(Employees of XYZ are polite)。
P17 XYZ公司员工在履行本职工作时能充分得到公司的支持(Employees get adequate support from XYZ to do their jobs well)。
P18 XYZ公司不会给予顾客个别的关心(XYZ does not give you individual attention)。(-)
P19 XYZ公司员工不关注顾客的个性化需求(Employees of XYZ do not give you personal attention)。(-)
P20 XYZ公司员工不了解顾客需求(Employees of XYZ do not know what your needs are)。(-)
P21 XYZ公司不把顾客最关心的事放在心上(XYZ does not have your best interests at heart)。(-)
P22 XYZ公司的运营时间不便利所有顾客(XYZ does not have operating hours convenient to all the customers)。(-)

＊对这些陈述的评分是反向的，在数据分析前应转为正向得分。

从表 8.1 可以看出，SERVQUAL 方法将调查问卷分成两大部分，每部分以服务质量的五要素为基础设计了 22 个陈述项。其中 1～4 考察有形性，5～9 考察可靠性，10～13 考察响应性，14～17 考察保证性，18～22 考察移情性。顾客在接受问卷调查时，采用 7 分尺度规则进行打分（打分时需注意带有（-）符号的陈述项为否定形式）。第一部分所得分数的总和即为服务的期望得分 $\sum E$，第二部分所得分数的总和即为服务的感受得分 $\sum P$。显然，服务质量 $SQ = \sum P - \sum E$。事实上，这个得分就是服务质量缺口模型中缺口 5 的一种量化表示。

通过计算 SQ，可以得到如下 3 种结果：①当 $\sum P > \sum E$ 时，顾客的服务感知超过了服务期望，顾客感受到高质量的服务；②当 $\sum P = \sum E$ 时，顾客的服务感知等于服务期望，顾客感到服务质量尚可；③当 $\sum P < \sum E$ 时，顾客的服务感知低于服务期望，顾客感到服务质量低下或无法接受。为了使测量结果更加准确，在实际操作中应该采用大规模抽样调查的形式，通过计算平均得分来衡量服务质量的水平。比如表 8.2 是某移动电话运营商随机抽取 300 名顾客进行 SERVQUAL 调查的结果。显然，据此计算出的 SQ 为负值，说明该运营商目前的服务质量很不理想，亟须改善。

表 8.2 某移动电话运营商的 SERVQUAL 调查结果

服务质量维度		最小值	最大值	平均值
可靠性	顾客期望	3	5	4.63
	实际感受	1	5	3.02
响应性	顾客期望	3	5	4.67
	实际感受	1	5	2.90
保证性	顾客期望	3	5	4.39
	实际感受	2	4	2.98
移情性	顾客期望	3	5	4.38
	实际感受	1	4	3.03
有形性	顾客期望	3	5	4.56
	实际感受	2	5	3.28

SERVQUAL 方法的另一个作用是评价顾客期望与服务方感知的差异。若将调查问卷第一部分的调查对象设定为企业的管理层与一线服务人员，同样可以得到一系列的调查结果。只要将之与顾客调查问卷第一部分的结果进行显著性检验，就可以了解服务方认知与顾客实际期望之间是否存在差异，即服务质量缺口模型中缺口 1 的大小。如今，SERVQUAL 是服务型企业测评服务质量时最常用的方法。

2. SQ-NEED

SERVQUAL 模型虽然应用非常广泛，但并非在所有服务类型中都具有通用性。比如在 20 世纪 80 年代，美国运通公司曾推出一项服务，即每进行一次信用卡交易就捐助 1 美分用于自由女神像的重建。通过将顾客消费与公益事业联系在一起，运通信用卡使用率上升了 28%。同时，顾客对于公司将部分盈利用于公益捐助也感到十分满意。像这种由于商家巧妙的营销活动而使顾客的服务质量感知得以提升的行为,单纯依靠 SERVQUAL 模型无法很好地评价其服务质量。

考虑到卓越的服务质量通常意味着能满足不同顾客的各类需求,而马斯洛需求理论基本上覆盖了有关人类需求特性的研究结果,因此有学者提出了一种基于马斯洛需求层次理论发展而来的新的服务质量测评标尺,称为"服务质量-需求"方法(SQ-NEED),以更好地描述服务质量水平[6]。

通过设计测评项目并采用抽样调查来对 SERVQUAL 方法中调查问卷的第二部分进行删减与修改,最终可以得到包含 7 方面 33 项测评项目在内的 SQ-NEED 服务质量测评标尺,如表 8.3 所示。

表 8.3 SQ-NEED 服务质量测评标尺

生理需求	企业环境使我感到舒适 企业服务使我感到方便 企业服务资源充分 企业员工为我提供及时的服务,不需我等候很长的时间 企业迅速响应我的需求
安全需求	企业员工具备能够解决顾客疑问的专业技能 企业员工具备可信赖的能力和行为 企业按照承诺提供服务 企业遵守解决顾客疑问的承诺 企业注重顾客个人隐私
归属与感情需求	企业员工把我当作他们的朋友 企业能与顾客保持长期的关系 企业员工总是采用顾客的交流方式与其进行交流 企业员工对顾客给予个别关注 企业员工理解顾客需求
尊重需求	经过企业的服务后我有自尊感 经过企业的服务后我有信心选择该公司 在企业服务中我享受到 VIP 待遇 企业员工有礼貌并且态度殷勤 企业将顾客建议铭记于心
自我实现需求	经过企业的服务后我感到有所长进 我非常欣赏企业的服务 企业经常参与社会活动 企业雇用残疾人 企业重视环保问题
知识与理解需求	企业经常提供新的服务内容 企业经常提供新的国内/国际信息 我可以从企业的服务中学到新知识 员工使我了解与服务内容相关的信息和知识
审美需求	企业的设施具有艺术美感 与企业相关的资料(如宣传册等)具有美感 企业环境具有自然美感 企业员工语言文雅

类似于 SERVQUAL 方法，SQ-NEED 测评法同样采用 7 分尺度规则进行打分。表 8.3 中列出的对于企业的测评项目相当于 SERVQUAL 问卷的第二部分，而第一部分即对于特定服务的测评项目则完全与之相仿。显然，SQ-NEED 测评法对于 SERVQUAL 方法的改进主要体现为完善与客户不同需求层次相关的测评项目。

回顾运通公司的公益营销策略，根据马斯洛需求理论，帮助他人可以满足自我实现的需求。因此，当顾客得知商家将会把一部分盈利用于捐助时，顾客往往会乐于多付一些钱，并且也更容易感到满意，从而通过满足自我实现的需求而提高对服务质量的感知。从该层面上看，SQ-NEED 比 SERVQUAL 更适合于解释这种现象。

为了进一步验证 SQ-NEED 测评法的实用性，学者们根据洛夫洛克的服务分类方式，对具有代表性的 16 个服务行业进行了比较全面的问卷调查，以比较 SERVQUAL 和 SQ-NEED 的有效性[6]。使用"符号检验"方法得出的验证结果显示，两者在应用于与人相关性较强的服务类型（如教育业、信息服务业、会展业）中时存在显著差别，且 SQ-NEED 表现更优；而两者应用于与物相关性较强的服务类型（货运、汽车维修等）中则没有明显差别。不难发现，由于 SQ-NEED 在调查问卷中加入了能够反映顾客更高级别需求的相关问题，因此，在提供无形服务、重点与人相关的行业中，满足更高层次的需求对于顾客的消费行为具有更大的影响力，应用 SQ-NEED 测评法的效果优于 SERVQUAL 方法。

3. 标杆瞄准

对服务型企业而言，标杆瞄准是指不断寻找和研究在服务行业内处于领先地位的企业（标杆企业）在各个质量要素上的最佳实践，并将其作为质量基准，再将本企业服务质量管理的实际情况与这些基准进行定量化比较，分析这些标杆企业的绩效达到优秀水平的原因，然后结合自身实际加以创造性学习、借鉴并改进，最终达到赶超标杆企业或创造优秀服务质量的不断循环提高的过程。比如，一些服务型企业可以访问 Domino 比萨饼店，了解如何在 30 min 内递送定制的产品；同时可以访问 Nordstrom 百货公司，了解如何实现热情服务等。

标杆瞄准方法不仅可以用于服务质量度量，还可以用于服务质量改善：通过与标杆企业在各个质量要素上的对比，企业可以发现自身差距，客观地从各个质量要素评价自身的服务质量；通过了解标杆企业的服务运作方式和流程，企业可以创造性地改进和优化服务实践，提高服务质量，达到增强竞争力的目的。

8.1.5 服务质量的控制与改善

服务质量控制与服务质量改善都涉及对服务交付系统的考察及研究，因此这两个概念具有一定关联性。服务质量控制主要关注服务过程的输出结果与设定标准是否存在偏差，如果存在，这一偏差被反馈给输入，随后对输入进行调整使得输出保持在一个可接受的范围内。因此，服务质量控制是一种系统的监控。服务质量改善则主要关注对服务质量缺陷的识别以及相应的消除缺陷的措施，是一种系统的改进与提升。

1. 服务质量控制

服务质量问题如同产品质量问题一样存在成本和代价。低劣的服务质量不仅会减弱服务企业的市场竞争力，为企业带来亏损，甚至可能导致破产。通常情况下，由服务质量控制产生的控制成本远低于由服务质量问题导致的损失成本。比如在一些行业中,预防上多投入1美元可以减少10 000美元的损失成本[7]。因此,服务企业的经营管理者必须采取一系列方法对服务质量进行控制,以避免或减少由服务质量问题带来的质量成本。

1)质量成本

质量成本也称质量费用,包括确保满意质量所发生的费用,以及未达到满意质量而造成的有形与无形损失。按照质量专家Juran[7]首创的质量成本衡量系统,质量成本可以分为两大组成部分:控制成本与损失成本,如图8.3所示。

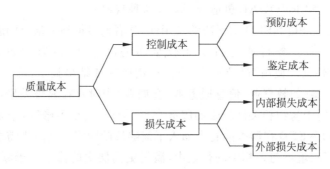

图8.3 质量成本组成

控制成本与消除缺陷的活动有关,主要分为预防(prevention)成本和鉴定(detection)成本两类。预防活动发生在提供服务之前,目的是防缺陷于未然。比如,与第一线服务员工接受的以服务操作规范为主题的培训活动相关的费用就是预防成本。鉴定活动的目的是在缺陷出现之后,但服务还未提供给顾客消费之前消除缺陷。比如饭店为了避免菜肴早已烹饪完成却未及时呈递给顾客这一问题,将指派服务员周期性地巡视厨房以弥补潜在的过失,该过程中服务员的人工消耗就是一种鉴定成本。损失成本也可以进一步细分为两类:一是服务交付前产生的内部损失(internal failure)成本,比如建筑装潢正式交工前由于质量不过关而导致的自我返工;二是在服务交付后产生的外部损失(external failure)成本,比如航班延误后支付给顾客的经济赔偿。外部损失成本也是企业能被顾客直接觉察到的价值流失。

2)统计过程控制

统计过程控制的核心技术是控制图,其作用是通过观测衡量服务绩效水平的某些关键指标值,并应用统计方法确定控制界限线来分析判断服务指标是否具有合理性和稳定性。如果指标值合理,则说明服务系统运转良好;反之则说明存在偏差,应该识别原因并采取纠正措施。

构建控制图与确定样本平均值的置信区间相似。首先,根据具有代表性的历史样本确定服务系统绩效指标的平均值和标准差。根据中心极限定理,样本平均值趋于服从正态分布(虽然统计量的分布可以是任何形式的,但其平均值服从正态分布)。由于绩效指标的变化可能是由随机事件引起或没有明确原因,因此为了最小化由第Ⅰ类风险(即服务方风险)和第Ⅱ类风险(即客户方风险)造成的总损失,控制图基于3σ准则进行设计。从标准正态分布表中可知,正态分布的99.7%落在3倍标准差以内。因此,控制图中控制限对应于绩效指标平均值的99.7%的置信区间。如果随机收集的样本均值未落在这个置信区间内,则说明服务过程发生了变化,真实的平均值出现了移动,需要采取措施进行纠正。

构建和使用质量控制图的主要步骤如下：

(1) 选取关键的并且可测量的服务质量特性指标。

(2) 通过随机抽样收集历史样本数据，计算样本总体均值和方差。

(3) 使用总体均值和方差计算 3 倍标准差的控制限。

(4) 绘制控制图，并将样本数据变成点子，按抽样顺序绘在图上。

(5) 观察分析，判断服务质量是否出于受控状态：若样本平均值都在控制限内，则为过程受控；若样本平均值落于控制限外，或连续 7 个点落于平均值一侧，则需评估状况并分析原因，采取纠正措施，去掉异常数据点，根据步骤(2)～(5)重新计算中心线和控制界限线。

(6) 定期更新控制图。根据绩效测量方式可以将控制图分为两类：第一类控制图为计量值控制图，它主要用于控制对象为长度、重量、强度等连续型计量值的情况。这一类控制图包括均值-极差控制图（$\overline{X}$-R 图）、中位数-极差控制图（$\widetilde{X}$-R 图）、平均值-标准差控制图（$\overline{X}$-σ 图）等，其中应用得最为广泛的是 $\overline{X}$-R 图。在 $\overline{X}$-R 图中，上、下控制限的计算公式为：

上控制限

$$\mathrm{UCL} = \overline{X} + A_2 \overline{R}$$

下控制限

$$\mathrm{LCL} = \begin{cases} \overline{X} - A_2 \overline{R}, & \overline{X} - A_2 \overline{R} > 0 \\ 0, & 其他 \end{cases}$$

式中，$\overline{X}$ 为总体平均值；$\overline{R}$ 为总体全距；A_2 为绘制 $\overline{X}$-R 控制图中的参数，其取值根据样本数 n 从变量控制图参数表（见表 8.4）中选择。

表 8.4 变量控制图参数表

样本容量/n	A_2	D_3	D_4	样本容量/n	A_2	D_3	D_4
2	1.880	0	3.267	9	0.337	0.184	1.816
3	1.023	0	2.574	10	0.308	0.223	1.777
4	0.729	0	2.282	12	0.266	0.283	1.717
5	0.577	0	2.114	14	0.235	0.328	1.672
6	0.483	0	2.004	16	0.212	0.363	1.637
7	0.419	0.076	1.924	18	0.194	0.391	1.608
8	0.373	0.136	1.864	20	0.180	0.415	1.585

第二类控制图为计数值控制图，它主要用于控制对象为缺陷数或差错率等离散型计量值的情况。这一类控制图包括基于二项分布的 Pn 控制图（缺陷个数）与 P 控制图（缺陷率）等，其中应用得比较广泛的是 P 控制图。P 控制图的上下控制限计算公式为：

上控制限

$$\mathrm{UCL} = \overline{P} + 3\sqrt{\frac{\overline{P}(1-\overline{P})}{n}}$$

下控制限

$$\mathrm{LCL} = \begin{cases} \overline{P} - 3\sqrt{\frac{\overline{P}(1-\overline{P})}{n}}, & \overline{P} - 3\sqrt{\frac{\overline{P}(1-\overline{P})}{n}} > 0 \\ 0, & 其他 \end{cases}$$

式中，$\bar{P}$ 为绩效指标值（如缺陷率或差错率）；n 为样本数。

以下通过两个例子分别说明 $\bar{X}$-R 图和 P 图的应用。

例 8.1　某银行欲通过对顾客等待时间质量控制图进行绩效监控，故从过去 10 天的历史数据中每天随机抽取 5 位顾客的平均等待时间作为样本，计算得到反映时间的总体平均值是 3min，平均变动范围 1.8min。试计算上下控制限并绘出 $\bar{X}$-R 图。

该问题中，$\bar{X}=3$，$\bar{R}=1.8$，查表可得 $A_2=0.577$。顾客等待时间的上、下控制限为：

$$UCL = \bar{X} + A_2\bar{R} = 3.0 + 0.577 \times 1.8 = 4.04$$
$$LCL = \bar{X} - A_2\bar{R} = 3.0 - 0.577 \times 1.8 = 1.96$$

故该问题的顾客等待时间质量控制图如图 8.4 所示。

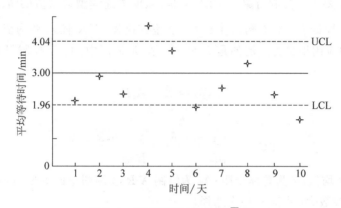

图 8.4　顾客等待时间的 $\bar{X}$-R 图

从图 8.4 中可以看出，第 4 天的平均等待时间落在上控制限外，表明服务过程很可能处于失控状态，应当引起管理者的注意。经过调查表明，当天有大量外来打工者前来办理存取款业务，因而导致服务流拥堵，使得平均等待时间突破了控制上限。考虑到这种情况发生频率并不高，而且由于服务人员掌控较好，服务失控的状态并不严重，因此管理层最终决定不采取纠正措施。

例 8.2　某邮局欲通过投递错误率对新招聘的操作员进行绩效监控，以确保能发现不适合的人。根据历史数据进行抽样并计算后得知公司聘用的正式投递员的差错率的样本总均值为 4%。对于一个新招聘的操作员，每天从发送卡车中随机抽取 100 个包裹样本，根据这个新操作员 10 天中的投递错误率判断该操作员是否合适分拣工作。试计算上、下控制限并绘出 P 控制图。

在该问题中，$\bar{P}=5\%$，$n=100$，则可根据 P 控制图的上、下控制限计算公式得到

$$UCL = 0.04 + 3\sqrt{\frac{0.04(1-0.04)}{100}} = 0.0988$$
$$LCL = 0.04 - 3\sqrt{\frac{0.04(1-0.04)}{100}} = -0.0188$$

由于得到的 LCL<0，故直接取 LCL=0。投递错误率控制图如图 8.5 所示。

根据图 8.5，新招聘的分拣员除了在第一天的投递错误率超过上控制限外，其余时间都在控制限内，故可以认为该分拣员适合分拣工作。

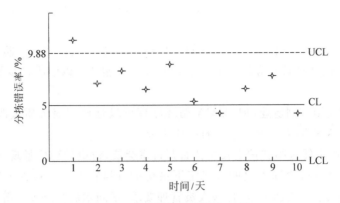

图 8.5　分拣员投递错误率 P 图

2. 服务质量改善

服务质量改善的基本方法包括 PDCA 循环、DMAIC 模型、帕累托(Pareto)分析、品管圈(quality control circle，QCC)和神秘顾客(mystery customers)法等。这里主要介绍 PDCA 循环和帕累托分析。

1) PDCA 循环

PDCA 循环又称为"戴明环"，是美国质量管理专家戴明(W. E. Deming)首先提出的一种管理思路。PDCA 分别是英文 Plan(计划)、Do(执行)、Check(检查)、Action(处理)4 个词的首字母缩写，其基本原理为做任何一项工作，首先应根据设想提出计划，然后按照计划规定去执行、检查和总结，最后通过工作循环，一步一步地提高水平，把工作越做越好。PDCA 循环可分为 4 个阶段，包括 8 个步骤，如图 8.6 所示。

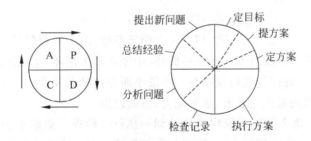

图 8.6　PDCA 的 4 个阶段和 8 个步骤

PDCA 循环的 8 个工作步骤可以描述如下：

(1) 提出改善设想，收集必要资料，进行调查和预测，确定方针和目标。

(2) 按制定的目标，评估实际情况，提出各种决策方案。

(3) 比较并评价各种备选方案，从中选择一个最理想的方案。步骤(1)~(3)是计划阶段的具体化。

(4) 按照选中的决策方案，编制活动计划具体落实到各部门和有关人员，并按照规定的数量、质量和时间等标准要求，认真执行。这是执行阶段的具体化。

(5) 检查计划方案的执行情况，评价工作成绩。在检查中，必须建立原始记录和统计资料，以及有关的信息情报资料。

(6) 对已发现的问题进行科学分析,找出产生的原因。步骤(5)、(6)是检查阶段的具体化。

(7) 对存在问题应提出解决办法,好的经验要总结推广,失误教训要防止再发生。

(8) 对尚未解决的问题,应转入下一轮 PDCA 工作循环予以解决。步骤(7)、(8)是处理阶段的具体化。

虽然最初被运用于制造业,但 PDCA 循环原理可以延伸到服务质量改善中。比如,某医院可以将 PDCA 法用于改善手术室的护理质量:

P 阶段——由主任医师和护士长主持召开科室会议,讨论护理质量现状,集思广益提出改善方案再通过全员讨论和表决的方式定下最优的待执行方案。根据方案将各责任区物品、器材存放要求、消毒灭菌要求、探病人员管理要求、术间术后整理要求等具体操作细节编写成实施规则,人手一册;同时组织全科护士学习质量管理知识,明确本次循环目标,熟悉方案的开展脉络和职责分工以及时间安排,为计划届时能被准确及时实施做好周全的准备。

D 阶段——以科室为单位按计划开展质量改善活动。责任人对本区域负有现场管理以及创造良好工作环境的责任,须督促该区域的人员保持环境状况,及时补充或维修物品器材,以保证应急需要。在本阶段,护士长应以 P 阶段中制定的实施细则为基准按时记录各护士的日常表现以及对各自分工计划的执行情况,若遇到执行困难应及时沟通解决。

C 阶段——每个手术室每天早上对手术责任区进行检查,监督落实质量改善工作;护士长不定期抽查计划执行情况。每个科室每月定期对执行结果按实施标准进行检查评价和计分,找出问题和差距,并分析可能的原因。

A 阶段——通过检查阶段得到了大量的信息反馈,再次召开科室会议,根据检查结果进行分析、讨论、总结、评价。成功经验在向全院推广后形成制度,遗留问题再次提出并纳入下一次 PDCA 循环予以解决。

不难发现,PDCA 循环法有以下一些基本特征:

(1) 循环嵌套。整个企业是一个 PDCA 大循环系统,内部各部门是中循环系统,基层小组或个人是小循环系统。通过大循环套中循环,中循环套小循环,实现逐级分层,环环扣紧。另外,单个循环阶段内部同样也可以存在一些细小而完整的循环系统。通过这些循环,整个质量改善工作能够得到有机的联系,紧密配合,协调发展。

(2) 周而复始。每个循环系统均包括计划—执行—检查—总结 4 个阶段,运行过程循环往复,不得中断。一次循环解决不了的问题,必须转入下一轮循环解决。这样可以保证改善计划的系统性、全面性和完整性。

(3) 螺旋式上升和发展。每循环一次,都要有所前进和有所提高,不能停留在原有水平上。通过每一次总结巩固优势,消除缺陷,从而保证改善工作取得实效,服务质量不断得到提高。

2) 帕累托分析

帕累托分析的核心思想为帕累托原理,它可以描述为"关键的少数与次要的多数",即 80% 的价值来自 20% 的因子,其余的 20% 的价值则来自 80% 的因子。在对服务过程的分析中,提炼积极的和消极的关键因素,有针对性地实施补救措施,是改善服务质量的关键。帕累托分析通常通过构造帕累托图实现。帕累托图实际上是一种直方图,条块的高度反映了频次变化和问题的重要性。这些条块从左到右按高度递减,意味着在它们所代表的问题范畴中,左边条块相对于右边条块的重要性更高。通过条块代表的问题范畴和累计频次的变化,可以寻找出20%的问题来源和80%诱因的分界线。

帕累托分析的主要步骤如下:

(1) 列出所研究的服务问题产生的原因、有关的要素、单位和组成部分等。

(2) 按照与研究问题关系的重要性进行排序。

(3) 以各种影响因素大小的累积频率作为纵轴,以影响因素作为横轴,按影响因素的大小从左到右画出帕累托图,作为选择关键问题的方法。一般而言,累积频率在0~80%的因素为主要因素,累计频率在80%~90%的因素为次主要因素,累计频率在90%~100%的因素为次要因素。

(4) 确定极其重要的少数因素和不重要的多数因素。

(5) 根据帕累托图采取具体措施,集中改进少数因素导致的服务质量恶化。

以下通过一个大学图书馆服务流程改进的例子[8],来说明帕累托分析在服务质量改善中的应用。

例 8.3 某大学图书馆近期收到的读者抱怨明显升高。为了改进图书馆的服务质量,提高读者满意度,图书馆在最近3个月对读者的抱怨进行跟踪调查,得到的数据如表8.5所示。

表 8.5 读者抱怨统计表

读者的抱怨	3月份	4月份	5月份	总和
复印费用过高(X1)	175	100	75	350
开馆时间太短(X2)	23	20	11	54
数据库资源太少(X3)	300	110	95	505
网速太慢(X4)	324	265	373	962
外文报刊太少(X5)	25	52	50	127
工作人员态度不好(X6)	3	4	6	13
图书借阅期限太短(X7)	12	8	10	30
报刊阅览室不能上自习(X8)	30	50	17	97
计算机设备故障多(X9)	10	13	40	63

试应用帕累托分析对该问题进行分析。

根据表8.5计算各个类别的百分比以及累积百分比如表8.6所示。

表 8.6 读者抱怨类别比例

读者的抱怨	总和	百分比/%	累计百分比/%
网速太慢(X4)	962	43.71	43.71
数据库资源太少(X3)	505	22.94	66.65
复印费用过高(X1)	350	15.90	82.55
外文报刊太少(X5)	127	5.77	88.32
报刊阅览室不能上自习(X8)	97	4.41	92.73
计算机设备故障多(X9)	63	2.86	95.59
开馆时间太短(X2)	54	2.45	98.05
图书借阅期限太短(X7)	30	1.36	99.41
工作人员态度不好(X6)	13	0.59	100.00

与表 8.5 不同的是,表 8.6 中各个类别的百分比按降序排列。根据表 8.6 生成的帕累托图如图 8.7 所示(图中虚线表示分界点)。

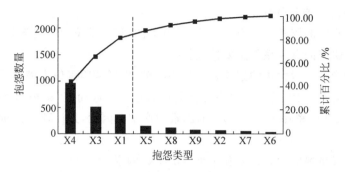

图 8.7　帕累托图(读者抱怨)

图 8.7 表明,帕累托现象非常明显,它验证了 80% 的读者抱怨来自 20% 的问题,即网速太慢、数据库资源太少以及复印费用过高这 3 个问题。解决这 3 个问题将会消除读者中近 83% 的抱怨,所以这些问题是服务质量改善的关键。针对这一分析结果,图书馆可以确定投资顺序,首先解决网速问题,再在对数据库资源采用共享、合作、资源互换等方式扩大数据库的品种;然后争取学校资助,采用复印一卡通降低人工成本等措施解决复印费过高问题。

8.2　物流服务质量的内涵与特征

物流服务与一般服务,如酒店入住服务、银行柜台服务等相比,具有差异性。这种差异性主要表现在两个方面:第一,物流服务活动的对象是具有一定质量标准的实体,并且在物流服务过程中这些实体的质量必须得到保证;第二,在物流服务活动过程中,服务提供者和接受者直接接触。因此,物流服务质量与一般的服务质量在内容和特征上存在一定差异。传统的观点认为,物流服务质量应当主要侧重于服务结果,即是否满足了顾客对物流服务最基本和关键的需求,因此,物流服务质量的关键指标都与货物具有密切联系,如表 8.7 所示。

表 8.7　物流服务质量关键指标[9,10]

指　标	含　义
提前期	从顾客订单到达物流服务企业到顾客接收货物的时间间隔
变异性	提前期在其均值附近波动的离散程度
可靠性	在规定时间内货物送达顾客的比率
完整性	在某一时间段内货物完全送达顾客的比率
柔性	对紧急或未预料的订单的满足程度
准确性	在某一时间段内送达顾客的货物的正确率
损坏性	在某一时间段内送达顾客的货物的损坏率
劳动率	单位时间内货物送达量

尽管上述指标能够有效反映物流活动的绩效,但随着物流市场竞争的加剧,将物流服务

结果视为物流服务质量唯一的核心,集中企业资源提高服务结果的做法已经无法满足客户个性化的需求。物流服务企业还必须重视和提高物流服务过程的质量,以建立长期和良好的客户关系以及战略伙伴关系作为自己的重要竞争手段。

现代物流服务质量包括以下几个方面的内容[11]。

1) 物品的质量保证

物流活动的对象是具有一定质量指标的实体,即有合乎要求的等级、尺寸、规格、性质和外观等,这些质量在生产过程中形成。现代的质量保证体系对用户的质量保证不仅依赖于生产过程,还依赖于流通过程。物流服务在于转移和保护这些质量,最终实现对用户的质量保证。

2) 物品的质量改善

现代物流由于采用流通加工等手段,物流服务过程不仅是消极地保护质量和转移质量,还可以改善和提高物品的质量。因此,物流服务过程在一定意义上也是质量的"形成和提升过程"。

3) 物流工作质量

为了实现总的服务质量,需要以质量指标形式确定各具体工作的要求和目标。物流工作质量指物流服务过程中各环节、各工种、各岗位具体工作的质量,它是提高服务质量所做的技术、操作和管理等方面的努力。物流工作质量和物流服务质量是两个有关联但又具有差异性的概念。物流服务质量取决于各个工作质量的综合。所以,物流工作质量是物流服务质量的保证和基础。

4) 物流工程质量

工作质量对于物流服务质量的保证程度受制于物流技术水平、管理水平和技术设备等因素,这些因素可以统称为"工程"质量因素。与产品生产的情况类似,物流服务质量不仅依赖于工作质量,还取决于工程质量。工程质量因素可归纳为以下几个方面。

(1) 人的因素,包括员工的知识结构、能力、技术熟练程度、质量意识、责任心等。

(2) 体制因素,包括管理者领导方式、组织结构、企业工作制度等方面。

(3) 设备因素,包括物流活动各项设备的技术水平、设备能力、设备适用性、维修保养状况及设备配套性等。

(4) 工艺方法因素,包括物流流程、设备组合及配置、工艺操作等。

(5) 计量与测试因素,包括计量、测试、检查手段及方法等。

(6) 环境因素,包括物流设施规模、湿度、温度、粉尘、照明、噪声、卫生条件等。

从物流服务的内容可以看出,物流服务质量具有功效性、经济性、安全性、时间性和舒适性等几个特征。

功效性指物流服务企业所体现的效果和作用,它是物流服务质量最基本的特征,也是顾客对物流服务企业最基本的要求。对于运输类物流服务企业,其功效性主要体现为准确、准时地将货物运送至目的地;对于仓储/配送类物流服务企业,其功效性主要体现为有效的订单处理和库存管理。

经济性指顾客为了得到相应的物流服务所要求费用的合理程度,包括顾客在接受物流服务的全过程中直接和间接支付的相关费用,可分为顾客购买支出和顾客使用支出。

安全性指物流服务企业在对顾客服务的过程中,保证顾客人身、财产不受损坏的能力水平。安全性与物流服务企业的设备、环境、服务人员技能和态度有关,它是评价物流服务质量最直接的指标之一。

时间性指物流服务企业能够准时甚至省时地满足顾客物流需求的能力。在用户对物流服务质量的满意度中,时间性是一个非常客观和重要的因素。

舒适性指顾客在接受物流服务过程中感受到的便利程度和受关心程度。随着物流行业竞争的不断加剧以及顾客要求的不断提高,顾客将不仅仅重视服务水平本身的高低,还将重视接受服务过程中的舒适性。

8.3 物流服务质量调查与度量的指标体系

物流服务质量的调查与度量是物流服务质量管理的重要组成部分。通过质量调查与度量,物流服务企业能够客观评价自身的服务质量,了解存在的不足,并采取具有针对性的措施进行改善。任何形式的调查和度量都需要根据一定的指标进行。因此,建立相应的指标体系是进行物流服务质量调查和度量的基础。

8.3.1 指标体系构建的基本原则

构建物流服务质量调查和度量的指标体系是客户以及物流服务企业本身对物流服务质量进行评价的前提和基础,指标选取的合理性和有效性将直接影响调查和度量的结果。为了能够全面有效地反映物流服务企业的服务质量,指标体系构建需要遵循以下原则。

(1) 顾客导向原则。物流服务企业的服务质量高低由顾客决定,因此必须从顾客满意度出发建立指标体系。

(2) 过程性原则。一般而言,物流服务活动比其他服务具有显著的过程性。因此物流服务质量的调查和度量指标不仅要考虑物流服务的最终结果,还要考虑服务的时间和过程性。

(3) 针对性原则。由于物流服务企业的顾客可能来自不同行业,所需求的物流服务内容、形式和水平存在差异,因此,物流服务质量指标的选择以及标准水平的确定必须对不同行业具有针对性。

(4) 全面性原则。物流服务质量是一个全面质量管理的概念,涉及的范围较广。因此,构建的指标体系必须全面反映评价对象的情况,避免出现片面性。

(5) 定性指标与定量指标相结合的原则。为使物流服务质量调查和度量的结果更具有客观性,应当采用定性指标和定量指标相结合的原则。这一原则可以弥补单纯的定量评价中数据本身存在某些缺陷这一问题。

(6) 层次性原则。物流服务质量评价需要考虑各个质量要素,每个质量要素对应若干指标。为了便于确定质量要素的相对重要性以及每个质量要素下各个指标的相对重要性,需要采用层次化的评价指标体系。

8.3.2 指标体系构建的方法

尽管物流服务的观念从过去只关注时间、地点发展到了新效用、新价值的增加,但物流服务质量仍然是以产品管理为基础的观念。

由于物流服务在本质上是一种服务,同时服务活动的对象主要是有形的货物,因此,一些学者认为物流服务应包括两层含义:顾客营销服务(marketing customer service,MCS)和实物分销服务(physical distribution service,PDS),并从大量的文献和资料总结出 PDS 3 个维度,即货物可用性(availability)、准时性(timeliness)和质量(quality)[12]。以上3个维度被认为是传统的物流服务质量评价维度,它们仅考虑了物流服务中实物分销活动的质量水平,对于整个物流服务质量的调查和度量仍然存在片面性。

对于物流服务的整体质量较完整的描述是美国田纳西大学在 2001 年的研究结果。通过对大型第三方物流企业和客户进行深入调查,他们从顾客角度出发,建立了一个具有一般意义的顾客感知物流服务质量模型,如图 8.8 所示。

图 8.8 顾客感知物流服务质量模型[13]

在图 8.8 中,第一个阶段为顾客下订单阶段,在此阶段顾客会产生对物流服务企业员工服务质量的感知、对订单释放数量大小的感知、对订购信息质量的感知以及对订购过程的总体感知,但不包括任何与有形产品相关的质量感知。顾客在这一阶段感知的服务质量对应于货物可用性这一传统的质量维度。

第二个阶段为货物接收阶段,在此阶段顾客会产生对于货物准确度、完好度、质量以及货物到达时间是否与预期时间一致的感知。同时,由于接收到的货物可能与订单中的预期货物存在不一致,顾客可能要求物流服务企业对错误进行纠正和补救,因此在此过程中顾客还会产生企业对错误补救质量的感知。顾客在这一阶段感知的服务质量对应于准时性和质量这两个传统的质量维度。

在第三阶段,顾客根据前两个阶段中对货物订购、货物接收、货物到达准时性和物流服务企业对错误的补救等方面的感知,以及订货过程方便性的感知,最终确定对物流服务质量的主观满意度。

根据以上 3 个阶段的顾客感知质量,可以得到对物流服务质量进行调查和度量的 9 个指标维度,如图 8.9 所示。

图 8.9 中各个指标维度的含义如下:

(1) 人员沟通质量。人员沟通质量(personnel contact quality)主要考察负责沟通的物流企业服务人员能够通过与顾客的良好接触提供个性化的服务。一般来说,服务人员相关知识丰富与否、是否体谅顾客处境、帮助解决顾客的问题会影响顾客对物流服务质量的评

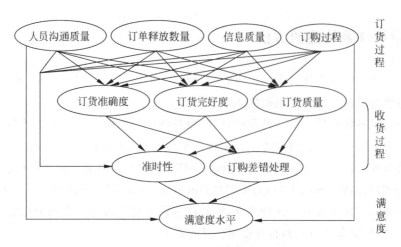

图 8.9　物流服务质量调查和度量的指标维度[13]

价。这种评价形成于服务过程之中。因此，加强服务人员与顾客的沟通是提升物流服务质量的重要方面。

(2) 订单释放数量。订单释放数量(ordering release quantities)与前面提到的 PDS 中的货物可用性概念相关。一般情况下，物流企业会按实际情况释放(减少)部分订单的订量(出于供货、存货或其他原因)。尽管大部分顾客对此有一定准备，但不能按时完成顾客要求的订量会对顾客的满意度造成影响。

(3) 信息质量。信息质量(information quality)指物流企业从顾客角度出发提供产品相关信息的多少。这些信息包含了产品细目、产品特征等。如果有足够并且准确的可用信息，顾客容易做出比较有效的决策。

(4) 订购过程。订购过程(ordering procedures)主要指物流企业在接受顾客的订单和处理订购过程中的效率和成功率。调查表明，顾客认为订购过程中的有效性和程度及手续的简易性非常重要。

(5) 订货准确度。订货准确度(order accuracy)指实际配送的货物和订单描述的货物相一致的程度。订购货物精确性应包括订购货物种类、型号、规格准确以及相应的数量正确。

(6) 订货完好度。订货完好度(order condition)指订购货物在配送过程中受损坏的程度。如果有所损坏，物流企业应及时寻找原因并补救。

(7) 订货质量。订货质量(order quality)指订购货物的使用质量，包括功能与消费者的需求吻合程度。货物精确率与运输程序有关，货物完好程度反映损坏程度及事后处理方式，货物质量则与生产过程有关。

(8) 准时性。准时性(timeliness)指货品是否如期到达指定地点，它受运输时间、误差处理或重置订单的时间等因素影响。

(9) 订购误差处理。订购误差处理(order discrepancy handling)指订单执行出现错误后的处理。如果顾客收到错误的货品或货品的质量有问题，都会向物流供应商追索更正。物流企业对这类错误的处理方式直接影响顾客对物流服务质量的评价。

图 8.9 中各指标维度之间的连接箭头表示前者质量的高低对后者质量的高低具有正向

影响关系[13]。比如,人员沟通质量、订单释放数量、信息质量和订购过程分别对订货准确度、订货完好度、订货质量和准时性具有正向影响;订货准确度、订货完好度、订货质量对准时性和订购差错处理具有正向影响;人员沟通质量、订购过程、准时性和订购差错处理对满意度水平具有正向影响。

图8.9中的9个指标从顾客满意度角度出发,以物流服务的流程为基础,包括了PDS的3个传统维度,也包括了其他相关文献中的一些重要指标,共同组成了从物流服务质量调查和度量的指标体系。

近年来,随着经济全球化的趋势,文化背景差异也导致了不同顾客对物流服务质量的不同感知。考虑到这些因素,一些学者进一步研究了全球化市场中不同国家和地区的文化特征以及不同类型企业的组织特征对物流服务质量的影响,在图8.8所示的模型中加入了上述两个因素,提出了基于全球物流背景下的物流服务质量感知模型,如图8.10所示。

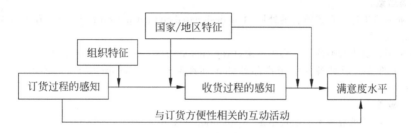

图8.10 全球化物流服务质量感知模型[14]

8.4 物流服务质量的调查与度量方法

虽然物流服务中存在一些客观性的定量指标可以用于调查和度量服务质量,如货品完好率、准确率等,但顾客对物流服务质量的评价具有主观性,对同一指标水平可能产生不同的质量评价,因此物流服务质量的调查和度量需要以顾客满意度为基础和核心。

另一方面,由于顾客可能来自不同行业或不同文化背景,对物流服务中各个质量要素的重要程度具有不同的评价,所以物流服务质量调查和度量需要进行市场细分,使得物流企业能够了解在不同顾客特征的市场上自身的服务质量水平和竞争优势,并结合企业自身的特点,选定特定目标市场,集中力量为目标市场服务。

8.4.1 物流服务质量调查问卷

调查问卷是物流服务企业了解顾客主观满意度的主要途径。由于物流服务是一种服务类型,而SERVQUAL是一种有效的评价服务质量的方法,因此有学者研究了SERVQUAL直接应用于物流服务质量评价的准确性和有效性[15,16]。结果表明,对于物流服务质量评价,直接应用SERVQUAL得到的评价结果具有较大偏差。引起这一偏差的主要原因在于,SERVQUAL方法的各个维度(即服务质量五要素)主要为功能/过程(functional/

process)维度,该维度侧重于服务的交付过程,即顾客在接受服务过程中的主观感受和满意度;而物流服务质量调查和度量的主要为技术/结果(technical/outcome)维度,该维度侧重于服务是否将核心利益或期望结果交付给了顾客[17,18]。人们通过实证研究后认为,要全面地对物流服务质量进行评价,需要同时考虑功能/过程维度和技术/结果维度[19]。因此,使用 SERVQUAL 进行物流服务质量评估需要在问卷中加入"物流指标"以反映物流服务的特征[15]。根据图 8.9 所示的指标体系设计对 SERVQUAL 方法的调查问卷进行修改,可以得到用于评价物流服务质量的调查问卷,如表 8.8 所示。

表 8.8　物流服务质量调查问卷[20]

说明:下列陈述与您对 XYZ 公司的看法有关。您认为 XYZ 公司在多大程度上符合下列陈述描述的特征,对于每个评述项请给出 1~5 的评分(如果强烈同意给 5 分;强烈不同意则给 1 分;其余情况挑选中间数字给分)。

D_1:人员沟通质量

D_{11}:负责沟通的员工努力理解顾客的处境(The designated contact person makes an effort to understand my situation)。

D_{12}:问题能够通过负责沟通的员工得到解决(Problems are resolved by the designated contact person)。

D_{13}:负责沟通的员工所具备的关于产品的知识和经验充足(The product knowledge/experience of personnel is adequate)。

D_2:订单释放数量

D_{21}:订单中的货物需求数量不会出现不足(Requisition quantities are not challenged)。

D_{22}:从未发生过由最大订单释放数量引起的困难(Difficulties never occur due to maximum release quantities)。

D_{23}:从未发生过由最小订单释放数量引起的困难(Difficulties never occur due to minimum release quantities)。

D_3:信息质量

D_{31}:货物细目中的信息可以获得(Catalog information is available)。

D_{32}:货物细目中的信息充足(Catalog information is adequate)。

D_4:订购过程

D_{41}:订购过程具有有效性(Requisitioning procedures are effective)。

D_{42}:订购过程具有简便易操作性(Requisitioning procedures are easy to use)。

D_5:订货准确度

D_{51}:发货中极少出现错误物品(Shipments rarely contain the wrong items)。

D_{52}:发货数量极少出现错误(Shipments rarely contain an incorrect quantity)。

D_{53}:发货中极少出现替代物品(Shipments rarely contain substituted items)。

D_6:订货完好度

D_{61}:从库房接收到的货物中很少存在损坏货物(Material received from the depots is undamaged)。

D_{62}:直接从销售商处接收到的货物中不存在损坏货物(Material received direct from vendors is undamaged)。

D_{63}:很少发生由运输方式或工具引起的货物损坏(Damage rarely occurs as a result of the transport mode or carrier)。

D_7:订货质量

D_{71}:替代货物能够完好运行(Substituted items sent work fine)。

D_{72}:订购的货物达到了技术要求(Products ordered meet technical requirements)。

D_{73}:设备和零部件很少与订单要求不一致(Equipment and parts are rarely non-conforming)。

D_8:准时性

D_{81}:下订单与接收货物之间的时间间隔很短(Time between placing a requisition and receiving delivery is short)。

续表

D_{82}：运送的货物能够在承诺时间内到达（Deliveries arrive on the date promised）。
D_{83}：满足延迟订货的时间间隔很短（The amount of time a requisition is on backorder is short）。
D_9：订购误差处理
D_{91}：订购误差补救令人满意（Corrections of delivered quality discrepancies（Report of Discrepancy）is satisfactory）。
D_{92}：订购误差补救过程的报告内容充分（The Report of Discrepancy process is adequate）。
D_{93}：对质量误差报告的反应令人满意（Response to Quality Discrepancy Reports is satisfactory）。

表 8.8 可看作 SERVQUAL 调查问卷的第二部分，即调查顾客的感知服务质量。物流服务企业可以根据表 8.8 的内容构造调查顾客期望服务质量的问卷，对物流服务质量进行差距分析。通过差距分析，物流服务企业能够了解自身在各个服务质量要素上的绩效水平，并采取有针对性的措施进行改善。

8.4.2 物流服务市场细分

市场细分指根据顾客需求的差异性，将一个整体市场划分为若干个顾客群体，每一个顾客群即为一个细分市场。在各个不同的细分市场之间，顾客的需求特征差异比较明显；在每个细分市场之内，顾客需求特征差别则比较细微。

随着经济和电子商务的发展，快速增长的物流需求极大地推动了物流市场的发展。同时，不断增加的各类物流服务企业、模糊的市场定位、类似的物流服务产品都使得物流服务市场竞争加剧，利润减小。因此，物流服务质量调查和度量不仅包括对顾客进行问卷调查，还应该包括合理的物流市场细分，使得物流服务企业能够了解在各个细分市场上自身的服务质量水平和缺陷，根据企业自身资源状况选择目标市场，并根据目标市场的顾客需求特征进行物流服务质量设计和改善，以增强企业的市场竞争力[21,22]。

顾客的需求特征差异主要表现在以下几个方面：运输成本、仓储成本、配送成本等成本方面；业务处理准确性、业务处理准时性、服务态度、反应速度、物流作业速度等服务质量方面；长期稳定合作、商业信誉、基础设施先进性、信息技术、网络技术先进性等物流服务技术方面；帮助拓展业务范围的物流服务、帮助提升自己的服务水平、增加企业信誉、增加企业的销售额等增值服务方面。

1. 市场细分的必要性和作用

服务质量调查和度量中进行市场细分的必要性和作用主要体现在以下几个方面：

首先，物流需求的异质化要求物流服务企业必须进行市场细分。随着人们生活水平持续提高，物流服务所面对的市场需求繁杂多样，而任何一个企业，即使是处于行业领先地位的企业也无法满足全部需求。现代市场营销理论认为：现代战略营销的核心是树立目标市场营销理念，有效地进行市场细分，并选择目标市场和产品定位。其中，市场细分是市场营销必不可少的一项基础工作，是一个企业进行有效资源配置以部署战略和计划的关键。因此，面对多样化的市场需求，物流服务企业也必须进行市场细分，才能更好地了解自身在各个细分市场中的服务质量水平和缺陷。

其次，集中力量，进行有效的竞争必须借助市场细分。从整体上看，目前物流服务的总供给大于总需求。但是从微观角度来看,大多数物流服务企业仅靠自身实力无法同时满足所有细分市场的不同需求,因为任何一家物流企业的资源都是有限的,将有限的资源投入到无限范围的市场竞争中,无法达到有效经营的目的。因此,物流服务企业需要通过市场细分来识别具有不同需求的顾客群体,并根据不同群体的需要,结合企业自身的特点,选定特定目标市场,集中力量为目标市场服务,提高物流服务质量。

最后,市场细分有利于物流企业发掘市场机会,进而开拓新的物流市场。物流市场细分的基本思想是物流企业并非一味追求在所有市场上都占有一席之地,而是追求在较小的细分市场上占有较大的市场份额。这种价值取向对大中型企业开发市场具有重要意义,对小型企业的生存与发展更至关重要。通过市场细分,物流企业可以认识到每个细分市场上需求的差异及被满足的程度,抓住那些竞争者未进入或竞争对手很少的市场机会,结合企业资源状况,形成并确立适宜自身发展和壮大的目标市场。同时,通过分析物流服务企业在各个细分市场的物流服务质量水平,有助于物流企业把握不同细分市场的需求特点及变化情况,根据各个细分市场的特点对营销组合进行调整,形成具有市场竞争力的营销组合,提高物流服务企业的市场适应程度。

2. 市场细分的方法

物流服务细分通常考虑如下几个因素:物流服务的价格、货物运输的及时性、物流服务的准时性、获得物流服务的便捷性、物流过程的安全性和货物的运送距离等。为了解这些因素对顾客的主观重要程度,可以要求顾客在填写表 8.8 所示调查问卷时,对每一个评价选项进行重要性评价,比如,用分值 1~5 分别表示由低到高的重要性。物流服务企业通过分析这些重要性评价的分值,可以按顾客的物流需求特征对市场进行细分。常用的分析方法有模糊聚类法[23]和因子分析[24]等。

模糊聚类法是采用模糊数学语言对事物按照一定要求进行分类的方法。由于物流服务质量的指标具有难以准确量化的特点,如送达准时性、准确性、可靠性等,因此可以采用模糊聚类法对物流市场进行细分,主要步骤如下:

(1) 首先选择行业变量(也可以选择其他因素作为变量,如地域因素)将市场分为 n 个子市场,得到论域 $X=\{A_1,A_2,\cdots,A_n\}$;

(2) 选择反映客户企业需求特征的 m 个统计指标$\{I_1,I_2,\cdots,I_n\}$,分别统计各个子市场中每项指标的得分,故各个子市场所对应的因素向量为 $A_i=(x_{i1},x_{i2},x_{im})$,$i=1,2,\cdots,n$,最后得到评价矩阵 $M=(x_{ij})_{n\times m}$;

(3) 计算各个子市场间相似程度的统计量 $r_{ij}=1-c(\sum_{k=1}^{m}|x_{ik}-x_{jk}|)$,建立模糊相似矩阵 $R=(r_{ij})_{n\times n}$;

(4) 根据模糊相似矩阵 R 进行聚类,选择一个 $\lambda(0<\lambda<1)$ 得到 R 的 λ 水平截集 R_λ,根据 R_λ 得到相似类。当 λ 由 1 降到 0 时,所分的类由细到粗,形成一个动态聚类图。

因子分析是多元统计分析中研究样本相关阵或协方差阵的内部依赖关系的一种方法。它的主要思想是寻求样本的基本结构,简化观测系统,将具有错综复杂关系的对象(样本或变量)综合为少数几个不相关的公共因子,并分析每个公共因子与原始对象之间的内在联系。在物流企业进行市场细分时,由于可用的变量多(如在调查问卷中有 25 个评分指标),而某些变量之间可能存在很强的相关性,因此可以用因子分析对变量进行降维,找出它们的公共因子,这些公共因子就组成了市场细分的维度。比如,某物流服务企业对调查问卷中各选项的重要性分值进行因子分析,得到的结果如表 8.9 所示。

表 8.9 因子分析结果(正交旋转后因子载荷量)

问卷选项	因子载荷				
	F_1	F_2	F_3	F_4	F_5
D_{11}	$L_{11,1}$	$L_{11,2}$	$L_{11,3}$	$L_{11,4}$	$L_{11,5}$
D_{12}	$L_{12,1}$	$L_{12,2}$	$L_{12,3}$	$L_{12,4}$	$L_{12,5}$
D_{13}	$L_{13,1}$	$L_{13,2}$	$L_{13,3}$	$L_{13,4}$	$L_{13,5}$
D_{21}	$L_{21,1}$	$L_{21,2}$	$L_{21,3}$	$L_{21,4}$	$L_{21,5}$
⋮	⋮	⋮	⋮	⋮	⋮
D_{83}	$L_{83,1}$	$L_{83,2}$	$L_{83,3}$	$L_{83,4}$	$L_{83,5}$
D_{91}	$L_{91,1}$	$L_{91,2}$	$L_{91,3}$	$L_{91,4}$	$L_{91,5}$
D_{92}	$L_{92,1}$	$L_{92,2}$	$L_{92,3}$	$L_{92,4}$	$L_{92,5}$
D_{93}	$L_{93,1}$	$L_{93,2}$	$L_{93,3}$	$L_{93,4}$	$L_{93,5}$

按照问卷选项在各个因子上的载荷 L 高低将问卷选项分为 5 类(一般而言,因子载荷超过 0.6 即可认为高负荷),每一类就表示了顾客市场对物流服务某一个维度的重视程度。因此,物流服务企业可以通过因子分析了解顾客中存在的不同需求特征。因子分析的另一个作用是物流服务企业可以根据因子载荷矩阵计算出每张问卷在 5 个因子上的得分向量,对得分向量进行聚类分析、方差分析和相关分析等,就能够得到每张问卷对应的细分市场及其需求特征差异。

8.4.3 调查结果分析

在完成物流服务质量问卷调查和市场细分后,企业需要对调查结果进行总结分析,以评价自身的物流服务质量水平。由于顾客对物流服务质量各个指标的评价具有主观性和模糊性,并且指标按照某种属性被划分为不同层次,因此可以用层次分析法(analytic hierarchy process,AHP)和模糊综合评价法进行调查结果分析和物流服务质量度量,分别简介如下。

1. 层次分析法

层次分析法[25]是一种定性与定量分析相结合的多因素分析方法。这种方法将经验判断进行数量化,在目标因素结构复杂且缺乏必要数据的情况下使用更为方便,因而在实践中得到广泛应用。层次分析法有如下几个步骤:

(1)在确定决策的目标后,对影响目标决策的因素进行分类,建立一个多层次结构。

(2)比较同一层次中各个因素关于上一层次中同一个因素的相对重要性,构造成对比较矩阵。

(3)通过计算,检验成对比较矩阵的一致性,必要时对成对比较矩阵进行修改,以达到可以接受的一致性。

(4)在符合一致性检验的前提下,计算成对比较矩阵最大特征值相对应的特征向量,确定每个因素对上一层次该因素的权重,计算各因素对于系统目标的总排序权重并据此进行决策。

层次分析法的主要过程是构造成对比较矩阵和计算各因素在决策中的权重。由于在调查问卷中物流服务质量评价指标都定量表示,因此可以将层次分析法应用于各评价指标权重的确定,进而进行服务质量评价。以下通过一个例子说明层次分析法在物流服务质量评价中的应用。

例 8.4 某物流服务企业对自身的物流服务质量进行评价,以发现自身缺陷,采取改进措施。该企业利用表 8.8 的调查问卷对顾客进行问卷调查,回收的有效问卷为 47 份,其各个指标的得分均值如表 8.10 所示。

表 8.10 调查问卷中各指标得分均值

指标	D_1			D_2			D_3		D_4		D_5		
得分	D_{11}	D_{12}	D_{13}	D_{21}	D_{22}	D_{23}	D_{31}	D_{32}	D_{41}	D_{42}	D_{51}	D_{52}	D_{53}
	3.31	4.23	2.91	3.68	3.36	3.61	4.57	3.56	3.40	2.67	3.79	2.16	4.21

指标	D_6			D_7			D_8			D_9		
得分	D_{61}	D_{62}	D_{63}	D_{71}	D_{72}	D_{73}	D_{81}	D_{82}	D_{83}	D_{91}	D_{92}	D_{93}
	3.29	3.88	3.61	2.84	2.86	3.40	4.04	4.22	4.07	3.94	4.00	3.75

该企业通过咨询专家对各个一级指标和二级指标的相对重要性进行打分,得到的关于一级指标的成对比较矩阵 $\boldsymbol{M}$ 和二级指标的成对比较矩阵 $\boldsymbol{M}_i (i=1,2,\cdots,9)$ 如下:

$$\boldsymbol{M} = \begin{bmatrix} 1 & 1/3 & 1/2 & 1 & 1/5 & 1/7 & 1/7 & 1/5 & 1/7 \\ 3 & 1 & 2 & 3 & 1/2 & 1/3 & 1/3 & 1/2 & 1/3 \\ 2 & 1/2 & 1 & 2 & 1/3 & 1/4 & 1/4 & 1/3 & 1/4 \\ 1 & 1/3 & 1/2 & 1 & 1/5 & 1/7 & 1/7 & 1/5 & 1/7 \\ 5 & 2 & 3 & 5 & 1 & 2 & 1 & 2 & 1/2 \\ 7 & 3 & 4 & 7 & 2 & 1 & 1 & 2 & 1 \\ 7 & 3 & 4 & 7 & 2 & 1 & 1 & 2 & 1 \\ 5 & 2 & 3 & 5 & 1/2 & 1/2 & 1/2 & 1 & 1/2 \\ 7 & 3 & 4 & 7 & 2 & 1 & 1 & 2 & 1 \end{bmatrix}$$

$$\boldsymbol{M}_1 = \begin{bmatrix} 1 & 1/5 & 1/3 \\ 5 & 1 & 2 \\ 3 & 1/2 & 1 \end{bmatrix}, \quad \boldsymbol{M}_2 = \begin{bmatrix} 1 & 3 & 3 \\ 1/3 & 1 & 1 \\ 1/3 & 1 & 1 \end{bmatrix}, \quad \boldsymbol{M}_3 = \begin{bmatrix} 1 & 3 \\ 1/3 & 1 \end{bmatrix}$$

$$\boldsymbol{M}_4 = \begin{bmatrix} 1 & 3 \\ 1/3 & 1 \end{bmatrix}, \quad \boldsymbol{M}_5 = \begin{bmatrix} 1 & 1/3 & 3 \\ 3 & 1 & 7 \\ 1/3 & 1/7 & 1 \end{bmatrix}, \quad \boldsymbol{M}_6 = \begin{bmatrix} 1 & 3 & 1 \\ 1/3 & 1 & 1/3 \\ 1 & 3 & 1 \end{bmatrix}$$

$$\boldsymbol{M}_7 = \begin{bmatrix} 1 & 1/5 & 1/3 \\ 5 & 1 & 2 \\ 3 & 1/2 & 1 \end{bmatrix}, \quad \boldsymbol{M}_8 = \begin{bmatrix} 1 & 1/5 & 3 \\ 5 & 1 & 9 \\ 1/3 & 1/9 & 1 \end{bmatrix}, \quad \boldsymbol{M}_9 = \begin{bmatrix} 1 & 3 & 5 \\ 1/3 & 1 & 2 \\ 1/5 & 1/2 & 1 \end{bmatrix}$$

试用 AHP 方法对该企业的物流服务质量进行评价。

首先,分别对各级指标的成对比较矩阵计算一致性,结果如表 8.11 所示。

表 8.11 各级指标的成对比较矩阵的一致性检验结果

		λ_{max}	n	CI	RI	CR
第一级指标		9.06	9	0.0071	1.45	0.0049
第二级指标	人员沟通质量	3.00	3	0.0018	0.58	0.0032
	订单释放数量	3.00	3	0.00	0.00	0.00
	信息质量	2.00	2	0.00	0.00	0.00
	订购过程	2.00	2	0.00	0.00	0.00
	订购货物准确率	3.01	3	0.0035	0.58	0.0061
	订购货物完好度	3.00	3	0.00	0.58	0.00
	订购货物质量	3.00	3	0.0018	0.58	0.0032
	时间性	3.03	3	0.0145	0.58	0.0251
	订购误差处理	3.00	3	0.0018	0.58	0.0032

从表 8.11 可以看出,各级指标的成对比较矩阵的 CR 值均小于 0.1,故可以认为矩阵具有一致性。

其次,计算各级指标的相对权重,得到的权重向量如表 8.12 所示。

表 8.12 各级指标的权重向量

		权重向量
第一级指标		$(0.03, 0.07, 0.05, 0.03, 0.12, 0.20, 0.20, 0.12, 0.20)$
第二级指标	人员沟通质量	$(0.11, 0.58, 0.31)$
	订单释放数量	$(0.75, 0.125, 0.125)$
	信息质量	$(0.75, 0.25)$
	订购过程	$(0.75, 0.25)$
	订购货物准确率	$(0.24, 0.67, 0.09)$
	订购货物完好度	$(0.60, 0.10, 0.30)$
	订购货物质量	$(0.11, 0.58, 0.31)$
	时间性	$(0.18, 0.75, 0.07)$
	订购误差处理	$(0.65, 0.23, 0.12)$

最后,计算组合权重并排序,所得结果如表 8.13 所示。

表 8.13 企业物流主要环节的各项指标层次总排序

一级指标	二级指标	二级指标在总体系中的权重	一级指标排序
D_1	D_{11}	0.0033	8
	D_{12}	0.0174	
	D_{13}	0.0093	
D_2	D_{21}	0.0525	6
	D_{22}	0.008 75	
	D_{23}	0.008 75	
D_3	D_{31}	0.0375	7
	D_{32}	0.0125	

续表

一级指标	二级指标	二级指标在总体系中的权重	一级指标排序
D_4	D_{41}	0.0225	8
	D_{42}	0.0075	
D_5	D_{51}	0.0288	4
	D_{52}	0.0804	
	D_{53}	0.0108	
D_6	D_{61}	0.1200	1
	D_{62}	0.0200	
	D_{63}	0.0600	
D_7	D_{71}	0.022	1
	D_{72}	0.116	
	D_{73}	0.062	
D_8	D_{81}	0.0216	4
	D_{82}	0.09	
	D_{83}	0.0084	
D_9	D_{91}	0.13	1
	D_{92}	0.046	
	D_{93}	0.024	

根据表 8.10 和表 8.13 的结果,可得到该企业物流服务质量的评价分数为

$$\text{score} = 3.588$$

这一结果说明,该企业物流服务质量处于中上游水平。

2. 模糊综合评价法

模糊综合评价法[26]是以模糊数学为基础,应用模糊关系合成原理,将边界不清,具有模糊性的因素定量化并进行综合评价的一种方法。由于物流服务的内容和过程比较复杂,决定物流服务质量的因素众多,所涉及的指标也多种多样,既有定量指标,也有定性指标,同时它们体现的是顾客对服务的一种主观感受,不同顾客对指标的理解和重要性评价不同,因此指标值具有模糊性、不确定性和难以度量性。这些原因使得模糊综合评价法成为调查和度量物流服务质量的一种有效方法。模糊综合评价法的主要步骤如下:

(1) 确定物流服务质量要素即指标域;

(2) 确定评语等级论域;

(3) 建立模糊关系矩阵,计算每个服务质量要素对评语等级的隶属度;

(4) 确定指标的模糊权重向量;

(5) 通过合成算子进行各级模糊综合评价。

例 8.5 某物流服务企业为了从顾客角度了解各个服务质量维度的重要性,在表 8.8 所示的调查问卷中加入了对各个一级指标选项和二级指标选项的重要性评价,要求顾客评价相邻指标选项的相对重要性 r_k,其取值规则如下:

$r_k = 1$ 表示指标 x_k 与指标 x_{k-1} 同等重要;

$r_k = 3$ 表示指标 x_k 比指标 x_{k-1} 略为重要;

$r_k = 5$ 表示指标 x_k 比指标 x_{k-1} 明显重要;

$r_k=7$ 表示指标 x_k 比指标 x_{k-1} 强烈重要；

$r_k=9$ 表示指标 x_k 比指标 x_{k-1} 极端重要。

同理，当 r_k 取上述值的倒数时表示相反的意义。

利用模糊综合评价法对物流服务质量进行评价的主要步骤如下：

根据图 8.9 所示的物流服务质量评价指标体系，建立一级指标域为 $U=\{u_1,u_2,\cdots,u_9\}$，二级指标域为 $u_1=\{u_{11},u_{12},u_{13}\}, u_2=\{u_{21},u_{22},u_{23}\}, u_3=\{u_{31},u_{32},u_{33}\}, u_4=\{u_{41},u_{42}\}, u_5=\{u_{51},u_{52}\}, u_6=\{u_{61},u_{62},u_{63}\}, u_7=\{u_{71},u_{72},u_{73}\}, u_8=\{u_{81},u_{82},u_{83}\}, u_9=\{u_{91},u_{92},u_{93}\}$。其中 u_{ij} 代表第 i 个一级指标下的第 j 个二级指标，比如 u_{23} 表示第 2 个一级指标（订单释放数量）下的第 3 个二级指标。

设定评语等级为 5，即 $V=\{v_1,v_2,\cdots,v_5\}$，其中 v_1 表示非常满意，v_2 表示满意，v_3 表示一般，v_4 表示不太满意，v_5 表示不满意。不同的评语等级可以反映出客户不同的满意状况。

通过对问卷调查进行统计，可以得到二级指标域 $u_1=\{u_{11},u_{12},u_{13}\}$ 的模糊关系矩阵为

$$\boldsymbol{R}_1=\begin{bmatrix} 0.304 & 0.457 & 0.217 & 0.022 & 0 \\ 0.174 & 0.391 & 0.391 & 0.044 & 0 \\ 0.109 & 0.304 & 0.457 & 0.087 & 0.043 \end{bmatrix}$$

其中，r_{ij} 表示将第 i 个二级指标 u_{1i} 评价为 v_j 的顾客百分比。

通过环比法计算二级指标域 u_1 中的各个指标的权重，可以得到模糊权重向量为

$$\boldsymbol{W}_1=(0.123,0.374,0.503)$$

因此二级指标域 u_1 的模糊评价结果为

$$\boldsymbol{B}_1=\boldsymbol{W}_1\boldsymbol{R}_1=(0.1573,0.3554,0.4028,0.0629,0.0216)$$

按同样方法，可以得到其他二级指标域的模糊评价结果 $\boldsymbol{B}_2,\boldsymbol{B}_3,\cdots,\boldsymbol{B}_9$。

在得到所有二级指标域的模糊评价结果后，将这些模糊评价结果作为一级模糊评价的模糊关系矩阵，即

$$\boldsymbol{R}=(\boldsymbol{B}_1'\ \boldsymbol{B}_2'\ \boldsymbol{B}_3'\ \boldsymbol{B}_4'\ \boldsymbol{B}_5'\ \boldsymbol{B}_6'\ \boldsymbol{B}_7'\ \boldsymbol{B}_8'\ \boldsymbol{B}_9')',\quad \boldsymbol{R}\ \text{的第}\ i\ \text{行为}\ \boldsymbol{B}_i$$

通过环比法计算一级指标域 u 中的各个一级指标的权重，可以得到模糊权重向量为

$$\boldsymbol{W}=(0.073,0.081,0.124,0.136,0.153,0.123,0.074,0.135,0.091)$$

因此一级指标域 u 的模糊评价结果为

$$\boldsymbol{B}=\boldsymbol{WR}=(0.3473,0.2104,0.2378,0.1255,0.0790)$$

$\boldsymbol{B}$ 即为物流服务质量的模糊评价结果。由于它为一个向量，无法直接用于物流服务质量评价，因此可以通过加权平均法或最大隶属度法对其进行数值量化，得到最终的评价结果。

8.5 物流服务质量的改善

企业进行物流服务质量调查和度量的最终目的是发现物流服务活动中存在的问题和缺陷，并采取针对性的措施进行改善。8.1 节中介绍的服务质量改善方法，如 PDCA 循环、帕累托分析等可以用于物流服务质量改善。但随着市场竞争的加剧，物流服务企业面临的主要问题之一是如何在不断减少的利润和有限的资源下实现物流服务质量的有效改善。一般

情况下,物流服务企业的管理者能够通过物流服务质量调查和度量不断发现与服务质量相关的问题,但很多问题得不到有效的解决。出现这一现象的原因主要有两个方面:一是管理者难以确定改善活动从何开始;二是管理者认为在有限的资金约束下难以对物流服务质量进行全面的改善,因为一般而言物流服务质量的改善需要昂贵的成本,比如增加设备或运输工具等。因此,学者们认为,物流服务企业的管理者需要以顾客满意度为中心评价物流服务质量各个维度的优先权(priority),然后结合企业的资源和资金状况对物流服务质量进行有针对性的改善,其中,绩效-重要性矩阵(performance-importance matrix)和成本-时间矩阵(cost-time matrix)是两种常用的分析工具[27]。

8.5.1 绩效-重要性矩阵

绩效-重要性矩阵的横轴表示物流服务企业在某一服务质量维度上的服务质量相对于竞争对手的水平,纵轴表示服务质量维度对于顾客的重要程度。为了得到各个服务维度对于顾客的重要性和与竞争对手的比较结果,需要在客户问卷调查中增加顾客对各个质量维度的竞争力评价,如表 8.14 所示。

表 8.14 服务质量维度的绩效评价问卷

质量维度	绩效评价(从 1~5 选择一个分数)		
	低于竞争对手(1)	与竞争对手近似(3)	高于竞争对手(5)
在与 XYZ 公司人员交往中,您认为其沟通质量			

表 8.14 仅为对企业人员沟通质量这一服务质量维度的绩效评价,对其他服务要素的评价可类似进行。根据表 8.8 和表 8.14 的调查问卷结果,可以将各个服务质量维度划分到绩效-重要性矩阵的 9 个区域中,如图 8.11 所示。

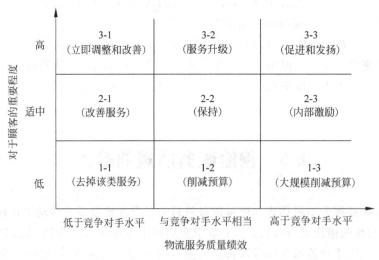

图 8.11 绩效-重要性矩阵

图 8.11 中各个区域内括号中的内容表示对处于该区域内服务要素的建议操作,每个区域的含义如下:

区域 3-3。该区域内的服务质量维度对于顾客具有很高的重要性,并且企业在这些服务质量维度上超过竞争对手水平,因此需要特别的促进和发扬。

区域 3-1 和 2-1。区域 3-1 和 2-1 内的服务质量维度对于顾客具有较高的重要性,但企业在该区域内的服务质量维度上低于竞争对手水平,因此需要进行改善。与区域 2-1 相比,区域 3-1 内的服务要素具有更高的重要性,因此在整个服务质量改善中应当处于核心地位,需要立即进行调整和改善。

区域 3-2。该区域内的服务质量维度对于顾客具有很高的重要性,并且企业在该区域内的服务质量维度上与竞争对手水平相当,因此需要升级某些服务以提高顾客满意度,进而增加市场竞争力。

区域 2-2 和 2-3。这两个区域内的服务质量维度对于顾客的重要性一般,且已达到或超过竞争对手水平,因此不需投入时间和资金进行改善。

区域 1-3、1-2 和 1-1。这几个区域内的服务质量维度对于顾客具有相对较低的重要性,因此在资金和资源约束紧张的情况下,应当控制和削减在这些服务质量维度上的投入。

通过对绩效-重要性矩阵进行分析,物流服务企业可以将物流服务质量调查和度量的结果与质量改善的方向和措施关联起来。对于具有较低重要性的服务质量维度,企业需要对其投入进行控制和削减,并将这些资金和资源投入到具有较高重要性且服务质量低于或相当于竞争对手的服务质量维度上。

8.5.2 成本-时间矩阵

绩效-重要性矩阵可以分析服务质量维度的重要性和绩效,为物流服务企业的服务质量改善指明方向。但是,企业的人力和财力一般不足以使得所有的服务缺陷得到迅速改善。因此,服务质量维度的优先程度是进行质量改善时必须考虑的问题。成本-时间矩阵是解决这一问题的有效方法[28]。

与绩效-重要性矩阵类似,成本-时间矩阵也是一个二维矩阵,其横轴表示达到改善目标所需要的时间,纵轴表示各个服务缺陷所需要的改善成本,如图 8.12 所示。

图 8.12 中改善成本分为高、中、低 3 类。高成本指该类改善需要企业管理高层(如 CEO 或董事会)进行决策;中成本指需要区域或分公司的管理者进行决策;低成本指仅需某个部门的管理者进行决策。改善时间分为短期、中期和长期 3 类。短期指 1 年或 1 年以内;中期指 1 年以上 3 年以内;长期指 3 年以上。

在对各个服务质量要素的改善成本和改善时间进行分类后,企业管理者可以根据企业的资源状况选择采用"低成本方法"或"快速改善"方式进行质量改善。对于人力和财力资源紧缺的公司,一般选择低成本方法,即集中于改善时间较短且改善成本较低的服务质量要素,即处于区域 1-1、1-2 和 1-3 中的服务要素;对于面临新的竞争或政策变化、开辟新市场等挑战的物流服务企业,一般更注重于缩小改善时间,因此应倾向于区域 1-1、2-1 和 3-1 中服务要素的改善。

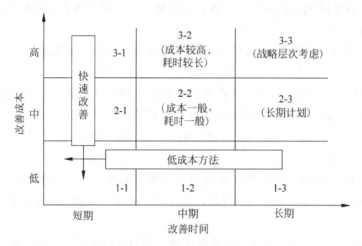

图 8.12 成本-时间矩阵

除了以上 5 个区域外，对于另外 4 个区域，即区域 2-2、2-3、3-2 和 3-3，一般首先对处于区域 2-2 和 2-3 中的服务质量维度进行改善，因为这一措施能在相同的时间内比区域 3-2 和 3-3 中的服务质量维度改善花费更少的成本。

小结与讨论

服务型企业的服务质量以顾客主观满意度为核心，而制造型企业的产品质量以产品性能参数为核心，两者存在较大差异。这种差异体现为服务质量具有的可靠性、响应性、保证性、移情性和有形性要素。由于服务质量主要关注顾客的主观满意度，因此其度量方法主要以调查问卷为主，包括常用的 SERVQUAL、SQ-NEED 和标杆瞄准等方法。而服务质量的控制与改善主要关注服务质量的交付过程，通过统计过程控制、PDCA 循环和帕累托分析等对服务交付系统进行监控、改进和提升。

物流服务质量管理是物流服务运作管理的一项重要活动，其目的是使物流服务企业了解市场需求特征和自身服务质量水平，有针对性地改善服务质量，提高顾客满意度。因此，物流服务质量管理主要包括两方面的内容：物流服务质量调查与度量以及物流服务质量改善。物流服务质量调查和度量需要首先建立调查和度量的指标体系，然后根据指标体系设计调查问卷，调查问卷的内容主要包括顾客对各个指标的主观满意度以及重要性评价。根据调查问卷结果，物流服务企业对市场进行细分，并分析在各个细分市场上顾客需求特征存在的差异以及自身的服务质量水平和缺陷。由于资金和人力的限制，物流服务企业不可能对发现的每一个缺陷进行改善，因此，绩效-重要性矩阵和成本-时间矩阵可以用于分析企业物流服务质量改善中需要侧重的质量维度，在不断减少的利润和有限的资源下实现物流服务质量的有效改善。

思考题

1. 服务质量的 5 个维度与产品质量有什么不同？
2. 为什么说度量服务质量十分困难？
3. 选定一项服务，阐述质量成本的 4 个基本组成要素。
4. 为什么服务型企业在提供服务保证时犹豫不决？
5. 物流服务质量在整个企业中处于什么重要地位？
6. 何谓物流服务质量？它包括哪些内容和特征？
7. 物流服务质量如何评价？典型的评价指标有哪些？
8. SERVQUAL 应用于物流服务质量评价有何缺点？
9. 除了 SERVQUAL，思考还有哪些方法可以度量物流服务质量？
10. 物流服务质量改善中需要注意什么问题？有哪些方法可以解决这些问题？

练习题

1. 某度假公司准备制定该公司的电话预订员为度假者安排行程的通话时间标准。公司收集了一周内每天中每个电话预订员与顾客的一次通话时间数据，如下表所示。试绘制通话时间的 $\bar{X}$-R 图，并描述如何应用该图进行预订员的服务控制。

min

职员	通话时间						
	周一	周二	周三	周四	周五	周六	周日
张××	8	9	8	5	11	10	7
李××	6	5	11	6	5	13	7
王××	5	6	10	14	13	9	11
赵××	12	10	9	8	6	14	9
孙××	7	9	6	11	6	8	10

2. 某航空公司近期收到的乘客抱怨数增多，因此，公司准备从关注航班正点率入手，进行服务质量控制。该公司记录了前 10 天的正点班次为 17、16、18、19、16、15、20、17、18 和 16。试绘制平均正点率的 P 图。

3. 某餐厅的管理者正在为服务员接待顾客的时间指定质量控制图。管理者认为，为减少顾客等待时间，提高服务质量，服务员接待顾客的时间应控制在一定限制内。因此，餐厅选取了 5 名服务员，在某一天 5 次观察他们接待顾客的时间，确定他们的活动。记录接待顾客所用的时间如下：

服务员	接待时间				
	观察1	观察2	观察3	观察4	观察5
1	167	135	152	181	120
2	203	108	97	133	75
3	142	200	85	95	153
4	109	143	188	201	115
5	212	144	142	167	175

(1) 决定样本大小为 5 的 $\overline{X}$-R 图。

(2) 绘出控制图后，观察 5 名服务员的活动，记录接待顾客所用时间为 180s、125s、110s、154s 和 221s。需要采取改进措施吗？

4. 最近某市的交通局收到一些关于城市街道塞车事件增加的抱怨。抱怨将塞车的原因归因于信号灯缺乏时间的一致性。由于信号灯由主计算机系统控制，而调整这个程序花费巨大。因此，在没有明确的证据前，控制员不愿意改变现状。过去一年内交通局收集了 1000 个十字路口的数据，数据按照月份编辑如下：

月 份	1	2	3	4	5	6	7	8	9	10	11	12
塞车事件	18	14	18	10	14	7	12	14	16	12	8	19

(1) 根据上表数据，绘制 P 控制图；

(2) 如果在未来 3 个月内，在这 1000 个路口塞车事件记录如下，是否应调整系统？

月 份	1	2	3
塞车事件	15	9	11

5. 某血液检测机构接收当地医院和诊所的血液样品，然后应用计算机进行自动检测。管理者非常关心检测的准确性，因为错误的检测结果会导致医生诊断错误，严重者会危及病者的生命。为此，每天随机抽取若干样本，重新进行人工检测，结果如下表所示：

天	样本数	分析错误数	天	样本数	分析错误数
1	835	8	13	250	8
2	808	12	14	830	14
3	780	6	15	798	7
4	252	6	16	813	9
5	430	7	17	818	7
6	600	5	18	581	8
7	822	11	19	464	4
8	814	8	20	807	11
9	206	6	21	595	7
10	703	8	22	500	12
11	850	19	23	760	7
12	709	11	24	420	8

(1) 绘制一个 95% 置信度(1.96 倍标准差)的 P 控制图；

(2) 稍后，另外抽取 574 个样本，经过精确检验发现 12 个样本分析错误，你对这一服务质量有什么评价？

6. 例 8.2 中，如果增加一个投递监督人员，可以找出并消除所有投递错误。但该监督人员每小时的工资是 10 元，每小时能够检查 80 封邮件。如果不增加该监督人员，允许投递错误发生，那么就须在后面以每封邮件 5 元的成本纠正投递错误。试问是否雇用监督人员？

案例：JC 公司的物流服务质量改善[①]

JC 公司是一家大型连锁型物流服务公司，主营业务为物流配送。公司最大的配送中心位于俄亥俄州，该中心为 188 家地区零售店装运货物，目标是 36h 之内把货物送到顾客要求的地点。由于顾客数量巨大，JC 公司在该配送中心每年要处理 180 万张订单，即每天约 5000 张订单。面对日益加剧的市场竞争，JC 公司意识到需要通过有效的服务质量管理提高顾客满意度，增强市场竞争力。为此，JC 公司首先在该配送中心展开了三项服务质量改善活动：即质量环、精确至上以及激光扫描技术的应用。接着在其位于密苏里州、内华达州以及康涅狄格州的三个配送中心开展了类似的物流服务质量改善活动，使其能够连续 24h 为全国 90% 的地区提供服务。随着这些活动的开展，JC 公司随后在激烈的市场竞争中脱颖而出，市场占有率稳步上升，顾客投诉率也远低于行业平均水平。公司总经理认为，JC 公司能够取得这些绩效，主要应归功于该公司于 20 世纪 80 年代中期采取的质量环、精确至上以及激光扫描技术应用这三项服务质量改善活动。

1. 开展质量环活动

JC 公司首先发起了质量环活动，以保证能够维持和不断改善物流服务质量水平。这一活动的主要内容包括两个方面：一是通过客户访谈和调查问卷了解 JC 公司的物流服务质量水平；二是根据了解到的情况对某些服务质量要素进行改进，这些改进措施由公司全员参与讨论。在每一次的质量循环活动后，管理部门都会经过慎重考虑提出或采纳一些改进措施以解决工作场所中存在的问题。比如，采纳工人们创建中央工具库的建议，使得工具更加易于获得，从而提高了工作效率。

2. 追求精确至上

精确至上活动旨在通过排除采购、订货以及搬运活动中存在的缺陷来提高服务的精确性和及时性。因此，JC 公司管理部门特别关注顾客信息的精确性和完成承诺的订货。显然，在该层次上讲求服务精确性就要求公司能够随时清楚某个产品是否有现货，存货数量是否能够满足需求，并且当有电话订货时，能立即和客户商定何时送货上门。订货承诺的完成需要把主要精力放在提高货物精确性上，为此该公司的配送中心经理库克曼说道："我们曾一直在犯错误，因此迫切希望在商品预付给顾客之前就能够进行精确地检查。"但由于订单数量庞大，而公司人力资源有限，库克曼感觉到只有依赖计算机，人们才有能力精确地检查。于是，JC 公司开始利用计算机系统进行协调，把订购商品转移到"转送提取"区域，以减少订

---

① 本案例来源于参考文献[29]，本书进行了必要的改编。

货提取者的步行时间。JC 公司努力提高的另一个方面是从供应商处采购产品的精确性。为了确保产品在质量和数量上的正确，JC 公司针对每次装运中的某个产品，进行严格的质量控制和实际数目抽检。如果该产品存在某种差异，将对所有的订货进行全面检查。另外还随机地对 2.5% 的装运货物进行审计。

3. 应用激光扫描技术

激光扫描技术的目的是用科技改进质量管理，以 99.9% 的精确性来跟踪 120 000 个存货单位的存货。JC 公司最初在密尔沃基的配送中心是用手工处理各种产品项目的储存和跟踪，接着便开始用计算机键盘操作替代手工操作，这一改进使产品项目的精确性接近 80%。而扫描技术则被看作是既提高记录精度，又提高记录速度的手段。但是，刚开始启动扫描技术时的结果并不理想，因为一系列的扫描过程需要精确地读取每一个包装盒上的信息。然而，在某些情况下，往往需要扫描 4 次才获得 1 次读取信息。因此，公司内部的系统支持小组耗资 1.5 万美元优化了硬件和软件，完善了 4 个扫描站，同时削减了 16 个键盘操作人员，有效降低了成本，提高了存货监控的质量。

讨论：

(1) JC 公司物流服务质量管理的特点是什么？

(2) 物流服务企业应如何处理好人员与技术的关系？

(3) 还有哪些措施可以帮助 JC 公司进一步改善其物流服务质量？

参考文献

[1] GRÖNROOS C. An applied service marketing theory [J]. European Journal of Marketing, 1982, 16 (7): 30-41.

[2] PARASURAMAN V A, ZEITHAML L L, BERRY A. Conceptual model of service quality and its implications for future research [J]. Journal of Marketing, 1985, 49 (4): 41-50.

[3] FITZSIMMMONS J A, FITZSIMMMONS M J. Service management [M]. 3rd ed. New York: McGraw-Hill, 2001.

[4] ZEITHAML V A, BERRY L L, PARASURAMAN A. Communication and control processes in the delivery of service quality [J]. Journal of Marketing, 1988, 52 (2): 35-48.

[5] PARASURAMAN A, ZEITHAML V A, BERRY L L. SERVQUAL: a multiple-item scale for measuring consumer perceptions of service quality [J]. Journal of Retailing, 1988, 64 (1): 12-40.

[6] CHIU H C, LIN N P. A service quality measurement derived from the theory of needs [J]. Service Industries Journal, 2004, 24 (1): 187-204.

[7] JURAN J M, GRYNA F M, Jr. Qaulity planning and analysis [M]. New York: McGraw-Hill, 1980.

[8] 周军兰. 帕累托原理在图书馆中的应用 [J]. 情报资料工作, 2004(2): 57-59.

[9] CAPLICE C, SHEFFI Y. A review and evaluation of logistics metrics [J]. The International Journal of Logistics Management, 1994, 5(2): 11-28.

[10] FRANCESCHINI F, RAFELE C. Quality evaluation in logistic services [J]. International Journal of Agile Management Systems, 2000(1): 49-53.

[11] 王之泰. 现代物流学[M]. 北京:中国物资出版社,1995.

[12] MENTZER J T, GOMES R, KRAPFEL R E. Physical distribution service: a fundamental marketing concept? [J]. Journal of the Academy of Marketing Science, 1989, 17(1): 53-62.

[13] MENTZER J T, FLINT D J, HULT G T M. Logistics service quality as a segment-customized process [J]. Journal of Marketing, 2001(65): 82-104.

[14] MENTZER J T, MYERS M B, CHEUNG M S. Global market segmentation for logistics services [J]. Industrial Marketing Management, 2004(33): 15-20.

[15] BRENSINGER R P, LAMBERT D M. Can the SERVQUAL scale be generalized to business to business services? [C]//Proceedings of Knowledge Development in Marketing. Chicago: American Marketing Association, 1990.

[16] DURVASULA S, LYSONSKI S, MEHTA S C. Testing the SERVQUAL scale in the business to business sector: the case of ocean freight shipping service [J]. The Journal of Services Marketing, 1999, 13(2): 132-150.

[17] GRÖNROOS C. A service quality model and its marketing implication [J]. European Journal of Marketing, 1984, 18(4): 36-44.

[18] PARASURAMAN V A, ZEITHAML L L, BERRY A. A conceptual model of service quality and its implications for future research [J]. Journal of Marketing, 1985, 49(4): 41-50.

[19] BIENSTOCK C C, MENTZER J T, BIRD M M. Measuring physical distribution service quality [J]. Journal of the Academy of Marketing Science, 1997, 25(1): 31-44.

[20] MENTZER J T, FLINT D J, KENT J L. Developing a logistic service quality scale [J]. Journal of Business Logistics, 1999, 20(1): 9-32.

[21] FULLER J B, O'CONOR J, Rawlinson R. Tailored logistics: the next advantage [J]. Harvard Business Review, 1993, 71(3): 87-98.

[22] MURPHY P R, DALEY J M. A framework for applying logistical segmentation [J]. International Journal of Physical Distribution & Logistics Management, 1994, 24(10): 13-19.

[23] 廖怡,帅斌,孙朝苑. 基于模糊聚类的物流市场细分方法探讨[J]. 分析与决策, 2007, 26(1): 61-63.

[24] 李亚云,韩翔. 因子分析法寻求物流企业市场细分变量的研究[J]. 中国市场, 2007(49): 24-25.

[25] SAATY T L. The analytical hierarchy process [M]. New York: McGraw-Hill, 1980.

[26] 秦寿康. 综合评价原理与应用[M]. 北京:电子工业出版社,2003.

[27] HARDING F E. Logistics service provider quality: private measurement, evaluation, and importance [J]. Journal of Business Logistics, 1998, 19(1): 103-121.

[28] HARDING F E. The measurement, evaluation, and improvement of service quality in international airlines [C]//Proceedings of the 24th Annual Meeting of the Western Decision Science Institute, San Francisco, 1995: 647-653.

[29] 黄福华,袁世军. 现代企业物流运作管理案例选评[M]. 长沙:湖南科学技术出版社,2003.

第 9 章 物流服务质量基准化

随着经济全球化的迅猛发展,以质量为焦点的市场竞争日益激烈。物流服务质量的改进是物流服务质量管理中关键的一环。只有对服务质量进行持续地改进,不断追求更高品质的服务,才能提高客户的满意度,增强物流企业的市场竞争力。始于美国施乐公司的基准化管理,当前被企业界认为是改进质量、提高竞争力的一种有效方法。本章介绍基准化方法的基本内容以及基准化方法在物流服务质量管理中的应用。

9.1 基准化概述

9.1.1 基准化的概念

基准化(benchmarking)又称标杆管理,起创于 20 世纪 70 年代末 80 年代初美国的施乐公司。1976 年以后,一直保持着世界复印机市场实际垄断地位的施乐遇到了全方位挑战。佳能、NEC 等公司以施乐的成本价销售同一档次的产品且能够获利,产品研发周期和研发成本均比施乐少 50%以上,施乐的市场份额从 82%直线降至 35%。面对竞争的威胁,施乐公司发起了向日本企业学习的运动。通过全方位的集中分析比较,施乐弄清了这些企业的运作机理,找出了与佳能、NEC 等主要竞争对手的差距,全面调整了经营战略、战术,改进了业务流程,并很快就见了成效,把失去的市场份额重新夺了回来。同样应用基准化,对比交付速度比自己快 3 倍的比恩公司,找出问题的症结并采取措施,施乐的仓储成本下降了10%。由于施乐公司的成效显著,以及柯达、GE 等企业和美国生产力与质量中心的不断推动,基准化逐渐成为世界范围内管理改进、质量控制、流程再造和变革推动的一套严密的重要方法,被全球企业、政府、非盈利机构等广泛采纳,成为企业不断改进和获得竞争优势的重要工具。

关于基准化的定义,施乐公司认为是"持续不断地将自己的产品、服务以及管理实践活动与最强的竞争对手,或那些被公认为是行业领袖的组织的产品、服务以及管理实践活动进行对比分析的过程"。美国生产力与质量中心(APQC)对基准化进行了系统化和规范化,定义为:基准化(或标杆管理)是一项系统的、持续性的评估过程,通过不断地将组织流程与全球企业领导者相比较,以获得协助企业改善经营绩效的信息。具体来说,基准化就是[1]:

(1) 将组织以及组织的各个部门与最佳的组织进行对比;
(2) 将组织的业务流程与任意行业或所有行业类似的、优秀的流程进行比较;
(3) 将组织的生产流程与任意行业或所有行业类似的、优秀的流程进行比较;

(4) 将组织的产品、服务与最强的竞争对手的产品和服务进行比较;
(5) 根据具体应用情况对不同型号的机器设备进行比较;
(6) 实施和执行行业已确定的最佳经营管理实践。

基准化就是通过借鉴学习他人的先进经验,改善自身不足,从而提高竞争力,追赶或超越标杆企业的一种良性循环的管理方法。

9.1.2 基准化的类型

实行基准化管理时,企业需要根据自身的特点和企业的类型确定应该从哪方面确立自己的基准对象和基准目标[2]。通常根据不同的基准对象和基准目标,可以将基准化方法划分为以下几种类型。

1. 根据基准对象的不同,可以将基准化分析法分为内部基准化、竞争基准化、功能基准化和通用基准化 4 类

(1) 内部基准化。内部基准化以企业内部操作为基准。辨识企业内部最佳职能或流程及其实践,然后推广到组织的其他部门,是提高企业绩效最便捷的方法之一。但是,单独执行内部基准化分析的企业往往持有内向视野,容易产生封闭思维。在实践中,内部基准化应与外部基准化相结合。

(2) 竞争基准化。竞争基准化以竞争对象为基准。竞争基准化的目标是与有着相同市场的企业在产品、服务和工作流程等方面的绩效与实践进行比较,直接面对竞争者。这类基准化实施的困难在于,除了公共领域的信息容易接近外,其他关于竞争企业的信息不易获得。

(3) 功能基准化。功能基准化以行业领先者或某些企业的优秀职能操作为基准。这类基准化的合作者常常能相互分享一些技术和市场信息,其基准是外部企业(但非竞争者)及其职能或业务实践。由于没有直接的利益竞争关系,合作者往往较愿意提供和分享技术与市场信息。

(4) 通用基准化。通用基准化以最佳工作流程为基准。基准是类似的工作流程,而不是某项业务与操作职能或实践。这类基准化分析可以跨越不同类组织进行,它一般要求企业对整个工作流程和操作有很详细的了解。

表 9.1 对基准化的上述 4 种类型的优缺点和实用范围进行了总结。

表 9.1 基准化 4 种类型的比较

类 型	对 象	优 点	缺 点	案 例
内部基准化	同组织不同部门地点的类似业务	资料收集较容易,对于多元公司有效	视野狭窄,内部偏见	美的公司不同部门的营销策略
竞争基准化	面对同一客户群的竞争对手	信息对经营改善有实际意义;资料收集持续	资料收集较难,道德问题,敌对态度	海尔、TCL
功能基准化	具有类似职能的组织	分享部分技术和市场信息	费用较高,有时难以安排	施乐(仓储管理)、通用(6σ管理)
通用基准化	拥有最先进的产品、服务和流程的组织	可能发现创新做法,做法可以转移,专业网络	有些做法难以移植,耗费时间	沃尔玛(物流)、IBM(客户服务)

2. 根据基准目标的不同,可以将基准化分为战略性基准化、操作性基准化和国际性基准化 3 类

(1) 战略性基准化。战略性基准化指在与业内最好的公司进行比较的基础上,从总体上关注企业如何竞争发展,明确和改进公司战略,提高公司战略的运作水平。战略性基准化往往跨越行业界限,寻求绩优公司成功的战略和优胜竞争模式。在战略性基准分析过程中,需要收集各基准企业的战略描述与评估、财务与市场状况两组数据,然后进行相关分析,确定最佳战略。

(2) 操作性基准化。操作性基准化是一种注重供应链系统整体或某个环节的具体运作,找出达到同行最好的运作方法。从内容上可分为流程基准化和业务基准化。流程基准化是从具有类似流程的企业中发掘最有效的操作程序,使企业通过改进核心业务流程迅速提高业绩;业务基准化是通过比较产品和服务,来评估自身的竞争地位。

(3) 国际性基准化。国际性基准化分为以下 3 种情况:①外国竞争者威胁到本企业的传统优势市场。在经营运作中,一些公司会突然发现,相对于全球竞争对手,自己已处于明显不利的位置。这时就需要通过基准化管理,迅速找出问题之所在,实施防御和攻击战略。②企业要进入新的外国市场或新产业。这时通过基准化可了解最成功的企业是怎样进入并参与到某一特定国外市场或产业的,以帮助企业了解进入新市场的困难与问题,并为提高进入新市场的能力、获得解决这些困难与问题的方法提供指导。③企业与国外和国内企业的竞争陷入胶着状态。这时通过基准化管理,可以帮助企业从竞争者和最好企业的运作中获得思路和经验,冲出竞争者的包围,超越竞争对手。

9.1.3 基准化的作用

基准化之所以风靡于世界并引起各大企业的重视,其根本原因在于基准化能够给企业带来巨大的实效。基准化作为一种有效的管理工具,能够对企业的多个方面加以改进,表 9.2 对基准化的用途进行了总结。

表 9.2 基准化的用途

用途	具体描述
制定企业战略	研究优秀企业的经验和竞争战略以深刻地洞察市场,制定出相应的战略措施以适应市场变化
市场业绩的比较和评价	运用基准化管理方法,可以进行真正以事实为基础的市场绩效比较,使企业更为客观地评价其产品、服务和特性等
持续改进	不是每个实行基准化管理的项目都会产生大幅度的变革和系统突破,更多的是产生渐进的变化和改进
解决内部问题	解决企业内部问题,往往外部有现成的或可借鉴的做法与答案,采用基准管理可以避免重复劳动,达到事半功倍的效果
业务流程重组	通过基准化,发现并引进新的技术、技能、系统结构、培训方案等,使企业从不同角度思考,改进业务流程并提高改进效果

续表

用　　途	具　体　描　述
组织学习和观念更新	基准管理就是学习的过程,通过对关键功能实施定期基准管理,能确保企业对新观念、新趋势、新技术的敏感性和开放性
企业变革	基准管理需要员工参与最佳实践的发现,这使员工可接触到新的方法、系统和过程,从而使员工能够合理地预期变化的目标,形成对企业变革的共识,有助于企业的变革

可见,基准化可以为组织指出与竞争对手相比在特定项目方面存在的差距,也可以给组织指明解决问题和缩小差距的未来可供采用的方法和思路。总体上来说:

(1) 基准化是一种战略管理工具。通过基准化分析,企业可以明确本企业所处的地位,从而确立适合本企业的有效的中长期发展战略,并通过与竞争对手对比分析来制定战略实施计划,选择相应的策略与措施。

(2) 基准化分析法是一种绩效管理工具。通过基准化分析,企业可以辨别行业内外最佳企业业绩及其实践途径,从而制定业绩评估标准,并通过对业绩进行评估,制定相应的改善措施。

(3) 基准化分析法有助于企业的长远发展。通过对各类基准企业的比较,不断追踪把握外部环境的发展变化,更好地满足最终用户的需要和提高企业的绩效。

(4) 基准化分析法有助于建立学习型组织。学习型组织实质上是一个能熟练地创造、获取和传递知识的组织,同时也要善于修正自身的行为,以适应新的知识和变化。通过基准化分析,企业可以发现在产品、服务、生产流程以及管理模式方面的不足,并学习基准(标杆)企业的成功之处,再结合实际将其充分运用到自己的企业当中。

9.1.4 基准化的实施步骤

Robert C. Camp 是基准化管理最著名的倡导者和先驱人物之一,他在专著《标杆瞄准——寻找产生卓越业绩的行业最佳管理实践》中所提到的基准化管理理论得到了广泛的认可。Robert C. Camp 认为整个基准化过程可以划分为 5 个阶段,每个阶段一般有 2～3 个步骤,如表 9.3 所示[3]。

表 9.3　基准化的 5 个阶段

阶　　段	步　　骤
计划	(1) 确认对哪个流程进行基准化管理; (2) 确定用于作比较的公司; (3) 决定收集资料的方法并收集资料
分析	(1) 确定自己当前的做法与最好的做法之间的绩效差异; (2) 拟定未来的绩效水准
整合	(1) 就基准化管理过程中的发现进行交流并获得认同; (2) 确立部门目标

阶 段	步 骤
行动	(1) 制定行动计划； (2) 实施明确的行动并检测进展情况
完成	(1) 处于领先地位； (2) 全面整合各种活动； (3) 重新调校基准

1. 计划

计划包括以下3个过程：①确认对哪个流程进行标杆管理。即对本企业业务流程进行科学客观的分析，找出业务流程中存在的缺点和不足，并制定基准实施的顺序和路线。②确定用于比较的公司。寻找的范围首先应包括竞争对手，同时也应包括所有其他有潜力的公司。选择的唯一标准是，既要具有可学性，又要具有可比性。③确定收集资料的方法并收集资料。资料数据可以分为两类：一类是基准企业的资料数据，主要包括基准企业的绩效数据与取得这一绩效的方法、措施和管理诀窍；另一类是自己企业的资料，反映企业自身的绩效和管理现状。

2. 分析

通过对收集的数据资料进行加工和比较分析，企业应该对自己的优势和劣势有相当的理解，比如与基准企业相比，市场、产品、服务和企业文化等方面的优劣势，从而找到一条适合自身发展的方法，进而拟定未来的绩效水准。值得注意的是，企业对基准企业的资料收集应该是动态的。市场是动态的，所以对企业的分析不能停留在静止的平面。

3. 整合

基准管理往往涉及企业业务流程重组，并要求改变管理层及员工的一些行为方式，涉及个人的利益。实施基准管理需要通过整合企业内部资源，解除面临的各种阻力。首先需要将上述活动中取得的各项进展与全体员工反复交流，征询意见，并将基准管理所要达到的目标前景告诉员工，以取得员工的一致认同；其次就是确立各部门的目标。

4. 行动

行动是在计划的指导下向目标迈进的过程。首先需要制定相应的行动计划，主要包括：①确立企业的市场定位；②设定基准管理的中、长期及短期目标；③描述当前的企业和市场形势；④描述将要采取的战略步骤和计划；⑤为不同的管理目标设定不同的绩效体系和评测体系。然后动员和激励企业全体员工特别是与基准内容密切相关的人员执行此计划。同时，企业需要设定基准管理项目小组，对整个基准管理过程进行有效地监测和指导。通过对实施效果的监测进行分析，帮助企业从竞争者和最好公司的产品、服务和管理实践活动中获得思路和经验。

5. 完成

处于领先地位是基准管理的目标和方向。从多数企业的管理实践来看，要想企业处于领先地位需要解决一些关键问题，比如：企业的生产能力和生产绩效是否实现了最大化；企业的市场定位与市场战略和策略是否符合了市场发展变化的规律；企业内部对推行基准管理变革的力度和执行能力如何等。

基准管理需要对整个管理流程进行严密、有效的控制。只有全面整合企业资源和各种标杆管理行为,才能有效保证企业顺利实施基准管理计划。此外,实施基准管理是一个长期渐进的过程,企业需要不断地检查和审视目标,并重新调校标杆,以不断提高实施效果。

9.1.5 基准化与质量奖

随着经济的全球化和国际贸易的发展,为了帮助组织提高竞争力、更好地满足顾客的需求和期望,很多国家和地区都设立了质量奖。比较著名的有美国波多里奇奖(Baldrige award)、欧洲质量奖(European quality award)、日本戴明奖(Deming prize)、英国质量奖(UK quality award)等。各质量奖均设置了相应的质量管理评审标准与绩效评价准则。无论企业是否申请质量奖,企业都可以按照质量奖的评审标准构建质量管理体系,提升质量管理水平。获得质量奖的企业更是代表了所在国家或地区质量管理的领先水平,它们的卓越质量经营模式是其他企业在基准化过程中学习和赶超的目标。同时,获得质量奖的企业是成功实施基准化管理理念的典范,它们以质量奖的评审标准为基准,成功地实现了自我超越。

9.2 应用基准化改进物流服务质量

物流服务质量从战略意义上讲是创造客户价值、获得并维系忠实顾客基础的关键;从管理层面上看,物流活动是一种控制客户服务绩效水平的管理过程,从而物流服务质量可以通过一系列指标来精确衡量。通过基准化分析,能够强化企业的薄弱环节并解决制约企业发展的关键问题。同时,基准化分析还能够克服物流企业传统运作的不足,增进现代运作的观念,提升企业的运作效率。当每一个物流环节和运作效率均得到提高和改善后,整个物流系统的绩效将会得以提高,物流服务的质量也将得到改善。

9.2.1 物流服务质量基准化的必要性

物流服务质量是指企业通过提供物流服务、达到服务产品质量标准、满足用户需要的保证程度。物流服务是物流企业占领物流市场、提升竞争力的关键因素,是物流企业获得利润的源泉。物流服务质量基准化是现代物流发展的需要,是现代社会经济快速高效发展的需求。一般而言,物流服务质量的衡量标准是时间、成本、数量和安全性[4]。

(1) 物流服务质量基准化是提高物流服务效率的需要。物流业是一个综合性的行业,它涉及运输、包装、仓储、装卸搬运、流通加工、配送和信息等各个方面。通过对以上各方面进行基准化分析,有助于物流系统资源的合理配置、减少空闲时间、提高服务效率。

(2) 物流服务质量基准化是降低物流成本的需要。狭义的物流成本指产品在包装、装卸、运输、储存、流通加工等各物流活动中所支出的人力、财力、物力之总和。通过对人、财、物的基准化分析,统一各种标准、提高活动间的衔接,有效降低物流活动的总成本。

(3) 物流服务质量基准化是提升物流服务安全的需要。物流服务产品讲究产品的安全及时到达,由于物流服务环节多、涉及多方运转,对整个物流系统的合理监管成为服务安全的保障。通过对基准企业服务系统进行安全性分析,可保证服务及时安全地到达客户手中。

(4) 物流服务质量基准化是增加服务数量的需要。到目前为止,众多国家物流业整体水平还不高,存在着市场定位不准确、服务产品不合格、内部结构不合理、运作经营不规范等问题。这都导致了物流服务产品种类和服务数量偏低,不能满足现代物流服务的要求。只有根据国际一流物流企业的市场定位准则、产品需求分析、内部结构分析及运作规范制定等进行基准化分析,统一物流服务概念及服务质量评价指标,形成准确定位的市场需求、合格的服务产品、合理的内部结构以及规范的经营运作,才能实现服务水平的提高。

物流服务系统基准化过程通常包括以下5个步骤,如图9.1所示。①界定组织所处的竞争环境。该步骤可以借助以下问题来帮助完成。例如,客户经常将该组织与哪些组织进行比较?该组织希望与哪些组织进行比较?②通过与客户交流和访谈确定物流服务的关键成功因素。通过与客户交流和访谈,能够更好地了解客户对物流服务的要求。根据客户的要求确定服务标准,从而能够更有效地改进物流服务的质量。③确定各关键成功要素对客户的相对重要性。不同的客户对服务中各要素的偏好性也有所不同。通过确定各关键要素对各客户的相对重要性,可以有效地根据偏好的相似性对客户群进行划分。④请客户在与公司的竞争者相比较的基础上对公司服务的各要素进行打分。通过对打分结果进行分析,管理者可以勾画各竞争者的业务轮廓,从而制定更有效的客户服务策略。⑤通过服务绩效矩阵分析各关键成功因素所产生的绩效,以及企业的竞争优势与劣势。

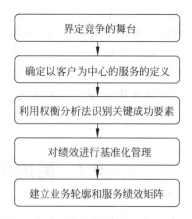

图9.1 物流服务质量基准化的步骤[5]

通过基准化方法提高服务质量还需关注以下4个要素:①领导的认知水平和理念。一个物流企业的领导对服务质量认识的程度决定这个企业服务质量的好坏;②制度和流程。一个企业的服务质量必须由一整套制度来保证,而且每一个制度中都要规定企业的作用、质量、程序,企业要完全按照这个制度和流程来运作;③员工。无论高级员工还是一线员工都要全面提高服务素质;④环境和设备。优良的工作环境和服务设施是确保服务质量的基础。在物流服务质量基准化过程中,通过把服务质量放在物流系统运作全过程中考虑,加强企业间物流服务质量体系的比较,高度重视物流服务的团队建设和全员素质建设,建立科学的服务质量评价体系与保持合理的物流设施,才能实现物流服务质量的提高。

9.2.2 基准化在国际物流服务运作中的应用

随着经济与市场的全球化,物流活动通常会包括产品的进出口环节。例如,从总体来看,我国国内目前的中资和外资物流服务商运营的服务对象以外资企业为主。宝供物流服务的对象是宝洁、飞利浦、雀巢、沃尔玛等跨国公司。调查资料显示,外资第三方物流公司主要关注进出口业务,该部分业务约占其收入的70%,其客户企业98%是外商独资或中外合资企业。中资第三方物流公司更注重国内物流的商机,收入占总收入的88%,其中56%为外国客户服务,44%为中国客户服务。

然而,相对于国内的物流活动,跨国物流活动中的进出口环节也会使物流过程变得更加繁琐,面临更大的风险。对于大多数国家,产品进口时都需要进行相应的检查,以确定:①进口产品是否合法;②进口产品是否满足进口国对相应产品的监管要求;③进口产品所需支付的进口税。进口过程会增加物流活动中断的风险。例如,产品的误分类会导致产品被滞留以弄清问题,从而产品被延迟释放。这表明,进口过程中一个细小的错误将可能导致整个物流活动的失败。本节通过一个案例介绍物流活动中进口环节基准化的方法及其效果。

根据实证调查,在1992—1996年的5年时间里美国共有16家企业实行了物流活动进口环节基准化,平均每年有8家企业在实行基准化方法,从而5年时间里一共可以得到40份绩效数据[6]。为方便起见,将这16家企业称为参与公司(participating firms)。以下结合基准化的流程对这40份绩效数据进行分析,说明基准化的应用方法以及基准化方法对绩效的改进情况,具体包括:①参与公司的绩效评估标准的确定;②分析企业的各种因素如何影响它们的成本、效率及质量。

1. 确定绩效评估标准

评价企业绩效时的一个关键问题是确保所选取的绩效评估标准与绩效统计数据的有效性。这需要解决以下3个问题。

(1) 确保所选取的绩效指标组合具有全面性并且没有冗余性。通常可以通过对所选取的指标进行两两相关性分析来确定指标间是否具有冗余性。通过与参与公司进行交流以及两两相关性分析,本案例最终确定了6个绩效指标,如表9.4所示。

表 9.4 绩效指标列表

绩 效 指 标	缩 写
单位交易成本(cost per transaction)	CPT
所列物品的单位成本(cost per line item)	CPLI
报关单上所列物品的单位成本(cost per line item on CF7501)	CPCF
物品的成本价值百分比(cost as percent of item value)	CPIV
平均处理时间(天数)(mean processing time in days)	MPT
每100次交易所遇见的问题(problems per 100 transactions)	PPT

(2) 确保描述绩效水平的统计性数据能够在企业内跨部门间进行横向比较和在企业间进行纵向比较。通常可以通过分别计算各指标年变化量以及年平均值进行横向比较(即内部基准化)和纵向比较(即外部基准化)。例如,内部基准化的常见问题为:实行基准化带来了多大幅度的绩效改进? 外部基准化的常见问题为:与基准企业相比较,本企业的绩效水平怎么样?

(3) 选取一个代表性的绩效指标,用来描述企业绩效在基准企业中的平均(或整体)相对排名。一个企业在某个绩效指标上的相对排名是指企业在这个指标上的绩效超出其他企业的比例。表9.5展示了参与公司中实行基准化方法两年以上的企业基于整体指标的绩效水平。

表 9.5　公司基于整体指标的绩效水平

公司	C	D	E	B	F	A
平均相对排名/%	76.55	55.34	42.10	40.29	34.71	30.34

2. 识别决定进口环节绩效的关键要素

这16家参与公司总结了96类影响企业绩效的因素,这些因素可分为6大类因素:行业因素(industry/commodity,I/C)、内部组织因素(internal organization,I/O)、进口处理因素(import processing,IP)、商业伙伴因素(trading partners,TP)、报关行因素(customhouse brokers,CHB)、运送者因素(carriers,C)及产品因素(product,P)。进口商只有清楚这些因素如何影响绩效,才能制定有效的进口策略以追求高的绩效。因此,进口环节基准化的又一个关键问题就是帮助参与公司更清楚地了解这些因素对绩效的影响,该问题的解决具体包括以下两个方面:

(1)要清楚数据的局限性,从而避免使用严格的统计方法来识别决定绩效的关键要素,即避免寻找各因素与绩效指标之间明确的数学关系。为了克服数据的局限性,通常可以利用散点图初步识别各因素与绩效指标之间的关系。通过对散点图进行分析,如果发现某个因素会影响绩效指标,则将该因素列入影响因素的列表之内。

(2)利用"三角形"原理,即采用多种方法来解决一个问题通常可以得到更可靠的答案。例如,在本案例中可以采用参与公司反馈与散点图分析相结合的方法来确定关键的决定要素。其中,参与公司的反馈即是了解各公司关于各因素对他们绩效的影响的看法。

根据以上方法进行分析,最终从96个因素中识别出了22个关键的绩效驱动因素以及这些因素对绩效指标的影响,具体如表9.6所示。在表9.6中,①NM表示在反馈中没有反馈者提到这条因素对这类指标的影响;②各绩效指标下,第一个数字表示提到这条因素影响这类指标的反馈者数占总反馈者的比例,第二个数字表示反馈者提到这类指标的平均优先顺序(其中,优先顺序从先到后依次用1~5之间的数字表示),第一个数字和第二个数字中间用分号相隔。

表 9.6　关键驱动因素

因素(绩效改进行动)	类别	对绩效指标的影响		
		成本	时间	质量
SKUs的数量	I/C	0.17;1.00	NM	NM
进口部门	I/O	0.17;5.00	NM	NM
进口过程分析/存档	I/O	NM	NM	0.17;5.00
进口商-海关对话	I/O	0.33;1.5	NM	0.17;4.00
进口员工的经验	I/O	0.67;4.25	0.17;4.00	0.50;1.33
拥有经纪执照的员工数量	I/O	NM	NM	NM
警惕绩效监控	I/O	0.50;3.67	NM	NM
进口员工的数量	I/P	NM	NM	NM
数据处理系统的拥有权	I/P	NM	NM	NM
进口商参与报关手续准备与关税分类等操作	I/P	0.33;4.50		0.33;2.50

续表

因素（绩效改进行动）	对绩效指标的影响			
	类别	成本	时间	质量
使用 EDI 和自动化处理	I/P	0.67；2.75	0.67；1.75	0.33；2.00
工会劳动的文书利率	I/P	0.17；2.00	NM	NM
源区的数量	TP	NM	NM	0.17；4.00
进口中来自附属公司的百分比	TP	0.17；5.00	NM	NM
外国供应来源的变化	TP	NM	NM	NM
报关行的数量	CHB	0.17；5.00	NM	NM
经纪佣金的公正客观评价	CHB	0.33；3.00	NM	NM
报关行/物流公司的关系	CHB	NM	0.17；3.00	NM
主要到达港口的利用率	C	NM	0.17；1.00	0.17；5.00
进口产品规格的增补/删除	P	1.00；1.33	NM	NM
进口产品规格的复杂性/多样化	P	1.00；1.33	NM	NM
需特别处理的 SKUs 的百分比	P	0.33；2.00		0.33；1.50

经过以上分析，可以总结出一些物流企业在进口环节中值得参考的建议：

(1) 利用"确定绩效评估标准"这一基准化步骤中识别的绩效指标监控绩效表现情况，并将之与基准企业的绩效水平以及自身以前的绩效水平进行比较。

(2) 充分利用进口环节基准化过程中的各种信息流，以启发提高进口环节绩效的思路。

(3) 利用表 9.6 中承载的信息分析各因素的改变对绩效的影响。其中，一个非常明显的结论就是，让任何一方（报关行或物流公司）包揽所有的工作（如数据处理、报关手续准备、关税分类等）都是一种不明智的做法，只有在双方合作的情形下，绩效才能得以改进。

9.2.3 物流系统全方位基准化

面对千变万化的环境和日益激烈的市场竞争，物流服务性企业需要不断提高物流系统的运作效率、改进物流服务的质量以获得竞争优势。基准化分析方法能够帮助物流服务企业寻找物流活动中各个环节的卓越实践，从而提高物流系统的整体绩效。在物流系统的全方位基准化过程中涉及的要素一般比较多，基于层次分析法的物流系统基准化方法为分析这些要素之间的关系提供了系统的层次框架，同时方便于对各种不同量纲的要素进行统一处理[7]。对应基准化的基本类型，该方法属于通用基准化，即企业以最佳工作流程为基准，该流程可以是行业内企业的最佳实践也可以是跨行业的最佳实践，唯一的约束是企业自身是否具备实践最佳流程的能力需求。基准化的框架，即服务的关键要素及它们的相对重要性，则是根据客户的要求确定。该基准化方法的基本流程如下所述。

1. 定义物流系统的关键成功要素

该步骤属于基准分析流程中的规划阶段，即确定分析领域。物流系统的关键成功要素即系统的绩效指标，被定义为对物流系统有重大影响的条件、变量或属性，同时它们也代表了客户对物流系统绩效与服务质量的实际需求。物流系统的关键成功要素即是物流系统绩效评估的核心指标,因此对它们的识别和定义是实施物流系统基准分析的基础。某物流系统的关键成功要素描述了客户对该行业物流服务的核心要求,因此确定物流服务系统的关键成功要素时需要与客户进行充分地交流和沟通。

假定有一家物流服务公司 A,该公司拥有复杂的跨国分销渠道为各地的顾客递送产品。该公司的管理者通过对顾客进行访谈,确定了以下 5 个关键成功要素:

(1) 可靠性(reliability),指公司在既定时间为顾客递送正确数量的合格产品的能力。

(2) 柔性(flexibility),指公司应付紧急交付之类事件的能力。

(3) 提前期(order lead time),指顾客下订单到收到产品的时间间隔的长短。

(4) 成本节约(cost-effectiveness),这是一个成功地满足顾客服务要求的物流系统的主要特征。

(5) 增值服务(value-added service),物流系统在满足顾客基本服务要求的基础上提供增值服务的能力也是它的一个关键成功要素。

为了评估上述各关键成功要素对于系统总体绩效的相对重要性,首先,建立物流系统基准分析的层次模型,如图 9.2 所示。最顶层是基准化的目标,第二层是物流系统的关键成功要素。该模型可以拓展为更加详细的层次结构,即将各关键成功要素分解为多个子要素。最底层是对各关键要素的评价等级。

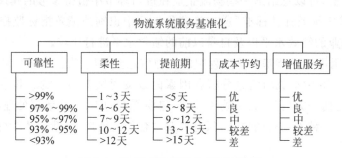

图 9.2 物流系统基准分析层次模型

其次,确定各关键成功要素对于总体目标的相对重要性(即权重)。在以客户为导向的基准化过程中,各关键成功要素权重需要根据客户的服务要求来确定。根据层次分析法的基本内容,各个顾客可以采用 1～9 标度法通过两两比较来确定各要素的相对重要性,然后公司可以采用根法或和法将所有顾客的评价进行综合,确定各要素的权重,结果如图 9.3 所示。其中,可靠性要素是顾客对公司的最主要的要求,提前期要素的权重也较高反映了在瞬息万变的市场环境下时间的价值。成本节约要素的权重较低,说明顾客希望得到优质的服务,并且愿意为优质的服务支付成本。

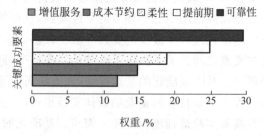

图 9.3 关键成功要素的重要性

2. 样本选择

样本选择指选择进行基准分析的候选系统,包括主要的竞争对手以及与自身组织的物流流程具有相似性的其他行业的最佳组织。假定公司 A 在进行物流系统基准化的过程中选择了 6 个样本,包括 3 个主要竞争对手(竞争对手 1、竞争对手 2 和竞争对手 3)与 3 家与公司 A 的物流流程具有相似性的其他行业的最佳组织(XX、YY 和 ZZ)。在此基础上,公司 A 需要收集与上述样本的物流流程有关的资料和信息。

3. 分析绩效指标确定参考基准

根据各关键成功要素的权重,利用层次分析法评估公司 A 与所选定的样本公司在各关键成功要素方面的绩效情况以及总绩效水平。结果如表 9.7 所示。

表 9.7 公司 A 与样本公司的绩效水平评估

	可靠性 (0.295)/%	柔性 (0.189)/天	提前期 (0.248)/天	成本节约 (0.148)	增值服务 (0.12)	总绩效 水平	相对绩效 /%
公司 ZZ	97~99	7~9	<5	良	优	0.349	100
公司 XX	>99	4~6	5~8	中	优	0.328	93.9
公司 YY	97~99	4~6	5~8	优	良	0.32	91.8
竞争对手 3	>99	4~6	9~12	良	良	0.306	87.7
竞争对手 1	97~99	7~9	<5	良	较差	0.297	85.2
公司 A	97~99	7~9	9~12	良	中	0.212	60.6
竞争对手 2	95~97	1~3	9~12	中	较差	0.195	55.8

通过上述绩效评估,可以清楚地回答以下两个问题:①对于每个关键成功要素,哪家公司的绩效最好?②与样本公司尤其是竞争对手相比较,公司 A 的总体绩效水平如何?例如,公司 XX 和竞争对手 3 在可靠性要素方面具有最佳实践,而公司 ZZ 和竞争对手 1 代表了提前期要素方面的最佳实践。总体上,公司 ZZ 的总绩效水平最好,而公司 A 的总绩效水平仅为公司 ZZ 总绩效水平的 60.6%。

4. 定义驱动因素

驱动因素被定义为相对于某关键成功要素能够驱动物流系统达到最佳绩效的流程、方法、实践或特性。该流程旨在相对于物流系统各关键成功要素识别并定义实现最佳绩效的驱动因素。

通过对参照基准公司进行分析,假定各关键成功要素的驱动因素都是相同的,均包括以下 6 类因素:①有效的物流管理系统;②以客户为中心的过程整合;③有效的信息集成;④以组织效能和柔性为核心的结构调整;⑤物流系统不同组成单元的技术创新与使用;⑥与客户和供应商达成的长远规划的契约性伙伴关系。根据层次分析法,可以确定各驱动因素关于各关键成功要素在实现最佳绩效时的权重,如图 9.4 所示。

从图 9.4 可以看出,信息集成与过程整合是实现物流系统最佳绩效的主要驱动因素,伙伴关系、管理系统与结构调整 3 类驱动因素关于总体绩效的权重大约都为 16%,而技术创新关于绩效的权重相对较低。通过对上述驱动因素的分析,公司 A 的管理者能够更深入地了解实现最佳绩效所需具备的关键要素,并能够量化各要素的相对重要性。

5. 分析企业的处境并确定发展规划

该流程的目的为分析公司的当前处境并确定改进绩效的发展规划(development

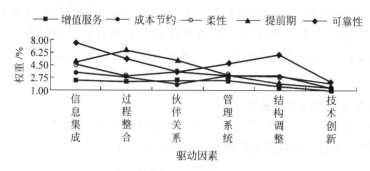

图 9.4　各驱动因素关于各关键成功要素的权重

actions)。首先需要识别物流系统实施基准分析的优势条件(strengths)。其中,系统的优势条件(记为 S11、S12 等)与驱动因素的层次关系如图 9.5 所示。对优势条件的分析,企业能够发现潜在的通过对优势条件加以维持与强化而创造出的改进绩效的行动。其次需要分析关于各驱动因素的不足之处(weaknesses)与存在的问题,以便在行动实施过程中消除阻碍各驱动因素的要素。

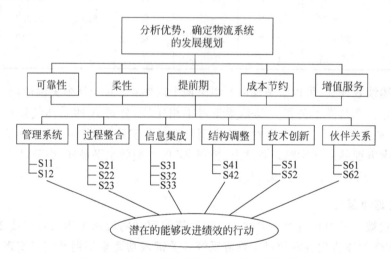

图 9.5　优势和绩效改进行动的层次分析模型

6. 实施改进计划

根据上述绩效改进行动的分析与物流系统发展规划的确定,实施相应的物流系统绩效改进计划。

7. 监控并调整

改进计划的实施需要不断地加以监控。基准分析是一个连续的学习、调整与优化的流程,同时物流系统的绩效领域也在不断变化,因此需要不断调整基准分析的物流系统结果,更新物流系统的关键成功要素,选择新的物流系统作为参考基准,改变驱动因素及其各种实现的优势与劣势条件以及对应的激励行动等。

上述物流系统基准化框架能够以客户的服务要求为导向来改进物流企业的服务绩效,从而能够有效改善物流企业的服务质量。

9.3 Baldrige 质量奖

20 世纪 80 年代，随着日本企业在全球大获成功，全面质量管理（total quality management，TQM）迅速向其他国家推广。而与此同时，美国企业的生产力下降，产品在国际市场上缺乏竞争力，产品质量的提升不知从何入手。基于这一背景，在美国政府和企业界的建议下，美国在 1987 年 8 月设立了一个类似日本戴明质量奖的国家质量奖——Baldrige 质量奖，以帮助企业开展全面质量管理活动，提升产品质量、劳动生产率和市场竞争力。

9.3.1 Baldrige 质量奖的评审标准

Baldrige 质量奖最初针对制造型企业、服务型企业和小型企业，每个类别最多只能有 3 个获奖者。直至 2004 年，Baldrige 质量奖的评审范围扩展至所有非盈利性企业和政府公共组织。该奖的申请者限于总部设在美国的本国公司和外国公司在美国的子公司。在以往的获奖者名单中，包括了摩托罗拉公司、施乐公司、IBM 和联邦快递等著名企业。Baldrige 质量奖由美国总统颁发给获奖企业，它已经成为美国质量的倡导者，其标准已经被美国许多州的质量奖项以及更多的组织内部评审所借鉴和采纳[8]。

Baldrige 质量奖的宗旨是：促进高效管理措施，满足顾客需求，赢得卓越绩效。该奖的评审依据建立在一系列价值观的基础上，这些价值观包括：①前瞻性领导；②顾客驱动的卓越；③组织和个人学习；④重视员工和伙伴；⑤敏捷性；⑥面向未来；⑦创新的管理；⑧基于事实的管理；⑨社会责任；⑩关注结果并创造价值；⑪系统的观点。基于以上宗旨和价值观，Baldrige 质量奖的评奖标准包括以下 7 项，如图 9.6 所示[9]。

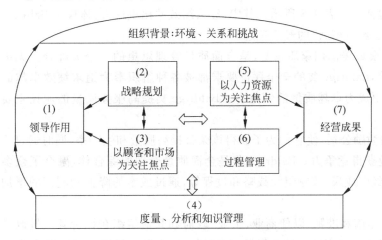

图 9.6　Baldrige 质量奖的评审标准

（1）领导作用(leadership)：考察组织高层领导者的各项能力、组织的伦理观以及组织如何承担其社会责任。

(2) 战略规划(strategic planning)：考察组织如何确立其战略目标和行动计划，以及该行动计划在环境发生突然变化时的应变能力。

(3) 以顾客和市场为关注焦点(customer and market focus)：考察组织如何确定顾客与市场的期望和需求，以及组织如何建立与顾客的关系，获取、满足和维持顾客。

(4) 度量、分析和知识管理(measurement, analysis and knowledge management)：考察组织如何选择、收集、分析、管理和挖掘数据、信息与知识资产，以及如何管理其信息技术。同时还考察组织如何对组织的绩效进行总结和如何通过总结进一步改善绩效。

(5) 以人力资源为关注焦点(workforce focus)：考察组织如何激励其成员以实现他们的个人目标与组织的任务、战略和行动计划相一致，在工作中充分发挥自己的潜能，以及组织如何满足其成员的需求以创造良好的工作环境。

(6) 过程管理(process management)：考察组织如何确定其核心竞争力和工作制度，以及如何设计、管理和改进其各个关键流程为顾客创造价值和维持组织的生存。同时还考察组织对应急事件的处理能力。

(7) 经营成果(results)：考察组织的各关键业务领域的绩效与进步情况，包括客户满意程度、财务和市场表现、人力资源利用情况、供应商和合作伙伴表现、生产运作表现、公共和社会责任，以及如何处理与竞争对手的关系。

如图9.6所示，组织的运作背景(包括组织的运作环境、关键的运作关系、面临的挑战和机遇)从宏观上影响着组织的绩效。评审标准(1)(2)(3)(5)(6)和(7)针对组织的运作情况。其中，评审标准(1)(2)(3)强调组织的高层领导在规划组织发展与发现机会方面的能力的重要性，评审标准(5)(6)(7)关注组织人员与关键流程在完成组织任务时的效率，以及组织最终的经营成果。评审标准(4)关注组织的管理效率、对现实情况的把握情况以及对知识的挖掘和利用情况，这些因素对于组织提高绩效和市场竞争力至关重要，是组织提高绩效的基础保障。

Baldrige质量奖的评审标准每年都会做一些细节上的修订，2008年版的各项项目和条款的分值设置情况如表9.8所示。其中，经营绩效的比重最大，体现了Baldrige质量奖所提倡的"卓越质量经营模式"的经营理念。

Baldrige奖即美国国家质量奖，是全面质量管理思想的一个大综合。无论组织是否申请Baldrige奖，Baldrige奖的7个评价要求都被各种组织奉为追求绩效卓越的质量实施工具，获奖组织更成为卓越质量的领跑者。Baldrige奖提高服务质量的途径主要表现在以下4个方面：

(1) 帮助激励公司，使它们为了获得该荣誉提高质量和生产率，同时通过降低成本和增加利润使企业获得竞争力。Baldrige奖是全面质量管理的综合体，融合了众多全面质量管理思想，注重经营成果，兼顾组织战略和过程等，通过成本的降低和利润的增加来提升服务质量。

(2) 建立指南和准则，以便商业、工业、政府和其他组织在评价其质量改进努力方面有章可循。这避免了组织因为缺乏指导而盲目行动，有助于组织快速找到适用的方法。

(3) 对提高了产品或服务质量的那些企业的成就进行认可，授予获奖证书及其他各种宣传及市场优势，从而为其他企业树立榜样。通过认可使得企业获得竞争优势，增强其他企业的信心。

表 9.8 2008 年度 Baldrige 质量奖的评审项目和条款

评审项目和条款	分值	评审项目和条款	分值
1. 领导作用	120	5. 以人力资源为关注焦点	85
1.1 高层领导	70	5.1 员工的激励措施	45
1.2 治理和社会责任	50	5.2 员工的权益和满意度	40
2. 战略规划	85	6. 过程管理	85
2.1 战略的制定	40	6.1 制度的制定	35
2.2 战略的部署	45	6.2 过程的管理和改进	50
3. 以顾客和市场为关注焦点	85	7. 经营成果	450
3.1 对顾客和市场的了解	40	7.1 产品与服务的绩效	100
3.2 顾客关系与顾客满意度	45	7.2 以顾客为关注焦点的绩效	70
4. 度量、分析和知识管理	90	7.3 财务与市场的绩效	70
		7.4 以人力资源为关注焦点的绩效	70
4.1 组织绩效的度量、分析和改进	45	7.5 组织有效性的绩效	70
4.2 信息、信息技术和知识的管理	45	7.6 领导作用的绩效	70
总分			1000

（4）通过发布有关获奖组织是如何改变其企业文化并取得质量成就的信息，为其他想学习如何达到高质量的组织提供特别指导，并对这些组织在学习高质量过程中增强企业的竞争力，带来经济效益。

9.3.2 服务类获奖企业介绍

Baldrige 质量奖的"卓越质量经营模式"、以顾客为导向、创造卓越绩效管理的理念，促使企业在经营管理过程中以质量为核心，以创造的相关方（包括顾客、员工、投资方、供应方和社会等）价值最大化为目标，通过不断改进质量来达到相关方满意和企业整体经营效率的提高。无论是制造业还是服务业，大公司或小公司，这种管理理念都形成了一种成功业务模式。如施乐公司、通用公司、微软公司等大型制造企业都是运用"卓越质量经营模式"取得出色经营成果的典范，而联邦快递、AT&T 等企业的成功也证实了这种管理理念在改善服务型企业的服务质量、提高企业绩效方面的效果。

1. 1990 年 Baldrige 质量奖得主：联邦快递

1973 年，联邦快递开创了"空中快递"行业。通过坚持"人-服务-效益"的管理哲学，公司获得了高水平的顾客满意度，实现了销售额的急剧增长。1983 年，公司的年度营业收入达到 10 亿美元，成为美国历史上第一家创办不足 10 年、不靠收购或合并而超过 10 亿美元营业额的公司。

该公司的顾客满意率是很高的，但过去的成就并不能保证未来的成功。于是，联邦快递设定了更高目标的质量品质和客户满意水平，强调"现状-分析-改进"的管理思路。该公司所属孟菲斯地方公司通过了一项质量改进计划，以 12 项与顾客期望有关的服务质量指标（SQIs）为重点，设立了更高的服务标准和客户满意水平。公司已为 SQI 的每个服务目标设立了一个跨部门的工作团组,每个团组有 1000 名以上雇员参加。公司的经理和雇员们正以 100%的服务标准衡量自己的工作,为改善联邦快递的方方面面而奋斗。

1973 年,8 台小型飞机足以应付需求。5 年后,该公司雇用的 1 万人,他们每天要处理 3.5 万的出货量。到 1990 年,9 万联邦快递职工在全国约 1650 个窗口、车场等处每天处理 150 万件包裹。其中有 3/4 是国内"隔夜递达"和"次日递达"的邮件,其余的则是国际邮包。该公司的"空中货车队"在当今世界首屈一指,1990 财政年度营业额达到 70 亿美元。该公司 1989 年的国内市场份额为 43%,高出最强的竞争对手 17%。

1)"人-服务-效益"的管理哲学

联邦快递公司以"人-服务-效益"的哲学指导管理政策的订立和施行。该公司鼓励职工们进行以推进质量为目标的革新和决策,向其雇员提供不断改进工作效率所需的种种信息和技术。联邦快递有一项经过 25 年考验的员工管理方法,它既能为员工保密,又能为管理者提供适时有用的信息,这就是联邦快递的双向沟通制度 SFA(survey/feedback/action)。通过该制度,员工与领导者之间能够更好地彼此了解与沟通,及时发现存在的问题,从而找到合适的办法来解决所出现的问题。

对前线人员进行培训是管理者的责任,其中,周期性培训是一种常用的方法。小组定期评估培训需求并制定全球的工作人员的专业培训方案。联邦快递公司还研制出一种交互式视频系统指导员工的学习,其内部的电视网络也是对员工进行教育的一个重要途径。

这家一直被列名于美国"最值得受雇的公司名册"的公司奉行一种"不解雇"原则,而它处理职工不满的"一碗水端平"的程序也已被许多行业的公司视为一种楷模。此外,联邦快递拥有一个良好的判别团体和个人对公司业绩贡献的方法。在 1985—1989 年这 5 年内,至少有 91%的员工表示他们"为在联邦快递工作而自豪"。

2)服务质量指数

为了朝其最终目标"100%的客户满意度"不断迈进,联邦快递采用了一种由 12 个指标构成的服务质量衡量方法。服务质量指数(service quality indicator,SQI)中每一项的权重反映了该项对总体顾客满意度的影响程度。

1986 年,联邦快递发明了超级追踪者(super tracker),一个手持的条形码扫描系统。它能够捕获详细的包裹信息。对公司运作中产生的数据的快速分析为联邦快递各窗口的员工提供 SQI 报告。管理者在每天的日常会议上对前一天的业绩进行讨论,分析每周、每月以及每年的发展趋势。数据分析结果存储在 30 个主要的数据库中以方便寻找 SQIs 评论中涉及的问题的原因。跨功能团队在导入新产品的过程中也需要使用大量的顾客数据和内部数据。

为了向既定的质量目标迈进,联邦快递为 SQI 中的每个服务项目设定了跨功能团队。选定一位团队领导人,确保前线员工、技术支持人员以及各部门管理人员的参与。

服务质量指标的度量与公司的规划过程直接相关,而 SQIs 为公司领导人的评价奠定了基础。建立每个人的业绩目标并进行检测。执行主管的奖金取决于公司是否实现其目标。在年度的员工调查中,如果员工对领导人的打分低于前一年的分数,则该领导人将没有今年的年终奖金。

联邦快递鼓励员工创新以提升服务质量。联邦为员工提供他们所需的信息和技术以改善他们的业绩。例如,联邦快递 1980 年开始采用数字协助配送系统(digitally assisted dispatch system，DADS）。在这个系统下面，安装在车上的小型终端可以接收传递订单的数字信息，从而调度中心可以为每个投递员分配任务并安排合理路线和每个点的工作时限。

自1987年以来，联邦快递国内业务的整体顾客满意度已超过95%，其国际业务的满意度评价也达到94%。一项客户调查统计结果表明，53%的客户对联邦快递的评价为满分，而对其最强的竞争对手评价为满分的客户只有39%。在过去的13年里，联邦快递获得了195项奖励，近600家企业和组织的代表参观了其设施。

2. 1994年Baldrige质量奖得主：AT&T消费者通信服务

AT&T消费者通信服务主要为客户提供长途固定电话通信服务。至1994年，AT&T消费者通信服务的客户数量已超过8000万。AT&T最大的业务单元，商用连接服务（commercial connectivity service，CCS）处于市场竞争十分激烈的技术驱动性行业。该业务单元拥有60%的国内市场份额，44 000名员工分布在美国各地的900多个站点。

1）顾客至上

在每天与顾客的7500万次的互动过程中，CCS根据每次的互动来衡量自身向公司的核心目标（即实现与每一个顾客的完美连接与接触）的进步情况。虽然还没有达到目标，但是CCS一直坚定不移地朝着这个目标迈进，而顾客满意度也在稳步上升。90%以上的顾客以良好或优秀来评价该公司的总体服务质量。

CCS在提高服务业务时充分考虑顾客的要求。通过对顾客与市场的充分调查和竞争性基准化的学习，该公司识别了决定客户满意程度的5个关键要素：通话质量、客服、计费标准、价格和公司的声誉。

该公司的目标与这些服务要求保持了完全一致，并且还对顾客的要求进行了进一步的完善，为他们提供额外的服务。CCS的总裁及高层管理人员领导着公司朝集业务与质量为一体的战略目标迈进，他们自身的年报酬也是根据"顾客价值增值"这个复合性的顾客满意度度量指标而定。通过定期与员工召开会议、参与质量改进小组以及通过网络等方式相互交流，公司的管理者积极地将公司的目标和价值观念推广到分散在各地的组织中。

由公司的管理者领导的过程管理团队（manager-led process management teams，PMTs）负责实现既定的业绩改进目标。该团队包括员工以及供应商代表。在实现既定目标的过程中，PMTs根据自身的目标进行各种经营决策并根据公司的业绩数据不断监控自身的进度。除了每日对过程进行监控，每月还对顾客满意度进行概括以分析朝目标迈进的进度。

CCS过程改进导致组织运转效率的提高。例如，该公司开发新产品与服务的时间跨度已实现大幅度的缩短，1990年的平均研发时间跨度为两年，而到1993年已缩短至不到一年。

2）员工价值增值

CCS认为，拥有受过高等教育的管理人员和员工（基本上都是大学本科以上学历）是公司能够实现不断进步的关键因素。人力资源规划是业务与质量规划的一部分。CCS通过年度问卷调查、职业规划、业绩审查及其他机制设定对其员工的一整套要求。这些要求与公司的竞争力、技术的发展及顾客的期望等业绩决定要素相联系。最终确定对员工进行教育和培训、招聘、过程重组、奖励、表扬及福利等计划。

平均每个员工每年要进行5天半的培训。PMTs的成员要接受如何使用AT&T开发工具进行计划、执行与评估过程改进情况方面的培训。为了使得公司能够基于现实情况进行决策，许多员工还需要接受根本原因分析、统计过程控制及其他质量控制工具方面的培训。

年度调查表明，该公司员工对工作满意度很高。例如，90%的员工认为他们的工作是值得他们投入精力的。公司根据问卷调查的结果来确定"员工价值增值"。"员工价值增值"是关于员工对公司管理、工作满意度、能力增强情况以及影响他们实现和超越既定目标的其他因素的感知程度的一个综合性度量指标。而"员工价值增值"分数的高低决定着管理人员将获得的奖金数额的大小。

相对于整个通信行业，CCS 在公司结构调整与员工规模裁减方面的速度适中。公司还与工会代表合作，为被裁减的员工提供了新的服务（如新技能和外语培训、简历制作等）以帮助他们找到新的工作。此外，CCS 还建立了一个服务中心来回复员工关于人员管理的问题以及为他们提供相应的信息材料。

3）利用技术带动进步

为了提高现有服务与开发新服务以获得竞争优势，CCS 在新科技方面进行了大量的投资。这些投资扩展了其全球智能网络的容量并提高了网络的可靠性。该公司已经开发出了一个高度自动化的系统（FASTAR），该系统能够在 10min 内恢复一个主要中断设备的呼叫能力（calling capacity of a major facility outage），而这种情况的恢复在以前需要几个小时。此外，实时的网络监控技术与其他先进技术的应用增强了 CCS 预测和防止服务中断的能力，并使得它的全球网络具备"自愈"的能力。

消费者是公司服务质量最终的权威见证者。为了深入了解顾客的需求及他们所感知的服务质量，CCS 最近对其以顾客为中心的度量体系进行了改进——公司如何不断提高其服务质量的又一个例子。现在，公司对顾客的满意度水平和决定因素进行了更加详细的评估，从而使需要改进的对象及目标变得更加清晰。

小结与讨论

基准化管理是企业改进质量、提高竞争力的一种有效方法。根据基准对象和基准目标的不同，可以将基准化方法划分为内部基准化、竞争基准化、功能基准化、通用基准化、战略性基准化、操作性基准化以及国际性基准化。企业在实施基准化的过程中需要根据自身的特点选择合适的基准化类型。

物流服务过程包括运输、储存、包装、装卸搬运、流通加工、配送、物流信息等多个环节。通过对物流服务过程中的这些环节进行基准化分析，强化企业的薄弱环节并解决制约企业发展的关键问题，则当每一个物流环节和运作效率均得到提高和改善后，整个物流系统的绩效将会得以提高，物流服务的质量也将得到改善。

为了激励企业追求卓越的质量、提高竞争力，许多国家都设立了国家质量奖。这些质量奖中的评审标准和评价准则为企业基准化提供了构建质量管理体系的参考基准。获得质量奖的企业更是代表了所在国家或地区质量管理的领先水平，它们的卓越质量经营模式是其他企业在基准化过程中学习和赶超的目标。

思考题

1. 基准化分析方法有哪几种类型？
2. 简述基准化方法改善物流服务质量的流程。
3. 描述基准化方法全方位改善物流服务质量的框架。
4. 查阅中国质量奖的评审标准，分析中国质量奖评审标准的优点以及不足之处。

案例：施乐公司的基准化管理[①]

根据最具有竞争力的对手或是行业领导者的标准来改进自己的产品和工艺流程等，乃是最有效的竞争方式。

基准化管理起源于20世纪70年代末80年代初美国的施乐公司。施乐公司是一家从事金融服务和办公设备业务的大型跨国公司。该公司的办公设备业务是对众多的办公用品进行开发、制造、营销和提供售后服务，其产品包括大型电子打印机、复印机、传真机、工作站和工程产品等。其产品通过一个1.5万人的直销队伍，以及由分销商和代理商等组成的销售网络，在全球130多个国家进行销售，其在全球的售后服务机构拥有3万多个技术人员。

1976年前后，一直保持着世界复印机市场垄断地位的施乐公司受到了来自国内外，特别是日本企业的挑战，如佳能、NEC等公司以施乐公司的成本来销售其产品仍能获利。面对日本竞争者的威胁，施乐公司最先发起了向日本企业学习的运动，在企业内部广泛开展基准化管理。

1. 施乐的做法

早在1979年，施乐公司提出了"benchmarking"的概念，一开始只在公司内的几个部门做基准化（标杆）管理工作，到1980年扩展到整个公司范围。施乐公司将基准化管理定义为："一个将产品、服务和实践与最强大的竞争对手或是行业领导者相比较的持续流程。其核心就是以行业最高标准或是以最大竞争对手的标准作为目标来改进自己的产品、服务和工艺流程。"

当时，以高技术产品复印机主宰市场的施乐公司发现，有些日本厂家以施乐公司制造成本的价格出售类似的复印设备。由于这样的竞争，其市场占有率大幅度下降。为应对挑战，公司最高领导层决定制定一系列改进产品质量和提高劳动生产率的计划，其中的方法之一就是基准化管理。公司的做法是，首先广泛调查客户对公司的满意度，并比较客户对产品的反应，将本公司的产品质量、售后服务等与本行业领先企业作对比。公司派雇员到日本的企业考察，详细了解竞争对手的情况。接着公司便要确定竞争对手是否领先，为什么领先，存在的差距怎样才能消除。对比分析的结果使公司确信从产品设计到销售、服务和雇员参与

---

① 本案例来源于 MBA 智库文档 http://doc.mbalib.com/view/e06523fbe2542d10feb5642bf5748db8.html，本书对其进行了必要的改编。

等一系列方面都需要加以改变。最后公司为这些环节确定了改进目标,并制定了达到这些目标的计划。

2. 实施基准化管理后的效果

实施基准化管理后,施乐公司使其制造成本降低了 50%,产品开发周期缩短了 25%,人均创收增加了 20%,并使公司的产品开箱合格率从 92% 上升到 99.5%。公司重新赢得了原先的市场占有率。行业内有关机构连续数年评定,就复印机 6 大类产品中施乐公司有 4 类在可靠性和质量方面名列第一。

此后,施乐公司的基准化对象,不光着眼于同行的竞争对手,而且扩大到非同行的竞争对象,或将其他行业的产品进行比较研究。研究项目既可以某种产品为目标,也可以管理过程中的某个环节为目标,一切以改进管理水平、提高产品质量为目的。例如,该公司发现他们在处理低值货品上浪费很大,于是,针对这个问题,专门组织了一个由 5 个副总裁参加的基准化管理小组,进行基准化管理分析。他们首先了解处理订单的过程,列出公司处理订单的工作流程图。然后,选择 14 个经营同类产品的公司(包括 IBM、数字设备公司、休利特·帕卡德公司等)进行考察。发现,施乐公司把精力浪费在千篇一律按序号记录货物上,高、低价货物混在一起,管理混乱。与其他公司相比,每处理一份订单要多花 80~90 美元,而其他公司只需 25~35 美元。施乐还向 L. L. Bean 这样的户外用品的非同行请教,他们能够快速而又准确地完成订单。施乐发现他们的仓库工人"选择并完成"一个订单的速度是施乐的 3 倍。他们依靠的不是高技术,而是智能化的规划和适当的计算机软件。

目前,施乐公司一直把基准化管理作为产品改进、企业发展、赢得市场和保持竞争优势的重要工具。公司的高层领导都把基准化管理看作全公司的一项经常性活动,并指导其所属机构和成本中心具体实施基准化管理。而施乐公司本身也因为在基准化管理方面取得的引人注目的成就,于 1989 年获得了 Malcolm Baldridge 国家管理奖。该奖项设于 1987 年,近年来其评判打分的标准越来越看重基准化管理。施乐公司深信对竞争对手的基准化管理是赢得质量竞争的关键之一。现在施乐公司做战略性和战术性规划都要进行基准化管理分析。

3. 实践经验

施乐公司在长期的基准化管理实践中探索出了很多经验,例如"5 阶段、10 步骤",其基本过程如下。这些经验也在其他公司得到了广泛应用。

1) 规划阶段

(1) 确定基准管理的内容

施乐公司实施的第一个基准化管理的内容是关于复印机制造的。它发现其日本的竞争对手竟然以其成本价出售高质量的复印机,因此,针对这个问题开展了基准化管理研究。

(2) 确定基准化管理的对象

施乐公司首先研究它的一个日本子公司——富士-施乐,然后是佳能等公司,以此来确定它的日本对手的相关成本是否与他们的价格一样低。

(3) 收集基准化管理的数据

通过数据分析可以发现,美国的价格确实比日本的要高。日本的成本控制水平成了施乐的目标。来自公司的管理人员纷纷前往施乐的日本子公司考察并收集信息。

2）分析阶段

（1）确定目前的绩效差距

日本对手的复印机能够以施乐公司的成本价销售，它们之间在执行上必然存在着差距。施乐公司将收集到的信息用来发现差距。

（2）确定将来的绩效水平

根据差距分析，计划未来的控制水平，并确定这些目标应该如何达到。

3）综合阶段

（1）交流基准化管理的成果

所有的施乐员工都在质量培训中至少获得过28小时的培训，而且有很多员工还进行了高级质量技术的培训。一个新的基准化管理项目确定后，将被公司的员工拿来讨论，这样其他人可以在其日常操作中更有效地使用。

（2）确立要实现的目标

施乐公司发现，购得的原料占其制造成本的70％，原料成本细微的下降可以带来大量的利益。公司将其供应商基数从20世纪80年代初的5000多个削减到420个。不合格零件的比率从1980年的10‰下降到0.225‰，6/7的质量检查人员重新安排了工作，95％的供应零件根本不需要检查。零件的购得时间从1980年的39个星期下降到8个星期。购买零件的成本下降了45％。这些目标并不是必须同时确立，但是随着基准化管理过程的进行工作的推进，它们都顺利实现了。

4）行动阶段

（1）形成行动计划

施乐公司制订了一系列的计划，使得复印机的质量提高了。

（2）实施和监控行动计划

标杆管理必须是一个调整的过程，必须制订特定的行动计划以及进行结果监控以保证达到预定目标。

（3）重新基准化管理

如果基准化管理没有取得理想的效果，就应该重新检查以上步骤，找出具体的原因，再重新进行基准化管理工作。

5）见效阶段

实施基准化管理之后，施乐公司并没有停滞不前。它开始了对其他竞争对手、一流企业的基准化管理。1996年，施乐公司是世界上唯一一个获得所有的三个重要奖励的公司：日本Deming奖、美国Malcolm Baldrige国家质量奖以及欧洲质量奖。

讨论：

（1）什么是基准化管理？如何选择基准企业或者行业？

（2）从本案例中，我国企业得到什么启发？

参 考 文 献

[1] H. 詹姆斯·哈里顿,詹姆斯·S. 哈里顿. 标杆管理——瞄准并超越一流企业[M]. 欧阳袖,张海蓉,译. 北京:中信出版社,2003.

[2] 马丁·克里斯托弗. 物流与供应链管理——降低成本与改善服务的战略[M]. 北京:电子工业出版社,2003.

[3] CAMP R C. Benchmarking: the search for industry best practices that lead to superior performance [M]. ASQC Quality Press,1989.

[4] 刘睿,锥京蓉,黄炎. 物流标准化现状分析与研究[J]. 世界标准化与质量管理,2005(6):38-39.

[5] CHRISTOPHER M. Logistics and supply chain management [M]. London: Pitman,1992.

[6] HAUGHTON M A. The role of benchmarking in the performance of the import process [J]. International Journal of Physical Distribution & Logistics Management,1999,29(9):551-568.

[7] KORPELA A J, TUOMINEN M. Benchmarking logistics performance with an application of analytic hierarchy process [J]. IEEE Transaction on Eng Management,1996,43(3):323-333.

[8] 尤建新,杜学美,张建同. 质量管理学[M]. 北京:科学出版社,2003.

[9] http://www.quality.nist.gov/.

第 10 章 物流服务的收益管理

面对不确定的需求以及日益激烈的市场竞争,收益管理作为一种有效的管理应用技术,能够帮助物流服务提供商充分利用资源实现自身收益的最大化。收益管理在物流服务运作中的应用目前尚处在起步阶段。本章主要介绍物流服务收益管理的一般原理,并结合航空货运收益管理和集装箱运输收益管理的具体内容,说明收益管理在物流服务运作中应用的可行性及基本步骤。

10.1 收益管理概述

20 世纪 70 年代,美国航空客运界为了解决有限资源下的最大化收益问题,开展了收益管理的实践。随着收益管理在美国航空业取得巨大成功,收益管理的理念与模式逐步引起了企业界和学术界的高度重视,至今已在许多领域得到研究和推广应用,如航空运输、零售管理、酒店经营、汽车租赁、能源管理等行业。

所谓收益管理(revenue management,RM),是企业在对消费行为的理解与不确定环境预测的基础上,通过选择能力、价格和时机等决策,有效分配资源,从而管理需求以实现收益最大化[1]。收益管理的核心思想是将合适的产品或服务在最合适的时间,以最合适的价格销售给最合适的顾客,使企业在其产品或服务的销售中获得最大限度的收益。一般地,收益管理过程包括 4 个环节:数据收集、预测、优化及控制。数据收集是指对决策相关参数与预测相关信息的收集;预测主要是对决策环境中的不确定因素进行概率预测;优化是通过选择产品数量、价格与商业结构组合,有效地分配资源,实现期望收益最大化;控制是在对消费者行为和决策环境加深理解的情况下,通过重新优化以提高企业收益。收益管理的 4 个环节往往是循环执行的。

收益管理之所以成为近年来的一个热点问题,主要有两个方面的原因:①收益管理作为一种新的管理理念与模式能够帮助企业在经济全球化趋势下取得竞争优势,特别适用于易逝产品的需求管理;②相关学科理论的发展与信息技术的普及使得收益管理理论在现代企业中的应用推广成为可能。经济学、运筹学、统计学等学科理论的发展与完善使得研究者在建立需求模型、量化市场不确定性、求解复杂优化问题时,拥有了充分的理论依据和数学工具。信息技术的普及使得企业能够实现大量数据的自动化采集与处理,快速执行大规模的复杂运算。

10.1.1 收益管理的分类

收益管理决策主要涵盖 3 类问题：①商业结构决策，包括销售形式（如拍卖）、市场分割与差异化、产品捆绑决策等；②数量决策，包括订单的接受与拒绝、订货数量、产品/市场/渠道上的资源分配决策等；③价格决策，包括价格高低、价格差异化、动态定价决策等。一般而言，商业结构决策属于战略层决策，数量与价格决策属于操作层决策。商业结构一经确定，一般很少变更，决策者主要通过数量与价格决策实现有限资源的合理分配，以最大化收益，因此收益管理中的资源分配问题主要包括两类：基于数量的收益管理与基于价格的收益管理。基于数量的收益管理是通过产品数量的选择分配资源，基于价格的收益管理是通过价格决策分配资源。选择数量或价格作为资源分配的手段一般取决于实际决策问题的背景。

1. 基于数量的收益管理问题

自从 1972 年 Littlewood[2]进行航空舱位控制研究以来，基于数量的收益管理问题研究就非常活跃。基于数量的收益管理问题主要研究 3 类问题：单资源分配问题、多资源分配问题、超额预售问题。单资源分配问题是指把一种资源在不同类型产品或需求之间进行最优分配的问题，如控制航班上不同票价机票的销售量、酒店中不同价格级别房间的预订数、零售中不同产品的资金预算量。多资源分配问题是指同时考虑占用多个资源的多种相关产品的数量控制问题，如航空客运业管理始终点首尾相连的航班座位分配的问题、零售中产品捆绑销售的问题。研究表明，联合管理多种资源的分配与单资源分配相比可更有效地改进收益，因此联合管理多种资源的问题变得非常必要。但多资源分配问题比较复杂，问题求解相对困难，研究者一般通过解决多个单资源分配问题研究启发式或近似求解方法。超额预售问题是指当面临订单取消或放弃时，通过适当的超额预定来弥补订单取消的损失。这类问题是收益管理较早研究的一类问题，包括静态模型和动态模型两种。静态模型不考虑退订率和新预订请求随时间的动态变化，动态模型则考虑退订、顾客到达和数量管理决策随时间变化的情况。

2. 基于价格的收益管理问题

在商业实践中，通过价格调整实现收益最大化是一种普遍做法。在许多零售贸易中，企业采用多种形式的动态定价策略应对市场波动和需求不确定，如个性化定价、削价、价格促销、优惠券、折扣、清仓定价、拍卖、价格谈判等。基于价格的收益管理包括动态定价模型和拍卖模型。动态定价模型一般研究如何通过价格调整实现收益最大化，并从不同的角度可以分为：单/多资源模型、需求曲线确定性/随机模型、补充订货/无补充订货模型、既定库存/联合库存模型等。在动态定价模型中，一般假定顾客不具有战略性，即顾客不会去寻求使自己收益最大化的价格，而拍卖模型考虑了顾客选择的战略性。随着现代信息技术与计算机网络的飞速发展，网上交易的迅速普及，使得通过在线网络拍卖成为了一种新的产品销售渠道，进而推动了收益管理中拍卖问题的研究。

10.1.2　收益管理的应用特征

收益管理能被应用于诸多行业是由于这些行业具有实施收益管理的一些关键特征。成功应用收益管理的行业一般具有以下共同特征[3]：

（1）产品或服务具有易逝性或不可储存性。易逝性有两方面的内涵：一是指作为固定能力的库存资源和存货，库存的利用性难以转移，并且是不能储存和更新的；二是库存本身具有一定的时效性，必须在一定的时间段内被销售。一旦库存没有在界定的时间内被销售和利用，由于其不可储存性，它的价值将永远失去，而这种损失是不可补偿的。

（2）能力相对固定。能力固定指服务系统一旦建成，在系统内较快改变能力是极为困难或不可能的，只能通过系统外的资源弥补。即使弥补，代价也极为昂贵。在无法利用外部资源进行弥补的情况下，如何利用现有资源实现收入最大化是唯一具有现实意义的问题。

（3）需求可以按不同市场分类。由于不同的顾客对于产品或服务的特性组成有着不同的偏好和效用，因此可以按服务或产品在价格、时间、地点、消费方式的不同，将顾客进行市场细分。

（4）需求波动性强。需求的波动性给销售的预测带来较大的难度，造成固定存货的销售风险。由于存货是固定的，并且这种产品或服务的转移存在高昂的转移成本，如何能够合理地保证存货的最优利用并且降低销售风险成为收益管理中的首要问题。

（5）边际销售成本低。与固定成本相比产品本身的成本或边际销售成本较低，几乎可以忽略，即产品或服务的收益近似等于其利润。

从上述特点可以看出，收益管理具有广泛的实际应用背景。它不是一种单纯的技术应用或者模型，而且是涉及多学科和多领域的综合管理体系。

10.1.3　收益管理系统

由于收益管理的复杂性、动态性，收益管理的应用往往要借助于收益管理系统来完成。收益管理系统是收益管理的决策支持系统，它根据数学模型、经济学理论、统计理论及运筹学方法将预测、优化和数据库管理融为一体，以进行辅助决策。从收益管理的定义和目标可以看出，一个有效的收益管理系统应该完成以下职能：制定有效的价格体系；制定合理的存量分配策略，从而为顾客提供正确的产品或服务；能够动态调整资源/库存战略；通过对当前以及潜在客户的分析创造更多的收益。收益管理系统一般包括：需求预测、定价、超量预售和存量分配4个部分[4]。

（1）需求预测。由于资源的固定性和难以转移性，为保证收益的确定性和最优化，必须通过预测为预订及超量预订等策略制定基本的依据。在做出收益管理的相关决策前，管理者必须在历史需求信息分析的基础上了解需求的结构（即细分市场及其相互关系），这个结构不仅包括不同分级条件下的需求结构，还必须考虑顾客在不同结构之间转换的规律。

（2）定价。收益管理要求根据细分市场的特点实行差别化、动态定价。价格体系的有效性一般会通过顾客需求的变化及库存销售情况得到反映，并且依据这种反映得到调整。为此，需要有大量准确、可靠的数据作为基础，而这往往意味着信息系统的大量投资要求。

(3) 超量预售。收益管理中一个基本的策略是超额预订,以提高资源的利用收益。在确定超售水平时,需要综合考虑每超售一个产品或服务造成收益及其可能的损失。

(4) 存量分配。在不同的服务水平上存在不同的价值增值水平。在价格确定之后,合理分配资源及能力是保证收益管理实施的关键。

以上是简单收益管理系统的基本功能。在实际应用中,为了保证收益管理系统的有效实施,还需要关注季节性管理和团体管理等功能。

10.2 航空货运收益管理

物流服务收益管理是将收益管理的思想应用于物流服务业的一种管理方法体系。物流服务收益管理可以定义为:物流服务提供商根据自己的预测,通过选择能力、价格和时机,有效分配易逝的物流服务能力资源,以实现收益最大化。本节以航空货运收益管理为例,说明收益管理在物流服务中应用的过程。

10.2.1 航空货运收益管理的特点

与航空客运相似,航空货运同样具备应用收益管理的基础条件,如运力的易逝性、市场的可分性、需求的波动性、固定成本相对边际成本较高、服务可以预售等。航空货运收益管理是通过需求预测、差别定价和运力分配等策略,实现物流服务收益最大化。航空货运还具有如下特点:

(1) 能力具有多维性特征。航空货运能力不仅受货物的重量限制,还受到货物的体积、运输条件等限制。能力的多维性增加了收益管理应用的难度。

(2) 需求波动性大,预测困难。航空货运需求除受季节因素影响外,还受到外界不可控制因素的影响,如贸易政策、经济环境等的直接影响。

(3) 存在运输路径组合问题。由于受航空路线和航权的局限,航空货运往往需要通过若干次中转来完成。一方面,中转涉及货物的多次装卸,由此会造成损坏风险和运输时间的延长;另一方面,中转所导致的运输路径组合提供了发挥航空货运网络的规模和协同效应的机会。

航空货运的上述特点使得传统的航空客运收益管理的方法往往不能直接套用。

10.2.2 航空货运收益管理的主要内容

航空货运收益管理主要由需求预测、差别定价、超售和运力分配4个部分构成。如图10.1所示,航空货运服务提供商根据历史数据预测市场需求和自身的供给能力,确定超售水平,进行差别定价,最大限度地利用易逝性资源。物流运力分配主要包括协议销售和自由运力分配。协议销售主要针对大客户以协议形式提供一部分运力,自由运力分配需要根据航空货运的特点进行优化。

第 10 章 物流服务的收益管理

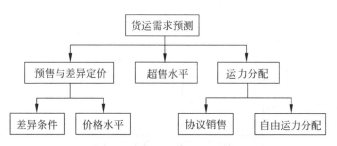

图 10.1 航空货运收益管理内容示意图

1. 货运需求预测

需求预测是物流服务收益管理实施的基础,其内容主要包括物流细分市场的需求预测,有时也包括物流服务价格和能力预测等。国外研究表明:需求预测准确率提高 10%,收益将会增加 50%。货运需求受季节、节假日、特殊事件和服务类型等诸多因素的影响。

收益管理中要求的需求预测往往是分布预测,而非点预测。预测方法主要分为 3 类:①参数估计方法,假定需求的分布形式,利用参数方法估计未知的分布参数;②非参数估计方法,利用历史数据,通过非参数方法估计需求的概率分布;③准参数估计方法,利用统计学习理论(如神经网络、支持向量机等),估计需求的概率分布。常用的定量预测方法主要包括两类:时间序列分析、因果分析。前者多用于收益管理问题中的需求预测,后者多用于收益管理问题中价格需求曲线预测。一般的预测方法主要包括:Ad-Hoc 预测方法(如移动平均、指数平滑)、时间序列方法(如 AR、MA、ARMA、ARIMA)、贝叶斯预测方法(经典贝叶斯、层次贝叶斯、经验贝叶斯法)、状态空间模型(马尔可夫法)、卡尔曼滤波方法、机器学习方法(如神经网络)、组合预测方法等[1]。

2. 预售与差异定价

航空货运服务提供商根据市场走向估算出合理运价,按不同运输路线预售一定时期内的远期运力,货主、货运代理人根据出运计划和备货情况选择合适的时间和价格,采取制度保证金或银行担保等形式完成交易并取得远期运力所有权。航空货运预售推行的主要目的是为了保护航空货运服务双方的合法利益,减少市场风险。

差别定价又称价格歧视,是指等同的运力以不同的价格销售给不同的顾客。差别定价可以依据预订时间、预订渠道、顾客对价格和时间的敏感性、货运限制条件来进行。例如在货运需求高峰期,通过提高价格增加收入,使得一部分对时间不敏感的客户转移到需求低峰期。若是根据剩余运力和销售时间进行差别定价,称为动态定价。动态定价是指根据市场的变化和留存的运力制定不同的价格,以实现收入最大化的策略。由于航空货运服务的运力是易逝性资源,一个设计良好的定价机制能够挖掘出这类产品或服务的最大市场潜力,为企业带来更大的收益。实践证明,差异定价可有效减少空闲运力,增加物流服务的收入。这里针对线性的价格需求曲线简单分析差异定价的优势。假设需求价格曲线是向右下方倾斜的直线,图 10.2 和图 10.3 分别近似表示单一定价和多级定价给企业带来的收益差别。

若某航空货运公司的额定运力为 400t,则在单一定价下,最优的定价水平是 80 元/t,最大运费收入为 16 000 元,有 200t 的运力闲置;若采用四级价格水平,则可以充分利用运力水

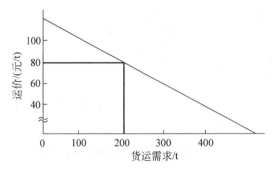

图 10.2　最大运费收入为 $80\times200=16\,000$(元)

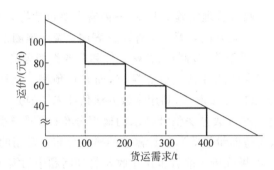

图 10.3　最大运费收入为 $100\times100+80\times100+60\times100+40\times100=28\,000$(元)

平,最大运费收入为 28 000 元。一般而言,价格水平级别越多,最大运费收入越大,资源越能被充分利用。但价格水平级别过多也可能会引起消费者的反感。实际应用中,物流服务提供商必须以顾客行为研究结果和市场需求预测为依据,进行市场细分,确定顾客类型,实施有效的差异定价,确保以最合适的价格为最合适的消费者提供物流服务。

3. 超售水平

航空货运服务运力具有易逝性,因此,航空货运服务提供商会应尽最大努力预售出尽可能多的运力。但即使所有的运力均已预售,顾客也可能因为种种原因不能接受服务,称为预订顾客未到(no-show)。因此,如果物流服务提供商在服务开始前超额预售一定数量的服务,那么当出现预订顾客未到时,这部分超额售出的客户就会填补因预订顾客未到导致的空缺,使得运力刚好充分发挥。但采用超售也可能出现需求大于运力的情形。这时需要将部分需求转移到其他时间或借助其他设施完成服务。由此所导致的单位成本的增加,称为单位退运成本。除了预订的顾客需求外,一些没有事先预订临时加载货物的现象,称为临时顾客。超售水平的确定,一般既要考虑预订顾客未到,也要考虑临时顾客需求。

若临时顾客需求具有很强的突发性,且数量较少,则在确定超售水平时可以忽略。设航空货运的超售水平为 L,C 是航空货运服务的额定运力,r 是空闲运力的机会收入,v 是单位退运成本,预订后接受服务的概率服从密度为 $f(x)$ 的连续分布。确定最佳超售水平的目的是使期望总成本最小或收益最大[5]。

航空货运的期望总成本为

$$E(\text{TC}) = r\int_0^{C/L}(C-xL)f(x)\mathrm{d}x + v\int_{C/L}^1(xL-C)f(x)\mathrm{d}x \qquad (10.1)$$

由期望总成本的一阶和二阶导数

$$\frac{dE(TC)}{dL} = v\int_{C/L}^{1} xf(x)dx - r\int_{0}^{C/L} xf(x)dx$$

$$= vE(x) - (v+r)\int_{0}^{C/L} xf(x)dx \tag{10.2}$$

$$\frac{d^2 E(TC)}{dL^2} = \frac{C}{L^3}(v+r)f\left(\frac{C}{L}\right) > 0 \tag{10.3}$$

其中,$E(x)$是预定后接受服务概率的期望。因此最佳的超售水平满足

$$(v+r)\int_{0}^{C/L} xf(x)dx = vE(x) \tag{10.4}$$

如果满足式(10.4)的最佳超售水平 L 不是整数,取相邻的整数代入式(10.1)中,最小成本的整数值即为最佳超售水平。上述模型还可以推广到随机或(和)多维运力(体积、重量等其他运输条件限制)的情形。

4. 协议销售

由于货运市场的需求存在差异性,航空公司可以通过和货运代理签订合作协议来平衡货运需求的差异,最大化总收益。航空货运的需求差异性主要体现在 3 个方面:价值上的需求差异、时间上的需求差异以及区域上的需求差异[6]。货运需求在价值上的差异性体现为不同需求类型的货运给货运公司带来的收益是不同的,发货人对于货物服务的期望值和货物运价的承受能力也不相同。货运需求存在时间上的差异性体现为有些需求是有规律性的,有些没有规律性。规律性的需求包括长期性、季节性和循环性的需求。由于航空货运通常是单程的,所以货运需求存在着区域上的差异,每条航线的货运需求和运价都不同。除此之外,在同一条航线上,航线的不同方向上也会存在货运需求的差异。

协议销售的前提是货运代理愿意在各种货运需求的多条航线上与航空公司进行合作。合作协议应该设计多条航线,航空公司按照不同航线的货运舱位的利用率制定协议内容。一旦合同签署以后,该合同涉及的货运舱位将被固定,不再属于货运自由销售的舱位范围。

以下举例说明 A 航空公司根据货运需求在时间上和区域上的差异性如何和货运代理签订协议。

1) 时间性需求差异

A 航空公司的运价一般根据货运需求进行动态调整,因此可以通过运价变化近似观测需求变化。如图 10.4 所示,图中粗实线和粗虚线分别代表香港航站出发至美国西海岸的航线在 2004 年和 2003 年的货运运价走势,而细实线和细虚线分别代表从上海航站出发至美国西海岸的航线在 2004 年和 2003 年的运价走势。可以发现 A 航空公司两个航站的货运需求有时间性差异并呈现季节性和循环性的变化特征。

因此 A 航空公司与货运代理人签订合同期限为 1 年(需求近似每年循环一次)的长期协议,并对旺季、平季和淡季规定不同的货运价格。通过长期货运协议,促使货运代理人在不同季节优先组织有限的资源来支持 A 航空公司的货运业务,减少需求的波动性。

2) 区域性需求差异

图 10.5 是 A 航空公司 2003 年和 2004 年美国西海岸至亚太区的航线运价图。将图 10.4 和图 10.5 对比,可以发现亚太区到美国的航线的运价大约是美国到亚太区航线运价的 2～3 倍。这说明 A 航空公司的货运需求存在明显的地区性差异,美国到亚太区航线

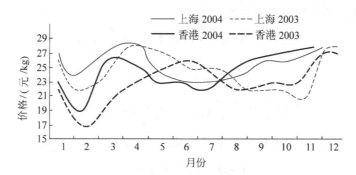

图 10.4　A 航空公司亚太区至美国西海岸航线货运运价走势

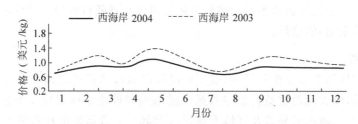

图 10.5　A 航空公司美国西海岸至亚太区航线货运运价走势

的货运需求明显低于亚太区到美国航线的货运需求。

A 航空公司通过全球合作协议与全球货运代理在各条航线，包括货运需求强的和弱的航线，扩大合作，平衡航线的需求，充分利用能力。A 航空公司利用自身有限的货运需求强的航线舱位来尽可能地争取与全球货运代理在货运需求差的航线扩大合作。A 航空公司首先将各条航线按照货运需求划分为不同的航线组，然后按照网络贡献率来决定优先签订哪些合作协议。网络贡献率是指货运需求差的航线舱位与货运需求大的航线舱位的比率[6]。该比率越高，则货运协议对航空公司平衡整个航空网络的货运需求差异的贡献越大。

5. 自由运力分配

航空货运的运力分配是指如何将航空货运的运输能力分配给不同需求等级的货物，以最大化货运总收益。不同需求等级的货物其单位运力带来的收益不同。由于通过协议销售出去的部分运力不能够自由分配，这里只介绍自由运力分配问题。运力主要包括两个维度：体积和重量。在进行运力分配的过程中，必须要将这两个维度同时考虑。

为了便于建模，不妨以体积为主要运力维度，重量为辅助运力维度。考虑单航段的运力分配问题，单航段即航空路线只有一个起点和一个终点。设额定自由运力（体积）为 C，最大载重量为 W，共有 K 个需求等级的货物需要运输，$k(k=1,2,\cdots,K)$ 等级货物单位运力的平均重量为 w_k。航空货运的自由运力分配问题就是确定承运各类货物的比例以最大化收益。决策变量 x_k 表示分配给 k 等级货物的运力。设 k 等级货运服务的需求量为随机变量 D_k。r_k 是承运单位运力 k 等级货物的收益（运价减去相应的装卸货和运输成本）。

航空货运的自由运力分配模型可以表示为

$$\max V = \sum_{k=1}^{k}\left[r_k \min(x_k, D_k)\right] \tag{10.5}$$

$$\text{s.t.} \sum_{k=1}^{k} x_k \leqslant C \tag{10.6}$$

$$\sum_{k=1}^{k} x_k w_k \leqslant W \tag{10.7}$$

$$x_k \geqslant 0, \quad k = 1, 2, \cdots, K \tag{10.8}$$

目标函数表示运力分配后的期望收益。式(10.6)表示额定运力(体积)的限制,式(10.7)表示最大载重量限制。式(10.8)表示运力分配的非负约束。

如果货运需求是连续的,其分布密度函数为 $G_k(y)$。由推广拉格朗日法[7]求解上述模型可得

$$x_k^* = G_k^{-1}\left(\frac{r_k - \lambda_1 - \lambda_2 w_k}{r_k}\right), \quad k = 1, 2, \cdots, K \tag{10.9}$$

其中,拉格朗日乘子 λ_1 和 λ_2 由下述方程组确定

$$\begin{cases} \sum_{k=1}^{k} G_k^{-1}\left(\frac{r_k - \lambda_1 - \lambda_2 w_k}{r_k}\right) = C \\ \sum_{k=1}^{k} w_k G_k^{-1}\left(\frac{r_k - \lambda_1 - \lambda_2 w_k}{r_k}\right) = W \end{cases} \tag{10.10}$$

实际上,以上方程组的求解在很多情况下是困难的,只有在特定的需求函数形式下才有有效解。

10.3 集装箱运输收益管理

集装箱运输收益管理的核心问题是如何确定每个舱位、箱位的价格,如何有效分配航段上重箱和空箱的舱位数量,以尽量减少由于集装箱闲置舱位过多造成的机会损失,从而使自身收益最大同时满足顾客要求。和航空货运类似,集装箱运输收益管理主要有3部分内容:差别定价、超售和舱位分配。但由于集装箱运输自身的特点,本节主要介绍集装箱运输收益管理的不同之处——舱位分配问题。

10.3.1 集装箱运输的特点

集装箱运输是以集装箱为载体的物流服务,货物在运输过程中必须用集装箱装载,导致了集装箱运输具有以下特点:

(1) 集装箱的多样性。集装箱有 20ft、40ft 的规格,有普通箱、冷藏箱以及各种特种箱等箱型。

(2) 集装箱运输的不平衡性。由于产业结构和经济发展的不平衡,各个港口的集装箱流入流出量不平衡。另外,由于货主提供集装箱现象的存在,进出口贸易中集装箱的规格、箱型不一致,直接导致集装箱运输的不平衡性。

(3) 空重箱转化随机性。这是由于集装箱运输公司一般规定卸货后的重箱有一定的免费使用期。

(4) 空箱调运。空箱调运是集装箱运输的最大特点。由于空箱的堆存费以及货运不平衡,集装箱班轮公司往往要通过空箱调运来满足缺箱港口的集装箱需求。

上述特点对差异定价和超售影响较少,因此主要介绍集装箱运输舱位分配问题及相关模型。

10.3.2 空箱调运的舱位分配

舱位分配是在价格、超售水平确定的情况下优化集装箱运输的收益,是收益管理的重要组成部分。集装箱运输问题涉及的是整个航运网络的舱位分配,但由于问题的复杂性,一般将其近似划分为单航线的舱位分配问题进行优化。为简化分析集装箱的舱位分配问题,本节主要考虑空箱调运对舱位分配问题的影响。

空箱调运主要涉及两个问题:如何调运空箱和如何租箱。调运空箱主要解决空箱调运路线和调运数量问题,也就是在成本最小并满足客户需求的前提下,解决空箱何处调运、调运多少、调向何处的问题。租箱不仅可以在某一港口的箱量不能满足客户需求时使用,而且当某港口的空箱租赁费合适并且不会对未来的集装箱流动造成不利时,公司也可以租赁空箱。另外,为减少成本即使供给港调运量能满足某港口客户需求时,班轮公司也会短期租赁一部分空箱,将调运量减少。在考虑集装箱运输整体利润最大化的目标下,优化措施应尽量减少班轮的集装箱空箱调运量,同时应适当拒绝部分利润较低的重箱需求,尽量使进出某港口的集装箱数量保持一定的平衡。

1. 空箱调运的多航段舱位分配模型

集装箱运输业中大部分航线都有多个航段和经停港口,每个港口都有集装箱货运需求。集装箱班轮公司如何合理地分配舱位给重箱和空箱并满足经停港口的需求是集装箱运输收益管理的关键问题。这里以一个多航段单箱型的舱位分配模型来简要说明集装箱舱位分配问题。

考虑一条有 p 个航段的航线,该航线共有 q 个经停港口对,则 $q \leqslant p(p+1)/2$。主要变量定义如下:x_{ijk} 表示分配给经停港口对 (ij) 间承运 k 等级货运服务的集装箱舱位数量;r_{ijk} 表示经停港口对间 k 等级货运服务的单位收益,其中 i 表示装货港,j 表示卸货港,货运服务等级总数为 K。D_{ijk} 表示经停港口对 (ij) 间 k 等级货运服务舱位的随机需求;w_{ijk}^f 表示经停港口对 (ij) 间 k 等级货运服务集装箱重箱的单位平均重量;C_m 为航段 m 上可用的最大舱位数量,W_m 为航段 m 上船舶的最大吃水重量。Ω 表示所有的经停港口对 (ij) 的集合,则 $\Omega = \{(ij)\}$;用 Ω_o 和 Ω_d 分别表示起点港口的集合和终点港口的集合。y_{ij} 表示港口对 (ij) 之间运送空箱的数量,c_{ij} 表示单位空箱运输成本,w_{ij}^e 表示单位空箱的平均重量。经停港口对与航段的关系可用二元变量表示

$$A_{ijm} = \begin{cases} 1, & 港口对(ij)经过航段 m \\ 0, & 其他 \end{cases}$$

为处理问题的方便,假定集装箱货运需求的端点都在内陆集装箱堆场,不考虑租箱策略。空箱调运的多航段舱位分配的数学模型[8]为

$$\max\left[\sum_{(ij)\in Q}\sum_{k\in K}r_{ijk}\min(x_{ijk},D_{ijk}) - \sum_{(ij)\in Q}c_{ij}y_{ij}\right] \quad (10.11)$$

$$\text{s.t.} \sum_{(ij)\in Q}A_{ijm}\left(\sum_{k\in K}x_{ijk}+y_{ij}\right)\leqslant C_m, \quad m=1,2,\cdots,p \quad (10.12)$$

$$\sum_{(ij)\in Q}A_{ijm}\left(\sum_{k\in K}x_{ijk}w_{ijk}^f+y_{ij}w_{ij}^e\right)\leqslant W_m, \quad m=1,2,\cdots,p \quad (10.13)$$

$$\sum_{i:(ij)\in Q}\sum_{k\in K}x_{ijk}+\sum_{i:(ij)\in Q}y_{ij}=\sum_{i:(ji)\in Q}\sum_{k\in K}x_{jik}+\sum_{i:(ji)\in Q}y_{ji}, \quad \forall j\in\Omega_d \quad (10.14)$$

$$x_{jik},y_{ij}\in N, \quad \forall i,j,k \quad (10.15)$$

模型的目标函数是最大化航运期望收益,中括号内前半部分是重箱货运的货运收益,后半部分是空箱调运的成本。式(10.12)是船舶容量约束,即各航段上为所有经停港口对分配的重箱和空箱舱位数量之和不能超过航段的最大舱位数量;式(10.13)是船舶载重量约束,各航段上为所有经停港口对分配的重箱和空箱舱位重量之和不能超过航段上船舶的最大吃水重量;式(10.14)是集装箱网络流约束,即各港口集装箱堆场流进和流出的集装箱数量保持平衡;式(10.15)是变量非负整数约束。另外,此模型可以拓展到多箱型或含租箱的多航段舱位分配问题。

2. 算例

空箱调运多航段舱位分配模型在实际求解中有很多困难,人们转而寻找求解模型的模拟方法。基于是否考虑需求的变化和分布特征,模型的求解主要分为确定性方法和随机性方法两大类。确定性方法直接采用需求的期望值来代替随机需求。随机化方法中应用比较多的是稳健优化方法。主要思想是在解的稳健性和模型的稳健性之间寻求平衡,有兴趣的读者可参考文献[9]。

考虑国内某班轮运输公司一条近洋自营航线[8],如图 10.6 所示,该环形航线由 4 个航段构成。可用的最大舱位数为 1000 标准箱,船舶的最大载重量为 8500 t。不失一般性,假设某一航期内,该航线仅运输冷藏货与非冷藏货两类不同运价的货物。

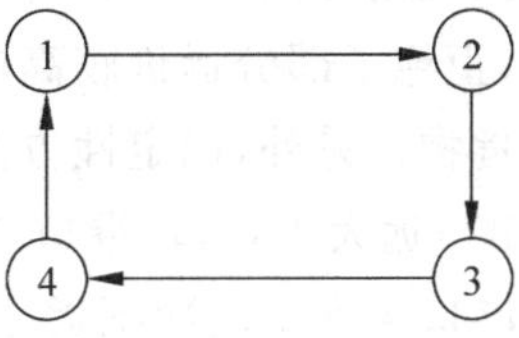

图 10.6 航线示意图

根据历史数据统计发现,各港口对间的货运需求一般会出现好、中、差 3 种情形,概率分别为 0.3、0.6、0.1。具体的需求数据如表 10.1 所示。表 10.2 是各港口对间运输重箱的收益和空箱调运成本。

表 10.1 各港口对的货运需求情况

港口对		1—2	1—3	1—4	2—3	2—4	3—4	4—1
冷藏货	好	200	250	220	180	150	180	200
	中	100	150	180	150	100	120	100
	差	60	100	140	100	80	80	90
	均值	126	175	188	154	113	134	129
非冷藏货	好	250	200	300	280	200	180	300
	中	200	180	250	200	150	140	200
	差	100	120	180	150	100	100	120
	均值	105	180	258	219	160	148	222

表 10.2　各港口对的运输重箱收益及空箱调运成本

港 口 对	1—2	1—3	1—4	2—3	2—4	3—4	4—1
运输冷藏货收益	200	400	600	200	400	200	600
运输非冷藏货收益	120	240	360	120	240	120	360
空箱调运成本	20	40	60	20	40	20	60

根据确定性方法和稳健优化方法可分别得到算例的舱位分配方案,求解结果如表 10.3 和表 10.4 所示。

表 10.3　确定性规划分配方案

港 口 对	1—2	1—3	1—4	2—3	2—4	3—4	4—1
冷藏货	126	175	188	59	113	134	129
非冷藏货	205	48	258	0	0	159	222
空箱	0	0	0	0	0	0	649

表 10.4　稳健优化分配方案

港 口 对	1—2	1—3	1—4	2—3	2—4	3—4	4—1
冷藏货	200	250	220	110	150	180	200
非冷藏货	150	0	180	0	90	180	300
空箱	0	0	0	0	0	0	500

比较表 10.3 和表 10.4 可以发现,对于期望收益,稳健优化方法的结果(713042),比确定性规划方法(595100)高出约 20%。这主要是由于确定性规划方法没有考虑需求的波动性,拒绝了部分运价较高的冷藏箱货物,而稳健优化方法几乎承运达到冷藏箱需求上限数量的货物。另外,确定性方法增加了空箱调运量也是原因之一。结合表 10.4 可以发现,港口 1 出口远大于进口,港口 4 进口远大于出口,空箱优先由港口 4 向港口 1 调运。港口 1 到 4 和港口 4 到 1 的冷藏货运输收益最高,港口 1 到 3 和港口 2 到 3 的收益次之,优先满足这些航段的货运需求。

空箱调运的舱位分配是集装箱运输收益管理的主要难点,也是区别于其他物流服务的主要不同点。本节主要针对单航线舱位分配问题进行建模,结合算例简要分析集装箱运输舱位分配问题。

小结与讨论

物流服务收益管理的核心是将易逝性的物流资源在最合适的时间,以最合适的价格出售给最合适的顾客。物流服务收益管理是从物流服务提供商角度出发,根据需求预测,通过差别定价、超售和运力分配最大限度地利用资源,获取最大的收益。其中需求预测是物流服务收益管理的根本和难点,定价、超售水平和运力分配是物流服务提供商优化收益的手段。本章以航空货运为例介绍物流服务收益管理的主要内容,并简要介绍集装箱运输收益管理中的舱位分配问题。随着收益管理在物流服务运作中应用理论的发展和实践的积累,相信

思考题

1. 收益管理问题主要有哪些类别？
2. 哪些类型的行业可以进行收益管理？
3. 航空货运有哪些特点？
4. 差异定价和动态定价的定义差别是什么？差异定价的原理是什么？
5. 为什么服务企业要考虑应用超售的方法？超售水平如何确定？
6. 需求差异性主要有哪几类？怎样克服？
7. 和一般的物流服务收益管理相比，集装箱运输收益管理实施要注意哪些问题？
8. 物流服务中还有哪些功能、操作中有可能应用收益管理的思想，并发挥较大收益？

练习题

1. 航空货运的空闲运力的机会收入和单位退运成本都是10元，预订后接受物流服务的概率服从区间$[0.8,1.0]$上的均匀分布，额定运力分布律如下表所示。

能力	100	110	120
$P(C=c)$	2/5	2/5	1/5

求航空货运的超售水平。

2. 航空货运的单位空闲运力的机会收入为10元，单位退运成本都是15元，预订顾客未到的概率服从区间$[0,0.1]$上的均匀分布，额定运力区间服从$[0,500]$上的均匀分布。求航空货运的超售水平。

3. 试给出多箱型的空箱调运多航段舱位分配模型。

4. 试给出含租箱的空箱调运多航段舱位分配模型。

案例：收益管理在南航货运中的应用

"十五"期间，中国的航空货运市场发展迅猛，成为世界航空货运最具发展潜能的市场。南航敏锐地抓住了这一发展契机，在2001年11月底实施"客货并举"战略，成立了南航货运部，正式对航空货运业务实行专业化管理。其中收益管理的有效实施是南航货运取得飞速发展的主要原因。

为保证货运收益管理的顺利实施，南航货运从企业组织结构、培训机制、激励机制、反馈机制等方面设计货运收益管理的控制流程。

货运收益管理的实施需要矩阵式的柔性组织结构来支持。南航货运主要通过3大部门实现收益管理的有效控制：收益管理部门、货运销售部门和货运操作部门。其中，战略层收益管理部门制定符合市场需求状况和企业自身情况的收益管理模型，为销售工作从整个航线网络的角度提供决策支持，并监管各个销售部门的货运价格制定和货运舱位分配情况。货运销售部门分为全球销售部门和本地销售部门，分别负责货运代理的总部和分部的销售工作。全球销售部门按照收益管理部门提供的价格和舱位的参考框架与货运代理的总部洽谈全球合作协议，旨在平衡货运需求的区域性和季节性的差异，提高货运网络的收益。本地销售部门按照货运收益管理部门的销售建议并结合本地市场情况进行货运舱位的分配和价格调整。货运操作部门执行销售部门的工作，受销售部门的监管。收益管理部门是实施货运收益管理的设计师、咨询者和监管部门；货运销售部门和货运操作部门是实施货运收益管理的执行者和反馈者。

随着外部货运需求的变化，在货运收益管理的实施过程中，各航站的销售部门、操作部门的运作流程都可能随之发生一定的变化。此外，随着管理科学和信息技术的发展，货运收益管理的核心模型也有可能在运作过程中作一定的调整。为了保证货运收益管理的有效实施，南航货运制定了一套长远的培训计划，采用远程和现场的方式对收益管理部门的专业人员和关键职能部门的管理人员进行货运收益管理工作流程、专业知识的培训。

由于一部分货运销售控制权由收益管理部门掌握，为了获得全局的最大收益，南航货运建立了销售业绩评估体系，来评估货运收益管理的效果并分析成败的原因，防止货运收益管理的实施仅仅是安装了一套新的应用软件。货运收益管理效果评估采用内部标准和外部标准相结合的评估方法。内部评估方法考核指标有整个航空网络的货运收入增长率以及货运需求差的航线的货运收入增长率。外部评估方法考核指标有各条航线的货舱装载率与行业平均水平的比率。另外，还通过一定的反馈渠道，及时了解货运收益管理模型存在的问题和改善的机会。

自货运收益管理的有效实施以来，南航货运已连续两年名列全国同行业首位。2003 年上半年，其货机完成收入达 4.12 亿元，增长 186.4%。2004 年，入选"2004 年度中国物流百强企业"，名列航空运输类企业第一名；2005 年 4 月，在首届"货运物流资讯"中华区大奖暨"亚洲货运及供应链年度大奖"颁奖典礼上，南航赢得"中国地区最优秀航空货运承运人"大奖；2005 年 11 月，入选"2005 年度中国物流百强企业"，再次名列航空运输类企业第一名。

讨论：

(1) 南航货运是怎样保证收益管理的有效实施的？

(2) 你认为南航货运收益管理上还存在哪些需要改进之处？

参考文献

[1] 张斌. 收益管理中基于结构特征的概率预测与资源分配问题研究[D]. 合肥：中国科学技术大学博士学位论文，2007.

[2] LITTLEWOOD K. Forecasting and control of passenger bookings [C]//AGIFORS Symposium Proc [M]. Nathanya, Israel, 1972.

[3] KIMES S E, CHASE R B, CHOI S, LEE P Y. Restaurant revenue management：applying yield

management to the restaurant industry[J]. The Cornell Hotel and Restaurant Administration Quarterly,1998(39):32-39.

[4] MCGILL J I, VAN RYZIN G J. Revenue management: research overview and prospects[J]. Transportation Science,1999(33):233-256.

[5] KASILINGAM R G. Air cargo revenue management: characteristics and complexities[J]. European Journal of Operational Research,1996(96):36-44.

[6] 陈之侃. 航空货运收益管理实施初探[D]. 上海：同济大学硕士学位论文,2005.

[7] LAU H S, LAU A H. The newsstand problem: a capacitated multiple-product single-period inventory problem[J]. European Journal of Operational Research,1996(96):29-42.

[8] 卜祥智. 基于收益管理的集装箱班轮舱位分配随机模型研究[D]. 成都：西南交通大学博士学位论文,2005.

[9] MULVEY J M, VABDERBEI R J, ZENIOS S A. Robust optimization of large-scale system[J]. Operations Research,1995(45):264-281.

第 11 章 城市物流服务管理

高效的城市物流服务管理对城市乃至全国的经济、社会和环境的可持续发展都起着十分重要的作用。但我国城市物流发展还处于起步阶段,没有形成一个完整的系统,城市物流服务发展中还存在各个方面的问题。本章首先介绍城市物流服务的含义、特征、构成要素以及国内外城市物流的发展现状;然后介绍城市物流服务的基本流程和城市物流配送服务;最后介绍城市物流未来发展的方向和趋势。

11.1 城市物流服务概述

与企业物流不同,城市物流包括的范围更广,涉及的要素更多,组织起来更加复杂。因此,我们首先理解城市物流服务的含义、特征和构成要素,了解国内外城市物流发展的现状。

11.1.1 城市物流服务的含义

第一次提出城市物流概念的是日本的谷口荣一教授,1999 年 7 月,他在澳大利亚参加第一届城市物流国际会议时,将其定义为"在市场经济形势下,以城市为界限,在对企业的物流活动、运输效率、物流成本的优化过程中,必须综合考虑城市交通基础设施、道路动态交通情况、交通运输成本和资源浪费等因素"[1]。

日本京都的 Taniguchi E,Thompson R G 和 Yamada T 把城市物流定义为:在市场经济的框架下综合交通环境、交通阻塞、能源消耗等因素,由个体企业全面优化城市区域物流和交通行为的过程[2]。城市物流介于宏观物流和微观物流、社会物流和企业物流之间,可以被看作是众多企业的微观物流向城市之间的宏观物流的一种过渡。

我国学者方虹是国内较早研究城市物流的学者之一,考虑到城市物流对城市经济的依赖性和服务性,她将城市物流定义为"城市物流主要是物体和废弃物在城市内部的流动,同时在外部区域上表现为货物集散的形式"[3]。

我们可以按如下定义来理解城市物流服务:城市物流服务是指物质资料在城市内部各经济部门之间、城市与城市之间、城市与周围农村之间的物理性移动过程[4]。它是为城市服务的物流,服务于城市经济发展的需要,包括城市内的实体流动、城市与外部区域的货物集散,以及城市废弃物的清理等活动。

城市物流服务是城市经济发展的产物,并且城市经济是城市物流服务存在的条件。城市物流属于中观物流,属于区域物流,它必须服从于区域经济发展的需要,它的发展也必须与区域经济发展相协调。另外,城市物流也是城市与城市、城市与乡村乃至与其他国家和地区进行经济交流活动的桥梁,是国家经济活动正常运行的保障。

城市物流服务追求的是整个城市的社会总经济效益,这与城市的发展目标、交通情况等联系密切,要实现这个目标就必须对城市物流服务进行系统规划[5]。这种城市物流服务的规划的重点是规划物流服务系统。

城市物流服务系统是在一定时间内、特定城市中进行物流活动,由物流人员、物流设施、待运商品和物流信息等要素构成的具有特定功能的有机整体[6],包括:①物流基础设施,即物流节点、物流通道等;②物流装备,即车辆、船舶、装卸设备等;③物流网络,即各种运输路线的配置、物流节点的配置等;④物流管理,即物流的计划、组织、协调与控制等。

11.1.2 城市物流服务的特征

城市物流作为物流的衍生物,是一种比较特殊的物流体系。比我们经常提到的物流多了一个边界,需要在物流涉及的诸多方面上加上区域的限制和城市的属性。城市物流服务的特征是由城市经济的特征决定的。城市物流的任务是:以城市范围内政府、企业和顾客可以接受的方式,经济、高效地进行物资供应和废弃物处理。它的主要特征可以概括为以下几点[6]。

(1) 从物流活动所涉及的领域看,城市物流服务不仅包括了生产领域、流通领域,而且还包括消费领域,它涉及社会再生产过程中的每一个环节。

(2) 从物流的对象看,城市物流流动的物质资料,既包括生产消费所需的各种原材料、机器设备等生产资料,又包括人民生活消费的各种消费品,还涉及城市废弃物的流动。

(3) 从物流的规模或者流量看,城市物流的规模或流量比企业物流大。企业物流的规模或流量由企业的生产经营规模决定。城市物流的规模或流量不仅取决于城市自身经济社会的发展状况,而且还受其他城市或农村,乃至其他国家经济发展的影响。

(4) 从物流形式看,企业物流形式是在企业生产经营过程中物资资料的不断运动过程,是一个输入、加工转换、输出的过程。城市物流表现为3种形式:①货物通过的形式,指这一城市外其他城市之间或地区之间的货物移动经过该城市的物流;②货物的集散,指城市本身对某些货物为发货点或收货点,或者对某些货物既是发货点又是收货点;③干线运输的物流,指伴随铁路、船舶、卡车等干线运输而产生的物流。

(5) 从物流管理和物流业务看,企业物流就是对企业生产经营过程中发生的各种物流的管理。而城市物流管理涉及的面更广,既有城市内成千上万家企业、单位和家庭,又有周围农村的企业、单位和家庭;所涉及的部门几乎涵盖了三个产业的所有部门;所涉及的因素包括影响社会经济发展的所有因素;等等。所以,城市物流管理是一个巨大的系统工程,需要各行业、各部门,以及社会各方面的协调配合。

此外,城市物流还具有以下特征。

(1) 物流密度高。单位面积内所拥有的物流设施设备、业务等的数量较高,组织与管理的难度较大。

(2) 制约因素多。在有限的城市空间内高密度地分布着各种交通设施、文化设施等,这些要素都制约着城市物流的发展。

(3) 以短距离公路运输为主。城市物流的主要方式和手段都是公路和卡车,以公路运输为主,主要是城市内、城市之间、城市与农村之间的公路物流。

11.1.3 城市物流服务的构成要素

城市物流服务的基本要求是:道路通畅、运输合理、配送速度快、库存量小、效率高、成本低。城市物流服务的构成要素主要有功能要素、流通要素、资源要素和运营环境要素[6]。

(1) 功能要素。城市物流的基本功能包括:运输、储存、配送、装卸、包装、流通加工、信息处理,涵盖了从原材料的采购—半成品加工—成品的配送运输—顾客手中的全过程。另外还包括增值性服务,为客户提供超出常规范围的物流服务。

(2) 流通要素。它包括了5个子要素:①流体,即城市的货物;②载体,即运输货物的基础设施设备;③流向,即货物的流动方向,代表城市的对外联系和内部联系;④流量,即货运量,货物在一定方向上流动的数量;⑤流程,即货物周转量,货物在一定方向上行驶路径的数量。

(3) 资源要素。它指物流活动中所需要的资源,主要包括运输资源和存储资源。可以分为:中转设施、城市货运道路、城市货运枢纽、配送中心(distribution center)、物流园区(distribution park)。

(4) 运营环境要素。城市物流的发展受到城市政府的制度和管理环境的影响,政府可以指定一些措施促进物流设施的建设等。

城市物流系统可以定义为:"城市物流系统是一个有机整体,它在城市范围内,综合企业、基础设施、物流政策法规、物流信息等要素来组织优化城市物流功能。"[7]因此,城市物流系统包含的要素为:基础设施要素、信息平台要素和政策要素。基础设施主要包括物流配送中心、货运码头、仓库等;信息平台要素主要是车辆信息、交通状况信息、货车实时位置信息等;政策要素主要是物流产业政策、相关法律法规等。城市物流系统的结构如图11.1所示。

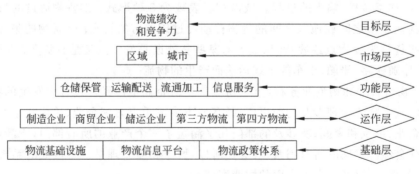

图 11.1 城市物流系统结构图

11.1.4 国内外城市物流服务的发展概况

发达国家从20世纪60年代就开始开展城市物流规划建设,日本、德国等处于世界先进行列。日本是最早发展城市物流服务的国家,1964年,日本政府就开始对物流产业发展进行调控,到 1969 年形成了日本全国范围物流体系的宏观规划。从 1965 年至今已建成 20 个大规模的以城市为依托的物流园区。1990 年,德国就在几个大城市规划了 30 个不同形式的物流基地,基本形成了规模化的全国物流园区网络。美国长期实行运输、仓储等物流业私有化,物流系统规划主要是企业的自主行为。国外学者认为发展城市物流的目的是为了减轻货物运输带来的负面影响,减轻这些不利影响对城市经济、社会、管理、文化和其他活动的影响,并围绕此目标展开了对城市物流的研究[8]。

最近几年,我国城市物流发展迅速,全国不少城市纷纷提出要把物流业打造成为支柱产业。深圳是全国率先发展城市物流业的典型代表。1996 年,深圳市政府就开始对深圳现代物流业的发展问题进行综合研究,2000 年的《深圳市国民经济和社会发展"十五"计划》,提出了加快发展现代物流业的战略,正式将现代物流业确定为三大支柱产业之一。深圳已建立了六大物流园区,促进了产业结构的优化升级。

北京市也把物流业确定为重点产业之一,已建成了 1 个物流港,3 个物流园区,17 个物流配送中心。2011 年,北京市社会物流总费用为 2446.3 亿元,比上年增长 12.2%。物流业从业人数稳步增长,2011 年,北京市物流业从业人员达到 50.6 万人,比上年增长 4.1%。表 11.1 描述了北京市社会物流总额及构成情况。从表 11.1 可以看出,工业品、进口货物和外省流入物品等物流服务需求均有不同程度增长,它们是构成北京市社会物流总额的主体,是带动社会物流总额增长的主要因素。

表 11.1 2010—2011 年北京市社会物流总额及构成情况[9]

指 标	2011 年/亿元	2010 年/亿元	增长/%
社会物流总额	59 624.5	50 424.7	18.2
一、农产品	310.2	280.2	10.7
二、工业品	12 327.9	11 390.9	8.2
三、进口货物	21 344.4	16 649.1	28.2
四、再生资源	105.4	69.3	52.1
五、外省市流入物品	25 387.0	21 909.6	15.9
六、单位与居民物品	149.6	125.6	19.1

上海市政府计划将上海规划成为国际金融、经济、贸易与国际航运中心,并发布了《上海市现代物流产业发展规划》,着重发展 5 个物流园区,不断建设城市内的物流配送中心,建设成为国内最大、亚太地区最具竞争力的国际物流基地之一。2012 年,上海市根据国务院发布的《物流业调整和振兴规划》、国务院办公厅《关于促进物流业健康发展政策措施的意见》和《上海市国民经济和社会发展第十二个五年规划纲要》制订了《上海市现代物流业发展"十二五"规划》。表 11.2 描述了上海市物流业规模。

20 世纪末,南京市连锁业迅速发展,形成了一批为企业内部产供销服务的物流配送中心,如苏果公司、麦德龙、南京华诚超市等。21 世纪以来,南京市以第三方物流为主体,不断发挥港口、空港等的作用,构建以宝供物流、国家邮政局物流集散中心为代表的综合型物流业群。城市空间布局也日益合理,初步构建了以王家湾-丁家庄物流中心、龙潭物流基地、空港物流基地、幕燕金属物流中心及江北化工园物流基地等为代表的具有水、陆、空联运功能且城市空间布局合理的物流中心和物流基地。

表 11.2　2005—2010 年上海市物流业规模[10]

指标	2005 年	2006 年	2007 年	2008 年	2009 年	2010 年	平均增长率/%
物流业增加值/亿元	1175	1339	1573	1760	1694	2037	10.0
货物运输量/万 t	68 741	72 617	78 108	84 347	76 968	81 023	2.7
航空货邮吞吐量/万 t	222	253	290	305	298	370	11.3
港口货物吞吐量/万 t	44 317	53 748	56 145	58 170	59 205	65 338	8.3
集装箱吞吐量/万标准箱	1808	2172	2615	2800	2500	2907	10.6

虽然我国城市物流取得了一些进步,但由于我国长期重生产轻流通,在流通中又轻物流,使我国城市物流的发展出现了各种问题。如城市交通运输基础设施落后、陈旧,运输能力与货运量的增长不适应,影响了物流效率;城市内部运输工具缺乏统一组织管理;城市物流基础设施差,缺少大型现代化综合性物流园区,物流基础设施功能单一;物流产业不合理,大部分隶属于传统的运输和仓储业,现代物流服务比例过低;城市物流市场管理混乱、效率低等。以城市商贸物流为例,70%左右的商品由商家自己配送,从而造成了车辆满载率低,返程空载率高,车辆运营效率低,运营成本高。另外,城市交通拥堵进一步恶化,由于汽车尾气排放而造成的城市污染严重。对于城市的仓储资源来说,以冷库为例,由于信息不通畅和利益分配的矛盾,一方面有很多企业冷库资源不足,另一方面还有一些企业的冷库大量闲置,造成资源浪费。城市快递物流的这种矛盾更加突出,平时快递物流效率不高,节假日期间,服务水平下降、爆仓就凸显出来。未来一段时间,还需要对城市物流进行合理规划,促进其与经济的协调发展。

11.2　城市物流服务的基本流程

流程指一组将输入因素转化为输出因素的相互关联或相互作用的活动。城市物流服务的基本流程可以概括为以下活动的组合:城市物流服务的流入、城市物流服务的流出、城市物流活动处理中心,如图 11.2 所示。

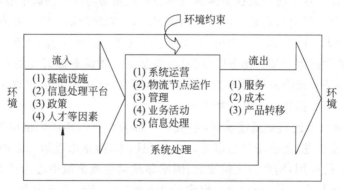

图 11.2　城市物流服务的基本流程

11.2.1 城市物流服务的流入

为了更好地适应并促进城市的发展,城市物流服务的发展应该根据城市的地理环境、交通条件、经济结构、经济规模等情况确定其规模,此外还要考虑周边城市现代物流业发展情况,确定城市物流服务发展的目标。城市物流服务的流入包括了基础设施、信息处理平台、政府政策和人才培养等因素。

1. 基础设施

物流基础设施是指某地区在地上或地下为物流提供服务的结构,由各种不同的运输线路等构成,是城市物流发展的基础和必要条件,因此,需要加强城市物流基础设施的建设,保证其合理性和有效性,主要包括以下几个方面。

1) 加强城市道路建设

由于城市物流具有物流密度高、受制约因素多和短距离公路运输为主等特征,在城市道路基础设施规划中,要注意以下4点以使城市物流运输更加流畅:①以城市的布局特点,因地制宜地规划城市道路交通网;②做好城市道路与外界的对接,实现无缝连接;③长期规划公路主枢纽的位置、用地等;④城市物流道路运输的管理需要更加科学。

2) 优化城市物流资源配置

规划以仓储中心为代表的城市物流节点建设。仓储是在指定区域存储物品,消除产品的时间和空间的不一致性,创造产品的时间价值和空间价值。仓储中心的规划首先需要和城市发展规划相协调,其次需要满足便利性的要求,最后还需要考虑经济效益的原则。

3) 合理评估物流园区建设项目

2009年国务院印发了《物流业调整和振兴规划》后,物流园区建设的热潮席卷了全国。2006年全国有207个物流园区,2008年就增加到475个,2009年又增加了200多家,但是我国物流园区缺乏统一规划。城市物流园区的建设项目需要合理评估,才能保证城市物流流入的合理性。

2. 信息处理平台

城市物流的发展与信息化密不可分,目前许多物流活动都是借助信息技术和信息平台完成的。城市物流信息处理平台是基于计算机网络技术,提供物流信息、技术、设备等资源共享服务的平台,它的主要任务就是提供物流基础信息服务,提供车辆跟踪等服务。城市物流信息处理平台是由政府部门、物流企业等构成的大网络体系,其模式如图11.3所示。

物流信息处理平台的主要功能是实现共享信息的组织与发布,如提供网上虚拟运输市场交易功能、决策分析功能等,具体如表11.3所示。

城市物流信息处理平台主要是解决物流信息系统之间的信息共享、系统集成以及各类信息通道之间的互通问题,它对节约物流成本、提高物流资源的利用率起着至关重要的作用。

图 11.3　物流信息处理平台模式[6]

表 11.3　物流信息处理平台的主要功能

类　　型	主　要　内　容
基本功能	政府部门间公用信息传递功能
	企业与政府间共享信息传递
	运输计划制订支持功能
	政府市场管理功能
	车辆运行管理支持功能
	物流服务需求信息发布功能
	支持行业规范管理功能
	货物跟踪支持功能
增强功能	货物交易管理系统
	交易信用认证功能
	物流业务合作交易功能
	物流业务发展宏观规划决策分析功能

3. 政府政策

良好的政府政策环境有利于城市物流的发展。城市物流政策包括产业政策、政府管理机制、市场竞争环境等。目前我国城市物流的发展还处于起步阶段,政府必须在税收、资金等方面给予一定的优惠政策才会带动城市物流服务的发展[11]。城市物流的长远发展还必须依靠有利的市场机制政策来促进物流基础设施以及信息平台的建设。基于当前我国城市物流服务发展的现状,结合城市物流的特征,需要制定以下合理的政府政策制度。

(1) 建议健全完善的市场体系和市场管理机制,形成公平开放、竞争有序的市场环境,促进物流资源的有效配置。

(2) 制定相关的城市物流服务发展的产业政策,重点扶持有竞争力的城市物流龙头企业和示范企业,积极引进国内外有竞争力的企业与本城市的物流企业联盟,推动城市物流企业的发展。

(3) 建立城市物流服务的管理协调机制,与城市物流相关的交通、经济、规划、物价等管理部门需要协调管理,才能促进城市物流的高效协调发展。

（4）政府应该制定相关的政策，推动城市物流基础设施的建设，对运输线路进行规划，鼓励相关物流企业的发展，从而促进城市物流的发展。

4. 人才培养

现代城市物流服务的发展是建立在高水平的网络信息技术、物流技术的基础上的，对相关物流人才的要求也提高了，一方面需要懂物流技术，利用信息技术处理相关的物流信息，另一方面要学会运用管理技术，熟悉城市物流运作的规律，不断利用管理方法提高物流服务质量、降低物流运作成本。因此在发展城市物流时，应该加强对物流人才的培养，做好人才培养保障政策的制定。

进入 21 世纪后，我国物流人才的培养已从无到有、由小到大不断发展，逐渐成熟。截至 2011 年底，我国已有 430 所本科院校中有物流管理、物流工程和采购管理专业，在校生 105 071 人。另外，经过多年的发展，我国物流从业人员的培训认证工作也取得了相应的成绩。2003 年中国物流与采购联合会受劳动部的委托，制定了《物流师国家职业标准》，于 2003 年的下半年就开始了物流师职业资格培训认证。我国物流人才培养已贴近经济和行业发展对物流人才的需求。但是，我国物流人才培养中仍然存在着一些问题，如忽视岗位培训工作，人才培养结构不合理、人才培养目标定位模糊、师资力量薄弱、课程设置不科学、人才培养模式落后等，还需要加强人才培养制度的建设。

11.2.2 城市物流服务的流出

城市物流服务是以满足人们的需求而存在和发展的。在基础设施的支撑，良好政策环境、优秀人才的基础上，城市物流服务就能产出使得顾客满意的产品和服务。城市物流服务的流出主要是实现产品的价值、提高物流服务质量、降低物流服务成本。

1. 实现产品的价值

城市物流服务能为顾客提供 4 种效用，即空间效用、时间效用、形态效用和占用效用，如图 11.4 所示。城市物流服务通过这 4 种效用来实现产品的价值。

（1）空间效用。物流服务的功能之一是将产品从生产地运往需求地，解决生产与消费在地点上的不一致性，实现产品和服务的增值作用，这就是空间效用。城市物流服务中，通过各种城市交通工具将产品从配送中心运往消费区域。

（2）时间效用。物流的功能之一是产品的存储，通过产品的存储，解决生产与消费在时间上的不一致性，实现产品和服务的增值，这就是时间效用。城市物流服务中，

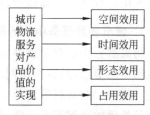

图 11.4 城市物流服务实现产品的价值

通过城市仓储中心将生产出来的产品先储存起来，然后需求到来时再进行销售。

（3）形态效用。物流的功能之一是产品的包装，通过对产成品进行包装，以满足个性化需求或方便运输等，来改变产品的形态，以产生产品的形态效用。

（4）占用效用。占用效用指通过使消费者占有产品而实现的效用，这种形式的效用主要是通过市场营销活动来创造的[6]。它包括设计、定价、促销和分销的过程，提高消费者占

有产品的欲望,最终达到交易的目的。

2. 提高物流服务质量

物流服务质量是推动城市物流发展的基础,一个良好的城市物流服务系统必须能够提供较高的物流服务质量,满足城市经济发展的需要。

首先,根据产品的特征、顾客的需求能够提供专业化的服务,主要表现有:①要有专业化的仓储设备设施;②要有适应不同货物存储条件的仓库,如冷藏冷冻仓库、危险品仓库等;③要有高效率的装卸设备;④要有高效、专业的仓储管理能力;⑤要逐渐提高信息化程度,减少货损货差,随时为顾客提供车辆、商品的地理位置信息。

其次,根据顾客的个性化需求特征,能够提供两种或两种以上的一体化物流服务。如今城市中较大的物流服务企业都在为客户提供包括方案、设计和物流运作的一体化服务,另外还提供一些增值服务。一体化物流服务要求企业具备以下条件:①提供一体化服务的策划能力,能够找到一体化物流服务的利润空间,以及达到利润目标的内容和方法;②要有较强的组织管理能力和资源整合能力,需要充分利用企业内部和外部资源,将提供物流服务的所有环节整合成一个整体系统来管理,实现物流系统的整体最优化;③要与物流需求方结成战略联盟关系,因为提供一体化服务必然要有一体化的物流设施设备,这就增大了风险,必须通过战略伙伴关系来降低这种风险。

3. 降低物流服务成本

物流服务成本是产品的空间移动或时间占用所耗费的各种活动的货币表现。城市物流服务成本的高低决定了城市物流未来发展的潜力,为了促进城市物流的发展,就必须不断降低物流服务成本。物流服务成本的影响因素、构成以及如何降低物流服务成本可参考本书第7章。

11.2.3 城市物流服务中心

城市作为商品流通的中心,既包括了商流中心,又包括了物流中心。认识和理解城市物流服务中心有利于提高城市物流服务水平。

1. 城市物流服务中心的概念

物流服务中心有时也称为流通中心,是组织、调节、管理物流的较大的物流据点。它是物流网络的节点,具有物流网络节点的系列功能。物流服务中心是物流服务系统中的基础设施,它的规划、运行等涉及交通、工业、农业等多个部门、多个行业。不同部门及企业对其内涵及外延的理解不太一致,归纳起来有以下几点[6]。

(1) 社会物流服务中心。从国民经济的要求出发,建立的以城市为依托、开放型的物品储存、运输、包装和装卸等综合业务的物流集散场所,由集团化组织经营。

(2) 物流服务配送中心。为了实现物流系统化、效率化,从供应者手中接受多种大量的货物,进行倒装、分类、保管、流通加工和信息处理,然后按需求者的要求备齐货物,以优质高效的服务完成配送等作业的组织。

(3) 新型物流服务中心。物流服务中心是组织、衔接、调节、管理物流活动的较大的物流据点。它以仓库为基础,在各物流环节上提供延伸服务。

(4) 国际物流服务中心。它是指以国际货运枢纽为依托,建立起来的经营开放型的物品存储、包装、装卸、运输等物流作业活动的大型集散场所。国际物流服务中心要做到物流、商流、信息流的有机统一。

总之,我们可以将物流服务中心理解为:处于枢纽或重要地位的,具有完整的物流服务环节,并能将物流集散、信息和控制等功能实现一体化运作的物流据点。

2. 城市物流服务中心的功能

(1) 信息和交易中心功能。城市物流服务中心是货运市场承托双方交接的场所,是货运需求信息集中的所在地,能够接收、汇总、储存和传输货运行情的信息,及时反映货运需求情况信息,提供各种代理、结算交易,为管理部门提供决策的依据。

(2) 货运配载市场功能。为了提高车辆利用率,可以为回程车辆配载,获取运输差价,从而实现收入的方式。通过不断完善货运配载服务业务的规范化、规模化和网络化,发挥物流服务中心的增值效用。

(3) 停车场功能。物流服务中心可以在空闲的场地提供外地车辆的集中停放、途中休整,也可以为城市便捷货运车辆提供临时停放场所。

(4) 公路快运功能。公路快运是以时效性、附加值高的货物为货源,以现代化的货运站为中转节点,以大吨位高性能专用厢式货运车辆为运输工具,以高等级公路为依托,以信息技术和网络技术为基础,做到限时送达,提供优质服务。

(5) 物流仓储配送加工功能。物流服务中心可以为各类企业提供物流方案设计,货物的库存管理、配送服务、加工包装等一系列的物流服务。

(6) 多式联运功能。物流服务中心可以很好地衔接不同运输方式,为公路、水路、铁路、航空货运提供中转和仓储服务,实现多式联运。

3. 城市物流服务中心的规划设计

首先,为了确保城市物流服务中心的高效运行,在城市物流服务中心规划设计时需要考虑以下因素:①城市经济发展的需要,包括城市的发展规划、其他相关行业的规划;②交通运输网和现有物流基础设施,包括交通运输干线、多式联运中转站、货运站、港口等;③城市规划,包括城市人口、产业结构与布局等;④环境保护与可持续发展,提倡绿色物流服务[12,13]等。

其次,城市物流服务中心的规划设计需要考虑以下几条原则:①符合城市总体规划,符合城市产业空间布局的需要,符合城市管理的长远要求,符合城市发展的战略;②靠近市区边缘,快速、方便、短距离运输满足商业销售网点需求,从而降低服务成本;③靠近交通主干道出入口,方便接送货物;④地价较低的地段,一般物流服务中心占地面积较大,而且还需要留有未来发展的余地,地价是主要影响因素;⑤靠近铁路枢纽、港口、机场等,主要方便多式联运的协调运输。

最后,城市物流服务中心选址常用的方法有:①负荷距离法,主要目的是使总负荷的移动距离最小;②因素评分法,通过确定权数和等级得分,选出综合得分最高的;③重心法,综合考虑运输距离和运输的货物量来选择物流服务中心。城市物流服务中心布局的方法主要有:①物料流向法,按照物流中心物品的流动方向进行布局;②物料运量法,根据物品流动的方向和设施之间的物品运输量进行布局；③相对关系布置法，根据各个部门之间的关系密切程度进行布置。这些都与生产设施选址和布置类似。

11.3 城市物流配送服务

物流配送几乎包括了物流的全部职能。物流术语标准（GB/T 18354—2006）将配送定义为：在经济合理区域范围内，根据客户需求，对物品进行拣选、加工、包装、分割、组配等作业，并按时送达指定地点的物流活动。城市物流配送就是在特定区域内实现的这些物流活动。

11.3.1 城市物流配送服务的含义和特点

城市物流配送可以定义为：在特定区域内，按用户的订货要求，以现代送货形式，在城市物流配送中心或其他物流据点进行货物配备，以合理的方式送交用户，实现资源的最终配置的经济活动[6]。因此，城市物流配送主要包含以下几个方面的内容：①城市物流配送是在特定区域内进行的活动；②物流配送服务是一种有固定组织、固定渠道的送货方式；③物流配送可以有效利用分拣和配货功能，以规模效益降低运输成本；④物流配送是实现资源优化配置的一种重要手段。

城市物流配送是城市物流系统中一种特殊的活动形式，与传统配送相比，它具有以下几个特点：①虚拟性。它是指在信息网络构筑的虚拟空间进行的城市物流配送活动，通过对配送活动的现实虚拟，生成各种虚拟环境，帮助人们决策配送的各种活动设计。②高效性。通过自动信息处理系统，调整库存数量，调节订货数量，进行配送作业活动，从而提高物流配送的效率。③低成本性。现代信息技术使得城市物流配送成本得到了降低。④个性化。城市物流配送可以根据客户的不同要求提供个性化的配送服务，更好地满足客户要求，提高客户满意度。

11.3.2 城市物流配送服务的基本活动

城市物流配送服务的基本活动是指整个配送过程的环节，与一般的物流配送活动类似。一个完整的物流配送过程主要包括集货、存储、拣选、配货、配装、配送和送达顾客手中的服务活动[14]，如图11.5所示。

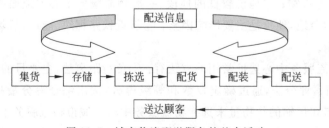

图11.5 城市物流配送服务的基本活动

(1) 集货。集货就是将分散的或者小批量的物品集中起来,以便进行运输、配送作业。为了满足特定客户的配送要求,需要把从几家甚至数十家供应商处订购的货物集中起来,然后将物品送抵指定的场所。

(2) 存储。存储就是按一个时期配送规模的要求合理地储存货物,或者为了方便作业,在货场进行货物暂存,解决生产与消费在时间上的不一致性。

(3) 拣选。拣选就是按照订单的要求,从储存的场所拣出所需要的物品的作业。拣选的效率直接影响着后续活动的效率,影响着送货服务水平。

(4) 配货。配货是使用各种拣选设备和传输设施,将储存的物品按照客户订单的要求分拣出来,送到指定发货地点准备装运发货。

(5) 配装。配装就是在单个客户的订单数量不能达到车辆的有效载运负荷时,就集中将不同客户的订单一起配送,充分利用车辆的运载能力。

(6) 配送。配送是运输的末端运输、支线运输。一般距离较短、规模较小。由于配送过程中客户数量多,路线比较复杂,如何选择最佳的配送路线是至关重要的,直接影响客户服务水平。

(7) 送达。送达是将货物按照客户要求的时间、地点交到客户手中,并办理相关手续完成结算。由于直接与客户接触,服务质量需要不断地提升,还需要不断满足客户的个性化服务要求。

11.3.3 城市物流配送服务的作用

城市物流配送服务联系着生产商、零售商、分销商和消费者,在他们之间实现物流、资金流和信息流的传递,配送的流程图如图 11.6 所示。

城市物流配送服务的作用主要表现在以下几个方面。

(1) 提高物流的经济效益。通过增大订货批量来降低采购成本,还可以通过将多个客户订购的货物配载发运来降低物流运输成本,从而大幅度降低物流成本,提高物流的经济效益。

(2) 通过集中库存使企业及整个社会货物库存量降低。通过准时配送,各个节点企业就不需要有自己的库存,将库存集中起来存放,通过集中管理,

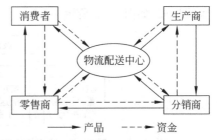

图 11.6 城市物流配送流程图

可以降低库存成本。另外,集中库存有利于对整个物流运输环节进行统一协调管理,有利于降低总的货物库存量,提高全社会的经济效益。

(3) 简化手续,方便客户,减轻客户工作量,节省客户开支。配送过程的信息化程度提高,可以简化交货手续,方便客户与企业之间的结算,实现无纸化操作,减轻工作量;另外几种配送,客户只需要向一处订购,有利于提高效率,节省成本。

(4) 缺货现象减少,提高了供应保证程度。如果生产企业自己留有库存来维持生产,由于库存占用大量的资金,其供应保障能力很难得到提高。而采用配送方式,核心竞争力就是货物存储,然后进行协调配送,供应能力得到保证。

11.3.4 城市物流配送服务系统及优化

城市物流配送是在城市范围内的物流业务运作活动,服务对象为政府、工业、企业、农业等,往往采用汽车运输。

1. 城市物流配送服务系统的含义

城市物流配送服务系统可以定义为:在城市范围内,由多个既相互区别又相互联系的子系统,根据用户的订货要求进行"配"和"送"的作业所构成的有机结合体。城市物流配送系统和一般系统一样,具有输入、转换、输出和信息反馈四大功能,通过输入和输出与城市环境进行交换。

城市物流配送服务系统是一个重要的人工系统,具有集合性、目标性、相关性、层次性及环境适应性。集合性是指对分散的客户需求进行整合;目标性是指在满足客户需求的前提下降低物流配送成本、提高效率;相关性是物流配送系统各子系统之间相互影响;层次性是物流配送系统直接面向客户完成门到门的服务,处于物流流程的末端;环境适应性是城市物流配送需要适应城市规划限制等。

2. 城市物流配送服务系统的构成

城市物流配送服务系统从人的角度分析其构成包括供应商、物流提供商、顾客、政府管理人员及科研机构等,如图 11.7 所示。

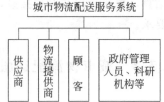

城市物流配送服务系统从系统功能的角度由城市物流配送网络子系统、运营子系统、政策与管理子系统、信息子系统构成,如图 11.8 所示。

图 11.7 城市物流配送服务系统的构成(人的角度)[6]

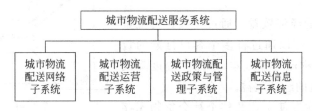

图 11.8 城市物流配送服务系统的构成(系统功能角度)[6]

3. 城市物流配送服务系统优化

(1)城市物流配送服务系统优化的目标

城市物流配送服务系统追求的目标包括:①高服务水平,即在规定的时间内完好无损地把货物送到客户手中,做好各种售后服务工作;②高物流配送效率,以最少的投入获得更好的产品,通过不断提高物流配送的效率,提高配送系统的经济效益;③高物流配送质量,需要提高物流配送的管理水平,不断改善物流配送基础设施;④低物流配送成本,追求物流配送系统的总成本最小化,尽量充分利用各种优化技术,提高效率;⑤可持续发展性,城市物流配送服务过程中要尽量考虑环境保护、缩短运输路线、减少噪声污染等。

(2) 城市物流配送服务系统优化的基本原理

城市物流配送服务系统优化的基本原理主要是通过物流配送中心统一协调管理才能达到以上物流配送的目标。统一配送可以减少物流配送次数、降低运输成本,另外还能减少处理成本。其基本原理如图 11.9 所示。

图 11.9 城市物流配送服务系统优化的基本原理

(3) 城市物流配送服务系统优化的基本方法

城市物流配送系统优化的基本方法与一般系统优化的方法类似,主要有:线性规划法、非线性规划法、网络优化技术、多目标规划法、动态规划法、回归分析法、马尔可夫过程分析、启发式算法、神经网络法、灰色模糊理论法、聚类分析法、成本效益分析法等。

11.3.5 城市物流配送中心的规划

城市物流配送中心就是在城市区域范围内专门从事配送业务的物流基地,是降低企业货物在流通过程中耗损的重要途径。我国一般将"物流配送中心"翻译为"logistics centre"[15],而欧洲、美国多用"distribution centre"。城市物流配送中心的主要目的是加快货物流通速度、降低物流配送成本、提高客户服务水平、提升企业竞争力。设置几个物流配送中心,配送中心应选择哪里比较合理,这就是城市物流配送中心的规划。

城市物流配送中心规划中最重要的就是配送中心的选址。城市物流配送中心选址就是在一个具有若干个供应点以及需求点的城市区域范围内确定物流配送中心的数量以及各物流配送中心的具体位置。物流配送中心选址不仅关系到运营成本和服务水平,而且关系到整个社会物流系统的合理化。

城市物流配送中心选址规划决策包括几个层次的筛选过程,具体如图 11.10 所示。

城市物流配送中心选址目前有根据运输距离、交通状况、货运量因素等计算运输费用,以费用最低为目标确定物流配送中心的位置的方法,如重心法、数值分析法;有逐次逼近最优解的启发式方法,如 CFLP 法、Baumol-Wolfe 法。一些企业也开始开发一些软件来规划物流配送中心的选址问题。下面简单介绍重心法、数值分析法、CFLP 法的基本原理。

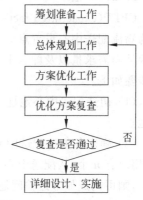

图 11.10 城市物流配送中心选址程序[16]

1. 重心法

由于物流运输费用占物流成本的大部分,而物流运输费用和工厂到配送中心的距离成正比,以物流成本最小化为目标就转化为物流网络平面空间的若干物流节点之间的距离最小,然后求解最优解[17]。

设有 n 个需求用户,它们的坐标分别为 $(x_i, y_i), i=1,2,\cdots,n$,则系统重心 (x, y) 可由式(11.1)确定:

$$x = \frac{\sum_{i=1}^{n} h_i w_i x_i}{\sum_{i=1}^{n} h_i w_i}, \quad y = \frac{\sum_{i=1}^{n} h_i w_i y_i}{\sum_{i=1}^{n} h_i w_i} \tag{11.1}$$

式中,h_i 为运输费率,w_i 为配送到用户 i 的货物量。解出的 x, y 就是配置重心的位置。

2. 数值分析法

它是用坐标和费用函数求出物流配送中心到顾客之间配送费用最小的地点的方法。此方法只考虑在不同地点设置配送中心,因距各个顾客之间距离变化而引起运输费用的变化,找出令运输总费用最小的点,就是物流配送中心的位置。

设配送中心的坐标是 (x_0, y_0),配送中心到顾客 i 的运费为

$$c_i = h_i \cdot d_i \tag{11.2}$$

式中,h_i 为单位距离运输费用,d_i 为配送中心到顾客 i 的直线距离,可以用两点间距离公式来求解:

$$d_i = \sqrt{(x_0 - x_i)^2 + (y_0 - y_i)^2} \tag{11.3}$$

因此,物流配送总费用为

$$C = \sum_{i=1}^{n} c_i = \sum_{i=1}^{n} h_i \cdot d_i \tag{11.4}$$

对 C 分别求 x_0, y_0 的一阶偏导数,并令其等于 0,可以求得物流配送中心的坐标如式(11.5)。

$$x_0^* = \frac{\sum_{i=1}^{n} h_i \cdot x_i / d_i}{\sum_{i=1}^{n} h_i / d_i}, \quad y_0^* = \frac{\sum_{i=1}^{n} h_i \cdot y_i / d_i}{\sum_{i=1}^{n} h_i / d_i} \tag{11.5}$$

3. CFLP 法

CFLP(capacitated facility location problem)法就是在用户区域范围内,选择几个用户作为物流配送中心设置点而使总费用最小。该方法适用于配送中心的能力有限制,而用户的地址和需求量以及配送中心数目已确定时,从备选地点选出总费用最小的组成配送系统。其步骤如下:

(1) 初选配送中心地址。通过定性分析,根据配送能力和用户需求情况确定几个备选的地点。

(2) 确定各备选配送中心的供应范围。设备选的配送中心有 k 个,分别为 $S_1, S_2, \cdots, S_k$,用户有 n 个,从配送中心 S_i 到用户 j 之间的单位运输费用为 $h_{s_i,j}$,以运输费用 C 最低为目标,则可构成如下运输问题规划模型:

$$\min(C) = \sum_{i=1}^{k} \sum_{j=1}^{n} h_{s_i,j} \cdot x_{s_i,j} \tag{11.6}$$

约束条件为：

$$\begin{cases} \sum_{i=1}^{k} x_{s_i,j} \leqslant D_j, & j=1,2,\cdots,n \\ \sum_{j=1}^{n} x_{s_i,j} \leqslant M_i, & i=1,2,\cdots,k \\ x_{s_i,j} \geqslant 0, & i=1,2,\cdots,k; j=1,2,\cdots,n \end{cases} \quad \begin{matrix}(11.7)\\(11.8)\\(11.9)\end{matrix}$$

式中，$x_{s_i,j}$，M_i，D_j 分别表示配送中心 S_i 到用户 j 的运输量、配送中心 S_i 的能力以及用户 j 的需求量。

求解得出各个备选配送中心的供应范围，可用以下集合表示：

$$N_i = \{i: X_{s_i}^* \neq 0\}, \quad i = 1, 2, \cdots, k \tag{11.10}$$

(3) 在以上备选配送中心配送范围内，移动配送中心到其他备选地点，寻求可能的改进方案。分别计算新旧配送中心的总配送费用。

(4) 比较新旧配送中心集合的总费用，如果前者大于等于后者，说明求得合适位置则停止计算。否则重复步骤(2)~(4)，直到总费用不能降低为止。

11.3.6 城市物流服务的协调运营与管理

我国城市物流资源分散，利用率低，物流企业数量多、规模小、专业化程度低，物流运作效率低下，环境污染大。为了适应不断变化的市场环境，提高物流资源的利用效率，借助现代科技特别是计算机网络技术，将企业有限的物流资源与社会分散的物流资源进行无缝化链接和合理整合，以创新物流运作模式。

1. 基于信息平台的城市物流资源整合与共同配送

我国城市物流需求的另一个特点是批量小、批次多、时效性要求高，如果单独运输就会出现能力过剩、成本过高、效率低下的问题，这样多个客户可以联合起来，共同由一个第三方物流服务公司来提供配送服务，即采用共同配送模式，通过作业活动的规模化来降低作业成本，提高物流资源的利用率。

共同配送模式发源于日本，它由多家配送中心或企业利用自有的物流资源联合完成配送任务，是一种资源整合的形式。要想实现城市共同配送，需要企业间共享资源和需求信息，进行资源整合，实现资源间的共同调度。

目前物流资源整合的研究主要集中在 3 个方面：①从政府的角度整合城市的物流资源；②从物流需求企业的角度整合物流资源；③从物流企业即 3PL 或 4PL 公司的角度探讨物流资源的整合。崔吉茹提出城市物流配送应当着眼于城市整体的物流建设，为各企业提供一个有效的通用商务信息平台，便于城市内物流企业、普通企业的资源整合[18]。赵菊红和张潜提出了基于共同配送的城市物流配送方案，并建立了城市物流配送仿真调度系统运行机制模型，提出了在地理信息系统环境下的城市物流配送优化调度方案[19,20]。他们还指出现代物流发展过程中，随着城市交通状况和生态环境的恶化，城市物流的"外部不经济"逐渐引起人们重视，如何优化城市物流配送方式、协调城市物流活动与城市发展日益受到社会关注。

2. 基于信息平台的智能交通管理与控制

城市高速发展，汽车增多，交通堵塞严重，能源消费和环境污染等社会问题日益恶化。同时，城市物流需求快速增长，进一步恶化了交通环境，降低了物流效率，同时城市交通拥堵增加了城市物流运输的不确定性，使城市物流管理更加困难。另外，城市物流运输与城市其他交通不同，城市物流运输车辆装有 GPS、GIS、RFID 等设备，可以与城市交通控制部门实时通信，不仅能实时接收城市交通控制部门发出的城市交通状况的信息，实时管理城市物流运输等，同时还能帮助城市交通部门收集道路交通运行情况。基于信息技术的智能交通的发展为解决交通拥堵、提高物流效率、改善环境、节约能源提供了新的思路。

城市物流信息平台为客户提供统一的沟通界面，在提高物流服务质量和降低物流服务成本等方面起着重要作用。Nemoto 提出信息沟通技术（ICT），通过建立信息平台，使私人公司与客户之间建立沟通关系，从而提高城市物流系统的服务质量[21]。杨金梁等利用动态分段技术建立了基于 MapInfo 的配货网络数据库，设计了城市物流配送信息查询系统，实现了输入查询信息或直接对地图操作来获得配货最优路线，提高了城市物流配送的便利性和高效性[22]。

3. 城市快递服务协作运营

城市快递是城市物流的重要组成部分，特别是电子商务的发展，使城市快递发展更为迅速，引起城市快递物流量的急剧增加，造成节假日的爆仓和服务水平下降。目前我国城市快递物流条块分割，各自为政，管理混乱，效率不高。城市快递服务的爆仓问题是最棘手的问题之一。康阆春提出了以下几条改善困境的途径：①利用自动分拣系统提高快递企业分拨中心设施对快件或包裹的分拣效率；②优化快递企业分拨网络，提高快件和包裹的流通性；③抓住核心业务，放弃部分市场或快递企业之间建立业务外包联盟[23]。Guyon 指出了快递企业中存在的具体问题，并通过建立数学模型，通过决策软件进行初步的实验模拟，对快递包裹的分拣过程进行优化，从而提高分拣效率[24]。

11.4 城市物流服务发展方向和趋势

物流业已成为推动国民经济发展的重要支柱性产业之一，成为衡量一个国家综合国力的重要标志。城市物流服务的发展和完善才能带来整个物流业的发展。而城市物流服务的发展必须根据各个城市的具体情况，结合城市发展政策、交通环境、基础设施等来规划其发展的内容和方向。

11.4.1 城市物流服务发展的重要意义

城市物流的效率对整个地区乃至全国物流的效率具有重要影响。随着城市化进程的加快、城市规模的扩大、人口密度的提高，物流向城市集中，城市物流规模和密度也相应提高。城市物流服务已经成为现代城市经济、区域经济的重要组成部分，它对城市生产力布局、生产关系转变和经济整体运行质量的提高都具有拉动效应。据统计，在发达国家或地区中，物流业产值每提高3%,城市GDP将相应地提高1%。

城市物流服务是城市经济发展的重要组成部分,发展城市物流服务对于促进城市经济发展,完善城市现代化功能,提升城市的综合实力,都具有重要的意义。具体表现在以下几个方面。

(1) 降低城市物流服务成本。发展城市物流,合理配置各种城市资源,提高物流活动的效率,从而降低社会物流总成本。例如城市物流可以把企业之间的重复运输、迂回运输等不合理的运输合理化,使总的运输成本降低,提高城市经济运行的效率。

(2) 优化城市产业结构。城市物流与农业、工业、交通运输业等都有密切的联系,城市物流的发展可以带动其他产业的发展,不断优化城市的产业结构。特别是城市物流属于第三产业的服务业,能带动物流设施制造业、高新技术等发展。

(3) 促进区域经济的发展。城市物流服务系统以区域经济优势和物流组织条件为基础,它是区域经济发展的一个重要组成部分,完善了城市物流服务系统,有利于形成以中心城市为核心,以其他经济城市为支持的区域物流服务系统,从而为区域经济的发展提供保障支持。

(4) 改善城市环境。城市物流的发展有利于把分布在城市各个角落的节点统一起来,通过规模运作,减少不协调的现象,促进资源的优化配置,促使城市产业区、生活区、商务区、物流区功能进一步明确和细化。同时,减少运输距离,改善物流运作过程中的噪声污染、废弃污染等。

11.4.2 城市物流服务发展的内容

随着经济全球化、网络化、信息化的发展,城市物流的发展内容除了加强物流基础设施建设、加强物流人才培养等内容外,还有如下几个特征。

(1) 城市物流服务的发展日益系统化、标准化。城市物流系统化的发展为城市物流系统的建立提供了保证,系统化的城市物流就要求系统化的管理与规划。而物流标准化的发展会促进城市物流标准化的发展,用标准化的组织方式,优化城市物流资源的配置。

(2) 城市物流实体网络与虚拟网络的结合。数字物流就是在仿真和虚拟现实、计算智能、计算机网络、数据库等技术支撑下,应用数字技术对物流运作所涉及的活动进行表达、处理和控制,城市物流实体网络与虚拟网络的结合已成为未来发展的一个方向。

(3) 物流发展的规模化。城市物流的发展会带动第三方、第四方物流的迅速发展,而物流的发展将逐渐实现规模化,这样可以集中协调管理,实现规模效益。

(4) 注重物流人才的培养。物流人才的培养是城市物流发展急需解决的问题,只有物流专业人才才能促进物流产业的创新发展,逐步提高物流业的规范化程度。通过建立培养基金、开展职业认证等来进行物流人才的培养。

(5) 城市物流福利性功能的开发[6]。由于城市是一个复杂的动态系统,城市物流作为城市的一个组成部分,必然要随着市场的需求不断完善,不仅满足市场经济、人们日常生活的需求,还要满足城市中突发的紧急公共安全事件以及福利性行业的要求,为它们提供物流运输保障。

11.4.3 国内外城市物流服务发展趋势

20世纪80年代我国开始引进物流理念,到了90年代一批物流企业开始发展,主要是沿海发达地区引进的中外合资物流企业。1999年11月,国家经贸委同世界银行召开了现代物流国际研讨会后,我国的现代物流得到了迅速发展。2001年3月,国家经贸委同交通部、铁道部、信息产业部等部委联合下发了《关于加快我国现代物流发展的若干意见》,并召开了全国现代物流工作座谈会,推动了我国城市物流的发展。

目前,我国城市物流发展的总体情况如下:①城市物流市场主体正在形成。国内出现了"海尔物流"、"青啤物流"、"宝钢物流"等具有一定规模和效益的企业物流;有国内运输、仓储等转变的物流企业,如中远、中储等;有新兴的专业化物流企业,如中海物流、宝供集团等。②我国城市物流发展的"软环境"逐步改善。各级政府都高度重视城市物流的发展,不断出台一系列政策推动城市物流的发展。③城市物流基础设施改善。全国公路、铁路、港口都得到较快发展。④物流信息化程度不断提升。目前我国网络覆盖范围包括了全国地市以上城市和90%的县级市及大部分乡镇,并连通世界主要国际信息网络。⑤物流规模逐步扩大。全国公路、水路完成货运量逐年提高,在社会物流中发挥着重要作用。⑥国际物流量快速增长。代表中国国际物流发展规模的海上国际集装箱运输量在近几年平均以两位数的速度快速增长,以沿海主要港口为中心的国际集装箱多式联运网络初步形成。

国外发达国家从20世纪80年代便开始着手研究城市物流规划和管理问题,出现了像德国不来梅、日本东京等城市物流规划和管理的典范。发达国家发展城市物流主要有以下几个特点[25,26]:①明确城市物流的定位。城市物流是发挥城市功能的重要手段,是城市正常运行的基础。以对城市影响最小来满足城市物资的物流活动。②明确城市物流的地位。城市物流的发展问题不能拘泥于交通运输业的发展,应着眼于改善整个城市的功能和运行效率。③加强物流基础设施建设,特别是物流园区建设。物流园区可以缓解城市交通拥挤、减轻城市环境压力,利用规模效益,降低成本。

因此,国内外城市物流服务发展的趋势[27]可以概括为以下几点:

(1) 持续增长。随着经济全球化的发展,全世界的城市物流规模和活动的范围都进一步扩大,城市物流企业将向集约化和协同化发展,在空间上向物流园区聚集。

(2) 全球整合。随着城市物流规模的扩大以及全球的物流服务网络发展,就需要遍布世界的城市物流网络和信息技术的支持,就会带来城市物流资源的整合。

(3) 技术进步。城市物流的技术将向信息化(无线互联网技术、卫星定位技术、地理信息系统、射频标识技术)、自动化(自动导引小车、搬运机器人、自动立体仓库)、智能化(电子识别和电子跟踪技术、智能运输系统)、集成化(信息化、自动化、智能化的集成)方向发展。

(4) 进一步提高物流服务质量。随着顾客需求的多样化,城市物流服务需要不断提高物流服务质量,满足顾客个性化需求。

(5) 第三方物流更多增值功能的开发。独立出来的第三方物流将提供更多的增值服务,服务功能更加集成,向第四方物流发展。

小结与讨论

城市物流是一个国家物流发展的基础,决定了一个国家物流发展的总体水平。城市物流是城市规划和管理的重要内容,是城市功能得以发挥的有力支柱,是城市资源合理配置和有效利用的基础。城市物流服务管理对于促进城市发展具有重要作用。

城市物流服务管理主要包括城市物流配送服务系统的规划和城市物流服务的流程管理。本章在介绍城市物流服务的概念和特征的基础上,分析了城市物流服务的流入、流出和服务中心的基本流程活动,重点介绍了城市物流配送服务系统的规划概念、目标和方法,最后分析了城市物流服务未来发展的内容和趋势。

思考题

1. 什么是城市物流服务?有什么特征?
2. 发展城市物流服务有什么重要意义?
3. 城市物流服务的基本流程包括哪几个部分?
4. 城市物流配送服务的含义是什么?有什么作用?
5. 简述城市物流配送服务系统优化的基本原理。
6. 城市物流配送中心规划的方法有哪些?其基本思想是什么?
7. 国内外城市物流的发展趋势是什么?

案例:面向奥运的北京市物流发展对策研究[①]

1. 奥运物流需求分析

奥运物流需求是指在举办奥运会的一定时期内,由于赛事活动及其相关活动,对比赛物品等配置所产生的物流活动要求,包括:运输、储存、包装、装卸搬运、流通加工、配送和信息处理。奥运物流需求分析为进行物流系统规划提供决策依据,下面先分析奥运物流的需求特征,然后对奥运物流需求量进行预测。

1) 奥运物流需求特征

(1) 时间阶段性。奥运物流系统在时间上可分为建立阶段、再供给阶段和回收阶段。建立阶段在奥运会比赛之前,时间约为3周,主要是设施的建设。再供给阶段在奥运会比赛期间,时间约为17天,主要是消费品的运输。回收阶段在奥运会比赛之后,时间为5天,主要是设施器材的运回等。

(2) 空间集中性。奥运会举办期间,奥运比赛场馆、奥运村、新闻中心等场所相对集中。

[①] 本案例来源于参考文献[4],本书对其进行了必要的改编。

第 27 届奥运会首次实现所有运动员都住在一个奥运村里,比赛场馆集中方便,所有比赛场馆距离奥运村都少于 30min 的路程。在研究奥运物流需求时,需要考虑它的空间分布,在规划的时候,在空间上合理分配资源。

(3) 需求不确定性。在亚特兰大奥运会上,只能确定 40%的物流活动将会发生,而其余 60%均为未知事件。奥运会进行期间,会有很多与物流相关的意外事件发生,需要迅速解决。在存储方面更为明显,开始不知道需要为奥运会买什么东西,更不知道需要多大的仓库空间。

(4) 安全性要求高。由于奥运会的特殊性,奥运物流需求中的比赛器材、新闻器材和生活资料等都要求具有较高的安全性。

2) 奥运物流需求总量预测结果

由历史引申原理,可由前两届奥运会的人员规模推测 2008 年奥运会的人员规模。再由因果效应原理,根据人员规模与物流需求量的函数关系,得出需求预测结果,如表 11.4～表 11.7 所示。

表 11.4　与奥运直接相关的物流需求量预测结果　　　　　亿元

预算/阶段	赛前(现在—2008.8)	赛中(2008.8—2008.9)	赛后(2008.9 以后)	合计
奥运会预算/物流成本	—	108.8 6.5	12.2 1.2	121.0 7.7
北京市投入/物流成本	2683 402.5	100 6.0	17 1.0	2800 409.5
物流成本总计	402.5	12.5	2.2	417.2

说明:赛前的 1800 亿元用于基础设施建设,713 亿元用于环境保护及治理污染,170 亿元用于场馆建设。

表 11.5　与奥运间接相关的商品物流需求量　　　　　亿元

	赛前	赛中	赛后	合计	备注
旅游	—	境外游客:0.34 境内游客:1.07	—	1.41	上升 10%～15%
零售与餐饮	—	3.5	—	3.5	上升 10%～15%
合计	—	4.91	—	4.91	

表 11.6　与奥运直接相关的废弃物物流需求量　　　　　亿元

	赛前	赛中	赛后	合计
奥运会	—	1.2	—	1.2
观众、游客	—	9.6	—	9.6
合计	—	10.8	—	10.8

说明:计算标准为 600g/人·日,100 元/t。

根据以上分析结果可以得出,与奥运会相关的商品、废弃物的物流需求总量约为 432 亿元。

表 11.7　奥运物流主要设施需求量

	手推车/辆	叉车/辆	起重机/台	起重卡车/辆	仓库面积/万 m²
亚特兰大奥运会	800	114	350	100	10
北京奥运会	1200	171	525	150	15~20

2. 北京市物流发展现状与奥运物流需求的差距分析

北京市物流系统目前主要以粗放式经营为主要增长方式,物流系统发展尚存在一些问题,与奥运会对物流的需求之间还存在较大差距,主要表现如下。

(1) 低水平的物流基础设施与奥运物流对效率的需求存在较大差距。虽然北京市物流基础设施已经得到了发展,但是与奥运会对物流的要求相比,仍存在较大差距。例如,北京地区物流系统构筑不合理,铁路货站、环城铁路圈更接近于城市,而环城的主要公路枢纽位于铁路圈之外。这些公路枢纽对城市货物进行集散,都要越过铁路圈,形成了不合理运输,无法满足奥运会对物流速度的影响。

(2) 现有的物流节点数量和规模不能满足奥运物流的特殊需求。北京市各种公路货运站、货场和装卸点有 6000 余个,途中铁路货运站将近 80 个,铁道专用线连接的工厂货站、货场和仓库有几百个,但分布散、规模小、管理水平低。城市扩建后,原来规划的集中仓库功能发生根本改变,又没有新的规划,不能满足奥运会对物流节点的要求。

(3) 物流信息化水平不能满足奥运物流的要求。目前北京物流系统的信息技术应用水平较低。如条形码技术、全球卫星定位系统(GPS)、企业资源计划(ERP)应用水平较低,其他的公共物流信息交流平台等还没有广泛应用。

(4) 北京商业领域的服务水平与国际化大都市要求尚有差距。北京市商品流通业的发展水平仍处于发展阶段,与建设现代化国际大都市的要求仍有差距。存在的差距有:流通业的组织化、规模化程度不高,物流体系发展滞后等。

3. 面向奥运的北京市物流系统规划的对策建议

(1) 对奥运物流系统进行专项规划研究。北京市在制订新世纪的发展规划时,各部门也要制订本部门的物流发展规划,例如公路交通部门制订枢纽和物流中心规划,铁路部门制订货运站、编组站等的规划。由于奥运物流所具有的特殊性决定了奥运物流系统的复杂性,因此需要作为一个系统进行专项规划研究。

(2) 建立满足奥运需求的综合物流服务中心。物流中心是现代物流体系不可缺少的组成部分,对于提高物流效率、降低物流成本、实现物流运输合理化有着重要意义。同时,建立现代综合物流中心,对于缓解北京交通拥挤、改善城市环境有重要意义。在进行奥运物流服务中心规划时,必须与北京市的长远发展规划相结合。

(3) 发展电子商务,建立物流网络平台,加强奥运物流信息化建设。奥运物流系统是一个复杂的系统,应该按照科技兴业的要求,建立以现代科学技术和高科技装备为主体的现代化物流系统,建立物流电子信息网络,大力发展电子商务。同时,运用国际物流领域中的先进经营管理技术,研究开发包装技术、条形码技术等;以业务流程的规范化、标准化为基础,采用现代信息技术,建立基于电子计算机技术、现代通信网络技术的网络物流信息管理系统。

(4）规划建设满足奥运需求的物流基础设施。21世纪，北京必将大量增加与国外的交往，尤其是奥运会带来的国际物流量的增加。除去航空货运方式外，国际物流主要依靠大型集装箱运输，然后与铁路或者公路集装箱运输衔接。应该进一步规划和建设满足奥运会要求的国际物流基础设施。

(5）奥运物流系统的整体水平应与国际接轨。目前，北京市物流业的发展还与国际大都市有很大差距，可以通过与外商的合资，弥补在物流设施建设方面的资金缺口，同时还要学习国外先进的管理方法和手段。

(6）提高奥运物流管理水平。物流整体水平的提高，还需要重视管理水平的提高。要重视科学技术在物流领域的应用，尤其是电子商务在提高物流效率方面的作用。同时应该吸收相关方面的物流人才，全面提高物流管理人员素质，从而提高物流管理水平。

讨论：
(1）现代城市物流发展应该注重哪些方面？
(2）如何进行城市物流的规划？以上海世博会为例进行介绍。

参考文献

[1] 贺红梅. 城市物流关键影响因素研究[D]. 武汉：华中科技大学, 2012.

[2] 毛太田. 城市物流规划理论研究[D]. 湘潭：湘潭大学硕士论文, 2005.

[3] 方虹. 城市物流研究[M]. 北京：高等教育出版社, 2006.

[4] 黄中鼎, 刘敏, 张敏. 现代物流管理学[M]. 上海：上海财经大学出版社, 2004.

[5] TADIĆ S, ZEČEVIĆ S, KRSTIĆ M. A novel hybrid MCDM model based on fuzzy DEMATEL, fuzzy ANP and fuzzy VIKOR for city logistics concept selection[J]. Expert Systems with Applications, 2014, 41(18): 8112-8128.

[6] 张潜, 吴汉波. 城市物流[M]. 北京：北京大学出版社, 2011.

[7] 王淑琴. 枢纽城市物流系统规划关键技术研究[D]. 南京：东南大学博士论文, 2005.

[8] BENJELLOUN A, CRAINIC T G, BIGRAS Y. Towards a taxonomy of city logistics projects[J]. Procedia Social and Behavioral Sciences, 2010, 2(3): 6217-6228.

[9] 中国物流与采购联合会. 中国物流年鉴[M]. 北京：中国财富出版社, 2012.

[10] 上海市政府网站. http://www.shanghai.gov.cn.

[11] WITKOWSKI J, KIBA-JANIAK M. The role of local governments in the development of city logistics[J]. Procedia-Social and Behavioral Sciences, 2014(125): 373-385.

[12] ROUMBOUTSOS A, KAPROS S, VANELSLANDER T. Green city logistics: systems of innovation to assess the potential of E-vehicles[J]. Research in Transportation Business & Management, 2014(11): 43-52.

[13] YANG J H, GUO J D, MA S G. Low-carbon city logistics distribution network design with resource deployment[J]. Journal of Cleaner Production, 2013, DOI: 10.1016/j.jclepro.2013 (11): 011.

[14] 王多宏, 张蓉. 谈铁路货场物流配送功能的实现途径[J]. 商业时代, 2008(17): 18-19.

[15] 铃木秀朗, 等. IT时代的物流服务[M]. 北京：机械工业出版社, 2004.

[16] 俞明艳. 物流配送中心选址规划研究[D]. 长沙：湖南大学硕士论文, 2004.

[17] 王燕,蒋笑梅. 配送中心全程规划[M]. 北京:机械工业出版社,2004.
[18] 崔吉茹. 城市物流配送的现状与展望[J]. 交通与运输,2009(4):44-45.
[19] 赵菊红,张潜. 城市物流共同配送优化方案研究[J]. 中央民族大学学报:自然科学版,2011(1):55-60.
[20] 张潜. 城市物流配送仿真调度系统设计及实证分析[J]. 大连海事大学学报:社会科学版,2010(1):45-47.
[21] NEMOTO T, VISSER J, YOSHIMOTO R. Impacts of information and communication technology on urban logistics system[C]. OECD/ECMT Joint Seminararis, 2001-06.
[22] 杨金梁,翟泳,刘杰华. 基于MapInfo的城市物流配送信息查询系统研究[J]. 计算机工程与设计,2008,29(20):5351-5352.
[23] 康阅春. 快递企业"爆仓"问题的解决方案研究[J]. 中国储运,2012(3):103-105.
[24] GUYON O, ABSI N, FEILLET D, GARAIX T. A model location approach for logistics platforms for fast parcel delivery in urban areas [J]. Procedia-Social and Behavioral Sciences, 2011(39):360-368.
[25] 阎明宇. 城市物流发展规划研究[D]. 大连:大连海事大学硕士论文,2004.
[26] ROOIJEN T, QUAK H. City logistics in the European CIVITAS initiative[J]. Procedia-Social and Behavioral Sciences, 2014(125):312-325.
[27] TANIGUCHI E, THOMPSON R G, YAMADA T. Recent trends and innovations in modeling city logistics[J]. Procedia-Social and Behavioral Sciences, 2014(125):4-14.

第 12 章 物流服务的新发展

科学技术的进步和社会经济的快速发展推动着物流服务不断向前发展，一些新的物流服务运作策略和服务的新领域不断出现，如快速反应物流、服务响应物流、有效顾客反应、精益物流和敏捷物流、应急物流、逆向物流、绿色物流、物流金融和物联网下的物流等。

12.1 快速反应物流

现代社会中，时间已经成为企业获取竞争力的一个很重要的因素[1]。物流服务与时间密切相关联，缩短货物在仓库的时间或在使用同样的运输工具下减少产品的运输时间可以减小物流服务的成本；同样，缩短客户的订货提前期可以提高物流服务水平，赢得顾客满意。快速反应物流（quick response logistics）有两种快速反应策略：延迟策略和 JIT 策略。

12.1.1 快速反应物流的含义

1984 年，美国服装纺织与化纤行业成立了一个委员会，1985 年该委员会为提高美国消费者对本国生产服装的信誉度开始做广告，后来 Kurt Salmon 咨询公司进行了分析，发现尽管系统的各个部分都具有高运作效率，但整个系统的效率却很低。整个服装供应链中，基于不精确需求预测的生产和分销，因生产数量过少或者过多造成的损失更大。整个系统的总损失每年可达 25 亿美元，其中 2/3 的损失来自于零售商或者制造商对服装的降价处理和在零售时的缺货。后来，就提出了快速反应，要求零售商和供应商密切合作，通过共享 POS 系统信息、联合预测未来需求、发现新产品营销机会等对顾客需求作出快速反应。

快速反应物流就是指在供应链中，为了实现共同的目标，至少在两个环节之间进行的紧密合作。目的是减少原材料到销售点的时间和整个供应链上的库存，最大限度地提高供应链的运作效率[2]。

12.1.2 延迟策略

延迟是一种减小预测风险的策略。每个企业都希望自己能够在恰当的时间、恰当的地点准确地生产顾客所需要的产品；产品的设计、生产和装运是在需求信号确定后进行的。然而，这仅仅是一种理想化的情形。在传统的物流服务管理中，利用各种预测方法，通过产品库存的可得性来应对未来不确定的需求,生产一般都要适当提前。延迟策略是解决这一矛盾的有效方法。处于供应链前端的工厂生产平台类、模块化的产品,然后运送到客户附近的存储设施,最后根据客户的订单加工为最终产品,使产品的组装和成形延迟到最后环节。延迟策略的优点有:削减了总库存量,提高了大量生产平台产品的经济性,存货时间短,提高了客户响应。

延迟策略分为生产延迟和物流延迟两种。

生产延迟是指推迟最终产成品的形成,它的基本原理是准时化,基本观点是在获知客户的精确要求和购买意向之前,尽量使产品保持中性及非成品状态。制造相当数量的标准产品或基础平台产品以实现规模化经济,等收到客户订单后,才从事产成品的生产。生产延迟的影响主要有:使销售预测的产品种类减少,物流故障降低;更多使用物流技术和产品制造过程的重构等技术来进行生产和最后的集中装配。在现实中,常常使产品保持在半成品状态来应用生产延迟策略,当得到订单后立即完成最后的装配工序。例如,Dell公司笔记本电脑的生产就采用了延迟策略。

由于物流成本占产品总成本的比例较大,因此降低物流成本是许多公司采用物流延迟技术的动力之一。物流延迟是指地理上的延迟,推迟产品的运动。它的基本观念是在一个或多个战略地点对全部货品需求进行预测,而将进一步库存部署延迟到收到客户的订单时进行。一旦物流程序被启动,所有努力都将被用来尽快将产品向客户方向移动。物流延迟的优点在于保持规模经济生产的同时降低配送的预估性,这种策略特别适合关键的、高价值的产品[3]。

12.1.3 JIT策略

JIT管理的思想最初是在日本丰田汽车公司产生的,是生产经营企业一种极具效率的方法。其基本思想是:在必要的时间,对必要的产品从事必要量的生产或经营。JIT物流管理是精益思想在物流管理中的应用,即通过消除物料供应过程中非增值的环节,减少备货时间,在准确的时间、准确的地点、向准确的客户提供产品。JIT物流的核心是在恰当的时间将货物递送到目标地点,从而达到加速商品流转、最大限度地压缩库存、及时进行商品补货,提高企业的服务水平。JIT物流属于一种拉动型物流系统,在JIT物流管理系统中,顾客需求是驱动生产的原动力,是价值流的出发点,价值流的流动要靠下游顾客来拉动而不是依靠上游的推动。当顾客没有发出需求指令时,上游的任何部分不提供服务,而当顾客需求指令发出后,则快速提供服务。

采取快速反应物流战略不仅要求企业配备相应的技术条件如EDI、条形码技术等,还要求合作伙伴或联盟成员之间建立长期的、相互信任的关系。实际上,供应链合作伙伴之间是相互依赖、互相影响的。一方面,制造商的供货策略或生产策略会影响到零售商的销售策略;另一方面,让供应商来管理库存不仅可以降低制造商的库存量与库存成本,供应商自己可以从中得益。

12.2 服务响应物流

传统的供应链物流管理关注的是原材料、半成品和产成品的储存或移动。这种管理重点的选择对制造型企业可能比较有效,然而对服务型企业未必有效。现代服务业的快速发展使得人们不得不开始关心服务与物流之间的关系,因而人们提出了服务响应物流(service response logistics)的概念。与传统的物流概念不同,服务响应物流关注非物质活动的协调以实现有效的服务。

在实物物流中,物流活动集中在产品的流通上;而在服务响应物流中,物流活动不仅要传递有形的产品,还要交付相应的服务。服务响应物流的主要活动包括控制服务容量、控制等待时间和服务交付[4]。

控制服务容量是指对服务人员和服务活动进行管理、计划和协调,以达到预定的服务水平。服务容量的大小应与服务总成本相对应。过小的服务容量会降低客户服务水平,减少利润额;过大的服务容量虽然能保持相应的服务水平,但是会导致运营成本的增加。时间、人力、设备和设施都会影响到服务容量的大小,资源共享、对员工轮流培训、科学地计划时间、采用预约系统、改善信息流通手段和采用适当的价格战略等措施都可以主动或被动地控制服务容量的大小。

服务交付是指选择合适的配送渠道将服务送达到顾客手中。例如,银行既可以面对面地为客户提供服务,也可以利用网上银行为客户提供服务。方便性、灵活性、良好的沟通性和可靠性等都可以用来表征服务交付质量的好坏。

等待时间是指服务型企业的服务被消费或实施前,消费者必须等待的时间。研究表明,等待时间的长短对消费者的满意度有很大的影响[5]。然而服务容量和服务交付方式同样也影响等待时间。服务容量制约着等待时间,例如,客户取款时都要进行排队,如果银行增加服务窗口或增加自动取款机的数目,顾客的等待时间就会减少。同样,服务交付方式对等待时间也有很大的影响,例如,银行通过设置自动取款机或开展电子银行、网上银行,蛋糕店提供电话订货和上门送货等业务,都可以减少顾客的等待时间。

12.3 有效顾客反应

12.3.1 有效顾客反应的含义

有效顾客反应(efficiency customer response,ECR)是一种新兴的商业流通模式,起源于美国食品行业。20世纪90年代,美国生产力的快速发展使得食品的供给超过需求,食品业的零售商和制造商的交易关系由制造商占主导地位,转换为零售商占主导地位。在供应链内部,零售商和制造商为取得供应链主导权,为商家品牌(private brand)和厂家品牌(national brand)占据零售店铺货架空间的份额展开激烈的竞争,使得供应链的各个环节间的成本不断上升,供应链整体效率下降。从零售商的角度来看,新的零售方式如仓储商店、折扣店等的大量涌现使得竞争更趋激烈;从制造商的角度来看,为了控制销售渠道,直接或间接地降价都会牺牲其自身的利益;从消费者的角度,过度的价格竞争反而忽视消费者的需求。这一切都要求一种新的商品流通管理方法的出现。为了提高美国食品供应链的效率,人们开始重新审视传统的以生产者为中心的供应链运作模式。在1992年美国杂货制造商协会的年终会议上首次提出了ECR观念,并于1993年1月的美国食品营销协会会议上第一次采用ECR术语。ECR是指一种通过对制造商、批发商和零售商各自经济活动的整合来消除供应链中冗余的成本、提高顾客价值的战略[6]。

12.3.2 有效顾客反应的理念

ECR的核心理念是基于消费者的需求,致力于消除供应链中冗余、无效率和无价值增值的活动,力求降低成本,从而使客户享受到让渡价值最大的服务或产品[7]。ECR的观念是将供应链从以往的推式系统(push-system)转变为拉式系统(pull-system),以消费者为导向,构建新的补货系统及供应链上成员之间的合作伙伴关系。其最终目标是分销商和供应商组成联盟,共同为消费者最大的满意度以及最低成本而努力,建立一个敏捷的消费者驱动的系统,实现精确的信息流和高效的实物流在整个供应链内的有序流动。通过ECR的应用,客户的订货周期明显缩短,库存和成本都得到了降低。图12.1比较了干杂货供应链在实施ECR前后商品的流动时间[8]。

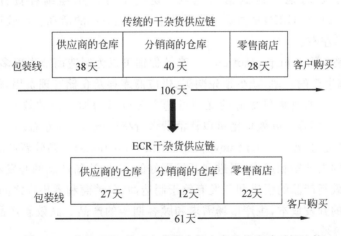

图 12.1 实施 ECR 前后杂货供应链中产品的流动时间比较

12.3.3 有效顾客反应的战略

有效顾客反应联合行业项目组(joint industry project for efficient customer response)认为,ECR是一种战略,是使杂货零售商、分销商和供应商等贸易伙伴成员通过共同合作,以消除杂货供应链中冗余的成本。ECR战略主要从4个方面来提高杂货供应链的效率:优化商店分类和空间分配,增加每平方米中商品的种类和库存的周转;实现商品从制造商到零售商的快速配送;减少贸易和促销成本;减少新产品开发和介绍成本,其与供应链的关系如图 12.2 所示。

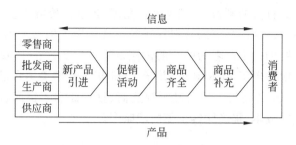

图 12.2　ECR 和供应链过程[2]

根据研究[9,10],以上 4 个方面的实施目标及其贡献分别为:

(1) 高效分类(efficient assortment)。高效分类的目的是通过改进商店的产品以及库存产品,增加销售量和单位面积商场的边际效用,加速库存周转,通过提供最好的产品和服务来最大化顾客满意的同时,确保可利用空间的高效率使用,增加制造商、分销商和零售商的利润。高效分类能够让消费者价格降低 1.5% 左右。

(2) 高效补货(efficient replenishment)。高效补货与快速反应系统(quick response system)类似,其目的是改善零售商和库存系统之间的补货时间及成本。供应商和零售商密切合作获取销售点的信息,并将这些信息反馈到配送渠道,当供货商收到信息时,订单会自动生成,产品也会及时地运送到销售地点。现实中常常用连续补货计划(continuous replenishment program,CRP)来消除补货系统中一些无效率的活动。高效补货能够让消费者价格降低 4.1% 左右。

(3) 高效促销(efficient promotions)。高效促销可以为制造商节省更多推广费用,可以提高仓库、运输和生产的效率,减少预先购买、供应商库存及仓储管理费用,使贸易和促销的整个系统效益最高。通过提供更好的促销可选方案可以增加促销的效率,例如"按性能支付"和"提前交付"方案等。高效促销可以让消费者价格降低 4.3% 左右。

(4) 高效新产品引进(efficient new product introductions)。高效新产品引进的主要目的是降低新产品的失败率和成本,引进和开发更好的产品,让新产品的开发和介绍活动发挥最大的功效。高效新产品的引进和开发有赖于制造商、分销商和零售商之间的结盟,通过合作来减少新产品的开发成本,生产市场需求和顾客期望的产品。高效新产品引进可以减少消费者价格的 0.9%。

12.4　精益物流和敏捷物流

12.4.1　精益物流

精益物流(lean logistics)起源于精益生产,是精益管理的思想在物流服务管理上的应用。精益生产(lean production,LP)最早起源于日本的丰田汽车公司。20 世纪 60 年代,为了发展当时处于相对幼稚阶段的日本汽车工业,丰田汽车公司派出大量的人员前往美国考察,在研究了以美国福特为代表的传统少品种、大批量的生产模式之后发现,采取大批量生产方式降低成本仍有改进的余地,但不适合日本的国情。在经过不断探索之后,以丰田的大野耐一等人为代表的精益生产的创始者们终于找到了一套适合日本国情的汽车生产方式:准时化生产、全面质量管理、并行工程、充分协作的团队工作方式和集成的供应链关系管理,逐步创立了独特的多品种、小批量、高质量和低消耗的精益生产方法。丰田生产方式反映了日本在重复性生产过程中的管理思想,这种思想的核心是运用多种现代管理方法和手段,以社会需求为依据,以充分发挥人的作用为根本,有效配置和合理使用企业资源,最大限度地为企业谋求经济效益。后经麻省理工学院教授的研究和总结,于1990年出版的《改变世界的机器》一书中正式提出了这个思想,并在《精益思想》一书中将其提升到了理论的高度。

精益管理的理论诞生后,物流管理学者则从物流管理的角度对此进行了大量的借鉴工作,并提出了精益物流的新概念。精益物流是指供应链上的各个企业之间以信息为纽带,紧密合作,实现物流活动一体化,大大提高物流作业环节的工作效率,尽量消除企业之间由于接口不畅而造成的重复作业、回流、商品积压等浪费现象,从而高效率、高效益地实现商品的通畅流动。精益物流的主要目标是在提供满意的顾客服务水平的同时,把浪费降到最低程度。作为一种新型的生产组织方式,精益物流的基本原则包括[11]:①以顾客需求为中心,从顾客的角度而不是从企业或职能部门的角度来研究什么创造价值;②按整个价值流来确定供应、生产和配送产品中所有必需的步骤和活动;③创造无中断、无绕道、无等待、无回流的增值活动流;④及时创造仅仅由顾客拉动的价值;⑤不断地消除浪费,追求完美。

12.4.2 敏捷物流

与精益物流起源于精益生产相类似,敏捷物流(agile logistics)来源于敏捷制造(agile manufacturing,AM)。敏捷制造同样是现代管理的一个重要思想。由于技术的更新速度越来越快,产品的生命周期日益缩短,企业正在面临着一个不断变化、不可预测的竞争环境。新的竞争环境要求企业有较强的适应能力,可以根据市场的变化,快速、及时地调整生产,适应顾客的需求,同时企业还应有较强的技术开发能力,用新产品去寻找新的市场机遇。然而单靠一个企业的力量,很难以最快的速度提供顾客满意的产品。在这种情形下,人们意识到若能将不同企业的优势集中起来,合作开发市场需要的新产品,则可以迅速满足市场需要,于是敏捷制造的思想就应运而生。它是以反应时间和客户满意度为核心,通过建立企业间的动态联盟,来达到提高企业竞争能力的目的。

当敏捷思想应用于物流服务时,便产生了敏捷物流的概念。敏捷物流是指在供应链一体化的协同商务基础上,为满足目标顾客的准时化需求,综合运用各种敏捷化管理手段和技术,对目标产品、服务和信息从起始点到目标地点进行快速、高效、成本与效率比最优的物流活动过程[12]。

从上述定义可以看出,首先,供应链一体化是物流实施敏捷化的基础。需求的日益个性化和技术的日新月异使得单个企业很难满足所有顾客的个性化需求,也很难对所有顾客的需求做出敏捷反应,因此,依托供应链一体化,通过整合资源协同运作,可以高效、快速地响应顾客的需求。其次,物流敏捷化不是物流快速化。物流敏捷化是以在时间窗口内的低成本高效率满足顾客需求为前提的,是对有效顾客需求反应的可靠性的承诺,要求企业能够在承诺的时间窗口内完整地实现顾客的要求。而快速化是在面对需求时,不计成本地在第一时间内提供物流服务。再次,敏捷物流强调成本与效率的平衡。传统物流服务往往强调降低成本,却忽视了效率。通过高安全库存和低速度运输配送,虽然可以降低局部成本,然而总成本却不一定会降低。敏捷物流既重视效率,又重视成本。通过先进信息技术和工具的应用,在顾客可接受的成本内实现物流服务的高效率、高质量的运作。

另外,先进的信息技术促进了敏捷物流的实施,如自动识别技术、无线网络技术、智能仓储技术、电子数据交换(EDI)、射频技术(RF)等。除了这些信息技术外,一些运作策略也有助于敏捷物流的实现,如延迟化技术、资源外部化管理、日清日结等。

12.4.3 精益策略和敏捷策略之间的关系

精益思想和敏捷策略都是物流服务运作中非常重要的策略。精益思想着重于消除浪费,降低物流服务成本,提高生产率,要求目标市场稳定且能够预测,从而可以根据预测来组织生产,达到零库存的目标;而敏捷策略强调的是能够快速地响应市场需求,成本与效率相协调,从而抓住各种有利的市场机会来获取利润。敏捷思想是为多变的、不确定的市场提出的,通过必要的库存和必需的经营过程来迅速、有效地应对市场的不确定性。精益物流和敏捷物流之间的联系和区别如表12.1所示[12]。

表 12.1 物流精益化与物流敏捷化的比较

因素	物流精益化	物流敏捷化
目标	有效经营	灵活满足需求
约束	消除所有的浪费	顾客满意
环境	长期稳定	对变化的环境做出反应
业绩评定标准	生产率、利用率	提前期、服务水平
工作方法	标准化、制度化	易变的、更多的本地控制
实施要求	正式的规划循环	较简单的人员授权结构

12.5 应急物流

无论是2001年美国的"9·11"事件,2003年我国爆发的"非典",还是2008年"5·12"汶川大地震,自然灾害、恐怖主义和公共卫生事件等都会给人类造成重大甚至是毁灭性的打击,对人类的生存和社会的发展构成了极大的威胁。如何在最短的时间内,以最有经济效益的方式对发生突发事件的区域进行物资的紧急调拨、运送、分发处理,以及对人员的运送和对伤亡人员的抢救,引发了人们对应急物流的思考。应急物流(emergency logistics)是指对应急物资、信息和服务从供应地到消费地的有效率的流动进行计划、协调和控制,以满足受突发事件影响的人们的迫切需求的过程[13]。

应急物流是物流服务中的一种,具有物流服务的共性,如具有时间效用和空间效用,与信息流密切相联系等。与一般的物流活动相比,应急物流也有其特殊的性质。首先,应急物流具有突发性或非正常性,即应急物流所发生的时间、地点很难在事先准确地预测出来。其次,应急物流的需求具有很强的随机性和事后选择性。应急物资需求的种类、数量、时间以及供应地、需求地都存在着很大的随机性,人们很难对应急物流的需求进行预先计划。一旦应急物流需求发生,将在全社会内采购、供应所需的应急物资。再次,应急物流具有时间紧迫性和社会公益性,时间效益要大于经济效益。

图 12.3 描述的是一种应急物流的运作流程。应急物流协调指挥中心下设采购、运输保障和物流中心管理等部门,并通过物流信息平台进行协调指挥。指挥中心控制和管理各部门的作业,中心向各部门发送指令信息,同时各部门实时回馈信息,各部门间的信息是共享的。应急物资经采购部门采购,由运输部门运输至物流中心,经物流中心的分拣、加工和包装,再由管理部门和运输部门共同负责将物资配送至目的地。

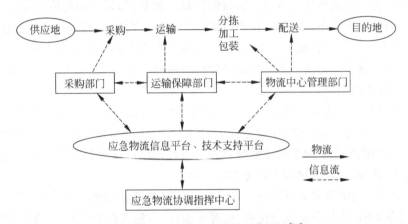

图 12.3　一种应急物流的运作流程[14]

12.6　逆向物流

逆向物流(reverse logistics)最早是由 Stock 在 1992 年给美国物流管理协会的一份研究报告中提出来的。他指出:逆向物流是一种包含了产品退回、物料替代、物品再利用、废弃处理、再处理、维修与再制造等流程的物流活动。随后,美国逆向物流执行委员会(RLEC)将逆向物流定义为:逆向物流是以重新利用或合理处置为目的而对原材料、在制品、产成品及相关信息从消费地到供应地的高效率、高效益流动所进行的计划、实施和控制过程。2002 年,CLM 给逆向物流下了如下定义:与传统供应链反向,为恢复价值或合理处置,对原材料、中间库存品、产成品及相关信息从消费地到起始地的高效率、低成本的流动而进行规划、实施和控制的过程,称为逆向物流。一个企业产品的逆向物流流程如图 12.4 所示。

和正向物流一样,逆向物流也是物流服务管理的一部分。正向物流和逆向物流两者既有联系,又有区别。

逆向物流与正向物流是密切联系的。一方面,逆向物流是在正向物流运作过程中产生

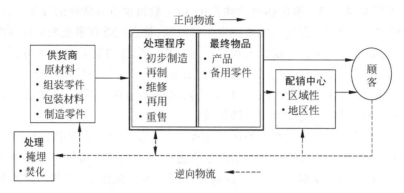

图 12.4 产品的逆向物流流程图[15]

和形成的,正向物流的属性决定着逆向物流的特征。例如,如果正向物流利用效率高、损耗小,则必然逆向物流流量小、成本低,反之则流量大、成本高。另一方面,正向物流和逆向物流在一定条件下可以相互转化。例如,技术不完备或管理不善等都可能会使正向流动的产品返还或召回,形成逆向物流。逆向物流经过再处理和再利用又会转化为正向物流,例如维修好的产品再返还给用户。

逆向物流与正向物流又有显著的差别。首先,物资的流向不同,且逆向物流相对于正向物流具有流量小、分支多、不确定性高等特点;其次,在逆向物流生产中,使用的原材料是回流产品,而正向物流生产中加工的是原材料或半成品;最后,逆向物流中需要考虑回收产品的"拆卸/检测"处理,而正向物流无须考虑这一因素。

使用逆向物流能够带来如下好处:节约社会资源,降低企业的物流成本,增加企业的效益;提高产品附加值,增加企业竞争优势;改善环境行为,塑造企业形象;改善客户服务,提高顾客价值;有利于改进产品设计包装,促使企业不断创新;有利于企业及时发现运作中存在的问题,改进质量管理体系。

12.7 绿色物流

现代经济的快速发展使得环境破坏日趋严重,并对人类的生存和发展构成了巨大的威胁。作为经济活动的一部分,物流服务活动不可避免地对环境造成了消极影响,例如,运输工具的噪声、污染排放、对交通的阻塞,以及生产、生活中的废弃物的不当处理所造成的对环境的影响等。因此现代物流的发展必须优先考虑环境问题,需要从环境角度对物流体系进行改进,在抑制物流对环境造成危害的同时,形成一种能促进经济与消费健康发展的物流系统,即向绿色物流转变。

绿色物流(green logistics)是指在物流过程中抑制物流对环境造成危害的同时,实现对物流环境的净化,使物流资源得到最充分利用。绿色物流倡导在物流服务的各个环节包括运输、储藏、包装、装卸、流通加工和废弃物处理等物流活动中,采用环保技术,提高资源利用率,最大限度地降低物流活动对环境的影响[16]。绿色物流强调全局和长远的利益,强调全方位对环境的关注,在维护地球环境和可持续发展的基础上,建立环境共生型的物流管理系统。一个基于绿色战略的物流系统结构如图12.5所示。

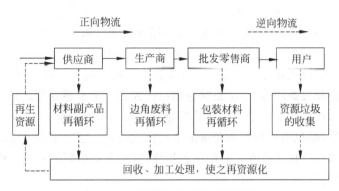

图12.5 再循环物流系统结构图[17]

企业是实施绿色物流最关键的行为主体。研究表明,绿色战略不仅可以降低企业成本,还可以提升企业的竞争力[18]。企业的绿色物流管理,就是将环境保护的观念融于企业物流经营管理之中,它涉及企业供应链管理的各个层次、各个领域,要求企业处处考虑环保与可持续发展。企业实施绿色物流的主要内容有:

(1) 绿色运输。运输对环境造成的消极影响主要表现在运输车辆的燃油消耗和尾气排放以及所带来的噪声污染。绿色运输是指以节约能源、减少废气排放为特征的运输。首先是要对货运网点、配送中心进行合理布局与规划,通过缩短路线、降低空载率和减少迂回运输,实现节能减排的目标;其次通过改进内燃机技术和使用清洁燃料,提高能效;第三,由多个企业联合实施共同配送,或积极发展第三方物流,不仅可以使货主提高效率,节约资金,对环境保护也有极大的好处。

(2) 绿色仓储。仓储对环境的消极影响主要表现在化学物品、有毒物品和放射性物品的泄漏,不合理布局增加的运输压力等。通过对仓库合理布局,可以减少运输的次数或路程,减少能源的消耗和污气排放。另外,仓库的布局还应充分考虑其对所在地的环境的影响。例如,易燃、易爆和具有放射性的商品,其仓库不应设置在居民区;对于有毒、易泄漏的商品,其仓库不应设置在重要水源地附近等。

(3) 绿色包装。包装对环境的消极影响主要表现在资源消耗会增加环境的压力,废弃物的不当处理会带来环境污染等。绿色包装是指以节约资源、降低废弃物排放为目的的一切包装方式。绿色包装的实施途径有:简化包装,回收再生或重复使用,采用可分解或可降解的包装材料,减少一次性包装的使用等。

(4) 绿色流通加工。不合理的流通加工方式可以给环境带来负面影响。例如,分散化加工中产生的边角废料难以集中化利用,容易造成废弃物污染;加工中心选址的不合理,往往增加运输的压力等。流通加工中的绿色措施有:专业化集中式流通加工,以规模化提高资源利用率;对流通加工的废料进行集中处理,以降低废弃物污染;尽量选购无污染或污染低的原料和燃料等。

(5) 绿色废弃物物流和回收物流。废弃物物流(waste material logistics)指将经济活动中失去原有使用价值的物品,根据实际需要进行收集、分类、加工、包装、搬运、储存,并分送到专门处理场所时形成的物品实体流动,属于逆向物流的一个部分。废弃物对环境往往会造成一定的破坏和影响,因此可以采用集中运输、集中掩埋、净化加工处理等措施实现废弃物的绿色处理。而对于流通过程中产生的部分废弃物料(如报废的零部件)、客户要求退回的产品、返回升级的产品以及因存在缺陷被召回的产品,可以通过检验、分拣、加工、分解等处理过程,在保护环境的同时实现其价值和使用价值的恢复。

另外,发展、构建绿色物流是一个涉及社会各个层面的系统工程,包括多个利益相关方。对各个利益主体博弈关系的分析,也是绿色物流研究的一个重要方面。在绿色物流实践中,政府和环境管理认证体系也应给予相应的指导和干预,使创建绿色物流系统成为一个多方共赢的过程。但是,绿色物流目标和经济成本目标之间还存在一定的不协调性,亟须建立将成本目标和环境目标有机结合在一起的绿色物流机制,并对机制的有效性作出评判,对绿色物流实践给出有效的指导。

12.8 物流金融

随着经济全球化和信息技术的发展,现代物流业与信息网络系统、电子商务、供应链管理等紧密结合,不断改变着经济运行模式。经济的发展对物流企业运作提出了更高的要求,物流管理已经从物的处理提升到物的附加值管理。可以为客户提供金融融资的物流供应商在客户心中的地位大幅度提高,物流金融将有助于形成物流企业的竞争优势。物流企业提供物流金融服务,对客户、金融机构、物流企业都是一个共赢的选择[19]。

物流金融是指在物流运营过程中,与物流相关的企业通过金融市场和金融机构,运用金融工具使物流产生的价值得以增值的融资和结算的服务活动[20]。这种金融服务属于金融衍生工具的一种,之所以称为物流金融,是因为在其发展过程中,逐渐改变了传统金融贷款过程中银行、申请贷款企业的责权关系,越来越倚重于第三方物流企业,目前主要表现为物流企业的配套管理和服务,最终形成了银行、物流企业、贷款企业三方的密切合作关系[21,22]。

物流金融的金融主体包括:买方、卖方、第三方物流企业和金融机构。买方是指市场中对某类商品有需求,并愿意支付一定的货币获得商品的所有权的人。卖方是指商品市场中商品所有权的拥有者,愿意通过合理的价格将商品所有权转让给买方。第三方物流企业是指除货物有关的发货人和收货人之外的专业物流企业。金融机构是指专门从事货币信用活动的中介组织。金融机构与第三方物流企业密切结合起来为资金需求方提供融资服务,提高商品流通和物流管理效率。同时,第三方物流企业借助金融机构给客户提供金融担保服务。

物流企业提供的金融服务可以实现在物流过程中的资金支付、结算、信贷、保险的功能,实现物流和资金流的一体化。物流金融还包括银行参与物流业的运营过程,通过针对物流运作开发和应用各种金融产品,有效组织物流运作过程中的货币资金的运动。物流金融服务包括以下类型:①物流金融,物流与资金流互动中的增值服务;②物流银行,库存商品融资金融服务;③物流仓储,抵押融资与物流监管相结合;④物流保险,物流风险控制与物流业保险服务[23]。

物流金融运作模式主要有质押、担保、垫资等,在实际运作过程中,也可能是几种模式的混合。例如,在收货时,物流企业先将一部分资金付给其供应商,另外一部分利用仓单质押,货到收款后再一并结清。从广义上讲,物流金融就是面向物流行业的运作过程,通过应用和开发各种金融产品,有效地组织和调剂物流领域中货币资金的运动。这些资金运动包括发生在物流过程中的各种存款、贷款、投资、租赁、抵押、贴现、保险等。下面简单介绍垫付贷款业务、仓单质押业务和保兑仓业务 3 种主要的物流金融业务的运作流程[24]。

(1) 垫付贷款业务。在货物运输过程中,发货人将货权交给银行,银行根据市场竞争情况按一定比例提供融资,当提货人向银行偿还贷款后,银行向第三方物流企业发出让提货人提货的指令,将货权交给提货人,其运作流程如图 12.6 所示。

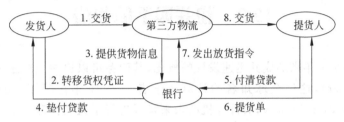

图 12.6　垫付贷款业务运作流程

(2) 仓单质押业务。融通仓(即第三方物流企业)不仅为金融机构提供质物监管,还帮助质押贷款主体解决质物评估、拍卖等[25]。在运作过程中,货主一次或者多次向银行偿还贷款,银行根据货物还贷情况向货主发放提货单,融通仓根据发货指令向货主交货,其运作流程如图 12.7 所示。

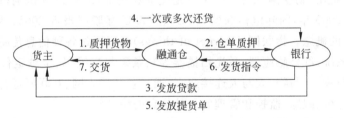

图 12.7　仓单质押业务运作流程

(3) 保兑仓业务。制造商、零售商、第三方物流企业、银行四方签订"保兑仓"业务合作协议书,零售商根据其与制造商签订的采购合同向银行交一定比例的保证金,申请开立银行承兑汇票,用于向制造商支付货款,由第三方物流企业提供承兑担保,零售商以货物对第三方物流企业进行反担保,银行给制造商开出承兑汇票后,制造商向保兑仓(即第三方物流企业)交货,转为仓单质押,其运作流程如图 12.8 所示。

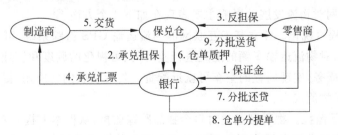

图 12.8　保兑仓业务运作流程

物流金融是一个较新的学科概念,已从微观延伸到宏观领域。它是物流与金融两个综合学科的结合。物流自身不能进行价值分析,它必须以金融的特殊性与之共同协调发展,从金融的角度来进行资源的配置和价值分析[26,27]。物流金融对于年轻的中国物流产业,都还只是一种尝试,虽然已经取得一些效果,但各种配套设施不够完备、物流行业不够规范、银行的各种风险难以控制,这些都需要不断完善才能促进物流金融更好地发展,才能充分利用宏观的金融服务特性,解决经济发展中遇到的资金流通瓶颈问题,从而优化物流企业的流通,提高物流运作的效率。

12.9 物联网下的物流

物联网是一个近年来形成并迅速发展的概念,其萌芽可以追溯到施乐公司首席科学家韦泽(Mark Weiser),这位全球知名的计算机学者于 1991 年在《科学美国》上发表 *The Computer of the 21st Century*,对计算机的未来发展进行了大胆预测。他指出计算机将最终"消失",演变为人们逐渐意识不到的存在,计算机已经融入人们的生活中——"这些最具深奥含义的技术将隐形消失,变成'宁静技术'(calm technology),潜移默化地无缝融合到人们的生活中,直到无法分辨为止。"[28]

物联网的概念最早出现于比尔·盖茨 1995 年出版的《未来之路》一书。该书提出了"物物"相联的物联网雏形,只是当时受限于无线网络、硬件及传感器设备的发展。1999 年,美国 Auto-ID 首先提出"物联网"的概念,主要是建立在物品编码、射频识别(RFID)技术和互联网的基础上。2005 年,国际电信联盟(ITU)在《ITU 互联网报告 2005:物联网》中,正式提出了"物联网"的概念。物联网(internet of things)是指通过各种信息传感设备及系统(传感网、射频识别系统、红外感应器、激光扫描器等)、条码与二维码、全球定位系统,按约定的通信协议,将物与物、人与物、人与人连接起来,通过各种接入网、互联网进行信息交换,以实现智能化识别、定位、跟踪、监控和管理的一种信息网络[28,29]。

物联网的发展使得智能物流成为一种趋势。在 Web 2.0 技术支持下,构建面向服务的物流信息平台,促进用户交互程度提高,提升物流系统的服务能力和服务水平成为未来物流创新的重要方向。物联网中数据采集系统存在大量的传感器和其他类型的数据采集工具,这些采集工具构成了物联网系统的数据源。在这个信息爆炸的时代,错综复杂的信息成为人们的负担。特别是在物联网这个"大数据"系统中,选择哪些涉及物流活动的主要数据,将成为信息技术能否发挥作用的关键。

基于物联网的物流系统会真正实现物流的信息化,不断提高物流运输效率,降低物流运输成本等。物联网对物流发展的影响主要表现在如下 4 个方面[30]。

(1) 运输过程可视化。建立基于互联网的物流运输 GPS 追踪系统,可实时获取车辆的行驶位置和状态,对物流运输车辆的配送进行实时的、可视化的调度和管理。对在途车辆提供在线配货信息服务,实现回程的空车可就近配货。货运物联网的应用,提高了企业的运输服务能力,降低了物流成本。

(2) 智能物品监控。物联网通过对每个物品跟踪监控,从根本上提高对物品的生产、配送、仓储与销售等环节的监控水平。通过基于 RFID 等技术识别每一个货品、货箱等,为零售商提供实时信息。

（3）物流全过程的实时监控和实时决策。物流配送过程由多个环节组成，每个环节都需要人的参与，因此就会受到人为因素的干扰。使用物联网中的EPC电子标签对物品或车辆进行唯一标识，就可以精确判别物品信息和车辆相关数据，避免人为因素干扰。另外，物流企业可以利用物联网提供的信息进行生产计划、销售计划和库存计划的决策。

（4）提高物流运作效率，降低物流成本。利用物联网RFID技术进行货物的自动验货、清点等，减少了搬运次数；及时获取运输工具实时信息，提高车辆利用率；通过物联网技术整合物流系统的功能，实现物流渠道和信息资源的整合；通过物联网与相关企业在供应、生产、销售等环节的集成，有效控制原材料、半成品、成品库存。

物联网已经在物流业中得到了广泛应用，图12.9描述了物联网各种技术在物流业中的应用情况。

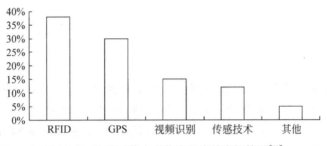

图12.9 物联网技术在物流业中的应用情况[31]

物联网在物流业中的应用可以概括为以下4个方面。

（1）基于RFID等技术建立的产品智能可追溯系统[32]。建立产品的智能可追溯网络系统，这些智能物品的追溯系统为保证物品的安全等提供了物流保障。例如，联邦快递等物流公司已经开始提供与物联网类似的服务，于2009年12月推出了一种新型包裹跟踪装置和网络服务，它可以显示包裹的温度、地点和其他相关信息，如是否被打开过等。

（2）全自动化的智能物流配送中心。运用先进技术如自动分拣机、全自动立体仓库等建立全自动化的智能物流配送中心，有利于实时整理配货信息、优化配送路线等，顾客也可实时查询配送过程并及时接收货物[33]。

（3）物流网络化公共信息平台。利用物联网建立物流网络公共信息平台，共享货物和车辆等信息，整合信息资源，提高物流运作效率。利用物联网技术，可以实时采集仓库中货物的位置、数量、温度、湿度、气体浓度、货物安全等信息，同时将这些信息通过无线网络，传递到计算机终端，保证对仓库的实时监控。图12.10描述了基于物联网的入库管理模式。

（4）物流物联网手机[35]。中国移动、电信、联通和各大银行都推出了相关的RFID物联网非接触式智能卡业务。中国移动推出采用RFID技术的SIM卡，通过手机终端进行刷卡业务。银行则采用SD卡模式，主要针对大额支付业务。

物联网推动了物流业的发展，物联网技术在物流业中得到广泛应用。但是，物联网下的物流业仍然存在着一系列问题，如研发能力较弱且成本高、缺乏统一的行业标准、存在安全隐患、国家政策未得到有效落实等，它们都制约着物流业的发展。未来的物流服务还需要向

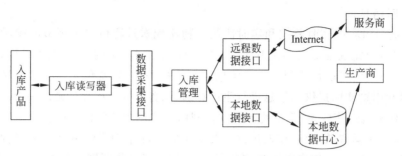

图 12.10　基于物联网的入库管理模式[34]

规范化、标准化、智能化等方向发展,不断完善各种规章制度,促进物流服务的健康快速发展。

小结与讨论

随着信息技术和经济的发展,物流服务得到了快速进步,出现了一些新的物流运作策略。本章首先介绍了快速反应物流和有效顾客反应,前者强调速度,而后者在强调速度的同时还注重成本的有效性。然后提出了服务响应物流的概念,它关注非物质活动的协调以实现有效的服务。其次介绍了精益物流和敏捷物流之间的关系,并提出了物流服务应用到新的领域的几个概念,如应急物流、逆向物流和绿色物流。最后概述了物流金融的相关内容,分析了物联网对物流发展的影响,提出了物流网在物流领域中的应用。

思考题

1. 在实行有效顾客反应策略时,物流服务的作用有哪些?
2. 服务响应物流的活动有哪些?
3. 怎样区分精益物流和敏捷物流?在供应链的运作过程中该怎样应用这些策略?
4. 应急物流服务有哪些特点?举出应急物流的其他运作模式。
5. 逆向物流和绿色物流之间的区别和联系有哪些?
6. 物流金融的主体包括什么?其主要运作模式有哪些?
7. 物联网对物流发展有哪些影响?

案例:　FedEx——用现代物流信息技术构筑核心竞争优势[①]

美国联邦快递公司 FedEx 成立于 1907 年,是世界上最大的物流配送公司。2000 年,联邦快递公司年收入 300 亿美元,其中包裹和单证流量大约 35 亿件,平均每天向遍布全球的

---

① 本案例来源于参考文献[36],本书对其进行了必要的改编。

客户递送1320万件包裹。联邦快递公司不仅提供包裹和单证服务,还提供大量的增值服务。表面上看,联邦快递公司的核心竞争力来源于由15.25万辆卡车和560架飞机组成的运输队伍,而实际上联邦快递公司的成功绝非如此简单。

20世纪80年代,联邦快递公司以其大型的棕色卡车车队和及时的递送服务,控制了美国地面和陆路的包裹速递市场。然而,竞争对手利用不同的定价策略以及跟踪和开单的创新技术,给联邦快递公司带来了极大挑战。顾客们希望掌握更多的物流信息,大型托运人希望提供全程的配送服务。随着这种日益激烈的竞争,联邦快递公司从20世纪90年代开始致力于物流信息技术的开发和广泛应用。提供全面物流信息服务已成为包裹速递业务中一个至关重要的核心竞争要素。

联邦快递公司通过应用3项以物流信息技术为基础的服务提高了竞争力:

(1) 条形码和扫描仪使联邦快递公司能够有选择地每周7天、每天24小时跟踪和报告物流状况,客户只要拨个免费电话,就可获得及时物流信息。

(2) 联邦快递公司的递送驾驶员携带以数控技术为基础的笔记本电脑,随时收集递送信息,及时记录接收者的签字,以提供收货核实。

(3) 联邦快递公司于1993年创建了最先进的全美无线通信网络,该网络使用了55个蜂窝状载波电话。驾驶员可以把实时跟踪的信息从卡车上传送到联邦快递公司的中央计算机数据库。

以联邦快递为代表的企业应用和推广的物流信息技术是现代物流的核心,是物流现代化的标志,尤其是飞速发展的计算机网络技术的应用使物流信息技术达到新的水平。随着物流信息技术的发展,产生了一系列新的物流理念和新的物流经营方式,推进了物流的变革。物流信息技术主要由通信、软件、面向行业的业务管理系统三大部分组成。包括基于各种通信方式的移动通信手段、全球定位(GPS)技术、地理信息(GIS)技术、计算机网络技术、自动化仓库管理技术、智能标签技术、条形码及射频技术、信息交换技术等现代尖端科技。

联邦快递公司通过在3方面推广物流信息技术发挥了核心竞争优势:

(1) 在信息技术上,联邦快递已经配备了第三代速递资料收集器DIAD,可同时收集和传输实时包裹信息,也可让客户及时了解包裹的传递现状。

(2) 在信息系统上,联邦快递将应用在美国国内运输货物的物流信息系统,扩展到所有的国际货物运输商。这些物流信息系统包括署名追踪系统及比率运算系统等,其解决方案包括:自动仓库、指纹扫描、光拣技术、产品跟踪和决策软件等。

(3) 在信息管理上,最典型的应用是联邦快递在美国国家半导体公司位于新加坡的仓库使用的物流信息管理系统,该系统有效地减少了仓储量,节省了货品运送时间。

以现代物流信息技术为核心竞争力的联邦快递公司已经在北京、上海、广州等地开办了代办处。1996年,联邦快递与中方合作伙伴中国外运集团共同在北京成立了第一家合资企业。联邦快递公司还在中国建立了自己的航空基地,它已经参与到中国快递行业的激烈竞争中来。

讨论:

(1) 信息技术在物流服务中的作用有哪些?

(2) 通过哪些方法可以提高物流企业的竞争力?

参考文献

[1] HISE R T. The implications of time-based competition on international logistics strategies [J]. Business Horizons，1995，38(5)：39-45.

[2] 龚本刚,华中生. 基于延迟技术的大规模定制生产模式[J]. 经济管理·新管理,2001(16)：46-50.

[3] 杨国荣. 供应链管理[M]. 北京：北京理工大学出版社,2010.

[4] BLOOMBERG D, LEMAY S, HANNA J B. Logistics [M]. 北京：清华大学出版社,2004.

[5] LECLERC F, SCHMITT B H, DUBE L. Waiting time and decision making：is time like money？[J]. The Journal of Consumer Research，1995，22(1)：110-119.

[6] BLOOMBERG D, LEMAY S, HANNA J B. 综合物流：管理入门[M]. 雷震甲,扬纳让,译. 北京：机械工业出版社,2003.

[7] KURNIA S, SWATMAN P M C, SCHAUDER D. Efficient consumer response：a preliminary comparison of U. S. and European experiences [C]//The Eleventh International Bled Electronic Commerce Conference，Bled，Slovenia，1998：126-143.

[8] KOTZAB H. Improving supply chain performance by efficient consumer response? a critical comparison of existing ECR approaches [J]. Journal of Business & Industrial Marketing，1999，14(5)：364-377.

[9] HARRIS J K, SWATMAN P M C, KURNIA S. Efficient consumer response (ECR)：a survey of the Australian grocery industry [J]. Supply Chain Management，1999，4(1)：35-42.

[10] 陈炜,覃展辉. ECR观念——企业坚持市场导向的新观念[J]. 经营管理,2006(9)：101-102.

[11] JONES D T, HINES P, RICH N. Lean logistics [J]. International Journal of Physical Distribution & Logistics Management，1997，27(3/4)：153-173.

[12] 徐章一,马士华. 基于供应链一体化的物流敏捷化实现机制研究[D]. 武汉：华中科技大学博士学位论文,2004.

[13] SHEU J B. Challenges of emergency logistics management [J]. Transportation Research Part E：Logistics and Transportation Review，2007，43(6)：655-659.

[14] 谢如鹤,邱祝强. 论应急物流体系的构建及其运作管理[J]. 物流技术,2005(10)：78-80.

[15] BEAMON B M. Designing the green supply chain [J]. Logistics Information Management，1999，12(4)：332-342.

[16] 刘永清,向国成,龚日朝,肖忠东. 基于绿色逆向物流的可持续发展战略研究[J]. 物流科技,27(7)：35-38.

[17] PORTER M E, VAN DER LINDE C. Green and competitive [J]. Harvard Business Review，1995，73(5)：120-134.

[18] 李毅学,汪寿阳,冯耕中. 一个新的学科方向——物流金融的实践发展与理论综述[J]. 系统工程理论与实践,2010,30(1)：1-13.

[19] 夏露,李严锋. 物流金融[M]. 北京：科学出版社,2008.

[20] KOCH A. Economic aspects of inventory and receivable financing [J]. Law and Contemporary Problems,1948,13(4)：566-578.

[21] DUHAM A. Inventory and accounts receivable financing [J]. Harvard Law Review,1949,62(4)：588-615.

[22] The Commercial Finance Association. Study concerning a possible convention on inventory financing [J]. The Secured Lender, 2001, 57(10): 34-52.

[23] 陈卫华,陈美娟. 物流金融的基本模式及风险防范[J]. 特区经济,2010(10):299-300.

[24] 罗齐,朱道立,陈伯铭. 第三方物流服务创新:融通仓及其运作模式初探[J]. 中国流通经济,2001(2):11 14.

[25] 冯耕中,苏潇,王尚书,等. 2006年物流金融业发展回顾与2007年展望[M]//中国物流发展报告(2006—2007).北京:中国物资出版社,2007:138-148.

[26] 李毅学,冯耕中. 2002年物流金融业发展回顾与2008年展望[M]//中国物流发展报告(2007—2008),北京:中国物资出版社,2008:136-145.

[27] 冯云,汪贻生. 物联网概论[M]. 北京:首都经济贸易大学出版社,2013.

[28] 周敏. 浅谈基于物联网的物流管理[J]. 铁路采购与物流,2010(10):54-55.

[29] 魏洪茂. 基于物联网的物流业发展模式研究[J]. 物流科技,2013(8):56-59.

[30] 程德冬. 基于物联网的物流产业融合研究[D]. 天津:天津商业大学硕士论文,2012.

[31] 徐健. 基于RFID的物流追踪系统设计[D]. 成都:电子科技大学硕士论文,2013.

[32] 韩冉冉. 渝烟物流配送中心库存管理作业流程优化研究——基于物联网技术[D]. 重庆:重庆交通大学硕士学位论文,2012.

[33] 易兵,夏欢. 物联网在物流领域中的应用[J]. 当代经济,2013(20):44-45.

[34] 范昱. 物联网环境下的物流研究[J]. 对外经贸,2012(9):107-108.

[35] 柳和玲. 物流运作案例剖析[M]. 北京:中国物资出版社,2006.